Krig, købmænd og kongemagt
- og andre 1600-tals studier

Danish Humanist Texts and Studies

Volume 20

Edited by Erland Kolding Nielsen

Krig, købmænd og kongemagt

- og andre 1600-tals studier

af

John T. Lauridsen

Det Kongelige Bibliotek
Museum Tusculanums Forlag
1999

Krig, købmænd og kongemagt - og andre 1600-tals studier
© Det Kongelige Bibliotek, Museum Tusculanums Forlag
og John T. Lauridsen 1999
Tryk: Det Kongelige Bibliotek
Sat med Palatino og trykt på 115 g klorfrit Charta fra Hunsfors
fabrikker. Klassificeret efter norsk standard NS-ISO 9001.
ISBN 87-7289-524-1
ISSN 0105-8746

Omslagsillustration: Poul Klingenbergs
våbenskjold.
Titelvignetten forestiller Fortuna, lykkens og
skæbnens gudinde, og er aftegnet fra en 18-pundig
kanon, støbt af François de Roen på Berns &
Marselis' støberi i Glückstadt 1651. Gengivet efter
*Gammel dansk Metalskyts fra det XVI-XVIII
Aarhundrede*, 1860, planche 18a.

Museum Tusculanums Forlag
Njalsgade 92
DK-2300 København S
www.mtp.dk

Indhold

I

Dansk socialhistorie. Tiden 1500-1700 7
Retstilstande i Danmark i 1500- og 1600-tallet 35
Borgerkultur i 1500- og 1600-tallet 57
Jens Bertelsen - storkøbmand i Vejle på Christian 4.s tid 71
"Sammenrotning". Kollektive aktioner og folkemassens
  tilsynekomst i dansk 1600-tals historie 98
"Den borgerlige Stands onde Vilkaar". Et indlæg i magtkampen
  mellem købmændene i København i 1650'erne 107

II

Løse blade til en slægtshistorie 126
Familien Berns' slægtsforhold omkring 1600 133
Albert Baltser Berns 145
Blæs i bøssen! Fundraising på Christian 4.s tid 147
Skibsbyggeri for den danske krone i Neustadt i 1640'rne 151
Jyske snaphaner 166
Krig, købmænd og kongemagt omkring enevældens
  indførelse i Danmark 168

III

Poul Klingenbergs selvbiografiske optegnelser 185
En "Godfather" i København - om indvandreres etablering
  omkring 1660 208
Klingenbergs "havedagbog" - forsvundet og genkommet 225
Adelsreaktion og politisk satire under den tidlige enevælde 241
Fra "spekulation" til konkurs. En studie i Poul Klingenbergs
  økonomiske kollaps 262

IV

Hold på forbillederne 293
Patriciatets historiker: Johan Jørgensen 1924-69 302
Om de enkelte tekster 323
Personregister 327

Poul Klingenberg. Maleri af Karel van Mander fra begyndelsen af 1660'erne. Generalpostdirektoratet

Dansk socialhistorie.
Tiden 1500-1700

Belyst gennem en vurdering af E. Ladewig Petersen: Fra standssamfund til rangssamfund 1500-1700. *Dansk Socialhistorie*, 3, 1980, 447 s.[1]

Indledning

Det er først i dette tredie bind af dansk socialhistorie omhandlende årene 1500-1700, at vi får et egentligt bud på, hvad der skal forstås ved socialhistorie i modsætning til andre former for historie, statshistorie, politisk historie, økonomisk historie etc. Bindets forfatter, professor Erling Ladewig Petersen, bestemmer socialhistorien som "at analysere og forstå samfundets opbygning af mennesker og grupperinger, hvis placering indbyrdes og i forhold til helheden bestemmes af økonomiske, sociale og politiske, af materielle og immaterielle faktorer" (s. 14), idet Ladewig Petersen betoner, at der er tale om en dynamisk bestemmelse, da "det menneskelige samfund - i modsætning delvis til den uberørte natur - stadig omformes, afspejler bevidste eller ubevidste drivkræfter, naturbestemte påvirkninger og forandringer, materielle eller andre indflydelser ..." (ibid.). Her ud over definerer Ladewig Petersen socialhistorien i modsætning til den økonomiske historie: "moderne socialhistorisk forskning stiller bredere krav og må inddrage også andre faktorer end de materielle, som har betydning for den socialhistoriske sammenhæng, befolkningsforhold, statsmagtens styrke og magtfylde, dens samfundspolitik og dens beskatning, kollektive mønstre af psykologisk eller idehistorisk art, sociale status-, adfærds- og prestigenormer, uddannelse, sundhed, (fysisk og psykisk) osv." (s. 30-31).

Jeg er af den opfattelse, at her er tale om en meget konstruktiv og rimelig bestemmelse af socialhistorien, selv om det havde været formålstjentligt, at det sidste "osv." var blevet uddybet nærmere, for der mangler trods alt nogle elementer. Det er imidlertid

---

[1] E. Ladewig Petersen (f. 1929) er siden 1966 professor i historie ved Odense Universitet. Tyngdepunktet i hans forskning ligger i studier af den danske adels historie i 1500- og 1600-tallet (jvf. også litteraturlisten til bogen).

en meget generel bestemmelse, holdt i så tilpas almindelige vendinger, at den konkrete udmøntning af den meget let kan vise, at vi alligevel har forstået noget forskelligt ved den og vægter dens enkelte elementer helt forskelligt. Det bliver en del af formålet her at afdække, hvordan Ladewig Petersen indholdsudfylder sin bestemmelse af socialhistorien, hvad han har prioriteret og udeladt. Ladewig Petersens bog er på flere måder enestående i dansk historisk forskning i det mindste, hvad angår beskæftigelsen med det 16. og 17. århundrede: det er det første forsøg på at skrive en syntese om dansk socialhistorie for perioden; bogen er ikke ateoretisk, tværtimod præsenteres og diskuteres begrebsdannelsen og dens forbilleder; forbillederne er alle udenlandske og har også været bestemmende for bogens hovedstruktur og problemformuleringer. Dette er højst usædvanligt i dansk historieforskning, hvor en international orientering og eksplicit teorianvendelse hører til sjældenhederne, og alene dette turde retfærdiggøre, at Ladewig Petersens arbejde gøres til genstand for en nærmere analyse, såvel hvad angår forbillederne, begrebsdannelse, disponeringen, periodiseringen som hovedproblemstillingerne.

Teoretiske forbilleder og begrebsdannelse

Af indledningen fremgår det, at Ladewig Petersen har haft fire inspirationskilder eller forbilleder ved udarbejdelsen af bogen. Fra den hollandske historiker B.H. Slicher van Bath er overtaget overvejelserne omkring, hvad der udgør socialhistoriens indhold, og fra samme er vist hentet en noget skematisk fremstilling af, hvad der udgør et samfunds hovedbestanddele med en inddeling i en økonomisk, en social og en politisk sektor (s. 14-15, 32).[2] Så vidt det ses, benytter Ladewig Petersen ikke denne modelfrem-

---

[2] Jeg vil her benytte lejligheden til at henvise til en anden af B.H. Slicher van Baths artikler end de hos Ladewig Petersen nævnte, da den indeholder et meget nyttigt bilag, hvor der fra en lang række historikere og andre er "sakset" deres definitioner på henholdsvis økonomisk og social historie; det er artiklen "Theorie en praktijk in het economische en sociale geschiedenis", *Afdeling Agrarische Geschiedenis Bijdragen*, 14, 1967, s. 105-230.
Det skal også bemærkes, at det ikke med sikkerhed kan afgøres i hvor stor gæld Ladewig Petersen står til B.H. Slicher van Bath for den sektoropdeling af samfundet, der præsenteres s. 14-15, da den artikel af Slicher van Bath fra 1975, der henvises til i bibliografien s. 429 ikke er i det anf. tidsskrift, hverken i det opgivne bind eller i de omkringliggende.

stilling ud over præsentationen i indledningen. Mere dybtgående spor har Annales-skolen og dens skelnen mellem statiske og dynamiske elementer, mellem struktur og funktion inden for samfundshelheden, sat sig, idet denne skelnen er lagt til grund for hele bogens hovedstruktur. Det første hovedafsnit "Befolkning, samfundsstruktur og produktionssystem" (s. 39-168) kan betragtes som en makrostatisk beskrivelse, hvor de fælles og vedvarende elementer for periodens samfund fastlægges, mens de resterende tre hovedafsnit (næsten resten af bogen frem til s. 414) udgør den mikrodynamiske analyse af det økonomiske og sociale livs typiske enheder. Disse to tilgangsvinkler skulle egentlig i Annales-traditionens ånd følges op af og afsluttes med en makrostatisk fremstilling af samfundets udvikling, der ikke kun holder sig inden for den makrostatiske ramme, men når udover denne. Hos Ladewig Petersen er den makrostatiske fremstilling imidlertid udeladt og erstattet af en "Sammenfatning", hvor arbejdets hovedlinier og hovedsynspunkter trækkes op og præciseres. Som det senere vil fremgå, er det ikke kun her, at Ladewig Petersen kun anvender en del af sine inspirationskilders teorier.

Ladewig Petersens overtagelse af hovedsynspunkter fra Annales-skolen er ikke kritikløs, og hans egen socialhistoriske syntese er ikke blevet ren strukturhistorie. I omtalen af Annalesskolens krav om, at den samfundsmæssige undersøgelse skal have total karakter, dvs. at den skal inddrage alle aspekter af den menneskelige tilværelse, materielle som immaterielle, for at kunne belyse helhed og strukturer, men konfronteret med samfundets funktioner for at kunne påvise udviklingens langsigtede drivkræfter, advarer Ladewig Petersen mod, at historieforskningen bliver upersonlig, taber mennesket af syne i afdækningen af forskellige strukturer. Anvendelsen af kvantificerende metoder og nabovidenskabernes tekniske og upersonlige metodiske raffinementer er Ladewig Petersen bange for skal tage overhånd under disse bestræbelser (s. 16). Advarslen er principielt vigtig nok, men måske ikke helt aktuel i en dansk sammenhæng, hvor disse metoder hidtil knapt har fundet anvendelse overhovedet.[3] Selv har Ladewig Petersen på trods af, at han, som rimeligt er, fremlægger meget kvantificeret materiale både i tekst og i tabeller, sørget for også i

---

[3] Ole Bernild og Henrik Jensen: *Den feudale produktionsmådes historie i Danmark ca. 1200 til ca. 1800*, 1 , 1978 er vel det mest udprægede danske eksempel på, at strukturhistorien helt har mistet menneskene af syne.

forskellige sammenhænge at få indflettet omtale af forskellige samtidige personer eller begivenheder med relation til de enkelte problemer uden, at det virker påklistret, men tværtimod på en god måde gør bogen til socialhistorie.

Fra den klassiske sociologi i franskmanden Roland Mousniers udgave har Ladewig Petersen hentet den skala af samfundstyper, som han indledningsvis arbejder med, og ud fra hvilken han bestemmer Danmark til at have været et stands- eller stændersamfund mellem 1500 og 1660. Ved et standssamfund forstår han "en social lagdeling efter funktionelle (erhvervsmæssige eller andre) kriterier, hvis rettigheder og pligter indbyrdes og overfor samfundshelheden fastlægges ved hjælp af privilegier" (s. 17). Så langt så godt, men når Ladewig Petersen derefter indfører begrebet "rangssamfund" og bl.a. anvender det i bogens titel, går han ud over og forkludrer den skala af samfundstyper, der arbejdes med i klassisk sociologi, hvor man kun regner med fire hovedtyper: kastesamfundet, standssamfundet, klassesamfundet og det egalitære samfund. Ladewig Petersen gør sig skyld i den fejltagelse at ligestille rangssamfundet med standssamfundet; han taler oven i købet om, at standssamfundet opløses og afløses af rangssamfundet (s. 241, 423), mens rangssamfundet i stedet må betragtes som en form for standssamfund, en underafdeling heraf. Rangssamfundet kan betegnes som en bestemt måde at organisere og fastlægge privilegierne på inden for standssamfundet, nemlig ud fra social rang, dvs. formue og økonomisk formåen og ikke kun ud fra, hvilken stand eller socialt lag, man via sin fødsel tilhørte. En privilegeret status var ikke længere kun arvelig, men på trods af det var der som hovedtype stadig tale om et standssamfund, da det er selve anvendelsen af privilegier, der er afgørende.[4] Har det

---

[4] Jeg finder intet belæg for Ladewig Petersens forsøg på at gøre rangssamfundet til en selvstændig samfundstype på linie med stændersamfundet hos hans angivelige forbillede Roland Mousnier: *Social Hierarchies 1450 to the present*, London 1973. Mousnier foretager tværtimod en klassifikation af forskellige former for standssamfund, hvoraf "rangssamfundet" blot vil være en (Se Mousnier s. 49 f.).
Ladewig Petersen anvender mest betegnelsen standssamfund til karakteristik af Danmark i det 16. og 17. århundrede, hvor det tidligere var almindeligt at bruge begrebet stændersamfund (jvf. Aksel E. Christensen: Det danske stændersamfunds epoker, *Festskrift til Astrid Friis*, 1963 (pudsigt nok har Ladewig Petersen fejlagtigt omdøbt denne artikel til at hedde "Det danske standssamfunds epoker ...", se s. 168, 430)).

derfor været Ladewig Petersens intention at påvise, at det danske samfund i denne periode overgik fra en samfundstype til en anden, må det siges at være forfejlet. Han nævner selv, at det for socialhistorien er af central betydning at beskæftige sig med overgangen fra den ene samfundstype til den anden eller overgangsformer heraf (s. 17), og det er bestemt rigtigt, men at forsøge at presse en sådan overgang ned over denne periode af dansk historie, vil være dømt til at mislykkes.

Ladewig Petersens fjerde og sidste teoretiske inspirator er den østrigsk-amerikanske økonom Joseph Schumpeter, hvis model for den moderne skattestats tilblivelse og konsekvenserne heraf og hans tese om, at den ekspanderende fyrstemagts pengeskattekrav på helt grundlæggende vis omformede samfundet ved overgangen fra middelalderen til nyere tid, i tillempet form overtages af Ladewig Petersen. Ladewig Petersen har selv i et tidligere arbejde gjort rede for, hvad han anser for at være styrken og svaghederne i Schumpeters teori: styrken ligger først og fremmest i det "finanssociologiske begrebsapparat", der sigter mod analyser af de sociale og finansielle effekter af en intensiveret beskatning, mens Ladewig Petersen anser Schumpeters teori for den finanssociologiske omformningsproces for for snæver, når det drejer sig om at analysere overgangen fra naturaløkonomi til pengeøkonomi på statsniveau og samfundsplan.[5] På trods af dette er det nok Schumpeters teser, der på centrale områder har sat sit mest afgørende præg på Ladewig Petersens fremstilling (herom senere).[6]

Om sin teorianvendelse og begrebsdannelse skriver Ladewig Petersen: "Ingen historiker vil uden at øve vold mod samtiden kunne ignorere dens egne normer som analyseredskab, men lige så klart må det være, at historikerne også må kunne hente og anvende andre og udenforstående modeller som redskab for sin analyse" (s. 16). Det er fuldkommen rigtigt, og det er da heller

---

[5] *Fra domænestat til skattestat. Syntese og fortolkning*, Odense 1974, s. 1f., 4. Dette hæfte er præget af nogle sproglige uklarheder, af hvilke en del er rettet i den engelske udgave "From Domain State to Tax State. Synthesis and Interpretation", *The Scandinavian Economic History Review* 23, 1975. De relevante afsnit i den engelske udg. er s. 116 f., 119.

[6] Det havde måske på grund af Schumpeters store indflydelse på fremstillingen været rimeligt, om han havde fundet plads i bibliografien: J. Schumpeter: Die Krise des Steuerstaates, *Zeitfragen aus dem Gebiet der Soziologie*, 4. Heft, 1918.

ikke svært at eftervise, at Ladewig Petersen i sin fremstilling her og der anvender for det første samtidens talemåder og udtryk og kommer ind på nogle af dens normer; for det andet anvender sine teoretiske forbilleders begrebsapparat: fra den klassiske sociologi begreber som standssamfund, klassesamfund etc.; fra Annales-skolen begreberne statisk/dynamiske eller strukturelle/funktionelle elementer og fra Schumpeter udtrykkene skattestat, domænestat og ikke mindst det ofte gentagne "finanssociologiske reaktionsfænomener".[7] Ud over Ladewig Petersens eksplicitte teori- og begrebsanvendelse, der først og fremmest tager sigte på at klarlægge delaspekter af det 16. og 17. århundredes historie, anvender han også en række ikke nærmere begrundede begreber fra det senere fuldt udviklede kapitalistiske samfunds univers. Der tales således bl.a. om den "offentlige" og "private" sektor (bl. a. s. 290, 295, 213, 324), "offentlig" finansforvaltning, "rentenydende kapitalist" (s. 171), "forbrug", "levestandard", "rentabilitet", "realløn", (s. 149 ff.), "inflation", "handelsbalance" (s. 252), "forrentningsvilkår" (s. 173) og mange flere. Der arbejdes med andre ord i vid udstrækning med et begrebsapparat fra den fuldt udviklede vareøkonomi, hvor det slet ikke er givet på forhånd, at dette begrebsapparat også egner sig til analyser af en førkapitalistisk økonomi.[8] Det er et spørgsmål, om Ladewig Petersen ikke her kommer til at øve vold mod den fortid, han forsøger at opnå indsigt i. Ikke fordi han anvender et udenforstående begrebsapparat, men fordi han anvender det forkerte. Dermed være ikke sagt, at moderne økonomiske fagudtryk ikke her og der kan være betydningsfulde, og at nationaløkonomiske fagudtryk ikke her og der kan være relevante til at beskrive en række af datidens forhold, men de kan ikke bruges til at forklare sammenhængene i 1500- og 1600-tallets samfund. Når de moderne økonomiske fagudtryk anvendes så massivt som her, er det et spørgsmål, om ikke det økonomiske systems logik, som de udspringer af, sætter sig igennem bag forfatterens ryg og får ham til at analysere det 16. og 17. århundredes samfund som havende en udviklet vareøkonomi, idet der mere eller mindre bevidst arbejdes med en

---

[7] De "finanssociologiske reaktionsfænomener" skal forstås som f.eks. bondeoprør o.lign., mens "sociale distancer" anvendes til at betegne sociale uligheder eller sociale modsætninger. For mig at se er denne form for begrebsanvendelse ikke nogen landvinding, tværtimod.

[8] Samme indvending rettede Kristof Glamann mod Svend Aage Hansens disputats, se oppositionsindlæg i *Nationaløkonomisk Tidsskrift* 1965, s. 125.

økonomisk rationalitet, der hører den udviklede vareøkonomi til.

Lad mig give et eksempel: Som indledning til afsnittet om perioden 1558-1629 bringer Ladewig Petersen et afsnit med overskriften "økonomisk vækst og social nød" (s. 243-46), hvor han prøver at forklare, hvorfor der på en gang kunne være tale om en generel om end ikke kontinuerlig økonomisk vækst og samtidig en udbredt social nød for nogle befolkningslag i forskellige områder med hyppige kriser til følge. Han focuserer for det første på prisstigningerne, hvorom det skal stå klart, at de "ramte levnedsmidler langt stærkere end industriprodukter og arbejdsløn, men også at deres geografi var højst uensartet. I social henseende er det et nøgleproblem, at prisrevolutionen forvandlede lønarbejdernes relative velstand i senmiddelalderen til fremadskridende armod, som først transportmidlernes udvikling i 1800-tallet standsede". Og videre: "Priskurvernes uensartethed dokumenterer, at en afgørende drivkraft lå i periodens stærke befolkningsvækst og i de hyppige subsistenskriser, men også i den specielle europæiske produktionsstruktur og begrænsningen af mulighederne for rationel vareudveksling, industrialiseringen af Nederlandenene og den oversøiske ekspansion må bære sin del af skylden" (s. 244). Et af de "afgørende krisemomenter" uddybes nærmere i afsnittets slutning, nemlig den for perioden karakteristiske "*regionalisering* af den europæiske produktionsstruktur og transportmulighederne" (fremhævelsen er min, J.T.L.). Hvad der forstås ved regionalisering forklares således: "Geografiske, samfærdselsmæssige eller andre barrierer medførte i udpræget grad, at lokalsamfundene eller snævrere regioner var henvist til at skulle leve af sin egen produktion og beskæftige sin egen arbejdskraft", og om konsekvenserne heraf skrives følgende: "For det første gjorde regionaliseringen befolkningen afhængig på lokalt plan af det årlige høstudbytte i langt højere grad, end vi kan forestille os, og mulighederne for supplerende forsyninger udefra var begrænsede", og for det andet frembragte "den ringe elasticitet" ... "permanent underbeskæftigelse" (s. 246).

Det skulle gerne af disse ret udførlige citater af Ladewig Petersen selv fremgå, hvilket univers og hvilken forståelsesramme, han bevæger sig i. Her opereres for det første uden mindste tøven med lønarbejdere, priser og lønninger (herom nærmere nedenfor), og for det andet fremgår det implicit, at Ladewig Petersen opfatter 1600-tallets kriser, som kriser for en vareøkonomi hvor der er

13

transportproblemer og problemer med arbejdskraftens bevægelighed, og at det bringer samfundet i knibe. At Ladewig Petersen overhovedet anvender begrebet regionalisering og den måde han gør det på, viser med al sandsynlighed, at han har opfattet tidens økonomiske og sociale problemer som problemer for en udviklet vareøkonomi. Det var nemlig hverken geografiske, samfærdselsmæssige eller andre barrierer, der medførte at "lokalsamfundene" var henvist til at leve af deres egen produktion og at beskæftige deres egen arbejdskraft. Det var betinget af selve det europæiske og det danske samfunds udviklingsgrad og økonomiske system. For mig at se giver eksemplet med regionaliseringen også anledning til at bemærke, at det ikke er nogen forklaring, at nogle forhold i 1500- og 1600-tallet ikke er som nu, og det fører mig over til omtalen af en hermed sammenhængende problematik.

Ladewig Petersen har ikke indledende gjort rede for, hvordan hans opfattelse af det danske samfunds økonomiske system i 1500- og 1600-tallet er. På dette område havde det måske fremfor alt været af betydning, om han havde gjort sig nogle teoretiske overvejelser, da det er omkring denne problematik, bogen har en af sine største svagheder og er mindst præcis. Læsere med få eller ingen forudsætninger vil ved læsningen af Ladewig Petersens bog have svært ved at se de store forskelle mellem 1500- og1600-tallets økonomi og det 20. århundredes udviklede vareøkonomi, da de hos Ladewig Petersen genfinder begreberne og til dels også problemstillingerne af i dag. Der er gjort for lidt ud af at påpege, at det store flertal af landbefolkningen, der tilsammen udgjorde omkring 80% af befolkningen, levede i en subsistensøkonomi med overvejende selvforsyning, ringe vareudveksling og da overvejende lokalt og uden lønarbejderstatus. Ladewig Petersen er slet ikke blind for disse forhold (f.eks. s. 148, 154, 353), men det er af så fundamental betydning, at det dels burde have påvirket hele bogens disponering, dels burde have været gjort til genstand for en række nærmere generelle overvejelser. Lad mig tage et eksempel med udgangspunkt i "vareefterspørgslen", en faktor der ofte genfindes hos Ladewig Petersen og bruges som forklaring, når der som i Danmark i 1500- og 1600-tallet er tale om en kun delvis eller skævt udviklet vareøkonomi, kan kun den vareforbrugende del af befolkningen, groft sagt adelen og bybefolkningen foruden selvfølgelig statsmagten, komme i betragtning ved en vurdering af efterspørgslens betydning, og kun i det omfang de er vareforbrugende.⁹ Derfor burde Ladewig Petersen have gjort mere ud af at redegøre for vareøkonomiens snævre rammer, have viet mere interesse til den relative størrelse og udvikling af vareforbruget, vareproduktionen og vareomsætningen og dermed til behovet for betalingsmidler/pengeøkonomi.

Hoveddelen af bogen beskæftiger sig med den del af den danske befolkning, der på en eller anden måde var mest inddraget i den langsomt ekspanderende vareøkonomi, men dermed være da ikke sagt, at disse sociale lag handlede efter samme økonomiske rationalitet, som man gør i dag. Øget forbindelse med vareomsætning i en lille del af befolkningen er ikke det samme som kapitalismens eller en kapitalistisk "ånds" næsten fuldstændige gennemtrængning af disse lag. Det førkapitalistiske samfund i denne periode var stadig præget af sociale normer, hvor f.eks. høj social status var knyttet til jordbesiddelse. Kan man derfor kalde det et "kapitalistisk træk", at den enkelte adelsmand søger at udvide sit godstilliggende? Ikke efter min mening og heller ikke selv bestræbelserne for indtægtsmaksimering og spekulationsvirksomhed, som ifølge Ladewig Petersen hører til de mest karakteristiske træk i den adelige godsdrift (s. 263), kan overbevise mig om det. I afsnittet "Adelig godsdrift og økonomiske konjunkturer" (s. 261-65), der kan tjene som et karakteristisk eksempel på Ladewig Petersens tilgangsvinkel, skriver han om perioden efter 1558, at "... alt tyder på, at den adelige godsejer ligesom kronen har forstået at tilrettelægge sin godsdrift rationelt i alle henseender" (s. 261). Det fremgår endvidere, at denne rationalitet ikke kun omfatter selve godsdriften og vareproduktionens tilrettelæggelse, men også afsætningen af godsernes produkter, dvs. udnyttelse af bl.a. viden om priserne til at sælge, når de var høje. I tidligere arbejder har Ladewig Petersen betegnet disse træk som "agrarkapitalisme" eller "godsejerkapitalisme"¹⁰, begreber han dog undlader i socialhistorien og i stedet taler om "protokapi-

---

⁹ Jvf. allerede den svenske økonom Eli F. Heckschers kritik af Astrid Friis, der arbejdede på tilsvarende måde som nu Ladewig Petersen, *Nordiska historikermödet i Göteborg 1951. Berättelse*, Göteborg 1952, s. 32f.

¹⁰ *The Crisis of the Danish Nobility 1580-1660*, Odense 1967, s. 5 (også bragt i *Annales, Economies, Societes, Civilisations* 6, 1968, s. 1237-1261); Adelige herregårdsregnskaber fra 1600 tallet, *Hilsen til Hæstrup*, Odense 1969, s. 99; Adelig godsdrift i 1600-tallet, *Från medeltid till välfärdssamhälle. Nordiska historikermödet i Uppsala 1974. Föredrag och mötesforhandlingar*, Stockholm 1976, s. 69.

talisme" (s. 188). Det synes som om, at Ladewig Petersen knytter sit kapitalismebegreb til eksistensen af en udbredt og rationelt anlagt handel med agrarprodukter og med godser/jord og ikke også vil kræve udbredt anvendelse af lønarbejde i storlandbruget, hvilket der jo ikke var tale om i denne periode.

Det er min opfattelse, at Ladewig Petersen med den stærke betoning af både de adelige godsejeres og kronens/statsmagtens økonomiske rationalitet og for statsmagtens vedkommende ikke kun, hvad angar godsdriften, men også i den merkantilistiske erhvervspolitik, der angiveligt skulle have sigtet på bl.a. "økonomisk vækst" (s. 295f., 301, 305 f.)[11], er kommet til alt for stærkt at underbetone de begrænsninger, som dels standssamfundets sociale normer og kollektive mønstre, dels den bondedominerede produktionsorganisation og fæsteforholdets institutionaliserede relationer lagde for denne rationalitet. Der bliver ikke gjort tilstrækkeligt opmærksom på, at der ikke er tale om en rationalitet i det 20. århundredes markedsøkonomis forstand, men om en rationalitet i afhængighed af for det første det førkapitalistiske standssamfunds normer. Vi finder hos 1500- og 1600-tallets godsejere så godt som ingen investeringer i tekniske eller driftsmæssige forbedringer, der kunne have øget produktiviteten, selve begrebet var dem ukendt. Blev der foretaget investeringer, var det i mere jord, hovedgårdsbyggeri eller sønnernes udenlandsrejser, alle var de statusgivende.[12] Tilsvarende søgte de borgerlige storkøbmænd, der havde tjent store summer ved handel, bankvirksomhed og manufakturdrift, den med godsbesiddelse forbundne sociale status, og efterhånden som de fik gennembrudt adelens monopol på jordbesiddelse, lod de på deres godser også investere i pragtbyggeri i stedet for produktionsforbedringer.[13]

For det andet var der i selve den bondedominerede produk-

---

[11] Se hertil også det i note 4 anf. arbejde.
[12] Der var naturligvis undtagelser. En af de mest markante var kredsen af højadelige bag oprettelsen af våbenfabrikken Brobyværk 1648-49 (jvf. Arne Hoff: Bidrag til våbenfabrikken Brobyværks historie, *Svendborg Amt. Aarsskrift* 1933). Adelige var også mere eller mindre frivilligt deltagere i forskellige af Christian 4.s merkantilistiske eksperimenter, bl.a. med indskud af midler i det ostindiske kompagni 1616 (i den sammenhæng savnes henvisning til R. Willerslev: Danmarks første Aktieselskab, *Historisk Tidsskrift* 10. Vl, 1942-44).
[13] Se hos Ladewig Petersen s. 376 for en samtidig kritik af denne stadige investering i jord.

tionsorganisation - af Ladewig Petersen karakteriseret som et "renteydende fæstegodssystem" (s. 171, 118) - og i det institutionaliserede fæsteforhold indbygget begrænsninger for den økonomiske rationalitets udfoldelse og dermed for igangsættelsen af en økonomisk vækst. Dette produktionssystem åbnede ikke for agrare innovationer, tekniske o.a., selv om efterspørgslen og markedet for agrarprodukter gav stærke impulser dertil. Det må ses i lyset af dels godsejernes tilegnelse af en stor del af det af bønderne producerede overskud i form af "rente", dels og i sammenhæng hermed i den agrare produktions fordeling på en mængde mindre bondebrug. Ønskede godsejerne en større afkastning af deres godser, øgede de fæstebøndernes rente/afgifter og/eller hoveriet og tog dermed endnu mere af det overskud, der i forvejen ikke levnede bønderne mulighed for innovationer på deres gårde.

Hos Ladewig Petersen sporer jeg en tendens til snarere end at ville søge årsagerne til de "manglende" agrare innovationer i det feudale produktionssystem, at se dem i ydre forhold. For den kraftige vækstperiode i 1500-tallets anden halvdel taler Ladewig Petersen om godsejernes økonomiske forhold som en "profitinflation", hvor indtægterne var så store under de givne forhold, at der intet incitament var til at forsøge agrare innovationer (s. 424). Er en sådan forklaring gyldig for en periode, må det også være rimeligt at stille spørgsmålet om, hvorfor der så ikke forsøgtes innovationer i kriseperioden efter 1620'erne. Da var det måske i stedet en mangel på "kapital" til investeringer, der gjorde sig gældende?

At der til dato ikke foreligger undersøgelser af den brede befolknings levestandard, forbrugsvarepriser, lønninger eller huslige omkostninger, mener Ladewig Petersen er "en alvorlig forskningsmæssig brist" (s. 167). For mig at se er denne brist ikke så stor, da det er begrænset, hvilken betydning disse begreber har i en altovervejende subsistens- og selvforsyningsøkonomi, mens det er en større mangel, at der ikke er blevet udfoldet et begrebsapparat og problemformuleringer, der sætter mere indgående ind på en forståelse af subsistensøkonomien eller "bondesamfundet". Det sidste begreb har den fordel, at økonomien dermed ikke udskilles som en særlig og selvstændig sfære, hvad den ikke var. At Ladewig Petersen efterlyser f.eks. undersøgelser af lønforholdene, forekommer ikke mindre iøjnefaldende i betragtning af, at han selv gør opmærksom på, at "en egentlig arbejdergruppe" ikke eksisterer i den her behandlede periode (s. 298), hvorfor lønarbejdets eller lønnens størrelse ikke har spillet nogen betydende rolle i sig selv, men må ses i sammenhæng med en række andre elementer i det feudale systems dominerende naturalieøkonomi for de grupper, der overhovedet kunne komme på tale (håndværkere, vægtere o.lign.). Overfører man nutidens arbejdsmarkeds problemstillinger til det 16. og 17. århundredes samfund - også selv om det kun bliver til bysamfundene - bliver resultatet alt for let til blot og bar en undren over, at man kunne leve af den minimale løn eller endnu værre, at det rent ud påstås, at nogle grupper ikke har kunnet leve af deres løn eller embede. De allerfleste gjorde det jo alligevel, og det bør mane til forsigtighed med en for stærk focusering på (penge)lønninger eller embeder uden at have øje for de andre former for tilegnelse af det til dagligdagen nødvendige i form af mad og bolig, som var det basale. "Forbrug" i moderne forstand var der slet ikke tale om.

Ladewig Petersen skriver meget rigtigt side 148, "at der i hvert fald for landbefolkningen - det store flertal - er tale om en *meget høj grad af subsistensøkonomi*, der naturligvis i de laveste sociale lag prægedes af knaphed, men som også kun i meget begrænset omfang nødvendiggjorde kontante pengemidler. Af samme grund kan det også ofte være vanskeligt eller *meningsløst* at måle datidens levestandard ved konkrete lønsatser. Lønninger omfattede ofte også naturalier, sko, støvler, måltider, ret til husdyrhold, agerdyrkning eller fiskeri; omvendt møder vi i stæderne også lønsatser med og uden kostpenge" (udhævelserne er mine, J.T.L.). på trods af denne vigtige indsigt skal vi ikke længere end til følgende side for at finde følgende: "Moderne forskning har ... peget på, at økonomiske depressioner i 13- og 1400-tallet har bedret bønders og lønarbejderes levestandard så meget, at de fik mulighed for (og udnyttede dem til) at skaffe sig rigeligere og bedre ernæring. Først *reallønsfald* i forbindelse med 1500-tallets befolkningsvækst og *inflation* reducerede den jævne befolknings levestandard afgørende" (s. 149, udhævelserne er mine, J.T.L.).

Ladewig Petersen er på den ene side klar over, at der er tale om en dominerende subsistensøkonomi, på den anden side forklarer han ændringer i denne økonomi ud fra vareøkonomiens logik og ved hjælp af vareøkonomiens begrebsapparat. Begreber som reallønsfald og inflation giver ikke megen mening i en dominerende naturalie- og selvforsyningsøkonomi. Det har tydeligvis været et problem for Ladewig Petersen, at han ikke har fået tilpasset sit begrebsapparat til det samfund, han vil afdække udviklingslinier i.

I stedet for den stadige anvendelse af f.eks. begrebet "løn", vil jeg for bondesamfundet foreslå anvendelsen af begrebet "overskud" forstået som det, der er tilbage, når "udskiftningsfondet" er trukket fra den årlige produktion. Udskiftningsfondet som begreb er hentet fra socialantropologien og dækker den mængde, der skulle til for årligt at udskifte bondefamiliens minimumsudstyr til både produktion og forbrug.[14] Udskiftningsfondet var nødvendigt for bondefamiliens eksistens, og godsejerne kunne ikke røre dette fond uden på lidt længere sigt også at ville miste det overskud eller den "rente", de fik i afgift af bonden. Det har klart været i godsejerens og bondens interesse, at det årlige udskiftningsfond var tilstede, men det overskud der var derudover, kan godsejeren i større eller mindre omfang have tilegnet sig på bondens bekostning og mod hans ønsker og interesser. Deraf kampen eller striden om overskuddet eller renten. Ændringer i bøndernes økonomiske og sociale kår kan derfor analyseres ud fra deres stigende eller faldende andel i overskuddet af deres egen produktion, og det fremgår af Ladewig Petersens bog klart, at denne andel hverken har været fast eller på det absolutte minimum perioden igennem. Kun i akutte krisesituationer havde bonden hverken overskud af sin produktion eller blot den nødvendige mængde til udskiftningsfondet. Resultatet var dels hungerperioder, dels restancer med betaling af rente til godsejeren; eventuelt direkte lån hos godsejeren af korn for at have såsæd til det følgende år.

I det hele taget er det min opfattelse, at Ladewig Petersen måske i nogen grad havde kunnet hente inspiration til begrebsdannelsen, hvis han havde søgt til socialantropologien og dens beskæftigelse med bondesamfundet. Dermed kunne nogle af de værste "modernismer" være undgået. Det synes af Ladewig Petersens bemærkninger s. 31 som om, han har afstået fra at inddrage socialantropologien (og sociologien), fordi disse nabodiscipliner

---

[14] E.R. Wolf: *Bønder. En socialantropologisk oversigt over bondesamfundets udvikling*, 1973 (orig. 1966), s. 14. Det er værd at tilføje, at Wolf ikke ønsker udskiftningsfondet betragtet på en rent teknisk måde, men også med en kulturel dimension, hvilket vil sige, at udskiftningsfondet består ikke alene af den mængde, der skal til for at opretholde bondefamiliens biologiske eksistens, men også dens kapacitet til at opfylde sine kulturelle fornødenheder, ting der er indgået i den daglige tilværelse og betragtes som socialt/kulturelt nødvendig.

"efter deres natur er ahistoriske" og "bevidst stræber mod et højere generalisationsniveau end socialhistorien". Ladewig Petersen er her som andre steder tydeligvis bange for, at historien som faglig disciplin skal miste sin identitet, og det er til en vis grænse en berettiget frygt, men man kunne i det mindste have ønsket blot en vis inspiration fra disse og andre nabodiscipliner.

Så vidt jeg kan se, leder vi hos Ladewig Petersen forgæves efter begrebet feudalisme. På intet sted karakteriseres det danske samfund i denne periode som feudalt, hvilket vil sige, at der er tale om et begrebsmæssigt brud i forhold til socialhistoriens foregående bind, hvor Kai Hørby introducerer og karakteriserer det danske feudale samfundssystem fra 1200-tallet og fremefter (bd. 2, s. 123, 222 f.). For Hørby afsluttes feudalismen som periode ikke før 1500, og når begrebet ikke tages op af Ladewig Petersen, kan det kun skyldes hans modvilje mod begrebet, og at han har foretrukket i stedet at tale om standssamfundet uagtet, at de to begreber ikke udelukker hinanden. Bruger vi Hørbys socio-økonomiske bestemmelse af feudalismen, som Helge Paludan i det foregående afsnit har redegjort for, må det danske samfund i hele den af Ladewig Petersen behandlede periode karakteriseres som feudalt. En vis overensstemmelse i begreberne bindene imellem eller i det mindste en begrundelse for, at de afviger, havde nok været på sin plads.

Indholdsudfyldning og disponering

Med Ladewig Petersens bestemmelse af socialhistoriens indhold i erindring vil jeg prøve at sætte den i forhold til den socialhistoriske syntese, som han har skrevet. Opfylder han den bestemmelse af socialhistorien, som han selv har givet, eller er der mangler og/eller afvigelser? Generelt vil jeg mene, at Ladewig Petersen ikke indfrier sin egen bestemmelse, men på mange områder når meget tæt derpå. Når det alligevel ikke lykkes, må den manglende forskning på mange områder selvfølgelig tage sin del af skylden, og Ladewig Petersen er selv den første til at påpege en lang række socialhistoriske problemfelter, der er sparsomt eller slet ikke undersøgt. Han har ikke haft nogen bred dansk socialhistorisk tradition at bygge på og slet ikke en mere moderne anlagt. Det vil af forskningsoversigterne og bibliografien fremgå, at han i mange tilfælde har måttet ty til den ældre forskning for overhovedet at finde en del af de socialhistoriske problemer behandlet. Det er også rigtigt, at der ikke findes nogen dansk syntese af økonomisk og socialt tilsnit, som Ladewig Petersen har kunnet bygge på, men når han dertil føjer, at der heller ikke foreligger "egentlige forarbejder" (s. 33), er det nok at gøre situationen værre, end den er. I hvert tilfælde er det lidt uretfærdigt overfor Svend Aage Hansens *Adelsvældens grundlag*, 1964, der på trods af den hårde kritik, den blev udsat for ved sin fremkomst, og som nu delvis gentages af Ladewig Petersen (se s. 236), rummer et synteseforsøg omfattende en vigtig samfundsgruppe, adelen, set på en økonomisk og social baggrund og med foregribelse af de forskningsteknikker, som nu Ladewig Petersen anvender. Endelig skal det nævnes, at vi for 1500- og 1600-tallets vedkommende befinder os i en periode, hvor der på en række områder slet ikke eksisterer det kildemateriale, som socialhistorikerne gerne vil afæske svar på sine spørgsmål, eller det kan have en "slagside", der rejser så mange kildekritiske problemer, at en anvendelse vanskelig- eller umuliggøres. Vi befinder os endnu i en periode, hvor kildematerialet kun vanskeligt lader sig kvantificere og bearbejde statistisk. Dette sidste mener jeg ikke, at man skal overdrive betydningen af, samfundets karakter taget i betragtning. Netop på grund af subsistensøkonomiens og bondesamfundets dominans vil det være muligt at trænge ind i dets socialhistorie også uden anvendelse af statistiske serier dækkende snart sagt alle livsforhold. I stedet må der anvendes et kvalificeret begrebsapparat, der tager højde for de ikke kvantificerbare faktorer, der påvirkede og prægede bondesamfundets sociale liv, og det vil der også kunne komme en god socialhistorie ud af. Endelig og i forlængelse heraf vil en hovedproblemstilling i socialhistorien, der focuserer på modsætningen mellem godsejere og fæstebønder og deres kamp, eller mindre kraftigt udtrykt strid om størrelsen af den "rente", godsejeren årligt skulle have og de former, denne strid antog i forskellige perioder, ikke have det samme behov for det moderne begrebsapparat og de statistiske serier, som Ladewig Petersen så gerne vil betjene sig af.

Er der således en række omstændigheder, der gør det til en svær og krævende opgave at udarbejde en socialhistorisk syntese for dansk historie i perioden 1500-1700, er det dog næppe alene mangelen på forundersøgelser og kildemateriale, der har ført Ladewig Petersen til den foreliggende prioritering og disponering af sit stof. Bogen er i for høj grad blevet en økonomisk historie og det med adelen i centrum, mens borgerstandens både økonomiske og sociale liv behandles langt mindre indgående, også i forhold til dens relative betydning i perioden. Endelig indtager landbefolkningen en alt for beskeden plads i fremstillingen, og det skyldes ikke kun, som Ladewig Petersen skriver i sin indledning, "at vor viden om den brede befolknings kår i perioden endnu er meget begrænset" (s. 36). Landbefolkningens sociale liv kunne være prioriteret højere, også på grundlag af den foreliggende forskning (herom mere i det følgende).

Ladewig Petersen gør meget ud af at fremlægge materiale omkring den materielle udvikling, forskellige prisers udvikling, eksportens og den internationale efterspørgsels op- og nedgange, reallønsforhold, levestandard m.v. Derimod har han ikke vist den samme ildhu, når det gælder de immaterielle faktorer: her har han koncentreret sig mest om statsmagtens politik og intentioner, lovgivningen og den "officielle" ideologi og et par af dens kritikere (s. 221-30), mens han så at sige ikke beskæftiger sig med de "uskrevne" sociale normer eller "kollektive mønstre", som han selv i indledningen har kaldt dem (s. 31). Det giver bogen en skævhed, at standssystemets ideologi næsten alene må repræsentere de immaterielle faktorer og kommer til at stå som det eneste kollektive mønster, der har struktureret befolkningens liv både de sociale lag imellem og indenfor den enkelte samfundsgruppe. Her kunne der måske være gjort mere brug af kirkens ideologiproduktion, hvor en gejstlighed, der skal have udgjort en så betragtelig del som mellem 5 og 6% af befolkningen! (s. 47, 120), stod til statsmagtens disposition, og modstillet denne med bl.a. bruddene eller afvigelserne på den sociale orden og deres omfang og grænser. Da vil vi hurtigt se, at der er nogle af kirkens påbud og fordømmelser, der blev ladt mere hånt om end andre.

I det hele taget indtager afvigelserne fra den sociale orden, kriminalitet, forbrydelse og straf en meget tilbagetrukket plads i Ladewig Petersens socialhistorie,[15] (se s. 158 f., 166), hvilket ikke skyldes mangelen på kildemateriale, tværtimod. Her synes i stedet

---

[15] Der kunne også være hentet mere materiale om forbrydelse og straf i bl.a. H.H. Fussings *Herremand og Fæstebonde*, 1942 og sammes *Stiernholm len 1603-1661*, 1951, kap. 9, samt P. K. Iversen "Møgeltønder Len 1536-1660", *Sønderjyske Aarbøger* 1943. Der gøres derimod meget ud af retsforholdene i adskillige afsnit, og der gives et temmeligt positivt billede af bøndernes retssikring. For en kritisk stilling til Ladewig Petersen's opfattelse og det grundlag, han bygger den på, se Thomas Muncks og min artikel "Retstilstande i Danmark i 1500- og 1600-tallet", *Fortid og Nutid* 29, 1981-82, s. 626-46, [her s. 35-56].

dets overvældende omfang at have fået ham til at undlade en benyttelse af det, også selv om en mindre del foreligger i trykte udgaver. Grunden er sandsynligvis repræsentativitetsproblemet: det er ikke til at vide om de eksempler, der udvælges, er karakteristiske, men det er spørgsmålet om ikke Ladewig Petersen her skulle have vovet pelsen og trukket nogle illustrerende tildragelser ud af det store tingbogsmateriale. Hermed kunne bonden som individ og hans forestillingsverden og problemer også være kommet med i socialhistorien. Nu må vi helt savne ham. Kvinden og den herskende kvindeopfattelse får vi kun meget sparsom viden om: der var sociale normer, der virkede stærkt begrænsende på kvindens liv og udfoldelsesmuligheder.

Heller ikke her er det alene mangelen på materiale, der er årsag til den stedmoderlige behandling.[16] Nok vides der mest om overklassens kvinder og deres aktivitet, men denne viden har Ladewig Petersen ikke vovet (?) at medtage for ikke at der i for høj grad skulle blive tale om en overklassens socialhistorie; en problematik han er opmærksom på (s. 20, 23, 36). Måske er det af samme grund, at selv adelens kulturelle liv og forestillingsverden så godt som lades ubehandlet. Alligevel mener jeg ikke, at Ladewig Petersen har undgået, at hans socialhistoriske syntese har fået stærk "social slagside" til fordel for overklassen. Det skyldes ikke kun karakteren af det materiale, han har måttet betjene sig af, men afspejler vel også hans egne forskningsmæssige forudsætninger: han har væsentligst beskæftiget sig med adelens økonomiske og sociale historie i perioden. Endelig må det ikke overses, at selve de hovedproblemstillinger, han har valgt for sin syntese, er med til at prioritere visse sider af socialhistorien på bekostning af andre. Han har for det første villet arbejde med den sociale lagdeling og den eventuelle overgang fra en samfundstype til en anden, for det andet har den sociale mobilitet stået i centrum, og for det tredie har han villet vise drivkræfterne i den sociale udvikling (s. 17-18). I forfølgelsen af disse ganske vist meget væsentlige problemstillinger er han kommet til at skyde andre

---

[16] Der burde måske også have været henvist til J. Nellemann: Retshistoriske Bemærkninger om kirkelig Vielse som Betingelse for lovligt Ægteskab i Danmark, *Historisk Tidsskrift* 5.1, 1879 og J. A. Fridericia: Træk af Kvindeidealets Omdannelse i det 16. og den første Halvdel af det 17. Aarhundrede, særlig i Danmark, *Tilskueren* 1898. Dette er ikke mindst p.g.a. den manglende forskning øvrigt.

vigtige sider af socialhistorien til side: de kollektive mønstre, kultur- og dagliglivsaspektet m.m. Bondesamfundet kommer også til at indtage en forholdsvis beskeden plads; bønderne har mest interesse som et socialt lag blandt andre, bondesamfundets indre organisation er det derimod ikke så vigtigt at beskæftige sig med. Det var stort set et statisk samfund uden social mobilitet af betydning, og det var slet ikke her, den sociale udviklings drivkræfter var at finde. De var andetsteds i og udenfor det danske samfund, hvorfor bondesamfundet reduceres til at være en faktor, der var et "offer" for udefra kommende påvirkninger, som ændrede dets økonomiske og sociale vilkår. Vi får ikke at vide, hvilken betydning det havde for det sociale liv, hvis det havde nogen. Hvordan kunne bonden reagere og handle?[17]

Som nævnt ovenfor har Ladewig Petersen ladet bogen disponere ud fra en skelnen mellem statiske og dynamiske elementer, således at bogen falder i to halvdele, hvor den første beskæftiger sig med strukturen og den anden med dynamikken. I første del behandles de lange linier i befolkningsudviklingen, befolkningsstrukturen, den sociale struktur; samfundssystemet og produktionssystemet karakteriseres, og endelig afsluttes der med et afsnit om levestandarden. Anden del giver, inddelt i tre hovedafsnit 1483-1558, 1558-1629, 1629-1700, udviklingsforløbet for de enkelte sociale lag i økonomisk og social henseende samt statsmagtens ekspansion og politik. Disponeringen synes at have voldt nogle problemer og har ført til en del inkonsekvenser. I afsnittet om perioden 1558-1629 må i det mindste kapitlet om landbefolkningen og landboforholdene være faldet ud, da et sådant findes i hvert af de øvrige hovedafsnit og problematikken også omtales i

---

[17] Jeg foretrækker ordet "handle" frem for "kamp" for at forbeholde sidstnævnte til de tilfælde, hvor der var tale om egentlig åben kamp. Det er netop karakteristisk, at de åbne kampe i form af bondeoprør, arbejdsnedlæggelser o.lign. er relativt få i Danmark i denne periode og især hørte op efter 1530'erne, men dermed hørte modsætningerne og stridighederne mellem bønder og godsejere ikke op. De kanaliseredes blot på en anden måde i en mindre voldsom form, det kunne være igennem "retssystemet", ved klager, rømninger, udeblivelser fra hovarbejde osv. Om den store hyppighed af dens slags konflikter og om de foranstaltninger, der blev sat ind her imod, er der publiceret en meget oplysende artikel af Orla K. O. Damkjer: Lensregnskaber og lensadministration 1610-60, *Landbohistorisk tidsskrift* 2. Rk. 4, 1982, spec. s. 22-28.

forskningsoversigten til afsnittet om tiden 1558-1629, men ikke i selve teksten (se s. 309 f.). Lidt besynderligt forekommer det mig også, at vi først i afsnittet om perioden 1629-1700 får et selvstændigt kapitel om forholdet mellem godsejere og fæstebønder og om fæstevilkårene. Havde det ikke været rigtigere at behandle disse emner samlet langt tidligere og eventuelt i bogens første del? Der er en række strukturelle træk omkring fæsteforholdet og forholdet godsejer/fæstebonde, der havde berettiget dette.

I det hele taget er der i bogens fordeling af statiske og dynamiske elementer for mig at se nogle problemer, der bunder i, at Ladewig Petersen og jeg ikke forstår det samme ved hans bestemmelse af socialhistorie. Efter min opfattelse savner vi en fremstilling af en række emner især i det indledende strukturelle afsnit. Det er ikke nok, at vi her om f.eks. landbosamfundet får præsenteret de sociale lag, der fandtes på landet (s. 120 ff.) og lidt senere også nogle oplysninger om levestandarden. Ladewig Petersen burde i dette afsnit have tilladt sig en stilstandsbeskrivelse af en række forhold, der kun ændrede sig meget langsomt eller slet ikke mellem 1500 og 1700. Tager jeg igen landbosamfundet som eksempel, kunne der være fortalt om bondens arbejdsdag, hvad han lavede og hvilke redskaber, han anvendte, dyrkningsmetoder, landsbyen og dens sociale organisering med bylag og bystævne m. m.[18] Eller hvad med den samfundsmæssige socialisering og de institutioner, den først og fremmest foregik igennem? Det er en anden meget stedmoderligt behandlet synsvinkel. Kirken som socialiseringsinstans omtales meget kort (s. 226 ff.), mens uddannelsens betydning kun behandles for adelens vedkommende og da væsentligst som social mobilitetsfaktor (272 ff.). Hvordan borgerstandens velstillede lag uddannede og socialiserede deres børn, holdes vi stort set i uvidenhed om, og det samme er tilfældet for de øvrige samfundsgrupper, bønderne inklusive. For de sidstnævntes vedkommende havde det ikke mindst været rimeligt at inddrage familien og slægten, og de rammer for den enkeltes horisont, der blev afstukket af gården og landsbyen.

Ladewig Petersen gengiver s. 147 FN's definition af levestandarden, hvori indgår følgende elementer: 1. sundhed og demografiske forhold, 2. føde og ernæring, 3. uddannelse (læsekyn-

---

[18] Hvor lidt der gøres ud af landsbyen som social organisation fremgår bl.a. af, at Poul Meyer: *Danske bylag*, 1949 end ikke er optaget i bibliografien.

dighed m.m.), 4. arbejdsbetingelser, 5. beskæftigelsesforhold, 6. forholdet mellem forbrug og opsparing, 7. transport, 8. boligforhold, 9. beklædning, 10. reakreation og fornøjelser, 11. social sikkerhed og 12. menneskelige friheder. Selv om ikke alle elementer er lige relevante for Danmark i 1500- og 1600-tallet, giver de et fingerpeg om nogle af de konkrete emner en socialhistorie også bør omfatte. Ladewig Petersen beskæftiger sig med en del af dem i større eller mindre udstrækning, mens andre lades ubehandlede, f.eks. boligforhold og rekreation og fornøjelser. Det skyldes ikke, at vi totalt savner undersøgelser på disse felter,[19] der bl. a. fremstilles i *Dagligliv i Danmark*,[20] men jeg ser det snarere som et udtryk for, at Ladewig Petersen ikke har villet behandle dagliglivsaspektet eller har villet indlade sig på stilstandsbeskrivelser. For ham har det mest drejet sig om de dynamiske elementer, og bl.a. derfor må vi savne en behandling af væsentlige sider af landbosamfundets interne sociale livsforhold. En anden delforklaring kan være, at Ladewig Petersen har villet sondre ret skarpt mellem socialhistorie og kulturhistorie, idet han om det lige nævnte værk *Dagligliv i Danmark 1620-1720* skriver, at det fremlægger et stort kulturhistorisk stof, men "savner en vis emnemæssig afgrænsning (f.eks. over for social og økonomisk historie)" (s. 166). Det har, så vidt jeg kan se, ført til, at dette værks indhold ikke har fundet anvendelse hos Ladewig Petersen, selv om det indeholder meget stof, der må karakteriseres som socialhistorisk. Som det er nu, er det sådan, at Ladewig Petersens bog om dansk socialhistorie og bindene om dagligliv i Danmark må supplere hinanden, hvis vi skal have den mest dækkende socialhistorie, også selv om sidstnævnte værk nogle steder mere beskæftiger sig med det kuriøse end noget tidstypisk.

Disse påpegninger af indholdsmæssige mangler skal ikke overskygge, at Ladewig Petersens bog er et pionerarbejde af sin art i en dansk sammenhæng, og at vi derfor ikke har kunnet kræve alt "fuldkomment" fra starten. En mængde stof, noget af det helt nyt, er her samlet for første gang og sat i en overordnet sammenhæng af en forfatter, der har overblik over sit stof og evner at fastholde sine problemstillinger hele vejen igennem. Det gælder

---

[19] Hvilket Ladewig Petersen måske prøver at overbevise os om, se s. 147, 155.
[20] Jeg tænker her både på Troels Lunds værk og den af Axel Steensberg udgivne "fortsættelse", se bibliografien hos Ladewig Petersen.

specielt vedrørende demografien og adelens økonomiske og sociale forhold, at der er tale om nyt materiale, ofte bearbejdet af Ladewig Petersen selv eller hans elever, og her gives en mængde talmateriale omhyggeligt indført i tabeller og ofte angivet med decimalers nøjagtighed. Desværre er det undtagelsen, at der er materialegrundlag for denne "nøjagtighed"; decimalerne kan vi for det meste meget nemt undvære og alligevel få et indtryk af en tendens i udviklingen eller i sammenhængen i en struktur. Jeg vil derimod ikke mene, at Ladewig Petersen gør for meget ud af kvantitative angivelser, selv om de sine steder måske giver læseren en falsk sikkerhedsfornemmelse, hvad angår vor viden på nogle områder. Det er snarere de ikke-kvantificerbare aspekter af socialhistorien, der skulle være gjort mere ud af.

Bogen er fyldt med en mængde rigtige præciseringer, som jeg ikke skal give eksempler på, og indeholder næsten hele vejen igennem en relevant social skelnen: vi får så at sige hele tiden at vide, hvilken betydning en bestemt tildragelse eller økonomisk eller social udvikling har for det enkelte sociale lag; det gøres hele tiden klart, at hvad der var en opgangstid for et socialt lag bestemt ikke nødvendigvis også var det for et andet. Det hører til en af undtagelserne, når det i forbindelsen med omtalen af, at det meste kildemateriales eksistens skyldes statsmagtens aktivitet, skrives, at det rummer risiko for, at man kommer "til at anskue udviklingen fra centrale eller fra de højere samfundslags synspunkter fremfor fra samfundets " (s. 23). Jeg har lidt svært ved at se, hvilken meningsfyldt fællesnævner, der skulle kunne bringe de modstridende interesser sammen i noget, der kan kaldes samfundets synspunkter i et samfund så socialt lagdelt og modsætningsfyldt, som det danske i det 16. og 17. århundrede. I samme sammenhæng kan det undre, at der gentagne gange tales om tidens "vedtagne" standsskema (bl.a. s. 225). Det er vist et eksempel på, at Ladewig Petersen er kommet til at anskue et forhold fra de højere samfundslags synspunkt. I hvert tilfælde var den sociale orden ikke vedtaget af andre end dem.

Periodisering

Ladewig Petersen har valgt titlen "Fra standssamfund til rangssamfund 1500-1700", hvilket ikke skal forlede læseren til at tro, at det er den tidsramme, bogen i snæver forstand omhandler. Ladewig Petersen skriver ganske rigtigt s. 19: "Det er naturligvis indlysende, at socialhistorien som forskningsobjekt ikke ændrer indhold ved år 1500 eller 1700 ..." Titlens angivelse af den tidsmæssige ramme er vel bestemt ud fra bindets placering i forhold til det samlede værk, men ikke desto mindre finder jeg den uheldig, når der ikke ved de nævnte århundredeskift finder nogen afgørende økonomiske og sociale ændringer sted. Det havde været mere rimeligt, om det havde været sådanne ændringer, der også i titlens periodeangivelse var kommet til at danne bogens kronologiske ramme. Iøvrigt rummer titlens angivelse af en udvikling i perioden fra stands- til rangssamfund, en udvikling, der hovedsageligt eller udelukkende vedrørte samfundets øverste sociale lag. Som Ladewig Petersen skriver s. 423: "Rangssamfundet åbnede for muligheden af en betydelig større social mobilitet i de højeste og dominerende samfundsgrupper ..."At rangssamfundet afløser standssamfundet har reelt da heller ikke mening for bønderne. Jeg vil stille spørgsmål ved, om det er rimeligt at karakterisere udviklingen i 1500- og 1600-tallets samlede danske sociale udvikling ud fra den betydning, den alene fik for de ca. 5% af befolkningen med den højeste sociale placering. At der så tilmed er tale om en uheldig og endog fejlagtig anvendelse af begreberne standssamfund og og rangssamfund, gør det ikke bedre. Havde det ikke været rimeligere at lade bogen få titel efter det danske samfunds "bærende element", bondestanden, for hvem 1600-tallet medførte forarmelse og social degradering (s. 19)?

Som ovenfor omtalt arbejdes der i bogen med tre tidsmæssige hovedperioder: 1. 1483-1558, 2. 1558-1629, 3. 1629-1700. Hvorfor netop denne faseinddeling af 1500- og 1600-tallets danske socialhistorie? Året 1483 er valgt fordi kong Hans' håndfæstning, Halmstadrecessen 1483, symboliserer standssamfundet (s. 19), mens 1558 bl.a. er valgt p.g.a. Koldingsrecessen, der er fra nævnte år, og som kan siges at markere slutningen på en udvikling under hvilken standssamfundets produktionssystem fikseredes via lovgivningen (s. 181, 231). Det kan selvfølgelig også nævnes, at der fra 1550'erne blev afset flere midler til sociale og undervisningsmæssige formål (s. 218) eller at købstadshandelen fra o. 1560 kom ind i nye baner (s. 230), samt at en stigende økonomisk vækst satte ind fra o. dette tidspunkt (s. 252). I sidste ende er det dog lovgivningen, der af Ladewig Petersen er blevet gjort til udgangspunkt for den nærmere bestemmelse af den første periodes begyndelses- og slutningsår. Hvorfor er året 1629 da anvendt som afslutning på den anden hovedperiode? Det skyldes først og fremmest de kgl. finansers forringelse og den stigende skatteudskrivning fra omkring dette tidspunkt (s. 74). Det kan derimod ikke skyldes, at den økonomiske vækst er stagneret, for det sker allerede omkring 1620 (s. 252). Slutåret 1700 argumenteres der ikke nærmere for; det nævnes tværtimod, at den sociale degradering var en udviklingslinie, der for bøndernes vedkommende fortsatte til 1750 (s. 375).

At jeg søger at afdække begrundelserne for Ladewig Petersens valg af periodisering er, at jeg mener, at de i høj grad er diskutable, og at han burde have gjort nærmere rede for, hvilke faktorer eller hvilket niveau vægten skal lægges på, når det er i socialhistorien, der foretages en faseinddeling. Er det ikke lidt underligt, at han s. 73 omtaler, at årene omkring midten af 1600-tallet - eller måske mere præcist efter ca. 1645 - "repræsenterer uomtvisteligt en kritisk fase eller endda en *strømkæntring* i landets sociale og økonomiske udvikling"(fremhævelsen er min, J.T.L.), og alligevel ikke bruger dette som udgangspunkt til en faseinddeling? At Ladewig Petersen vælger 1629 og ikke 1645 til en opdeling af faserne i den socialhistoriske udvikling kan bl.a. skyldes hans stærke tilslutning til Schumpeters teser, der går ud fra en ændring i fyrstemagtens situation, men ikke lægger vægt på andre elementer såsom drastiske ændringer i store og brede sociale lags situation, som udgangspunkt for en faseinddeling.

Kan det være rigtigt, at det, som Ladewig Petersen gør, skal være ændringer i overklassens sociale mobilitet, kgl. lovgivning og kongemagtens situation, der skal tages som udgangspunkt, når et socialhistorisk udviklingsforløb skal periodiseres? Jeg mener det ikke. Når man tager i betragtning, at det er socialhistorien, der skal periodiseres, mener jeg, at det er helt uacceptabelt, at Ladewig Petersen f.eks. har valgt året 1626 og ikke 1645 som vendepunkt i sin overordnede periodisering. Jeg er godt klar over, at der ved en periodisering i et arbejde som dette, hvor der skelnes mellem statiske og dynamiske elementer eller sagt på en anden måde, at der er tale om, at historien bevæger sig med forskellige hastigheder, nødvendigvis må blive tale om forskellige tider. Socialhistorien bevæger sig således langsommere end den politiske historie og de økonomiske konjunktursvingninger, men det må fastholdes, at de forskellige tider påvirker hinanden gensidigt. Det mener jeg må få den konsekvens for en periodisering, at man ikke kan faseinddele et dynamisk afsnit på trods af et statisk. Ladewig Petersen har i sit statiske hovedafsnit i bogens første del fundet et skel i historien både af betydning for de demografiske, økonomiske og sociale forhold omkring 1645. Så kan han ikke senere i det dynamiske hovedafsnit tillade sig at lave en faseinddeling, der går på tværs af det skel. Faseinddelingen i det dynamisk orienterede afsnit må være underordnet de skel, der er afdækket i den makrostatiske beskrivelse. Den logiske konsekvens ville have været, at Ladewig Petersen havde opdelt sin bog i to makrostatiske beskrivelser dækkende henholdsvis perioder før og efter ca. 1645 og inden for disse afsnit havde foretaget den dynamiske faseinddeling.

Der er ingen tvivl om, at det er de hovedproblemstillinger, Ladewig Petersen har forfulgt gennem bogen, der har påvirket periodiseringen. Når han kalder den første periode 1483-1559 for "Standssamfundet", ligger der deri, at der var fastlagt en bestemt social struktur med kun liden eller ingen social mobilitet, og det har været magtpåliggende for Ladewig Petersen netop at beskæftige sig med den sociale mobilitet. I den anden fase 1558-1629 med overskriften "Standssamfundets opløsning" fastholdes tilsyneladende den samme problematik, idet der antydes en ændring i den sociale mobilitet i selve overskriften, men året 1629 kan ikke siges at være skelsættende i den sammenhæng. Vi må derfor til den tredie fase 1629-1700 for i overskriften "Skattestatens vækst" at blive klar over, at Ladewig Petersen har forskudt interessen fra den sociale mobilitet til sin anden hovedproblemstilling, socialhistoriens drivkræfter, og for denne periode har fundet dem samlet i skattestatens vækst, som sætter ind fra 1629 ifølge Ladewig Petersen. Havde Ladewig Petersen fastholdt den sociale mobilitet som periodiseringsgrundlag og som samlende karakteristik af de enkelte faser, var der ikke blevet indsat et skel ved 1629, men først 1660, da det allerøverste borgerskab får lige adgang med adelen til gods og embede.

Det er vanskeligt at periodisere og oftest meningsløst at sætte et fast årstal på som skel i et socialhistorisk udviklingsforløb, men det må diskuteres, hvilke kriterier, der kan anvendes, og hvilket niveau, der tages udgangspunkt i. Som overordnede periodiseringskriterier kunne f.eks. tænkes anvendt en ændring i ejendomsretten til jorden, opkomsten af eller en social klasses forsvinden, en afgørende ændring af forholdet mellem de sociale klasser, en ny måde at binde/fastholde arbejdskraften på, en intensivering eller slækkelse af udbytningen m.m.; alle kriterier, der mere eller mindre er udtryk for det samme.

Ladewig Petersen har i sin bog behandlet et afsnit på et par århundreder af det danske feudalsamfunds historie, en periode der med en noget usikker ydre tidsramme omfattede årene mellem 1200 og 1800. Forud for den af Ladewig Petersen behandlede periode er der sket en afgørende ændring af landbosamfundets sociale struktur, idet middelalderens ekstensive storgodsdrift med anvendelse af arbejdspligtige landboer og/eller løs arbejdskraft gradvist afløstes af en intensiv rentegodsdrift med udbredt anvendelse af fæstebønder. Det vil sige, at en social klasse af landboer, gårdsæder og landarbejdere om end ikke helt forsvinder, så dog er ophørt med at være af nogen dominerende betydning, når vi nærmer os år 1500. Denne omlægning af godsdriften finder sted i løbet af 1300- og 1400-tallet som en langvarig proces, hvor det ikke er muligt entydigt at sige præcist hvornår skiftet er sket. Det er værd med Ladewig Petersen at bemærke, at denne ændring af landbosamfundets sociale struktur betød en social forbedring for det store flertal af landboerne, da de fra om ikke at have været helt jordløse, men kun indehavere af mindre jordlodder, nu dels lejede større gårde af mere ensartet størrelse, dels fik en større del af overskuddet af deres egen produktion. Den agrarkrise, der havde ført til omlægning af godsdriften, havde været en krise for godsbesidderne, ikke for de besiddelsesløse (s. 171).

Perioden efter 1450 og frem til 1520'erne præges af godsejernes, adelens, kirkens og kongemagtens forsøg på at kompensere for det med godsomlægningen medfølgende indtægtstab ved nye indhug i fæstebøndernes overskud. Det sker ved indførelse af en række nye afgifter i form af gæsteri, arbejdspenge, holdsafgifter for kvæg m.m. med henvisning til herskabets "herlighedsret". Eller ved at fæstebøndernes pligt til at stalde og fodre godsejerens stude og øksne udvides. Endelig søgtes bonden og hans arbejdskraft ved gennemførelse af en række tvangsforanstaltninger bundet til det enkelte gods og dets jorder. Dette såkaldte vornedskab indebar at fæstebønderne skulle forblive på det gods, hvor de var født og var forpligtede til at fæste øde gods. Ganske vist udstraktes vornedskabet kun til den sjællandske øgruppe, men i Jylland indførtes regler, der havde samme sigte, sikringen af godsejerens rente, idet det af fæstebondens arvinger krævedes, at de var ansvarlige for afgifter af ødegods.

Afgiftsforøgelserne og tvangsforanstaltningerne lod sig gennemføre uden organiseret modstand fra bøndernes side, selv om der var en sej passiv modstand fra "opsætsige og uhørsomme" bønder (s. 174). Dette forhold ændrede sig radikalt i 1520'rne og

30'erne, hvor bønderne under det sociale tryk søgte et organiseret oprør mod godsejervældet under Grevefejden. Oprøret rettede sig mod de stigende skatter og afgiftskrav og krænkelsen af hævdvundne rettigheder.

Oprøret blev til et knusende nederlag for bønderne, og ved et hårdhændet kollektivt restopgør og summariske domfældelser og afstraffelser søgte godsejerne at sikre sig mod fremtidige gentagelser. Det lykkedes til fulde på den måde, at det ikke mere kom til bondeoprør i de følgende århundreder, men må også ses i sammenhæng med, at godsejerne herefter rimeligvis havde et større blik for den hårfine balancegang mellem tryk og modtryk. Man veg tilbage for påny at presse bønderne til det punkt, hvor den passive modstand blev til åbent oprør, og der blev ikke rokket væsentligt ved den agrarstruktur, der var blevet etableret efter den senmiddelalderlige agrarkrise. En ny omfattende formindskelse af bondergårdenes størrelse blev ikke gennemført og gårdtallet mindskedes kun langsomt. Ikke mindst disse forhold har givet stabilitet i landbosamfundet.

Striden om fæstebøndernes rente til godsejerne hørte selvsagt ikke op hverken 1536 eller senere, men antog nye former i takt med vareomsætningens langsomme, men tiltagende betydning for godsejerne. Standssamfundets lovgivningsmæssige "fiksering" af hver stands rettigheder og pligter efter reformationen var en fiksering af først og fremmest godsejernes - kronens og adelens - rettigheder og interesser, mens det for bønderne var pligterne, der dominerede.

Det vil være muligt igennem forholdet mellem godsejere og jordens dyrkere - fæstebønderne og den efter 1550 genopståede og ekspanderende husmandsgruppe - at følge vareomsætningens stigende betydning og ikke mindst de rammer, den fungerede inden for. Det vil helt givet medføre en anden faseinddeling end den af Ladewig Petersen fastlagte, der i alt for høj grad ser samfundets dynamik i andre og mere eksterne forhold. 1500-tallets stigende udenlandske efterspørgsel efter agrarprodukter ser Ladewig Petersen som en afgørende dynamisk faktor for den økonomiske og sociale udvikling i Danmark (se s. 188 f., 250, 255, 258 f., 319). Jeg kan kun se den som et incitament for godsejerne til at øge/sælge deres overskudsproduktion, mens dynamikken lå i relationen mellem godsejerne og jordens dyrkere; i hvilket omfang var det muligt for godsejerne at øge deres andel af fæstebøndernes og husmændenes produktion med henblik på salg? Her kan der meget groft aftegnes to faser: den første op til omkring 1600 med svagt stigende afgifter og perioden derefter med vægten på især stigningen af hoveriet.

En driftsomlægning fandt også sted, men den gik langsomt og formede sig som en udvidelse af hovedgårdenes drift ved hjælp af hovbønder og husmænd. Hovedgårdsdriften udvidedes dog slet ikke i denne periode til de dimensioner, den havde haft i middelalderen, og Ladewig Petersen ser givetvis rigtigt udvidelsen som mest skatteteknisk bestemt (s. 359 f.)

Endelig skal påpeges den stigende tendens til, at godsejerne ville have hele den agrare overskudsproduktion til at passere deres hænder. Bønderne blev efterhånden beskåret i deres tidligere muligheder for at sælge et eventuelt overskud frit. Nu skulle det først tilbydes godsejeren, hvad enten det gjaldt korn eller øksne.

Mit ærinde i dette afsnit har kort og godt været at foreslå en periodisering af dansk socialhistorie i denne periode ud fra relationen mellem godsejere og fæstere, mens de øvrige sociale lags udvikling må grupperes her omkring, da de alle i et mere eller mindre direkte forhold var påvirkede og afhængige heraf. Ved at strukturere og periodisere omkring denne relation og med udgangspunkt i landbosamfundet i det hele taget, opnås der det, at vi for det første ikke kan komme til at forveksle 1500- og 1600-tallets socialhistorie med vores egen, og interessen forskydes fra handel og omsætning til produktionen og striden om andelen i overskuddet af denne. Det vil give et mere velafbalanceret billede af datidens socialhistorie, end når den begrænsede vareproduktion, priser, eksport, social mobilitet m.m. sættes i centrum, som det er sket hos Ladewig Petersen. Byernes rolle og funktion skal ses ud fra og i sammenhæng med landbosamfundet, og ikke opfattes som mere eller mindre uafhængige og selvstændige enheder, og de kan slet ikke tages som indikator for en fundamentalt ny social udvikling. Byerne er tværtimod et integreret led i det bestående feudalsamfund, omend de fik stigende betydning inden for dette.

For det andet undgås der med den her skitserede betragtningsmåde den situation, at man, som efter læsningen af Ladewig Petersens bind af socialhistorien, næsten kommer til at opfatte det som en forlængelse bagud af Svend Aage Hansens *Økonomisk vækst i Danmark, I: 1720-1914*, 1972.

Afslutning

Jeg skal ikke her komme nærmere ind på alle de metoder og angrebsvinkler, der kunne eller burde anvendes i en socialhistorisk syntese, men slutte med at fremhæve en, som Ladewig Petersen anvender igennem det meste af sin bog og som er med til at hæve den op over næsten al den hidtidige danske socialhistoriske forskning for perioden, den meget omfattende anvendelse af den komparative metode. Ved stadige sammenligninger af forhold ikke alene forskellige steder i Danmark, men især med tilsvarende eller anderledes forhold i det samtidige Europa, sættes dansk socialhistorie ind i et europæisk perspektiv, der åbner for nye problemstillinger og hovedlinier (se eks. s. 20, 27, 73, 97, 113, 154, 156, 256, 258, 260, 348, 422 m.m.). Det er en metode, der kræver en meget omfattende belæsthed og overblik over også den internationale litteratur, hvad både bogens indhold og bibliografi vidner om, at Ladewig Petersen er i besiddelse af.[21]

Når det tages i betragtning, hvilket grundlag der har været at opbygge en socialhistorisk syntese ud fra - mangelfuld eller delvis forældet forskning med primitive metoder - undskylder man gerne, at det ikke er på alle områder, at der i bogen er taget nye metoder og tilgangsvinkler op. Allerede i sin foreliggende form giver bogen et godt udgangspunkt for at inddrage dansk socialhistorie og historie i det hele taget i de diskussioner, der på internationalt plan foregår om en række centrale emner som det 17. århundredes krise, befolkningsforholdenes og den ekspanderende handels betydning for samfundsudviklingen i forhold til andre faktorer m.m. Det er i sig selv ikke så lidt.

---

[21] Det er at beklage, at der er gået så lang tid fra manuskriptets afslutning (1976) til dets udgivelse, da det bl.a. har medført, at Ladewig Petersen ikke har kunnet tage stilling til den meget centrale debat i *Past and Present*, som er fremkaldt af Robert Brenners „Agrarian Class Structure and Economic Development in Pre-Industrial Europe" i nævnte tidsskrift nr. 70, s. 30-75.

Retstilstande i Danmark i 1500- og 1600-tallet

Det er ikke så meget genudgivelsen af Hans H. Fussings disputats *Herremand og Fæstebonde. Studier i dansk Landbrugshistorie omkring 1600* (1942/1973), der foranlediger disse linier, da der i sig selv ikke er nogen mening i "at slå en død mand ihjel", som det er den efter min mening ukritiske brug, en række senere historikere har gjort af Fussings resultater og især af hans hovedtese, at Danmark i 1600-tallet var et retssamfund.

Allerede ved udgivelsen af disputatsen[1] og senere ved Fussings død[2] blev der rejst udtalt tvivl om, at han havde vist, at Danmark i 1600-tallet havde været et retssamfund, ligesom der blev sat et stort spørgsmålstegn ved en række af disputatsens undersøgelsesresultater, selv om både den konservative Knud Fabricius og den overfor adelen sympatisk indstillede C. O. Bøggild-Andersen fandt, at bogen og dens resultater havde en tiltalende tendens. Det vil sige, selv om de mente, at Fussing havde benyttet et alt for spinkelt og utilstrækkeligt statistisk materiale fra tingbøgerne,[3] sympatiserede de med Fussings hovedkonklusion, uagtet at den stod udokumenteret, og at de heller ikke selv kunne hverken be- eller afkræfte den. Her skal det måske indskydes, at disputatsens første udgivelse i 1942 under den tyske besættelse måske kan have ledt både Fussing og hans anmeldere til at se noget positivt nationalt i at få fastslået, at Danmark var et gammelt retssamfund, og anmelderne derfor fandt Fussings tese

---

[1] For de vigtigste anmeldelser se H. Bruun: *Dansk historisk bibliografi 1912-1942*, 1, 1966, s. 397. Desværre undlod den ene af de officielle opponenter ved Fussings disputats, Albert Olsen, at lade sin vurdering trykke.

[2] K. Fabricius' nekrolog i *Historisk tidsskrift* 11.V, 1956-59, s. 225-229 og C. O. Bøggild-Andersen i H. H. Fussing: *Bybefolkningen 1600-1660*, Århus 1957, s. IX-XIII.

[3] Kun Povl Bagge godtog, at der var tale om en statistisk undersøgelse, Historie som videnskab, *Nordisk Tidsskrift*, Ny serie XVIII, 1942, s. 492.

tiltalende.[4] Imidlertid blev denne opfattelse som antydet fastholdt også i 1950'erne efter Fussings død, og da var der hverken manden selv eller nogen besættelsesmagt at tage hensyn til.

På trods af de samtidige og senere forbehold, der blev taget overfor Fussings metode og resultater, herunder hans hovedtese, tog Svend Ellehøj denne sidstnævnte til sig i 1963 så at sige uden forbehold i vort lands hidtil mest udbredte Danmarkshistorie, Politikens, hvor han i bind 7, omhandlende perioden 1596-1660, skrev: "Ikke uden ret konkluderede Fussing med de stolte ord "Danmark var et retssamfund". Blot skal det siges, at en bonde kunne blive ruineret på at føre sin sag igennem".[5] Hermed var Fussings "tiltalende", men uunderbyggede konklusion endeligt blevet accepteret og har siden kunnet vandre videre i en del af den historiske litteratur, som en knæsat opfattelse.

Det gælder især hos en af vore førende eksperter i 1500- og 1600-tallets historie, professor Erling Ladewig Petersen, der i et indlæg på det nordiske historikermøde i 1974 skrev følgende om "bondeundertrykkelsens" (anførselstegnene er selvsagt Ladewig Petersens) retlige aspekter:

"Netop hvad angår de retlige aspekter har man dog indvundet *fyldestgørende* resultater.[6] Hovedkonklusionen af dr. H. H. Fussings studier over retsforholdet mellem herremand og fæstebonde omkring 1600 er, at bønderne synes at have nydt *absolut* retssikkerhed, og at regeringen og domstolene har lagt vægt *på fuld* retsdisciplin; en anden sag er det, at vi naturligvis kun kender udfaldet af de sager, bønderne havde mod og midler til at forebringe domstolene.[7] Et andet hovedresultat må det siges at være, at bøndernes afgifter fra det 16. århundrede synes at være blevet

---

[4] Bl. a. Fridlev Skrubbeltrang (*Det danske Landbosamfund 1500 1800,* 1978, s. 71), Claus Bjørn (*Dansk biografisk leksikon* 3. udg. 5, 1980, s. 50) og Erling Ladewig Petersen (Fra standssamfund til rangssamfund 1500-1700, *Dansk socialhistorie* 3, 1980, s. 309) nævner udgivelsestidspunktets mulige betydning uden mere konkret at redegøre for hvilke konsekvenser, det kan have haft.

[5] Christian 4.s Tidsalder 1596-1660, *Danmarks historie,* 7, 1963, red. af John Danstrup og Hal Koch, s. 93. Det skal iøvrigt bemærkes, at C. Rise Hansen i sit afsnit om "Bonden og retsplejen" og iøvrigt undlod at benytte Fussings hovedtese, da han bidrog til *Danmarks historie,* 1, 1950, udg. af Historikergruppen ved Johan Hvidtfeldt m. fl.

[6] Her henvises til Fussings disputats.

[7] Dette er ikke helt præcist; vi kender også resultatet af de retssager, der var rejst af herremændene.

sædvanemæssigt fikseret, således at adelen næppe havde adgang til vilkårlige forhøjelser af landgilde og hoveriydelser".[8] (Alle fremhævelser er mine, J.T.L.).

Hos Ladewig Petersen synes i 1974 ethvert forbehold overfor Fussings metode og resultater at være forsvundet, og det synes også at være tilfældet i Gyldendals *Danmarks historie*, 1980, hvor Ladewig Petersen har skrevet en del af afsnittet om perioden 1559-1648. Han fastholder her sin tidligere vurdering, idet han dog skelner mellem de enkelte retsinstanser: "Urimelige domme og forfølgelse af menigmand kunne forekomme på herreds- og birketing, men hørte til sjældenhederne, og både landstingene og rettertinget dømte i hvert fald såvidt vi er underrettet upartisk, undertiden endda med bondevenlig tendens".[9]

Denne de højere retsinstansers mulige mere bondevenlige indstilling gentager Ladewig Petersen et par gange som sin opfattelse i det bind af *Dansk socialhistorie*, som han har forfattet, og det er egentligt først dette arbejdes fremkomst, der for alvor har foranlediget mig til at gøre indsigelse mod "retssamfundstesen", idet den heri for det første slås fast igen gang på gang, undergår visse ændringer i forhold til Ladewig Petersens tidligere opfattelse og sættes i en relation til andre udviklingslinier på en måde, der efter min mening intet belæg foreligger for. For det andet har det skuffet mig, at netop *Fra standssamfund til rangssamfund 1500-1700*, der iøvrigt er et uomgængeligt og meget inspirerende pionerarbejde både om periodens sociale og også økonomiske historie, også skal rumme en - ganske vist ændret - udgave af Fussings teser, da arbejdet netop i øvrigt demonstrerer, at Ladewig Petersen så godt som nogen er klar over og formulerer betragtninger om privilegie- og standssamfundets karakter og om lovgivningen og retsvæsenet som et instrument i kongemagtens og adelens hænder.[10]

I sit bind af socialhistorien dels ændrer, dels uddyber Ladewig Petersen sine tidligere synspunkter på retstilstandene i 1500- og 1600-tallet, dels tillægger han Fussing resultater, som ikke

---

[8] Adelig godsdrift i 1600-tallets Danmark, *Från medeltid till välfärdssamhälle*. Nordiska historikermödet i Uppsala. Föredrag och mötesförhandlingar, Stockholm 1976, s. 73.
[9] *Danmarks historie 2. Tiden 1340-1648*. Andet halvbind: 1559-1648. Red. af Aksel E. Christensen m.fl., 1980, s. 394.
[10] Ladewig Petersen 1980 f.eks. s. 112 f., 119, 156, 176 f.

genfindes i dennes disputats. Mens Ladewig Petersen i 1974 ikke angav nogen nærmere tidsmæssig inddeling for udviklingen i retsforholdene ud over det noget svævende omkring 1600, mener han i 1980, at der fra reformationen til omkring 1600 var tale om en ubetinget retssikkerhed for bondesamfundet, og at Fussings hovedtese om retsforholdet først og fremmest har gyldighed for domstolenes praksis. Det vil formentlig sige, at Ladewig Petersen hermed tager det forbehold, at bønderne ikke nødvendigvis havde de penge, der skulle til for at føre deres sag, men kom en sag for rettertinget, blev den ifølge Ladewig Petersen pådømt "absolut uvildigt, og i hvert tilfælde indtil 1600 måske endda med tilbøjelighed til "bondevenlighed"".[11] Det er hos Ladewig Petersen en af de gennemgående linier i udviklingen, at det nye styre, der etableredes efter reformationen og som endeligt udstak standssamfundets legale og programmatiske rammer, sikrede bøndernes retssikkerhed, og at det var en af de "goder", der hindrede, at Danmark fik en tilsvarende modstand mod fæstesystemet og godsejervældet fra bøndernes side, som det var tilfældet mange steder i udlandet, idet landgilden forblev uforanderlig og hoveriets sædvanemæssige størrelse respekteredes.[12] Efter 1600 ændredes forholdene imidlertid, idet den grundlæggende recesbestemmelse fra 1558 om herremandens ret til at gøre sig sit gods så nyttig, som han kunne, omfortolkedes af domstolene således, at det derefter var muligt vilkårligt at øge bøndernes hoveri, og det legaliseredes at inddrage bøndergårde under de skattefrie hovedgårde. Ladewig Petersen mener ikke, at denne omfortolkning har stået Fussing klart, men at Fussing på den anden side var "på det rene med", at der skete en ændring af forholdene omkring 1600.[13]

Dette sidste kan jeg kun være enig i, men jeg skal samtidig påpege, at Fussing ikke, som Ladewig Petersen har opfattet det,

---

[11] Ibid. s. 156 f., 182 f. Citatet fra s. 183.

[12] Ibid. især s. 426. Jfr. professor Troels Dahlerups anmeldelse i *Information* 6. maj 1980, hvor opfattelsen ang. retstilstanden og landgildens uforanderlighed tiltrædes. I øvrigt udtaler Ladewig Petersen sig i 1980 i sine forskningsoversigter i både bindet af socialhistorien og i den nye Danmarkshistorie lige så kategorisk, som han havde gjort i 1974, om den sikkerhed og dokumentation, vi har med hensyn til vor viden om retsforholdene, og det stadig med henvisning til Fussings disputats og enkelte af hans artikler (se de anf. arbejder henholdsvis s. 309 for socialhistoriens vedkommende og s. 401f., 435 f. i Danmarkshistorien).

[13] Ladewig Petersen 1980, s. 309, 349 og note 9 anf. arbejde s. 407, 436.

på grundlag af et stort kildemateriale nåede til at kunne fastslå landgildens uforanderlighed. Tværtimod. Fussing konstaterede dens stadige stigning indtil omkring 1600, samt at dens størrelse først fikseredes omkring 1650.[14] Heller ikke møntede Fussing sin hovedkonklusion, Danmark var et retssamfund, som Ladewig Petersen nu gør det, på 1500-tallet, men skriver selv udtrykkeligt, at man i hvert tilfælde *efter* 1600 levede i et retssamfund, selv om der var en tendens til stigende retssikkerhed op mod 1600.[15]

Det er med andre ord nogle meget markante nytolkninger, som Ladewig Petersen har foretaget kun på grundlag af Fussings undersøgelser (?) både i forhold til sin egen tidligere holdning og i forhold til Fussings opfattelse. Jeg skal nedenfor tage stilling til dem i forbindelse med en vurdering af Fussings resultaters holdbarhed.

Hvor Ladewig Petersen i 1974 havde skrevet, at adelen næppe havde adgang til vilkårlige forhøjelser af bøndernes forpligtelser og byrder, hed det i 1977 i kollegaen, Knud J. V. Jespersens disputats, at "vel forekom der hist og her visse overgreb, men det helt dominerende indtryk var, at der inden for den adelige stand herskede en betydelig selvjustits, ligesom der var adskillige eksempler på, at adelige havde lidt nederlag i retssager mod bønder, og endelig at kronen så langt fra at stå som de svages beskytter selv gik i spidsen med forøgelse af hoveriet."[16] Iøvrigt tilslutter Jespersen sig helt Fussings "stolte" ord og mener iøvrigt i lighed med Ladewig Petersen,[17] at Fussings undersøgelse afslø-

---

[14] H.H. Fussing: *Herremand og Fæstebonde*, 1942, s. 99, 190, 456. Hos Skrubbeltrang 1978, s. 85 tiltrædes Fussings opfattelse. I *Landgilde og udsæd på Sjælland i de store mageskifters tidsalder*, 1968 (s. 44 f., 152) indrømmer Svend Gissel, at der fandt *en formel stigning* i landgilden sted, men at den, hvor det skete, var "solidt sagligt" begrundet, d.v.s. skyldtes en forøgelse af jordtilliggendet eller pengenes dalende værdi. Det vil sige, at Gissel ikke mener, at der fandt en *reel* landgildestigning sted, da den *var funktionelt betinget* og ikke resultatet af forholdet mellem udbud og efterspørgsel eller det sociale styrkeforhold mellem herremand og fæstebonde. Problemet er dog ikke afklaret med Gissels undersøgelser, og slet ikke når vi nærmer os perioden omkring 1600 (jfr. i øvrigt den indgående anmeldelse af Gissels disputats i *Historisk tidsskrift* 12. IV., 1972-73, s. 233-53, spec. s. 241, 245 ff.).
[15] Fussing 1942, s. 412, 423.
[16] Knud J. V. Jespersen: *Rostjenestetaksation og adelsgods*, Odense 1977, s. 14.
[17] Anmeldelse af Jespersens disp. i *Historisk tidsskrift* 78, 1978, s. 541.

rede en af grundpillerne i J. A. Fridericias "klassiske opfattelse", nemlig at adelen misbrugte sin domsrettighed til egen fordel og vilkårligt øgede fæstebøndernes afgifter og hoveribyrde, som en myte.[18]

Det er her ikke meningen at forsvare Fridericias klassiske standpunkt; det skal med det samme indrømmes, at Fridericias "adelsfjendtlige" eller mere præcist tydelige sympatier for borgerstanden satte sit præg på hans arbejder også i form af vurderinger og konklusioner, hvor materialet ikke gav ham entydigt medhold, men hvor han tog den fremadstræbende borgerstands interesser til sig og gjorde dem til sine ud fra sin tids forudsætninger. Noget andet er imidlertid, om det har været afgørende for den problematik, der her er til debat.

Fridericia nåede til sit klassiske "mørke" syn på bøndernes vilkår ved en generel bedømmelse af samfundssystemet og retssystemet specielt, et system, der helt og holdent var i kongemagtens og adelens hænder; ved en betragtning af lovgivningen som skrevet ud fra og til fordel for godsejernes interesser, samt ud fra den konstatering, at der i realiteten skete en stigning i bøndernes samlede byrder frem mod 1660.

Allerede Johannes Steenstrup imødegik Fridericias standpunkt og gjorde sig til hovedtalsmand for det "lyse" syn på bøndernes kår, idet han søgte at bevise, hvad der er blevet kaldt en "kompensationsteori", gående ud på, at såfremt der i perioden skete ændringer i bøndernes forhold på et område, f.eks. i form af mere hoveri, modsvaredes det af lettelser på andre.[19] Som det senere vil fremgå, kan Fussing karakteriseres som en arvtager af Steenstrups hovedopfattelse med visse modifikationer.

Fridericias kritikere, i det mindste fra Fussing og fremefter, forsøger at aflive hans opfattelse ved at splitte problemet op i nogle bestanddele og se bort fra andre, bestanddele, der netop skal ses i deres sammenhæng for at give en dækkende karakteristik af retsforholdene. Fridericia nåede til sin konklusion ved at betragte

---

[18] Jespersen 1977, s. 14.
[19] Fridericia bl.a. i *Adelsvældens sidste Dage*, 1894, s. 82-99. Steenstrup bl.a. i *Den danske Bonde og Friheden*, 1888 og i Nogle Undersøgelser om Fæstebondens Retsforhold i ældre Tid, *Historisk Tidsskrift* 5. Vl., 1887, s. 655-714. Om "kompensationsteorien" se C. Rise Hansens anm. af Fussing i *Socialisten* 39, 1942, s. 173 f. og F. Skrubbeltrangs i *Dansk Landbrug* 61, 1942, 29-32.

retsudviklingen i dens totale funktionelle kontekst, mens hans kritikere forsøger at aflive den ved at focusere på enkeltaspekter revet ud af deres sammenhæng. Dette er mest besynderligt i Ladewig Petersens tilfælde, da han synes at have gjort sig karakteren af de privilegeredes standssamfund klart, men hvad angår retsudviklingen mener jeg, at hans ellers iøvrigt træffende og præcise jugement svigter ham.

Jeg skal i det følgende kun forsøge at kaste lys over retstilstandene i 1500- og 1600-tallet ved en kritisk stillingtagen til hele Fussings metode og materiale og en del af hans angivelige hovedresultater, da det er hans disputats, der hidtil så godt som alene har dannet udgangspunktet for vurderingerne af problematikken.

Allerede i de samtidige anmeldelser blev det nævnt, at Fussing havde en tendens til at ville drive statistik på et for spinkelt eller ikke repræsentativt materiale. Jeg skal straks give flere eksempler herpå for at illustrere hans arbejdsmetode og metodiske svagheder, men inden skal jeg redegøre for en række generelle problemer ved anvendelsen af det retsmateriale, som Fussing bl.a. forsøger at drive en slags statistik på, og som han ikke selv har redegjort tilstrækkeligt for.

I nedenstående tabel bringes en systematisk oversigt over det samlede af Fussing benyttede antal tingbøger med angivelse af deres tidsmæssige spredning, geografiske fordeling på landsdele og fordeling på domsinstanser. Jeg skal med det samme tilføje, at man med tabellen ikke samtidig har en oversigt over det samlede bevarede tingbogsmateriale, at der intet kan aflæses om omfanget af den enkelte tingbog, samt at de landstings- og rettertingsdomme, Fussing har fundet frem fra private domssamlinger ikke har kunnet inkluderes, men iøvrigt kun yderligere vil bidrage til de skævheder i materialets sammensætning, som i det følgende skal påvises.

Tabel: Sammensætningen af det af H. H. Fussing benyttede tingbogsmateriale.[20]

	Antal ting steder	Tingbøger			
		Før 1600	1600-24	1625-60	I alt
1. Rettertinget	1	63	25	36	124
2. Viborg landsting	1	3	24	46	73
3. Fyns landsting	1	0	4	15	19
4. Skåne	1	0	0	2	2
5. Halland	3	8	0	9	17
6. Sjælland	7	0	9	19	28
7. Fyn	9	0	5	34	39
8. Jylland	18	6	15	182	203
1 til 8	41	80	82	343	505
1 til 3	3	56	53	97	216
4 til 8	38	14	29	246	289

Indtil 1600 er kun 17,5% af materialet fra herreds- eller birketing, mens resten (82,5%) er fra enten landstingene eller rettertinget (alle procentopgivelser i det følgende er beregnet på grundlag af tabellen). Rettertingsdombøgerne udgør før 1600 alene 78,8% af Fussings samlede materiale for denne periode. Det vil sige, at tingbogsmaterialet fra de laveste retsinstanser er yderst sparsomt repræsenteret før 1600. Det drejer sig konkret om tingbøger fra 2 herreder i Halland og fra Børglum herred og Kærgård birk i Jylland eller i alt tingbøger for en 14 års periode med en meget begrænset geografisk dækning. Dette er vigtigt at holde sig for øje, da det netop var det laveste domstolsniveau, herreds- og birketingene, landbefolkningen først og oftest ville komme i berøring med, og her ville den få sine sager pådømt. Herfra gik den kun videre til de højere retsinstanser, hvis en af parterne ikke affandt sig med den første afgørelse. Det fremgår af Fussings bog, at bønderne i alt overvejende grad har gjort dette, da det i hans materiale i de fleste tilfælde er herremændene, der har anket en afgørelse og ikke bønderne. Dette kan ikke tages til indtægt for

---

[20] Fussing 1942, s. 493-94.

den opfattelse, at bønderne ved laveste domsinstans har fået en retfærdig behandling, og derfor ikke i så høj grad har ønsket at anke domme, som det er et udtryk for deres ulige ringere materielle muligheder for at føre deres sager videre end herremændene.[21] Dertil kommer så også det nødvendige mod til fortsat at sætte sig op mod herremanden og muligheden for, at herremanden på en anden måde kunne gribe ind overfor den "stædige" eller "opsætsige" bonde.

Også for den første fjerdedel af 1600-tallet er Fussings tingbogsmateriale på laveste domstolsniveau meget begrænset i forhold til de højere, idet det her som ovenfor må inddrages, at herreds- og birketingsbøgerne oprindeligt har udgjort den altovervejende masse af det samlede tingbogsmateriale, hvilket gør skævheden endnu større. Kun 35,4% af tingbøgerne fra 1600-1624 er fra de laveste retsinstanser, mens resten, næsten 2/3 (64,6%) fortsat er fra de højere domsinstanser. Det er først for perioden 1625-1660, at der bliver noget mere balance i forholdet mellem antallet af tingbøger fra de forskellige retsinstanser (71,2% er nu fra laveste og 28,8% fra de højere domsmyndigheder), og det fremgår allerede af tabellen, at det er fra denne periode, at den alt overvejende del af Fussings samlede tingbogsmateriale er koncentreret, nemlig 68%, mod 15,9% i perioden op til 1600 og resten 16,2% mellem 1600 og 1624. Denne koncentration af Fussings materiale til perioden 1625-1660 er mest udtalt for de laveste retsinstansers vedkommende. Ikke mindre end 85% af dette materiale er fra denne periode alene, mens det for de højere domsinstansers vedkommende kun er 44,9%.

Det kan på grundlag af en generel undersøgelse af det samlede af Fussing udnyttede tingbogsmateriales tidsmæssige spredning og fordeling på domsinstanser konkluderes, at det kun for perioden mellem 1625 og 1660 har en sådan spredning og er af et sådant omfang, at det synes umiddelbart, men ikke uden forbehold at kunne anvendes til repræsentative undersøgelser af retspraksis.

Det er imidlertid ikke nok at påpege materialets store tidsmæssige skævhed og dets ensidighed, hvad angår fordelingen på domstolsniveau. Som det fremgår af tabellen, er der også tale

---

[21] Dette aspekt har også Fussing og senere Ellehøj og Ladewig Petersen hæftet sig ved, som rimeligt er, men uden heraf at drage nogen konsekvens med hensyn til "retssamfundet".

om en stor geografisk skævhed, og uden på dette punkt at gå i detaljer skal det bemærkes, at skævheden er udtalt på alle retsniveauer. For det laveste retsniveau er det grelleste nok misforholdet mellem landsdelene for perioden 1625-1660 med Jyllands store overvægt, og det helt utilstrækkelige materiale fra bl.a. Sjælland.[22] For tiden før 1625 kan det end ikke betale sig at gøre tilsvarende overvejelser, da materialet her i sig selv er alt for spinkelt.

Et er at påpege disse skævheder i det samlede tingbogsmateriale, som Fussing har benyttet, noget andet er, om han i sin bearbejdelse af det metodisk har taget højde herfor og inddraget det, før han nåede sine resultater, og det synes kun undtagelsesvis at være tilfældet. Fussing undlader at gøre sig nogle mere metodiske overvejelser omkring, hvordan et så stort og ujævnt materiale kan udnyttes, så der kommer seriøse resultater ud af det, ligesom hans statistiske metode og fremgangsmåde er på et ringe niveau, hvilket straks skal demonstreres. Hvad der for Fussing først og fremmest har været grund til at nævne af problemer, er besværlighederne med overhovedet at læse og anvende den enkelte tingbog,[23] og vanskelighederne er mange. Referaternes fyldighed og længde varierer stærkt fra ting til ting og fra skriver til skriver. Ofte har skriveren på tingdagen gjort optegnelser på sedler for senere at indføre dem i tingbogen. Det er da hændt, at optegnelserne er blevet borte eller at det indførte referat blot er blevet til et notat, der registrerer parternes navne samt karakteren af den stedfundne retshandling. På et sådant grundlag er det især for herreds- og birketingbøgernes vedkommende ofte vanskeligt eller umuligt at afgøre hvem af parterne, der har haft "ret".[24] Dette fritager imidlertid ikke Fussing for at foretage de relevante metodiske overvejelser i forbindelse med sine undersøgelser, og da slet ikke når det som her drejer sig om en disputats.

Jeg skal herefter gå over til at give nogle eksempler på Fussings "statistiske bearbejdelse" af sit materiale. Fussing undersøger bl.a. fæsternes hjemsted på grundlag af jorde- og tingbøgers oplysninger om bønder med navne efter landsdele eller mindre lokaliteter (s. 27-34). Han splitter landet op i landsdelene Skåne og Halland, Sjælland, Lolland, Fyn og Jylland og konkluderer

---

[22] Jfr. også Fussings bemærkninger 1942, s. 4, 455 f.
[23] Fussing 1942, s. 4, 423.
[24] Jfr. Poul Meyer: Dom og dele, *Bol og By* 4, 1963, s. 34 f.

44

(med forsigtighed?), at der er foregået en vandring mod Sjælland (s. 28). Ønsker vi nærmere oplysninger om materialets repræsentativitet, lades vi i stikken, idet det blot oplyses, at det er fra alle landsdele! Om materialets omfang oplyses det derimod, at der er gennemgået 5.215 bondenavne, hvoraf der i 149 tilfælde blev fundet landsdelsnavn (s. 27). Det vil sige, at kun om 2,9% af det samlede antal bønder var der oplysninger at hente, og når hertil føjes at en mand, der kaldes jyde, fynbo o.lign. slet ikke behøver at være tilrejst fra den pågældende landsdel, må Fussings undersøgelse siges at hvile på et mere end spinkelt grundlag. Det er overhovedet ikke muligt at udtale sig om vandringer på grundlag af et ikke-repræsentativt materiale, hvor der i 97,1% af tilfældene ingen oplysninger foreligger. At konklusionen muligvis er rigtig, skal ikke benægtes, blot kan det konstateres, at Fussing end ikke har sandsynliggjort det.

Senere forsøger Fussing at vise, hvordan domssagerne om hoveriforsømmelser kunne fordele sig inden for et enkelt herred, idet han prøver at godtgøre, at der i perioden 1636-1650 på 4 adelsgodser kun var tale om 8 hoveriforsømmelser i alt (s. 200). Det er klart, at den slags opstillinger kun har ringe værdi, da det ikke er til at afgøre, hvor mange forsømmelser, der ikke er nået frem til at blive registreret i tingbøgerne, hvad man kunne fristes til at tro måtte være flertallet. Endnu mere betænkeligt er det, at Fussing ud fra disse 8 registrerede hoveriforsømmelser konkluderer, at skønt hoveriet har været omfattende og voksende, har det i almindelighed været tåleligt for bønderne (s. 201). Denne betænkelighed bliver ikke mindre af, at andre omstændigheder, som Fussing selv omtaler andetsteds, går direkte imod hans opfattelse. Det gælder således, hvor det nævnes, at bønderne følte sig overbebyrdet med ægter (s. 198), hvor bønderne siger deres fæste op, fordi de ikke kunne klare arbejdsbyrderne (s. 299 f.), og hvor det nævnes, at rømninger fra gårdene var temmelig hyppige (s. 308). Her er det snarere Fussings sympatier og ikke hans materiale og undersøgelser, der har været afgørende for konklusionen.

Alene disse eksempler viser, at Fussing i virkeligheden overhovedet ikke benytter sig af, hvad der kan karakteriseres som en statistisk bearbejdelse af sit materiale.

Et andet eksempel på Fussings brug af sit kildemateriale fås s. 209-12, hvor han søger at vise, at man satte hoveriets størrelse i forhold til den enkelte gårds hartkorn. Han indrømmer, at der er tale om et meget sparsomt materiale til belysning af problematikken (s. 210), og bygger på i alt 8 udvalgte retssager, alle fra perioden 1625-60, hvori der skal findes klare udtryk for, at der skulle ydes hoveri efter skyld og landgilde, eller hvoraf det fremgår, at selv om der sad to bønder på en fæstegård, skulle de kun yde hoveri som *en* bonde. På trods af materialets omfang og kronologiske skævhed viger Fussing ikke tilbage for at mene, at hoveriets størrelse afhang af gårdens størrelse.

Hvad Fussing her vil have læseren til at acceptere er, at herremændene lod foretage en ligelig fordeling af hovarbejdet på den måde, at fæsteren på det mindre brug skulle yde relativt mindre hoveri end fæsteren på det større brug, og at det skulle være sket uanset om der sad to fæstere på den ene gård; i alt skulle de kun yde en fæsters relative andel af det samlede hoveri. Fussing formulerer det selv således "at den samme fæstegaard ikke altid ydede samme hoverimængde, men samme kvotadel af den af godset krævede hoveriydelse" (s. 212). Det kan vist bedst karakteriseres som en idealbetragtning; sandsynliggjort bliver den ikke af de omtalte 8 udvalgte sager, og opgørelser eller lister over hoveriets størrelse på de adelige godser for den enkelte gård og med oplysning om gårdens størrelse foreligger ikke. Skal man komme Fussing i møde, kan man sige, at det måske har været *tilstræbt*, at den samme fæstegård hele tiden ydede samme relative del af godsets i alt krævede hoverimængde, men at det har været vanskeligt og blev vanskeligere med tiden efterhånden, som der krævedes mere og mere hovarbejde, idet det ville kræve omfattende nyberegninger af den enkelte fæsters andel i hoveribyrden hver gang, der gradvist blev foretaget en udvidelse af det samlede hoveris omfang. Blev sådanne nyberegninger, som Fussings opfattelse forudsætter, mon virkeligt foretaget? Næppe. En lang række faktorer kan have medvirket til, at den muligt tilstræbte ligelige fordeling af hovarbejdet ikke blev til virkelighed: herremanden kan have benyttet sig specielt af de bønder, der boede allernærmest hovedgården eller kan have lovet potentielle nye fæstere en formindskelse af deres hoveribyrde for at få ledige gårde besat. Fussing fremdrager selv eksempler på det sidste (s. 212). Disse og lignende lokale eller tidsbestemte forhold kan meget let bidrage til et billede af hoveriets relative fordeling, der kommer til at ligge et godt stykke fra den idealbetragtning, som Fussing ovenfor er citeret for.

Endelig skal det holdes for øje, at hoveriets størrelse ikke var fastsat ved nogen lovbestemmelse. Fussing fastslår, at hoveriet var i stigning efter 1600, og at regeringen og godsejerne gik bort fra, hvad der af arild var ydet og i stedet forlangte det, "der efter husbondens skøn var nødvendigt for hovedgaardens drift" (s. 199). Derfor kan der også stilles et spørgsmålstegn ved, om der altid kun krævedes hovarbejde af en bonde, selv om der sad to på den samme gård. Fussing vil gøre det til en generel regel ud fra et grundlag på kun et par retssager, men inddrager ikke forhold, der kan have trukket i en anden retning, såsom mangel på arbejdskraft til hovedgårdsdriften. I en sådan situation ville det være fristende at kræve hovarbejde af begge fæstere. Skete det ikke? Fussing omtaler selv et tilfælde, hvor en godsejer splittede to gårde op i tre for at kunne kræve mere hovarbejde (s. 219). Måske er der her tale om en ekstrem undtagelse, men i betragtning af hvor få retssager, Fussing har bygget sine konklusioner på, svækker det i høj grad deres troværdighed, når andre dele af det af ham selv fremlagte materiale giver et andet indtryk af forholdene.

Fussing vælger nogle tingssager ud, ofte meget få i tal, men med relativt klare formuleringer. Her ud fra alene drager han sine konklusioner tit uden at være tilstrækkeligt opmærksom på sit øvrige materiales udsagn og en række forhold i dagligdagen, som let kan have fået en betydning for forholdet mellem herremand og fæstebonde, der langtfra svarer til den opfattelse, som Fussing fremsætter. Det tilfældige kildeudvalg fører ham let til for hurtige og utilstrækkeligt underbyggede konklusioner eller til direkte selvmodsigelser. Et sted skriver han eksempelvis, at fogeden overvejende mødte på tinge som herremandens repræsentant (s. 360), men senere, hvor det gælder om at vise retsvæsenets retfærdighed, er dette glemt, og det er nu i almindelighed vanskeligt at se, for hvem fogeden førte en sag, bonden eller herremanden (s. 412). Disse to formuleringer set i sammenhæng med, at Fussing bogen igennem overvejende beskæftiger sig med sager, hvor herremanden lader fogeden føre sin sag og kun fra 2 herreder (!) anfører eksempler på, at herremænd førte retssager for bønder (s. 413 f.), giver et indtryk af, hvad et nærmest impressionistisk kildeudvalg og et manglende overblik over samme kan medføre. Kun få steder opstiller Fussing kriterier for sit udvalg; vi må stole på, at de eksempler, han giver, har en vis repræsentativ gyldighed.

Dette fører mig direkte over i en behandling af grundlaget for den af Fussing i sin disputats som afslutning formulerede hovedtese:

"Bondens byrder voxede, men især takket være domsto-

lenes uavhængighed levede han under stadig *sikrere retsforhold.* Overgreb og chikane var undtagelser og mødte bestemt modstand hos regering og domstole.
> Fæsterens vilkaar var faste og retsligt sikret.
> Danmark var et retssamfund" (s. 456).

Det grundlag, hvorpå Fussing først og fremmest bygger denne konklusion, er foruden et almindeligt indtryk ved læsning af tingbøgerne (s. 241, 454) domssager fra 5 af landets ca. 200 herreder og fra 1 birk, i alt 45 sager; desuden i alt 36 sager fra landstingene og 24 sager fra rettertinget. En gennemgang af domssagerne viser, at mens herreds- og birketingssagerne alle er fra perioden 1627-1656, er landstings- og rettertingssagerne fordelt over en langt større periode, henholdsvis over årene o. 1570-1650 og 1544-1657. Geografisk har Fussing søgt at sprede de anvendte herredstings- og birketingsdomme mest muligt, men er selv klar over deres altovervejende vestdanske karakter (s. 455).

Det er tydeligt, at Fussing har tilstræbt at fordele sit materiale både på de forskellige domstolsniveauer, geografisk og tidsmæssigt, og at de skævheder, der alligevel er blevet tale om, nok så meget skyldes, at der simpelthen ikke længere eksisterer tingbogsmateriale i et omfang, der har kunnet hindre dette. Dette er imidlertid ikke alene det afgørende; det er derimod Fussings udvalgskriterier. Hvorfor er netop disse 105 domssager blevet udvalgt til at belyse, om Danmark var et retssamfund? Svaret er følgende:

"*Kun* de sager, hvor der er tale om en virkelig argumentation eller en avvigende fremstilling fra parterne, er der en mulighed for, at man kan veje for og imod og danne sig et skøn om avgørelsens rigtighed, men mere end et skøn kan det sjældent blive paa grund av oplysningernes sparsomhed" (s. 424; udhævelsen er Fussings).

Det står hermed klart, at Fussings udvalgte domssager ikke på nogen måde kan siges at have en statistisk repræsentativitet, der gør det tilladeligt at drage konklusioner på grundlag af kvantitative beregninger. Der er tale om Fussings personlige skønsmæssige udvalg, og ikke andet.

Fussing benytter den fremgangsmåde at gennemgå de 105 domssager en for en, og i hvert enkelt tilfælde afgør eller "skønner" han, hvad der var ret og rimeligt. Jeg kan alene af pladsmæssige grunde ikke gennemgå alle Fussings afgørelser af ret og uret i de-

taljer,[25] blot vil jeg fremhæve nogle karakteristiske eksempler.
Et sted finder Fussing ikke dommen om Frederik Parsbergs oldensvin "helt rigtig", når herredsfogeden gik ud fra, at bondens svin ikke havde været til skade for herremanden (s. 432). Dette skøn er ikke i overensstemmelse med, at Fussing finder en anden afgørelse "indlysende rigtig", fordi den alene var grundet på, at Erik Kaas ikke havde lidt skade ved en bondes fravær fra sin gård (s. 439). Den første af de nævnte domme betegnes iøvrigt som "bondevenlig", og det er ved en *sammentæling* af på den ene side sådanne "bondevenlige" domme og på den anden side "herremandsvenlige" domme, at Fussing i en delkonklusion når frem til, at der hos herredsfogederne var en større tilbøjelighed til at favorisere bønderne end herremændene, idet han finder to "bondevenlige" domme (heraf den ovennævnte dom om oldensvinene, hvor han iøvrigt senere indtager et andet standpunkt!) og kun en "herremandsvenlig" dom (s. 429). Ved bedømmelsen af den anden af de to "bondevenlige" domme mener Fussing ikke, at der kan være tvivl om, at ægt og arbejde skal udføres på det af herremanden fastsatte tidspunkt og ikke, når det passede bonden (s. 431). Denne opfattelse har han dog opgivet i sin endelige konklusion, hvor det drejer sig om at demonstrere, at fæsterens vilkår var blevet faste og retsligt sikret, idet han her forfægter den opfattelse, at hoveriet delvis kunne foregå sådan, at fæsteren kunne gøre det, når det var belejligt (s. 456).

Det er således ikke let at følge Fussing, når han indlader sig på at afgøre juridiske spørgsmål, der iøvrigt ikke kun vurderes på baggrund af den samtidige lovgivning og retspraksis, hvad der er vanskeligt nok (nærmere herom nedenfor), men også ud fra, hvad Fussing finder ret og rimeligt. Dommene ved lands- og rettertinget behandles på en tilsvarende måde, og kun i få tilfælde finder Fussing, at der var tale om urimeligheder overfor bønderne, men at de stræbte efter at dømme ret og rimeligt uden hensyn til standsinteresser. Han går endog så vidt som til at konkludere, "at rettertinget har vist en betydelig forstaaelse av bøndernes stilling og søgt at beskytte dem", selv om der i nogle tilfælde kan tales om, at rettertinget måske mere "har staaet som vogteren av en

---

[25] Det er iøvrigt et spørgsmål, hvor meget Fussings arbejde på dette område har at gøre med den iøvrigt noget misvisende undertitel på disputatsen: landbrugshistorie. Egentligt er det vel ikke landbrugets historie, men landboernes, han beskæftiger sig med.

almindelig retsorden end som egentlig bondebeskyttende, selv om dets avgørelse i realiteten kom til at virke paa den maade" (s. 454). En afsluttende *optælling* af domme med henholdsvis en "bonde"- og en "herremandsvenlig" tendens ved alle retsniveauer får Fussing til at konkludere, at der var en svag tendens til at de bondevenlige domme var i overtal (størrelsesordenen er nogle enkelte). Hermed mener han at have vist, at domstolene var uafhængige af herremændene og i sidste ende, at Danmark var et retssamfund.

Af Fussings ovenfor citerede konklusion fremgår det, at han mener, at der er tale om en udvikling mod stadigt sikrere retsforhold, men han præciserer ikke dette nærmere, og han søger ikke iøvrigt at påvise dette igennem bogen. Vi må nøjes med hans oplysning om, at de fleste tilfælde af ulovlig fremfærd mod bønderne forekommer i 1500-tallet, men uden nærmere dokumentation (s. 412). Senere følger han denne opfattelse op ved at skrive, at man i hvert tilfælde efter 1600 levede i et retssamfund og henviser her til 3 domme behandlet tidligere (s. 423).[26] De tre domme er fra henholdsvis 1620'erne, 1630'erne og 1640'erne, men desuagtet benyttes de til at tale om ændrede retstilstande efter 1600; hvorfor ikke efter 1620 i stedet? Fussing postulerer en udvikling, men han dokumenterer den ikke, endsige tager højde for, at det samlede tingbogsmateriale, han har benyttet, er behæftet med skævheder, der i det hele taget vil gøre det meget vanskeligt overhovedet at eftervise en sådan udvikling. Kun på det alleøverste domsniveau er der tilbage i 1500-tallet bevaret forholdsvis lange ubrudte rækker af dombøger (jfr. ovenfor).

Når Fussing i sin konklusion på den ene side indrømmer, at bøndernes byrder voksede, og på den anden side fastslår, at bøndernes vilkår var faste og retsligt sikret, beror det på en ganske ejendommelig skelnen mellem bondens stilling og hans vilkår og manglende overvejelser over og inddragelse af retsvæsenets funktion. Fussing ser klart en forringelse af bondens stilling "for saa vidt som hans byrder voxede" (s. 455), og han nævner bl.a. land-

---

[26] De tre domme bliver behandlet s. 393f., 396f., 402f.

gildeforhøjelsen før 1600, det stigende hoveri efter 1600,[27] den indførte mølletvang, kravet om at bonden var pligtig til at tilbyde herremanden sine øksne, før han solgte dem til andre m.m. Hvad der imidlertid ikke inddrages er, hvilken rolle lovgivningen og domstolene spillede for denne forringelse af bondens stilling. Det fremgår klart, også af mange af Fussing i andre sammenhænge selv nævnte eksempler, at lovgivningen og især domstolene tjente til gennemførelse af disse forringelser af bondens stilling eller vilkår, og det overfor den del af bønderne, der ikke uden videre fandt sig i deres byrders forøgelse. Det interessante er her egentligt, at bønderne prøver at benytte domstolene som et bolværk mod en forringelse af deres arbejdsvilkår og materielle situation. Det var deres eneste mulighed bortset fra at protestere eller at rømme, og det kunne nytte under visse omstændigheder at henvende sig til domstolene. Det viser en række domme, hvor enkelte herremænd i perioder hvor det endnu ikke af de generelle konjunkturer var blevet et almindeligt træk at forøge hoveriet, alligevel forsøger dette. Således afviste rettertinget i 1572 hoveriforøgelser (s. 421), men senere, da det af hensyn til hovedgårdenes drift og under ændrede konjunkturer var blevet en nødvendighed, opgives denne modstand fra domstolenes side.

Overfor og modsat forringelsen af bondens stilling sætter Fussing en række angivelige forbedringer af dennes vilkår: Fastheden i formerne for fæstets indgåelse, ophold og ophævelse, klare og faste rammer for hovarbejdet, der oven i købet rummede en vis frihed, således at fæsteren til dels selv kunne udføre det, når det var ham belejligt, blot det var til herremandens gavn; fæsteforholdet kunne kun opløses med den i loven fastsatte begrundelse, det lovfæstedes, at herremanden skulle specificere sine restancekrav ved årlig tinglæsning m.m. Det er alt sammen forhold, som Fussing tidligere i sin bog mere indgående har behandlet i forskellige afsnit, men her har det ikke altid efterladt det samme entydige og for bondens vilkår positive indtryk. Hvad Fussing

---

[27] Det er værd at bemærke, at Fussing 1942, s. 421 og 456 lader det være kronen, der gik i spidsen med øgningen af hoveriet (ganske som Knud J. V. Jespersen 1977 senere gør det), mens han tidligere s. 99 blot havde ment, at det skete på adelens gods af hensyn til hovedgårdsdriften og fordi grænsen for bøndernes evne til at yde mere i landgilde var nået. Der er iøvrigt mange flere metodiske brist og åbenlyse selvmodsigelser i Fussings disputats end pladsen her tillader at bringe frem i lyset. Bogens genudgivelse i 1973 er næppe kun sket på grund af dens resultater.

karakteriserer som en større fasthed i formerne for fæstets indgåelse, ophold og ophævelse, kan også betegnes som en stigende formaliseringen af bindingen af bonden og hans arbejdskraft. Af det store afsnit om hoveriet får man ikke det indtryk, at hoveriet lå i faste rammer, var knyttet til faste lodder og foregik efter tur. En god del af Fussings eksempler i afsnittet viser, at det kom til domsafgørelser netop fordi dette ikke var tilfældet, hvilket ikke er overraskende, da hoveriet var i stigning, og man derfor ikke havde nogen fast praksis at holde sig til. I den forbindelse skal det lige nævnes, som ovenfor omtalt, at den frihed Fussing her giver fæsteren til at udføre hovarbejdet, når det var ham belejligt, blot det var til herremandens gavn, afviger markant fra den opfattelse Fussing andetsteds har givet udtryk for, at det alene var herremandens afgørelse, hvornår hovarbejdet skulle finde sted.[28]

Endelig skal der om lovfæstelsen af, at herremanden skulle specificere sine restancekrav overfor fæsteren årligt ved tinglæsning, snarere end en sikring af fæsterens vilkår, ses endnu et bevis for, at de var blevet forringede. Det var nu blevet nødvendigt for herremændene via domstolene at få formaliseret praksis omkring bøndernes restancer, og det fordi disse restancers antal på grund af bøndernes forarmelse steg meget kraftigt.[29] Det vil jeg betegne som en mere end tvivlsom "sikring" af bøndernes vilkår, men omvendt karakterisere det som et klart eksempel på lovgivningens og domstolenes funktion, og hvad der betingede, at en legalisering eller en retspraksis blev indført.

Jeg vil på grundlag af det foregående tilslutte mig Fridlev Skrubbeltrangs opfattelse, at det er en overdrivelse at hævde, som Fussing gør det, at fæsterens vilkår var faste og retsligt sikret; tværtimod ved vi, at på flere *væsentlige* områder var fæstevilkårene *ikke* faste.[30]

Hermed er jeg fremme ved spørgsmålet om, hvad et retssamfund er, og om det er en historisk relevant problemstilling at anvende for 1500- og 1600-årene. Hverken Fussing eller hans efterfølgere kommer nærmere ind på dette, men af Fussings bog frem-

---

[28] Fussing 1942, s. 431 overfor s. 456.
[29] Fussing omtaler selv i sit afsnit om restancer disses stigende omfang. Det er karakteristisk, at lovgivningen på området kommer netop i kriseårene fra 1630'erne.
[30] Skrubbeltrang 1978, s. 71.

træder to elementer som konstituerende for retssamfundet: 1) at der tilstræbes, at der bliver dømt ret og rimeligt uden standshensyn (domstolenes uafhængighed); 2) at stridspunkter mellem herremand og fæster afgjordes ved domstolene (s. 423). Af det foregående vil det fremgå, at jeg ikke mener, at Fussing har sandsynliggjort punkt 1, og hvad angår punkt 2, gælder det som tidligere nævnt, at fæsterens materielle mulighed for at anke en dom var ulig meget ringere end herremandens. Hertil kommer, at det var herremændene, der indsatte herredsfogederne med den deraf følgende oplagte mulighed for, at disse var i et afhængighedsforhold til herremændene. Fussing er opmærksom herpå, men mener, at det har været undtagelsen (423, 433 f.). Fussing ser derfor ingen fare for "retten" ved disse omstændigheder eller viger tilbage for at tale om et retssamfund.

Sammenfattende må det om Fussings disputats siges, at det på grund af dens alvorlige metodiske brist generelt vil være nødvendigt at tage meget kritisk stilling til også alle enkeltiagttagelser og delkonklusioner, som det her er forsøgt først og fremmest for hovedkonklusionens vedkommende. Et resultat byggende på et såadant *skønsmæssigt* grundlag og med en fremgangsmåde, hvor det *skønsmæssige* også stærkt må betones, kommer til i bedste fald at stå som en hypotese, i værste fald som en løs påstand, for sandsynliggjort er den ikke på nogen måde.

Uden selv at givet et bud på, hvad et retssamfund er, vil jeg stille spørgsmålet, om det ikke overhovedet er en irrelevant problemstilling at bruge dette begreb for 1500- og 1600-tallets samfund, og om det ikke hører en langt senere periodes samfund til? For 1500- og 1600-tallets privilegiesamfund er en retsopfattelse i det 20. århundredes forstand uden mening, ligesom retsudviklingen var af en sådan karakter, at det ikke er en farbar vej at benytte Fussings skønsmæssige vurdering af, hvad der var ret og uret mellem herremand og fæstebonde. Det er karakteristisk, at der i den altovervejende del af den af Fussing behandlede periode mellem 1536 og 1660 næsten ikke er tale om nogen lovgivning, der regulerede eller satte rammer for forholdet mellem herremanden og fæstebonden. Derimod var der i en kontrakt mellem kongemagten og adelen, nemlig håndfæstningen, indført en bestemmelse om, at adelen frit måtte beside sit gods og hertil mest tydeligt i Koldingrecessen af 1558 indført en paragraf om, at adelen måtte gøre sig sit gods så nyttigt som muligt (§ 34). Disse overenskomster mellem kongemagten og adelen havde to afgørende konsekvenser for lovgivningen og retsudviklingen. For det første afskar det kongemagten fra at lovgive for forholdet mellem herremanden og bønderne, og dette ses med få undtagelser at være overholdt.[31] For det andet medførte det, at den mere eller mindre uskrevne (rets-)praksis, der regulerede forholdet mellem herremand og fæster og havde gjort det "af arild" fra herremandens side, ensidigt kunne ophæves og ændres alene med henvisning til (Kolding-)recessen, da den havde givet ham frit spil til at udnytte sit gods så godt som muligt.[32] På denne måde var der et "retsligt" grundlag, når landgilden blev sat op eller kravene om hovarbejde øgedes. Det er karakteristisk, at man ikke på herredstingene henviste til lovbestemmelser under en sag, højest henviste man til "recessen".[33] Der var ikke noget bredere lovgivningsgrundlag at henvise til for forholdet mellem herremand og fæstebonde, kun en praksis, og den kunne på herremandens krav under de "rigtige" omstændigheder ændres, det vil sige, når hensynet til godsdriften under ændrede konjunkturer gjorde det formålstjenligt. Det er en opfattelse jeg finder bekræftet hos Erling Ladewig Petersen, der, selv om han er ude i et andet ærinde, nemlig at dokumentere 1500-tallets retssikkerhed, har fremsat den interessante opfattelse, at der omkring 1600 fandt en omfortolkning af 1558-recessen sted. Hans materiale er en rettertingsdom fra 1572, hvor det nægtes en herremand at øge sine fæsteres hoveri, mens en domsafsigelse på samme retsniveau i 1608 tillod en anden herremand at gennemføre en forøgelse med henvisning til håndfæstningen og § 34 i Koldingrecessen. At der synes at være tale om en ændret domspraksis er oplagt, selv om den mulighed foreligger, at der er individuelle forskelle mellem de to sager, der gør dem usammenlignelige. Til yderligere støtte for den opfattelse, at der var tale om en omfortolkning, anfører Ladewig Petersen, at der hos Arild Huitfeldt nævnes en sådan ændring, idet denne skrev, at recessens ordlyd skal forstås "om gods oc vare, icke om egendom, som det nu hentydes". Det vil ifølge Ladewig Petersen sige, at recesbestemmelsen af 1558 oprindeligt *kun* havde haft

---

[31] Fussing 1942, s. 416.
[32] Jfr. Fussings og Gunnar Olsens opfattelse af recessens betydning; Fussing 1942, bl.a. s. 174, 415 f., 445, Gunnar Olsen: *Hovedgård og bondegård*, 1957, s. 118, 148 f. Se også Knud Hornbeck i sammes og H. L. Hansens *Tanggård gods 1553-1559*, Odense 1980, s. 10.
[33] Fussing 1942, s. 133.

driftsøkonomisk sigte, men efter 1600 blev udvidet til at gælde retsforholdet mellem herremand og fæstebonde.[34] Kan denne opfattelse holde, og det kan måske mere indgående studier i rettertingets dombøger bidrage til at afklare, er det for mig at se endnu et af de aspekter, der overhovedet gør det vanskeligt at arbejde med begrebet "retssamfund" i moderne forstand eller at tale om en "uvildig" domspraksis for perioden mellem 1500 og 1700. Denne omfortolkning eller ændrede retspraksis, hvad angik holdningen til hoveriforøgelser omkring 1600 kan netop ses i sammenhæng med, at ændrede betingelser eller konjunkturer generelt gjorde det formålstjenligt, at en sådan omfortolkning fandt sted. Omvendt kan det derfor siges, at det *ikke* var ønsket om at sikre bondens retssikkerhed, der tidligere havde hindret hoveriforøgelsernes accept ved rettertinget, men at godsdriften endnu ikke generelt havde haft behov herfor, og at rettertingets dommere derfor afviste at lade enkelte herremænd gribe dertil, selv om disse havde haft behov derfor på grund af økonomiske eller andre vanskeligheder, som endnu ikke havde manifesteret sig som en generel konjunktur. Ladewig Petersen ser meget rigtigt en krise for godsdriften som baggrund for omfortolkningen af Koldingrecessen,[35] men det får ham ikke også til at præcisere eller at nyvurdere karakteren af den retstilstand, der havde været tale om før omfortolkningen. Kan vi da, som Ladewig Petersen fortsat gør det, tale om regeringens og domstolenes intentioner om at dømme ret og rimeligt, og at det også i praksis har været tilfældet, når det grundlag, hvorpå det skete, eller - om man vil - den fortolkning af retspraksis, der var gældende, var helt og holdent afhængig af, hvad der generelt tjente godsdriftens behov, og det domstolen i øverste instans i realiteten kun gjorde var at afvise enkelte herremænds forsøg på at foretage indgreb overfor bønderne, der ikke generelt var nødvendige af hensyn til godsdriften, og som herremandens standsfæller derfor afviste.

Hermed er jeg tilbage ved mit udgangspunkt, senere historikeres brug af Fussings hovedtese, og det er her kun nødven-

---

[34] Ladewig Petersen 1980, s. 184, 309, 349, samme i det i note 9 nævnte værk s. 407, 436 og i artiklen: Rigsråd og adelsopposition 1588: En socialhistorisk studie, i Knud J. V. Jespersen (red.): *Rigsråd, adel og administration 1570-1648*, Odense 1980, s. 155 ff. Jfr. også Ladewig Petersens elev Knud Hornbeck 1980, s. 10.

[35] Ladewig Petersen i Rigsråd ... 1980, s. 155 f.

digt kort at tage stilling til Erling Ladewig Petersens version, da det er den oftest gentagne og mest udbyggede. Der er ingen tvivl om, at Ladewig Petersen har været klar over eller efterhånden i stigende grad er blevet klar over, at Fussings disputats lider af en række svagheder, og det er muligvis derfor, at han har modificeret eller mere præcist har ændret Fussings hovedtese fra at gælde for 1600-tallet til at gælde for det foregående århundrede. Det turde være klart i forlængelse af det foregående, at i det omfang denne ændrede opfattelse bygger alene eller hovedsageligt på Fussings disputats, må den stå helt uunderbygget og ikke på nogen måde sandsynliggjort. Alene med henvisning til det af Fussing benyttede materiales store skævhed for 1500-tallets vedkommende til fordel for den allerøverste retsinstans kan det afvises, at Fussings arbejde kan benyttes til at sige noget om domstolenes retspraksis, som Ladewig Petersen forsøger det i sine arbejder. Det kan højst blive om rettertingets retspraksis med det tingbogsmateriale, som Fussing har anvendt; men her stiller den af Fussing benyttede fremgangsmåde sig i vejen for at udnytte hans resultater. Han har for at vurdere rettertingets retspraksis og uvildighed i 1500-tallet i hovedsagen benyttet sig af 10 af ham selv udvalgte domme fra den lange række af dombøger,[36] og det er selvsagt helt utilstrækkeligt. Det må derfor blive min endelige konklusion, at heller ikke Ladewig Petersens opfattelse af retstilstandene i Danmark i 1500-årene har noget tilstrækkeligt grundlag at bygge på, selv om den af ham fremsatte "omfortolkningsopfattelse" viser sig sandsynlig. Det berettiger under ingen omstændigheder til de sikre og kategoriske udtalelser vedrørende bøndernes retsforhold i 1500-tallet, som Ladewig Petersen ovenfor er citeret for. I sidste ende er vort kendskab til retstilstandene mellem 1500 og 1700 relativt begrænset, og et krav til den fremtidige forskning må være en solid afstandtagen til Fussings metode og materialeanvendelse, samt opstilling af for emnet mere historisk relevante og perspektivrige problemstillinger.

---

[36] Fussing gennemgår disse s. 445-451.

Borgerkultur i 1500- og 1600-tallet

I 1980 konstateredes det i *Dansk socialhistorie* bind 3 af Erling Ladewig Petersen, at den borgerlige kultur i 1500- og 1600-tallet endnu er meget ufyldestgørende behandlet.[1] Udtrykket "meget ufyldestgørende" er måske lovligt kategorisk, men rammer dog ikke meget ved siden af. Selv om der efterhånden findes en del enkeltundersøgelser på området, så savnes der stærkt en samling af de elementer, der ud fra moderne principper skal til for at karakterisere den tidlige borgerkultur fra renæssancen til den tidlige enevælde. Det er ellers en periode af dansk historie, der har været viet særlig megen forskningsmæssig interesse, men netop borgerkulturen har været et stedbarn. Det kan der være flere forklaringer på. En af dem kan være den, at der ingen eller næsten ingen borgerkultur var; hvorfor så overhovedet beskæftige sig nærmere med den? Repræsentanterne for denne opfattelse har som regel haft en både snæver og modernistisk kulturopfattelse. En anden forklaring er den simple, at kildematerialet til belysning af borgerkulturen i sin helhed ikke ligefrem byder sig til. Nok står en del af de store bindingsværkskøbmandsgårde fra perioden endnu, men de giver kun rammen om borgerskabets kultur sammen med møbler og andet indbo, derimod ikke meget om *det åndelige liv* som C.O. Bøggild-Andersen med et typisk udtryk for sin tid ville kalde det, eller den borgerlige *mentalitet* i nutidens begreb. For at få den dimension af den tidlige borgerkultur med, må der søges til et ofte både meget spredt og fragmentarisk kildemateriale, som kun få hidtil har haft tålmodighed til at gå i gang med. Tillige gælder det her, at det har været meget afgørende hvilke teoretiske overvejelser, der har styret de spørgsmål, der er blevet stillet til materialet. De overvejelser har været få. I den forstand kan man sige, at udforskningen af det tidlige danske borgerskabs kultur og mentalitet først lige er begyndt, men at der forud er skaffet mange

---

[1] Erling Ladewig Petersen: Fra standssamfund til rangssamfund 1500-1700. *Dansk socialhistorie*, 3, 1980, s. 307.

materialer til veje, kan der ikke herske tvivl om. Her skal præsenteres noget af både det ene og det andet.

Den ældre forskning - adelen i centrum

Denne artikels introducerende karakter skal understreges, men der vil dog blive givet et knapt omrids af borgerkulturens udvikling i det omfang, mine foreløbige overvejelser og materialet tillader det. Med skal det endvidere, at denne artikel er blevet til ud fra først en undren over, senere en kritisk stillingtagen til herskende opfattelser i den foreliggende forskning, hvad angår borgerskabets kultur op til enevældens indførelse i 1660, opfattelser der tilmed er særdeles divergerende. Jeg vil derfor starte med at præsentere hovedrepræsentanterne for disse opfattelser for at delagtiggøre læseren i grunden til både min undren og kritiske indstilling.

Mest markant har C.O. Bøggild-Andersen (1898-1967) i sine arbejder repræsenteret den negative vurdering af borgerskabets kultur før enevældens indførelse. I disputatsen fra 1936 om statsomvæltningen i 1660 slås den grundholdning fast, som senere genfindes i både hans afsnit om tiden 1588-1648 i *Schultz's Danmarkshistorie* bind 3, 1942 og i den store Hannibal Sehested-biografi (1946-70), at den danske borgerstand under Adelsvælden ikke rummede en kultur, et åndeligt liv og en politisk-administrativ indsigt, der på nogen måde kunne måle sig med den danske adels. Tværtimod, det var adelen, der ubetvivleligt besad det videste og klareste indblik i statssager, havde det rigeste og mangfoldigste kulturliv, og som op mod 1660 havde følt behovet for reformer af centraladministrationen, og derfor havde stået i spidsen ved indførelse af det nye kollegiestyre.

Specielt nævnes det, at både admiralitetskollegiets oprettelse 1655 og krigskollegiets 1658 skete på rigsrådets snarere end på kongens initiativ. Med sin kultur var adelen den eneste samfundsgruppe, der havde haft tilstrækkelig horisont til at forestå og gennemføre reformer og fornyelser i det statslige liv.[2] Den mulighed tages end ikke i betragtning, at der kunne være repræsentanter for borgerskabet, som havde spillet en rolle for disse fornyelser.

Da Bøggild-Andersen heller ikke kunne se noget nærmere

---

[2] C. O. Bøggild Andersen: *Statsomvæltningen i 1660. Kritiske Studier over Kilder og Tradition*, 1936, s. 21, 35.

samarbejde mellem kongemagten og borgerskabet før 1660 bortset fra, at begge var utilfredse med adelens privilegier - det var blot et interessefællesskab - måtte de reformer, der blev en af konsekvenserne af statsomvæltningen nødvendigvis stamme fra repræsentanter for den samfundsgruppe, adelen, der hidtil havde haft monopol på beskæftigelsen med statssager. Ikke alene indsættes den adelige Hannibal Sehested som initiativtager til og drivkraften i alle reformer af finansforvaltningen, men der forsøges tillige med mange lidet overbevisende argumenter at gøre ham til fader eller inspirator til det såkaldte store reformforslag, som fremlagdes i *borgerskabets* forhandlingsgruppe under stændermødet i 1660. Dette vidtgående og radikale reformforslag indeholdt nemlig så mange nye ideer og røbede en sådan politisk og administrativ horisont, at Bøggild-Andersen ikke kunne overbevise sig selv om, at sådanne tanker kunne fostres i borgerskabet.[3] Det måtte nødvendigvis være en adelig, der havde givet dem ideerne. I forlængelse heraf vurderes Københavns borgmester Hans Nansens politiske evner og horisont ikke højt, når det drejer sig om indsigt i og varetagelse af statssager. Hans nautiske erfaring omtales og hans udgivelse af en på godt dansk skrevet nautisk geografisk håndbog (1633) ligeledes, men hans store bibliotek[4] og mulige konsekvenser af dets eksistens, findes det ikke ulejligheden værd at omtale overhovedet, før det konstateres, at den vejrbidte nordhavsfarer mindst af alt var en hofmand. Hermed skulle det være underforstået, hvad hans rolle kunne være i 1660, og hvilke forudsætninger han dels havde, dels manglede. Nej, fra det københavnske borgerskabs ledende repræsentant, lige så lidt som fra borgerskabet i det hele taget, kunne der ikke forventes nogen videre politisk-administrativ horisont.[5] Altså heller ikke de reformerende initiativer.

Især karakteristikken af Nansen som den "vejrbidte nordhavsfarer" forekommer mere end misvisende i betragtning af, at han var borgmester i København i 23 år, deraf de 13 år som førsteborgmester. Når det erindres, at det var landets hovedstad og største by med omkring 25.000 indbyggere, har det givet ham mere administrativ erfaring end de fleste, adelige inklusive!

Bøggild-Andersens opfattelse af borgerskabet er konsekvent

---

[3] Bøggild-Andersen 1936, s. 77ff., 403-431.
[4] Lauritz Nielsen: *Danske Privatbiblioteker gennem Tiderne*, 1, 1946, s. 202f.
[5] Bøggild-Andersen 1936, s. 32, 411f.

og hans sympati for den "gamle danske adel" lige så udtalt. Det førte ham over i en negativ bedømmelse af borgerskabets kulturelle stade, selv om han måtte indrømme, at det ved indvandringen af tyskerne og hollændere havde fået en mere europæisk horisont. Denne påvirkning var nemlig ikke kun noget positivt for Bøggild-Andersen, der var dansk national og særdeles kritisk over for al fremmed og især tysk indflydelse. Derfor blev hans bedømmelse af den tidlige enevælde og ikke mindst den nye gruppe af borgerlige godsejere til dels af udenlandsk herkomst, suppleret med "talrige" indflyttede tyske adelsslægter, også særdeles negativ. I andet bind af Sehestedbiografien skrives der om denne nye sociale gruppe:

"Der tilførtes herved landbruget adskillig ny driftighed. Men det fond af udviklet dansk kulturtradition, som trods alle mangler havde fulgt den gamle adel, havde de ny besiddere *lidet eller intet af*, hvad der både kulturelt og nationalt betød et *tab* og skabte et *brud* i udviklingen." (s. 97; fremhævelserne er mine, J.T.L).

Det er stærke ord, et meget markant standpunkt, hvoraf det klart fremgår, hvor ringe den kultur bedømmes, som borgerskabet bragte med sig. Lige så tydeligt er det, hvilken måleskok den bedømtes ud fra, den gamle danske *adels*.

For det første er det et spørgsmål om denne målestok er helt rimelig: Ville det ikke være mere relevant at bedømme den borgerlige kultur ud fra denne sociale gruppes egen udviklingsgrad end i forhold til adelens? Her tænker jeg på de materielle vilkår i det hele taget, der dannede basis for en borgerlig kulturudfoldelse.

For det andet vil det være på sin plads med store differentieringer, både når det gælder adelen og borgerskabet. F.eks. var der langt fra lærde adelige som Holger Rosenkrantz og Birgitte Thott[6] til de rene analfabeter, der bl.a. fandtes i den fynske adel.[7] Det var ikke nogen homogen gruppe i kulturel forstand. Thott og Rosenkrantz repræsenterer snarere undtagelsen end reglen blandt adelen. Et flertal gik mere op i druk og de nye moder end litterær udfoldelse, og her er det det sidstnævnte, Bøggild-Andersen helst vil forstå ved "fondet af dansk kulturtradition". Ganske tilsva-

---

[6] Se henvisningerne i *Dansk biografisk leksikon* 3. udg.
[7] Aa. Fasmer Blomberg: Træk af den fynske Adels Historie 1536-1660, *Fynske Årbøger*, II:1, 1942.

rende forskelle var der i borgerskabet: Kun en ganske begrænset gruppe ville være lærde og bidrage til kulturfondet i Bøggild-Andersensk forstand, og det vil endda kræve, at den borgerlige intelligens sættes i forgrunden fremfor den gruppe i borgerskabet, der her hovedsageligt tales om, købmændene. Dermed være ikke sagt, at der ikke udviklede sig en kulturtradition i borgerskabet, som det lige straks skal fremdrages.

For det tredie skal det med, at når Bøggild-Andersen har haft så travlt med at være national, skrive om den gamle *danske* adel, *dansk* kulturtradition osv. inden for adelen og modstille det både borgerskabet og de nye godsejere i det hele taget efter 1660, overser han det faktum, at den gamle danske adel faktisk ikke var mere dansk før end efter 1660. Knud Prange har klart demonstreret, at tilgangen af udlændinge ikke var større efter end før 1660: 87 % af de adlede mellem 1536 og 1660 var udlændinge![8]

Bøggild-Andersen har ikke stået alene med disse synspunkter, men fandt ligesindede i bl.a. Hans H. Fussing (1897-1956) og Knud Fabricius (}875-1967). Sidstnævntes bidrag til *Schultz's Danmarkshistorie* bind 3, 1942 om perioden 1648-1730 falder godt i tråd med Bøggild-Andersens opfattelse. Også for Fabricius måtte der over den danske adel før 1660 hvile et "eget lys", da den var national, og dertil for højadelens vedkommende måtte der anerkendes "adskillige tiltalende træk" på grund af de kulturelle udfoldelser. Omvendt var der ikke noget positivt at sige om den oven i købet ikke økonomisk betydende borgerstand, der ikke kunne gøre sig gældende kulturelt. End ikke i København vurderedes borgerstanden at være af nogen væsentlig økonomisk betydning, hvad der søgtes belæg for ved en henvisning til bl.a. toldindtægternes nedgang og den i 1653 opkrævede grundskat.[9]

Det turde være en lidet anvendelig kilde til at vise noget om de reelle økonomiske forhold.

Det københavnske patriciats formåen i focus
Det var de af Bøggild-Andersen og Fabricius her gengivne synspunkter, der fik mig til at undres. Hvordan kunne det på den baggrund egentligt være, at det københavnske borgerskab i 1658 op-

---

[8] Knud Prange: "Den gamle danske adel" og dens "godstab", *Jyske Samlinger*, Ny Rk. 6:1, 1963, s. 3.
[9] Knud Fabricius: Enevældens Dæmring og den ældre Enevælde, *Schultz's Danmarkshistorie*, 3, 1942, s. 251, 253ff.

nåede særlige privilegier og i 1660 kunne støtte kongemagten i ikke ringe omfang ved adelsvældens likvidering? Hvorfor havde borgerskabet søgt adgang til gods og embede på lige fod med adelen, hvis det ikke havde forudsætningerne herfor? Havde de overhovedet den kulturbaggrund, administrative erfaring og horisont, som det krævede? Eller krævedes det måske ikke? Det sidste kan man godt forledes til at tro ud fra Bøggild-Andersens og Fabricius' arbejder.

Sådanne overvejelser kan meget vel have ansporet Johan Jørgensen (1924-69), da han i 1950'erne begyndte sine økonomiske og sociale undersøgelser af borgerskabets betydning i tiårene omkring enevældens indførelse i Danmark. Han stillede sig ikke tilfreds med, at det københavnske borgerskab blot skulle have udnyttet en gunstig politisk situation i 1658 til at presse sine privilegier igennem. For ham gjaldt det om at afdække og dokumentere, at den gensidige økonomiske afhængighed og det administrative samarbejde mellem det øverste borgerskab og kongemagten havde været længere undervejs. Han lagde nok så meget vægt på en strukturel udvikling, der havde styrket især det københavnske borgerskab i kraft af dets særstilling som statsleverandører i en periode, hvor den statslige aktivitet steg kraftigt. Denne markant anderledes tilgangsvinkel førte Johan Jørgensen til en total negligering af især Bøggild-Andersens synspunkter, hvis han ikke i stedet direkte hængte dem ud for deres iøjnefaldende mangel på historisk forståelse. Det skete mest markant i *Skrifter og testamenter,* 1968,[10] men havde præget det meste af hans forfatterskab, og det var bestemt ikke et tilfælde, at disputatsen *Rentemester Henrik Müller. En studie over enevældens etablering i Danmark,* 1966 ikke havde Bøggild-Andersens værk om statsomvæltningen blandt de citerede titler trods det, at der var tale om en studie over enevældens etablering. Der var tale om en meget bevidst udeladelse, og derfor skal det heller ikke overraske, at Jørgensens syn på borgerskabets kultur var en ganske anden. Allerede i magisterafhandlingen fra 1957 om det københavnske patriciat og staten slog han uden at tage hensyn til Fabricius' eller Bøggild-Andersens opfattelse fast, at *skellet i* kulturel henseende mellem først og fremmest det københavnske borgerskab og i nogen grad også provinsens i forhold til adelens ikke længere var berettiget op mod 1660. "Adskillige vidnesbyrd haves om borgernes vide åndelige hori-

---

[10] S. 51f.

sont".[11] Var den nærmere dokumentation herfor end begrænset, så var påstanden i det mindste ikke helt så udokumenteret, som det var tilfældet med Bøggild-Andersens og Fabricius'. For deres vedkommende var der mere tale om egne holdninger og sympatier end om kvalificerede udsagn byggende på egne og andres undersøgelser.

Hvor bæredygtige de to ret så modsatte opfattelser af borgerskabets kultur op til og omkring enevælden er, skal nærmere belyses i det følgende. Det vil sige, at jeg både vil prøve at efterspore nogle af de "vidnesbyrd!" om borgerskabets vide åndelige horisont, som Johan Jørgensen omtaler og uddybe kritikken af Bøggild-Andersens og Fabricius' synspunkter. Hermed vil det også være klart, hvilken anskuelse jeg hælder mest til.

Borgerskabets udenlandske kontakter og velstanden

Det uomgængelige værk, der markerer grundlæggelsen af studiet af dansk borgerkultur i perioden, er Jørgen Olriks *Borgerlige Hjem i Helsingør for 300 Aar siden*, 1903. De før den tid udkomne værker, som Troels Troels-Lunds *Dagligt Liv i Norden i det sekstende Aarhundrede*[12] og R. Mejborgs *Gamle danske Hjem i det 16de, 17de og 18de Aarhundrede*, 1888 er kun for løsere skitser at regne. Olriks klassiker gav for første gang et minutiøst kendskab til de ting, som borgerskabet i Helsingør havde omgivet sig med i dagligdagen i tiden 1571-1621. Materialet var de bevarede skifteprotokoller, og det dokumenteredes i rigt mål, at sundtoldsbyen modtog stærke og varige impulser udefra, der kom til at præge, både hvad man omgav sig med, og den stil, tingene havde. Tør man ikke slutte herfra, at det "åndelige liv" også blev præget?

Nu indtager Helsingør sammen med København måske noget af en særstilling, hvad angår kontaktfladen med udlandet: Den har været langt større end i provinsens øvrige købstæder, men selv i sidstnævnte betød købmandshåndteringen i sig selv, at der var forbindelse ikke kun til oplandet, men også til udlandet. Hvad enten de danske købmænd tjente som agenter for fremmede købmænd eller selv handlede i udlandet, var der en international

---

[11] Johan Jørgensen: *Det københavnske patriciat og staten ved det 17. århundredes midte*, 1957, s. 25. Endvidere Johan Jørgensen: Borgerligt aristokrati, *Fortid og Nutid* 22:7, 1965, s. 534.
[12] 6. udg. 1968-69 ved Erik Kjersgaard.

kontakt. Den kontakt intensiveredes i løbet af 1500-tallets anden halvdel, dels i kraft af det store opsving for dansk udenrigshandel, dels fordi et større antal udlændinge - hovedsageligt tyskere og nederlændere - nedsatte sig som købmænd og håndværkere i de danske byer.[13] Alt andet lige bidrog det til en øgning af påvirkningerne fra borgerkulturen i det tyske område og i Nederlandene. Vi ser da også i det bindingsværksbyggeri, de store købmandsgårde, der byggedes i årtierne omkring 1600 som pendant til adelens herregårdsbyggeri, visse påvirkninger fra udlandet. Mest tydeligt er det dog i de grundmurede borgerhuse, der i et mere begrænset antal opførtes i første halvdel af 1600-tallet.[14] Opførelsen af de store købmandsgårde var et højst håndgribeligt tegn på borgerskabets øgede materielle velstand og overskud, men fik det også konsekvenser for det kulturelle liv? Blev der andet end regnet og kalkuleret i købmandsgårdene?

Skrivekunst, læsning og finkultur i storborgerlige kredse

Svaret må blive et ubetinget ja. For det første skal det med, at selve regningens og læsningens kunst blev udvidet betydeligt og mere systematiseret i løbet af 1500-tallet. Regne-, skrive- og læseskoler dukkede op i købstæderne i større tal og tjente til at give borgerskabets børn den første grundlæggende undervisning, hvorefter mange købmandssønner sendtes på uddannelsesophold hos større købmænd i København eller i de nordtyske byer.[15] Også ad den vej øgedes den fremmede indflydelse. Den udvidede ud-

---

[13] Om indvandringen O. Nielsen: *Kjøbenhavns Historie og Beskrivelse* 3, 1881, s. 166ff. og 5, 1889, s. 415ff., Louis Bobé: *Die deutsche St. Petri Gemeinde zu Kopenhagen*, 1925 (det tyske element), Louis Bobé i K. Fabricius m. fl. (red.): *Holland-Danmark*, 2, 1945, s. 357ff. (hollænderne), Albert Olsen: *Bybefolkningen i Danmark på Merkantilismens tid*, Århus 1932, s. 4-24, Hans H. Fussing: *Bybefolkningen 1600-1660*, Århus1957, s. 57f, Jørgensen 1957, s. 14-20.

[14] Chr. Axel Jensen: *Dansk Bindingsværk fra Renæssancen*, 1933, s. 26ff., H. H. Engquist: Københavnske borgerhuse 1600-1650, *Historiske Meddelelser om København* 1978, Sys Hartmann: Byens huse, *Danmarks arkitektur: Byens huse. Byens plan*. Red. af Hakon Lund, 1979, s. 58-68.

[15] Joakim Larsen: *Bidrag til den danske Folkeundervisning og Folkeskoles Historie 1536-1784*, 1916, s. 29ff., Ingrid Markussen/Vagn Skovgaard-Petersen: Læseindlæring og læsebehov i Danmark ca. ca. 1550- ca. 1850, *Ur Nordisk Kulturhistorie*. 18. Nordiska Historikermötet. Mötesrapport 3, Jyväskyla 1981, s. 20f.

dannelse og større orientering om udenlandske forhold var tæt vævet sammen med både handelens ekspansion og specialisering. Det krævede stigende indsigt og en styrkelse af beregningens kunst at kunne klare sig som købmand. Janne Risum har i den nye *Dansk litteraturhistorie*[16] bd. 2 meget fint prøvet nye veje ved på grundlag af den samtidige specielt pædagogiske litteratur at indkredse, hvilke konsekvenser købmandsskabets specialisering og stigende status fik for borgerskabets adfærd og mentalitet. Nok er forsøget måske for teoristyret, men det åbner helt oplagt nye veje for, hvordan vi kan komme tættere ind på livet af borgerskabet, dets mentalitet og kultur. Det er et stort skridt fremad i forhold til den i 1960'erne af Axel Steensberg redigerede kulturhistorie *Dagligliv i Danmark*, hvor man for borgerskabets vedkommende enten holdt sig til enkeltepisoder eller beskrev ydre forhold omkring handel og marked alene.

På grundlag af den samtidige litteratur karakteriserer Risum renæssanceborgeren som individualiseret, pragmatiseret og sekulariseret med en ny bevidsthed om tidens eksistens og betydning og med en større geografisk horisont. For den beregnende købmand var tiden af afgørende betydning, og de mange opdagelsesrejser og oplysninger om nye lande betød uvægerligt, at opfattelsen af verden ændrede sig. Enkeltkomponenterne i denne karakteristik er gammelkendte, men er sammenfattet i en ny og mere overbevisende syntese gennem en af Norbert Elias præget civilisatorisk grundide. For historikeren, der vil afprøve og/eller videreføre denne ide, ligger der er stort komplementært materiale for hånden. For det første i de mange indskrifter, som borgerne begyndte at forsyne købmandsgårdene med. I sig selv var det et tegn på den stigende selvfølelse, at den borgerlige bygherre forsynede sin gård med sine initialer eller sit navn samt årstal, men tillige spores over tid indskrifternes overgang fra helt overvejende at være af religiøs karakter, typisk et bibelcitat eller i det mindste med inspiration fra bibelen, til i løbet af 1600-tallet at få en langt mere verdslig karakter.[17]

Borgernes stigende tendens til at lave selvbiografiske, slægtshistoriske og andre optegnelser, der ikke direkte var af betydning eller nødvendige for købmandsskabets udøvelse, er et åbenbart vidnesbyrd om individets stræben på både at afsætte sit

---

[16] Janne Risum: Borger og civilisering, *Dansk litteraturhistorie*, 2,1984.
[17] På grundlag af de hos Jensen 1933, s. 89f. anførte henvisninger.

eget spor og om en historisk bevidsthed.[18] Man begyndte at se sig selv i tidens strøm og ville huskes af sin efterslægt og helst af flere endnu. I kirkerne dukker fra omkring 1550 de borgerlige epitafier op med gengivelse af de bortgangnes portrætter.[19] Fra kirken spredte skikken at lade sig portrættere til de borgerlige hjem, 1599 haves det første eksempel herpå fra Helsingør, men det var begyndt tidligere for at vinde stærk udbredelse ind i 1600-tallet. Det viser ikke alene Poul Ellers opfølgning af Olriks bog om Helsingør, men viser sig også i andre dele af landet.[20]

Borgeren lod sig ikke kun portrættere, men lod også mange af rummene i købmandsgårdene male med friser med religiøse og andre optrin; senere fulgt af ophængning af malerier, kobberstik og træsnit. Også her var de religiøse motiver fremtrædende, men fyrstelige personer, historiske optrin m.m. kom også til. Ved 1600-tallets midte kan vi antage, at det var meget almindeligt, at borgerhjemmet var forsynet med i det mindste nogle malerier og stik, og at det i enkelttilfælde udviklede sig til en egentlig samlermani. Det var således tilfældet med borgmester Enevold Rasmussen Brochmand i Køge, der ved sin død i 1653 efterlod sig ikke mindre end 105 malerier og kobberstik, deriblandt familiens portrætter.[21]

Mod slutningen af sit liv skrev Århuskøbmanden Rasmus Jensen Thestrup ved midten af 1600-tallet en slægtsbog over sin familie og sig selv. Heri fortæller han, at der fra hans ungdom var to ting, som han havde haft stor lyst til og eftertragtet, nemlig bøger og ejendom, og begge dele havde Gud rundeligt begavet ham med. Foruden 85 års almanakker havde han om ved 500 indbundne bøger.[22] Uden at ville gøre Thestrup til en i alle henseender karakteristisk repræsentant for borgerskabet illustrerer hans eksempel meget godt, at ikke kun billedet, men også bogen var

---

[18] Eks. i Ole Degn (udg.): *Livet i Ribe i samtidiges optegnelser*, Århus 1971, Harald Ilsøe: *555 danske selvbiografier og erindringer*, 1987.

[19] Otto Norn: Ripensiske patriciere. Epitafieportrætter fra renaissancen, *Festskrift til Astrid Friis*, 1963.

[20] Poul Eller: *Borgerne og billedkunsten på Christian IV.s tid*, Helsingør 1974.

[21] Victor Hermansen: Borgmester Enevold Rasmussen Brochmand og hans malerisamling i Køge, *Fra Københavns Amt* 1951, Svend Larsen: *Studier over det fynske rådsaristokrati i det 17de århundrede*, 1, 1965, s. 382f., Poul Eller 1974, Ole Degn: *Rig og fattig i Ribe*, 1, Århus 1981, s. 314-317, Hans H. Fussing: Rådmand Lauritz Hansens bo 1628, *Personalhistorisk Tidsskrift* 13. Rk. 1, 1952-53, s. 24.

[22] Rasmus Pedersen Thestrup: *Stambog*. Udg. af Helge Søgaard, Århus 1972.

kommet ind i borgerskabets liv. I de fleste tilfælde har det ikke været i et omfang som Thestrups, men bøgerne fandt i stigende omfang vej til borgerskabets hjem. Først naturligvis bibelen og religiøse skrifter, siden også juridiske bøger og lovsamlinger af betydning for forretningen, geografiske værker, medicinske håndbøger og historisk litteratur.

Et er, at der ikke kan dokumenteres et udbredt ejerskab af mere end nogle relativt få bøger i borgerhjemmene før enevælden,[23] noget andet er omfanget af den faktiske læsning. Bøger var kostbare, og det har været nærliggende at låne sig frem, hvis andre i købstadens snævre købmandskredse eller blandt præster og lærere havde bøger. Vi ved, at bøger blev lånt, og at f.eks. læsningen af Huitfeldts Danmarkskrønike er nået viden om.[24] Der blev læst både af historisk interesse og af praktiske hensyn, hvad enten det drejede sig om midler mod sygdom eller gældende retspraksis. Bogen var blevet et mere udbredt orienteringsmiddel. Herfor taler også de bøger og bogsamlinger m.m., der fandt udbredelse blandt de lavere klasser i by og på land.[25]

---

[23] Jørgen Olrik: *Borgerlige Hjem i Helsingør for 300 Aar siden.* 1903, s. 98ff., V. Woll: Om Borgerskabets Læsning i det 17. Aarhundrede, *Årbog for historisk Samfund for Odense og Assens Amter* 22, 1934, s. 591-95, Holger Rasmussen: *Bøger og bogbindere i Odense før 1694,* 1959, s. 15-31, Johan Jørgensen: Bogsamlinger i Kalundborg i slutningen af 17. århundrede, *Kirkehistoriske samlinger* 7. IV. 1960-62, s. 359-71, Svend Larsen: *Studier over det fynske rådsaristokrati i det 17. århundrede,* 1, s. 176 og 2, 1965, s. 392f., Johan Jørgensen: *Skifter og testamenter,* 1968, s. 50-55, Degn 1981,1, s. 312-18, *Skifter fra Køge 1597-1655.* Udg. ved Gert Neubert, 1992, John T. Lauridsen: Jens Bertelsen - storkøbmand i Vejle på Christian den 4.s tid, *Vejle Amts årbog* 1993, s. 129f. [her s. 71-97]. Jfr. i øvrigt det danske bogmarkeds hastige udvikling med bogauktioner fra 1661 hos Ingrid Ilsøe: Litteratur om dansk bogvæsen trykt 1950-1990, *Fund og Forskning* 31, 1992, s. 186-89 og der anf. henv.

[24] Harald Ilsøe: Arild Huitfeldts krønike konfronteret med Anders Sørensen Vedel og eftertiden, *Fund og Forskning* 14,1967, s. 39 og flere steder, Nielsen 1946, s. 48.

[25] H. D. Lind: Om nogle af Søetatens kongelige Tjenere under Frederik den Tredje og deres økonomiske Vilkaar, *Personalhistorisk Tidsskrift* 3. Rk. V, 1896, s. 238 (1661 skibskaptajn med 15 kontrafejer og en bogsamling), 242 (1660 underskriver med en gruppe bøger), Lauridsen 1993, s. 129f. [her s. 96f.], Troels Dahlerup: Om kilderne til udbredelsen af landalmuens læse-færdighed i 1600-tallet, *Bol og By. Landbohistorisk tidsskrift* 1995:2, s. 12-15, Charlotte Appel: "Kunne læse udi Bøger Prent". Om læsefærdighed og læsning i 1600-tallets landbosamfund, *Bol og By. Landbohistorisk tidsskrift* 1995:2, s. 18-50.

Borgerskab, patriciat kulturer og magtmæssig elite

Nu skal det foranstående ikke foranledige til den opfattelse, at det økonomisk konsoliderede borgerskab brugte det meste af sin tid på at sidde model for portrætmalere i købmandsgårdene eller at læse bøger. Det stigende antal luksusforordninger i Christian 4.s tid er et godt bevis for det modsatte: Der blev i borgerskabet ædt, drukket og købt fornemt tøj i et omfang, så det kunne true med at udviske skellet mellem adel og borgerskab. Der måtte sættes grænser for antallet af retter og udskænkningen ved festlige lejligheder og i den klædepragt, man måtte pynte sig med i borgerskabet, så der fortsat kunne opretholdes en passende standsforskel. Det sørgede statsmagten for.

Ikke overraskende skabte det utilfredshed i et borgerskab, der i den grad var blevet sig selv og sin betydning bevidst. Det viste sig på to måder: Den almindeligste var at søge dispensationer fra gældende forordninger for sig og sine, sjældnere - som i 1629, 1638-41 og i 1650'erne - kom det til egentlige borgerprotester til kongen. Man ønskede social ligestilling med den adel, man i mange tilfælde var økonomisk lige med. Flere gange måtte borgerskabet mindes om sin standsmæssigt underordnede plads, når det i sin optræden og beklagelser til kronen anlagde en tone, som ikke passede sig for personer i de ufri stænder.[26]

Her er talt om borgerskabet generelt, men som nævnt var det ikke nogen enhed, differentieringen øgedes op mod 1660 mellem de få rige storkøbmænd og resten, og mellem provinsens og Københavns borgerskab, hvor sidstnævnte især i kraft af statsleverancerne blev borgerskabets elite. Det er bl.a. i kredsen af statslige storleverandører, at vi skal finde en åndelig horisont og administrative erfaringer på linie med de højadelige rigsråders. Johan Jørgensen demonstrerer i den ovennævnte disputats om Henrik Müller, at denne københavnske storkøbmand havde administrative erfaringer og evner, der fuldt ud berettigede hans ansættelse som generaltoldforvalter 1651, admiralitetsråd 1655 og rentemester i 1660 foruden, at han i forslag og betænkninger til fulde viste sin indsigt i statens problemer. Det var ikke på grund af kreditgivningen alene, at denne storkøbmand nåede helt til tops.

---

[26] C. Rise Hansen (udg.): *Aktstykker og oplysninger til rigsrådets og stændermødernes historie i Frederik III's tid*, 1, 1959, s. 439-441, 465-471, Ladewig Petersen 1980, s. 381-384.

Et andet eksempel er den fra Hamborg indvandrede Poul Klingenberg, der i 1653 blev generalpostmester og året efter admiralitetsråd. Hans baggrund var stillingen som bogholder i Hamborghandelshuset Berns & Marselis. I denne storkøbmands og statsleverandørs tilfælde kan det påvises, hvordan han systematisk ved udenlandsrejser og ved køb af bøger søgte underretning om stats- og regeringsforhold i udlandet, og at det skete med henblik på affattelsen af forslag til den danske stats forbedring, er hævet over enhver tvivl. Forslag blev nemlig indsendt til kongen med henvisning til tilstandene på "fremmede steder".[27]

Storborgerskabet som statsbærende gruppe

Eksemplerne kan ikke let forøges, men det skulle allerede fra starten være fremgået, at borgmester Hans Nansen og rådmandskredsen omkring ham heller ikke kan negligeres, når den gruppe op mod 1660, der kunne og havde forudsætningerne for at befatte sig med statssager, skal indkredses. Forfatteren eller forfatterne af "Det store reformforslag" turde være tilstrækkeligt bevis herfor. Der var i løbet af 1600-tallet inden for borgerskabet i storkøbmandsgruppen vokset en elite frem, der fuldt så vel som adelens elite formåede at overskue andet end deres egne forhold.[28] Tilmed stod den borgerlige elites formåen i reformernes og fornyelsens tegn, hvor adelen i højere grad var konservativt indstillet. Således lader det sig ikke opretholde, at det admiralitetsråd, der blev oprettet 1655 som en nydannelse og foregribende det senere kollegiestyre, var oprettet på rigsrådets initiativ, som Bøggild-Andersen mener. Snarere kom initiativet fra de borgerlige statsleverandører, nærmere bestemt Poul Klingenberg, en mand der havde gjort sig bekendt med det franske kollegiesystem og i øvrigt dyrkede kulturelle sysler som havevæsen og botanik.[29] Der var i det øverste borgerskab op til 1660 ikke mangel på åndelig horisont, kulturel dannelse eller økonomisk velstand. Nej, det var andel i og indflydelse på statens affærer, der manglede. Fabricius' og Bøggild-Andersens opfattelse lader sig ikke opretholde, hvad alene de i dette essay benyttede spredte undersøgelser godtgør.

---

[27] John T. Lauridsen: *Marselis-konsortiet. En studie over forholdet mellem handelskapital og kongemagt i 1600-tallets Danmark*, Århus 1987, s. 121.
[28] Jørgensen 1965, s. 534.
[29] Lauridsen 1987, s. 121, 208f.

Nye veje for forskningen om borgerskabet
Hvordan så komme videre?
En vej er de fortsatte registreringer af skifternes oplysninger om bøger, stik, malerier m.m., og de dertil knyttede overvejelser over skifternes repræsentativitet.[30] Blot vil det mest bidrage til den kronologiske og geografiske nuancering af det billede, der er dannet af den form for kulturelle udtryks udbredelse og ikke tilføre studiet af borgerskabets kultur noget egentligt nyt. Skal studiet af det tidlige borgerskabs kultur samles til et meningsfyldt hele, må det ske *for det første* ved en socialt differentieret skelnen - der var langt fra købmandsaristokratiet i København til bondekøbmanden i Jylland, og det var i mere end geografisk forstand.

For det *andet* må der nås til en sammenfatning på grundlag af vidt forskellige skriftlige og ikke-skriftlige kildetyper. Skifterne er kun en om end en væsentlig kildegruppe, men den har hidtil næsten fået lov til at stå alene i centrum af forskningsinteressen. Den samtidige trykte litteratur skrevet for eller af repræsentanter for borgerskabet er en anden kildegruppe; selvbiografiske og historiske optegnelser en tredie. Dertil kommer de bevarede portrætter, indskrifter, ting- og rådstuedombøger, breve, ligprædikener m.m. Købmandsregnskaberne skal heller ikke glemmes; af selve regnskabsteknikken og bogføringsmetoden kan der aflæses interessante ting om, hvor vidt man inden for borgerskabet var nået med sin kalkulerende adfærd.[31] *For det tredie* må der nye og flere modelovervejelser eller teoretiske betragtninger til for at komme videre med udnyttelsen af det omfattende kildemateriale. Janne Risum har fulgt den modelbetragtning, der sætter borgeren ind i et civilisationshistoriskperspektiv, hvad der er kommet et spændende resultat ud af; en betragtning der vil være helt oplagt at følge op og uddybe på et bredere og mere alsidigt kildegrundlag.

Længe har adelen i 1500- og 1600-tallet været den eneste samfundsgruppe, der økonomisk og kulturelt har haft forskningens interesse. Først efter anden verdenskrig blev det tidlige borgerskabs økonomiske og sociale forhold undersøgt mere dybtgående, mens undersøgelsen af dets kultur og mentalitet endnu kun er ved sin begyndelse.

---

[30] Ole Degn: Skifters repræsentativitet og pålidelighed, *Arkiv* 1978.
[31] Ole Degn: Danske købmandsregnskaber fra tiden før 1700, *Erhvervshistorisk årbog* 1979.

Jens Bertelsen
- storkøbmand i Vejle på Christian 4.s tid[1]

Vejle som ruineret by 1630

I dag er det ikke meget, vi ved om livet, arbejdet og hverdagen i Vejle i ældre tid. Byens historikere har været enige om at tegne et mørkt og stagnationspræget billede af et lille landsbysamfund, der mere havde status af købstad af navn end af gavn i tidsrummet fra omkring 1630 til hen mod 1700-tallets slutning. Hvordan da med tiden forud? Voldsomme ildebrande satte tre gange i løbet af 1500-tallet byen tilbage i udvikling. Det var i 1523, 1530, og den sidste var så sent som i 1595.

I det følgende vil jeg stort set indskrænke mig til at se nærmere på perioden mellem den sidste store ildebrand 1595 og tiden frem til efter besættelsen af de kejserlige tropper 1627-29. Den periode falder både sammen med de første år af Christian 4.s regeringstid og en stærk opblomstring for dansk erhvervsliv, især handelen. Stigende efterspørgsel og priser ude i Europa af danske landbrugsvarer - korn og øksne - bragte velstand til de danske købstæder. Vejle nød også godt deraf. Som en af Vejles første historikere, den senere så berømte arkæolog J.J.A. Worsaae knapt har udtrykt det: "De 20 heldige år, som nærmest gik forud for de fjendtlige troppers ankomst, befordrede også meget byens velstand, men tillige overdådigheden." Worsaae gør ikke mere ud heraf. Det er vendepunktet 1627-29, fjendtlige troppers ankomst og indkvartering i Vejle, og ikke mindst nedgangstiden derefter, som optager ham. Og det er et meget trist billede han opruller på grundlag af rådstueprotokollerne og tingbøgerne. Henved 200 gårde og huse skulle være nedbrudte, brændt og øde. Deriblandt borgmester Clement Sørensens og rådmand Jens Bertelsens gårde. I tingbogen for 1630 oplyses det, at "Jens Bertilsøns gaard bleff nederhuggen oc nederbrøtt aff fienderne, fordi at han icke vilde

---

[1] Jeg vil gerne bringe en tak til Vejle Byhistoriske Arkiv, hvis leder, Asbjørn Hellum, i 1986-87 gav mig mulighed for under en midlertidig ansættelse at gennemgå skifterne fra Vejle før 1700.

den forfrie med pendinge eller prouiant i nogen maade". Efter yderligere at have citeret synsforretninger over kirken, rådhuset, porthusene, møllen m.m. optagne efter krigen, konkluderer Worsaae, at de fleste borgere efter krigens slutning var berøvet alt, hvad de ejede, samt at handelen kun meget langsomt kom igang igen og endnu 1634 var ganske ubetydelig[2]. Denne fremstilling er uden modifikationer fulgt i det seneste skrift om byen ved 650-års byjubilæet i 1977[3]. Helt så hastig var C.V. Petersen ikke 50 år tidligere, da han skrev den stadig grundlæggende og for sin tid udmærkede fremstilling af byens historie før 1660[4]. Han gengiver uden kommentarer beskrivelsen om de 200 forsvundne ildsteder efter krigen, men giver selv i anden sammenhæng oplysninger om, at der i 1626 var 258 skatteydere i Vejle, men kun 175 i 1635. Det er anslået, at der var omkring 800 indbyggere i Vejle før krigen. Skulle der virkeligt være tabt næsten 200 familier i byen i løbet af krigsårene, kan der ikke have været mange tilbage af de tidligere 800 personer i byen, og det er nærmest imponerende, at der trods alt er 175 skatteydere i 1635.

Rådstueprotokollen og tingbøgerne er ikke nødvendigvis sandhedsbevis for den grelle situation, ja vi kan oven i købet påvise en grund til at male Vejles situation i så mørke farver: borgernes ønske om at undgå eller i det mindste få nedbragt byens skattebidrag til kongen i efterkrigsårene, samt at få bevilget penge til genopbygningen. Begge dele lykkedes i et vist omfang, men det ville være underligt, om der ikke var smurt tykt på eller overdrevet en del for at gøre det rigtige indtryk. Både menige borgere og syns- og skønsmænd har haft en fælles interesse i at få deres by på fode og slippe for skatter. Dette kommer C.V. Petersen ikke ind på, men i to konkrete tilfælde støder han på så alvorlige modsigelser mellem den mørke beskrivelse af forholdene efter besættelsen 1627-29 og realiteterne, at han må søge en forklaring. Det drejer sig om oplysningerne om, at borgmester Clement Sørensens og rådmand Jens Bertelsens gårde skulle være blandt de ødelagte

---

[2] J. J. A. Worsaae: Bidrag til Veile Byes og Amts Historie i det syttende Aarhundrede, *Historisk Tidsskrift* 2, 1841, s. 177, 189-90.

[3] Henrik Becker-Christensen: Vejles privilegier og bystyrets udvikling op til købstadkommunalloven 1868, *Træk af Vejle bys Historie*, Vejle 1977, s. 91.

[4] C. V. Petersen (red.): *Vejle Bys Historie*, Vejle 1927. For tiden efter 1660-1700 gjorde Johan Hvidtfeldt allerede i årene 1932-35 i en række artikler i *Vejle Amts Årbog* værket fra 1927 ganske forældet.

bygninger. Clement Sørensen optræder ikke efter krigen som en mand, der havde mistet alt. Tværtimod rejste han til København straks efter krigen på byens vegne. Jens Bertelsen efterlod sig ved sin død 1631 en velforsynet gård og stor rigdom, som Petersen konstaterer. Forklaringen på oplysningerne om de nedbrændt gårde skal derfor snarere, som Petersen angiver, søges i, at enkelte andre af borgmester Sørensens og rådmand Bertelsens ejendomme eller "gårde" i byen var nedbrændte, men ikke de store købmandsgårde, hvorfra de drev deres forretninger. Det er en væsentlig forskel. Samtidig modificerer det noget det mørke billede, som er blevet tegnet af alle indbyggernes situation efter krigen[5].

Det gik nogle meget skidt under den kejserlige besættelse. Mistede de ikke livet, så dog hus, hjem og formue. Andre mistede meget, men havde endnu mere at give af. Som Petersen anfører, var der også forskel på tabet for dem, der flygtede fra Vejle og lod deres gårde stå tomme, og dem, der blev ved deres hjem. De flygtende led de største tab, da de ingen havde til at hindre tyverier fra de tomme gårde og til i det hele taget at varetage deres interesser. Både borgmester Clement Sørensen og rådmand Jens Bertelsen blev på deres poster under hele besættelsen. Det har de stået sig ved. Begge døde som formuende mænd. Clement Sørensen i 1644, Jens Bertelsen allerede i 1631. Efter dem begge er vi så heldige, at skifterne er bevarede. Clement Sørensen var ved sin død en gammel og skrøbelig mand, der år forud havde opgivet sin forretning og senest 1643 havde fordelt næsten hele arven til børnene, så hans skifte bringer kun oplysninger om hans allersidste og begrænsede fordringer og udeståender. For Jens Bertelsens vedkommende giver skiftet et anderledes nærgående indblik i, både hvordan han var kommet igennem krigen og tillige i et vist omfang, hvordan han havde drevet sine forretninger forud og med hvem[6]. Endelig er det selvfølgelig en status over et livs arbejde i Vejle. Hvor langt kunne en købmand i en ganske lille købstad som Vejle nå? Hvordan adskilte han sig fra storkøbmændene i København

---

[5] For Jens Bertelsens vedkommende er der overhovedet ingen tvivl om, at hans egen købmandsgård med indbo slap uskadt gennem krig og besættelse. Det fremgår med al tydelighed af skiftet efter ham. De ting, der der opregnes, er ikke erhvervet i løbet af det sidste par år før hans død.

[6] Skifterne er i Rigsarkivet (herefter forkortet RA), Registrant 108b, Vejle Byfogeds arkiv.

eller fra borgerskabet i Helsingør, som var i nær kontakt med international handel? Det vil jeg søge at give svar på i det følgende.

Kildeproblemerne

Først dog et par ord om kildematerialet. Størsteparten af det kildemateriale, der kan fortælle om købstædernes handel før 1630, er forlængst borte. For Vejles vedkommende ved vi oven i købet, hvordan en del af det gik til grunde allerede i samtiden. For det første var der den store brand i 1595, hvorved en væsentlig del af de samtidige private optegnelser og regnskabsbøger blev flammernes bytte sammen med 87 gårde og boliger; for det andet de kejserlige troppers besættelse 1627-29. Tropperne lod ikke byrådets arkiv i fred, da de holdt rådhuset besat, men spredte papirerne fra "rådets gemme" omkring sig og fjernede tingbøger m.m. På den måde er vi nu i den paradoksale situation, at vi har adskillige malende beskrivelser fra Vejles nedgangstid, og knapt nogen, mens den blomstrede mellem 1550 og 1625, trods afbrækket med storbranden 1595. Den historisk bevidste borgmester og købmand Clement Sørensen havde 1621 samlet en række vigtige dokumenter vedrørende byen sammen i afskrift. Den forærede han 1631 byen, men dække tabet kunne det ikke[7]. Hvad der i dag ville have haft særdeles stor interesse, nemlig købmandsarkiverne, bekymrede borgmesteren sig slet ikke om. De havde kun øjeblikkelig forretningsmæssig interesse for den enkelte. Det var byens historie og især de tildelte privilegier, der lå ham på sinde. Privilegierne kunne der for borgmesteren nok være brug for at hævde både overfor kongens repræsentanter, især lensmanden, og overfor fremmede købmænd, som kom Vejle-købmændenes interesser for nær. Der var altså ikke tale om en ren historisk interesse, selv om den også var historisk. Derom vidner Clement Sørensens egne historiske optegnelser nedskrevet i 1635. De beretter bl.a. om Vejle og byens ledende mænd under Christian 4. og vil i det følgende komme til nytte adskillige gange[8].

Der er overhovedet ikke bevaret regnskabsbøger eller forretningsarkiver fra Vejle før 1700. Det er reglen snarere end und-

---

[7]   Petersen 1927, s. 99.
[8]   Optegnelserne i kopibog m. Vejles privilegier m.m. i Landsarkivet for Nørrejylland, Viborg (herefter forkortet LA, Viborg), D.32 Vejle rådstuearkiv), og aftrykt i Georg Friderich Gaarmann: *Efterretninger om Weile Kiøbstad*, Fredericia 1794, s. 58-83.

tagelsen for de danske købstæder. Når vi derfor gerne vil have viden om, hvad handelsopsvinget mellem 1550 og 1625 betød for Vejle og for byens købmænd, herunder hvilken afsmittende effekt det havde for andre grupper, håndværkere m.v., er vi nødt til at søge til andre kilder. Her vil tilfældet, at der blandt de første bevarede boopgørelser fra Vejle befinder sig det omtalte skifte efter Jens Bertelsen. Han døde 23. august 1631[9], men skiftet efter ham blev først afsluttet knapt halvandet år senere, den 3. juni 1633, af borgmesterkollegaen Clement Sørensen, der prentede sit navn på hvert eneste ark af det over 100 sider store skifte. I begyndelsen af 1630'erne befinder vi os endnu på en tid, hvor den store økonomiske nedgangsperiode ikke er slået igennem og tyndede ud i både sølvtøjet og på kistebunden hos en del af de velhavende borgere. Vi kan derfor godt tillade os at tage skiftet som en status over, hvad en fremtrædende købmænd i en af de mindre købstæder kunne få ud af et langt liv under de gunstige handelskonjunkturer i den første del af Christian 4.s regeringstid. Tilmed giver den omfattende bofortegnelse muligheder for at komme ret tæt på personen Jens Bertelsen, hvordan han boede, hvad han omgav sig med, hvordan han gik klædt, samt et indblik i hans formues- og forretningsdispositioner, herunder radius for disse. Det er slet ikke så lidt, men før en nærmere præsentation heraf vil det være på sin plads med et rids af det lidt, vi i øvrigt ved om Jens Bertelsen.

Jens Bertelsens familiebaggrund og handelsvirksomhed

Jens Bertelsen blev født i Dons engang i anden halvdel af 1500-tallet. Faderen var delefoged Bertel Sørensen i Dons, der overlod en stor selvejergård i sognet til sin anden søn Søren[10]. Jens Bertelsen flyttede til Vejle og fik borgerskab, giftede sig med Maren Madsdatter, en datter af Vejle-borgmesteren Mads Jensen Tordsen og blev selv rådmand i Vejle ca. 1603[11]. Dermed kan vi gå ud fra, at han godt før 1603 var en af de mest betydende købmænd i byen. Han drev i en lang årrække øksnehandel på lige fod med byens øvrige større købmænd. Det bevarede toldregnskab fra Toldsted

---

[9] Clement Sørensens optegnelser i Gaarmann 1794, s. 81.
[10] Poul Lindholm: *Landsbyen Dons*, Kolding 1922, s. 5-6.
[11] LA, Viborg, D.32: Vejle rådstuearkiv, Vejle ældste bysbog, hvor det fortælles, at *rådmand* Jens Bertelsen 1603 sendte et brev til Rentekammeret.

i Sønderjylland for årene 1616/17 til 1626/27 fortæller noget om,
hvilket niveau den handel var på:

Vejleborgeres oksehandel forbi Toldsted 1616/17 til 1626/27[12]

	1616/ 17	1617/ 18	1619/ 20	1622/ 23	1623/ 24	1626/ 27
Jens Bertelsen	412	528	405	310	295	187
Niels Knudsen	350	430	430	230	230	
Frederik Pedersen			250			
Clement Sørensen	656	774	250	240	278	
do. + Mads Thomsen						311
Mads Thomsen	663	983	490	198	260	

Vejleborgernes handel med øksne forbi Toldsted var i disse år fuldt
på højde med Ribes og større end både Horsens og Koldings. De
5-6 Vejle-købmænd har hørt til Jyllands mest betydende øksne-
handlere. Niels Knudsen og Clement Sørensen havde været med
i oksehandel lige fra århundredeskiftet. Begge fik de da tilladelse
til at føre 100 græsøksne ud af riget for at lade dem sætte på foder
i Slesvig og Holsten, og om Niels Knudsen ved vi, at han i marts
1601 førte 337 øksne forbi Bov toldsted[13]. Sandsynligvis har Jens
Bertelsen ved samme tid været i gang med øksnehandel. Hans
svigerfar, borgmester Mads Jensen Tordsen, havde været øksne-
handler til sin død 1601[14], en forretning svigersønnen givetvis har
videreført, da vi ikke har kendskab til sønner efter borgmesteren,
kun døtrene Maren og Mette. Mette giftede sig med en præst
udenfor Vejle, og han deltog ikke i sin svigerfars handelsvirk-
somhed. Det betød rimeligvis et stort og afgørende skub frem for
Jens Bertelsen, at der kun var en anden at dele hustruens arv med,
og at han alene kunne videreføre Mads Jensen Tordsens forretning.
Hvad der i øvrigt skulle til: Handelstalent besad han, og så må
heldet have forskånet ham for de store ulykker.

Jens Bertelsen havde senere rådighed over jord og gårde
både lige uden for Vejle og andre steder i Jylland, bl.a. tre gårde

---

[12] H.V. Gregersen: *Toldsted ved Hærvejen*, Haderslev 1978, s. 103.
[13] *Kancelliets Brevbøger vedrørende Danmarks indre Forhold 1596 ff.* Ved L. Laursen m.fl., 1913 ff. (herefter forkortet Kancelliets brevbøger) 7. aug. og 12. sept.1600 (Jfr. Petersen 1927, s. 78); Gregersen 1978, s. 95.
[14] Kancelliets brevbøger 17. aug. 1600. Jfr. Petersen 1927, s. 142.

så langt væk som i Thy. Gårdene i Thy var overtaget som pant, mens jorden og gårdene uden for Vejle var hans ejendom. På disse blev givetvis opfodret øksne, ligesom på den gård, han i 1624 forpagtede af en adelsmand[15]. I 1619 inddrev han størstedelen af et tilgodehavende på otte dl. hos Niels Mikkelsen i Kongsted ved at lade ham opstalde to par øksne for seks dl. Han havde også øksne til opfodring hos adelsmænd, som det også fremgår af skiftet, da der blandt gældsposterne optræder en post på 240 rdl. til Erik Juel til Hundsbæk "for øksens fodring forgangen aar". For 240 rdl. kunne der opfodres en hel del øksne. Omregnet efter den ovenfor nævte pris, d.v.s. et par øksne kunne opstaldes for tre rdl., svarer det til, at han havde 80 par øksne stående på Hundsbæk et år. Lejlighedsvis kunne han komme galt af sted med køb og opstaldning af øksne hos adelsmændene. Således havde han omkring 1620 afkøbt Frants Due 20 øksne, der stod på godset Oxholm, som Due imidlertid solgte, hvorefter Bertelsen måtte henvende sig til kongen for at få den ny ejer til at udlevere okserne eller tilbagebetale 162 dl., da Bertelsen "som fattig skatteborger ikke kan tåle sådan skade"[16]. Den tidligere så indbringende øksnehandel blev senere fortsat af sønnen Mads Jensen, som vi 1644 møder, da han har 180 øksne opstaldede, dels på eget foder, dels på Kjærgaard og Sneum ved Bramminge[17].

En anden meget betydelig del af Jens Bertelsen handel var med klæde. Det har været den væsentligste del af hans egentlige kramhandel. Gennem skiftet kan vi påny med Clement Sørensens hånd slå op i Jens Bertelsens regnskabsbøger og finde de handler, hvorfor der ikke er blevet betalt. Den ældste var fra 1602, hvor Mads Sag skyldte 2 dl. for 7 korter klæde, som skulle være betalt til jul samme år. Der er flere andre næsten lige så gamle gældsposter, alle for klæde. Hans Lauritzen i Kongsted skyldte fra 1603 1 dl. og 1 sk. for klæde. Et tilsvarende beløb havde Hans Pedersen i Bredstrup skyldt siden 1604 for 3 alen bommelse. Af 35 sådanne udestående fordringer drejede kun 3 sig om andet end klæde: Jørgen Jensen i Bredstrup havde i 1607 fået 2.000 mursten for 12 dl., hr. Niels Bøgvad en tønde spegesild for 4 dl. og endelig havde Knud Poulsen i Ullerup lånt 2 dl. i august 1630. Karakteristisk for

---

[15] Karin Berg: Træk af købstadsforvaltningen i Vejle på Christian IV's tid, *Træk af Vejle bys Historie*, 1977, s. 140.
[16] Kancelliets brevbøger 11. jan. 1620.
[17] Petersen 1927, s. 79, 105.

alle disse tilgodehavender er, at de kun drejede sig om mindre beløb og heller ikke sammenlagt var af større betydning. Det kunne altså ikke vælte boet, om det skulle vise sig umuligt at få disse til dels meget gamle tilgodehavender hjem.

Alene den aktuelle værdi af Jens Bertelsens kramvarelager overgik langt disse fordringer. Kramgodset bestod udelukkende af klæde, bl.a. et helt stykke engelsk klæde på 34 alen til en værdi af 68 dl., silkesnore og 20 alen gult og grønt tyrkisk klæde. Den samlede værdi var ikke mindre end 324 dl. Det svarede til prisen for en mindre gård i byen eller 3 hele huse med grund. På den anden side var kramgodset kun af en beskeden værdi i forhold til hans samlede formue, og efterlader indtrykket af, at den nære lokalhandel med klæde har været en sidebeskæftigelse på købmandsgården, mens den store handel, oksehandelen og måske tillige kornhandelen, naturligvis ikke satte sig spor i Vejle i form af mere permanente varelagre.

Havde vi kun haft skiftet, ville Jens Bertelsens omfattende øksnehandel have været så godt som skjult for os. Vi havde skullet slutte os dertil indirekte uden mulighed for at bedømme omfanget. Når der i skiftet er enkelte oplysninger om korn, som han havde til gode hos bønder, 65 skæpper rug i alt, kan det nok tages som et indirekte bevis for, at han ikke kun har taget korn som betaling for klæde, men også selv har drevet kornhandel. I hvilken målestok er os ubekendt, men det kan meget vel være på samme niveau om øksnehandlen. Det slutter jeg mig til ud fra omfanget af hans pengeforretninger og ejendomsbesiddelser. Begge er i særklasse.

Låneforretninger

Tager vi låneforretningerne først og husker, at skiftet kun registrerer uafsluttede forretninger og ikke giver nogen præcis viden om forretningernes samlede omfang, ser det således ud: 20 adelspersoner havde mellem 1617 og 1632 (!) lånt ca. 6.428 rdl., hvoraf kun en mindre del var betalt. Den største enkeltskyldner med 2.000 rdl. var Henrik Bille, der i 1616 havde giftet sig til det nærliggende Tirsbæk gods, beliggende ud til Vejle Fjord[18]. Det var et meget betydeligt beløb at låne en enkelt låner, også selv om der var tale om en adelsmand. Den rige købmand Hans Friis i Ribe lånte på intet tidspunkt i sin karriere et så stort samlet beløb ud til nogen

---

[18] Jfr. Marius Hansen: *Tirsbæk Gods og Ejere*, 1923, s. 81. Familiens Billes anstrengte økonomi er her kun glimtvis oplyst.

kunde, heller ikke adelige[19]. Ganske særlige forhold må have fået Jens Bertelsen til at yde dette lån. Måske har han set anset det for formålstjenligt at stå sig godt med den nærtboende godsejer eller fået garantier for opstaldning og varer fra godset.

Derefter kom Niels Arenfeldt som næststørste skyldner med 912 rdl., som Mogens Kaas til Lungholm og Chresten Kaas til Faddersbøl 1631 havde givet Bertelsen indførsel i tre gårde i Thy for. Han havde også fået indførsel i bl.a. Bøllumsgård i Thy for 415 rdl. hos Truds Bryske i 1623. Det var sket efter, at Jens Bertelsen havde rettet henvendelse til kongen og bedt om en indførsel i Bryskes gods, da han var bange for ikke at få sine penge. Det var en stor sum Bryske havde lånt[20]. Jens Bertelsen og en række andre kreditorer blev bevilget den ønskede indførsel. Mads Thomsen havde også fået indførsel i noget af Truds Bryskes gods, og sammen med Jens Bertelsen blev han stævnet til herredagen i København i 1624 for at gøre regnskab for, hvor meget de havde fået ud af det[21]. Jens Bertelsen var imidlertid slet ikke fuldt betalt, og for denne indførsel i Bøllumsgård ønskede han i 1627 et mageskifte med et stykke engjord og en mølle nær Vejle i Herlof, hvilket blev bevilget[22]. Indførslen hos Truds Bryske havde også omfattet tre kirketiender på Fyn, som han måtte afgive i 162[23].

Omkring en fjerdedel af de adelige lån var efter dateringen at dømme indgået på det årlige store høstmarked, Sct. Mauritii marked, i september i Viborg. Som kreditmarked havde Sct. Mauritii ved denne tid skaffet sig status som et sidestykke til Snapstinget i januar[24]. Adelige mødte op i Viborg lige efter høsten for at gøre sæd, heste og stude i penge eller - det blev oftere og oftere - for at optage ny lån hos købmændene. Jens Bertelsen har set sin fordel i at rejse til og optræde på dette kreditmarked, selv om adelen ikke var de bedste betalere. Rimeligvis har han udnyttet kreditgivningen til f.eks. at skaffe sig løfter om en kommende høst eller et antal øksne hos den kreditsøgende adelsmand. Endelig

---

[19] Ole Degn: Perspektiver i et købmandsregnskabsmateriale fra Ribe fra første halvdel af 1600-årene. *Beretning. Foredrag og forhandlinger ved det nordiske historikermøde i København 1971, 9-12 august,* 1974, s. 121.
[20] Kancelliets brevbøger 11. dec. 1622.
[21] Kancelliets brevbøger 14. maj. 1624.
[22] Kancelliets brevbøger 15. jan. 1627.
[23] Kancelliets brevbøger 14. juni og 29. juli 1626.
[24] Jfr. Hugo Matthiessen: *Snapstinget. Jydsk Termin, Marked og Mennesker,* 1946, s. 14-16.

var der den sikkerhed, der bestod i at søge indførsel i den dårlige betalers gods, hvilket Bertelsen som ovenfor omtalt gjorde. Der har været endnu flere af den slags indførsler, men kun enkelte er kommet til vort kendskab. Siden december 1622 havde han oppebåret tienden ved Langesø og havde den endnu i august 1629. 1622 var han indført i Henrik Holck til gods[25]. Sagen var, at loven forbød borgerlige at besidde adeligt gods, men krævede at de straks skulle sælge det igen. Det gjorde hverken Jens Bertelsen eller mange andre købmænd, der havde sikret sig pant ved indførsel i adelsgods.

De allerfleste af de 49 borgerlige og gejstlige skyldnere boede i Vejle eller i sognene omkring byen og i de nærliggende købstæder Horsens og Kolding. Gennemsnitligt havde hver af dem lånt et langt mindre beløb end de adelige, hvilket vi kan tage som udtryk for, at Bertelsen har betragtet lån til adelige som sikrere end lån til borgere og gejstlige[26]. I totale tal var ca. 2/3 af lånene gået til adelige og omkring 1/3 til andre samfundsgrupper.

Antallet af lånere fra Vejle by er ikke overvældende. Lige godt en femtedel, hvilket måske skyldes, at Bertelsen på grund af den ringe afstand og sine borgerlige hverv havde lettere ved at få sine penge hjem igen fra sine egne bysbørn. Det er i hvert fald bemærkelsesværdigt, at kun to af Vejle-lånene var ældre end 1629, mens de øvrige var fra de allersidste år før Bertelsens død. Det store flertal af de øvrige lån til borgere, gejstlige og bønder var også af nyere eller ganske ny dato. Når Jens Sørensen i Viuf havde skyldt 50 rdl. siden 1602, var det en ganske ekstrem undtagelse. Hovedparten af lånene var indgået de sidste 5 år før Bertelsens død. Enkelte lån blev indgået uden for det midtjyske område. Karen, Søren Hegelunds, havde i Bogense i 1624 lånt en sum, som med renter beløb sig til 354 dl. i 1633. Biskop i Ålborg, Christen Hansen Riber havde 1632 lånt ikke mindre end 650 rdl. Det er det eneste tilfælde, hvor en enkelt ikke adelig lånte så mange penge. Det skyldtes givetvis, at bispen havde været gift med Mette, søster til Jens Bertelsens kone[27]. Dog var der samtidig i boet skøde på

---

[25] Kancelliets brevbøger 19. nov. 1622.
[26] Jfr. for tilsvarende forhold hos Ribe-købmændene, Degn 1981, 1, s. 233.
[27] Christen Hansen Riber var ca. 1606 blevet gift med Medea Theodori f., der døde 1630 og på gravskriften omtaltes som Metta Matthiæ f. Da hun var borgmesterdatter fra Vejle, kan vi identificere faderen som Jens Bertelsens svigerfar Mads Jensen Tordsen. Se H.F. Rørdam: *Kjøbenhavns Universitets Historie*, 3, 1873-77, s. 607.

Laurits Findsens ejendom i Vejle, udstedt til bispen i 1607, så familien Bertelsen i Vejle havde næppe lånt penge ud til denne slægtning uden nogen sikkerhed.

Et par breve er dateret i Hamborg og et enkelt i Amsterdam, selv om lånene er til andre danske købmænd, hvilket angiver de absolutte og sjældnere yderpunkter for Jens Bertelsens aktionsradius. Selv havde han også en enkelt ubetydelig gældspost i Amsterdam (1627: 100 rdl. til Jochum Johansen), men det er af skiftet klart, at han ikke stod i noget økonomisk afhængighedsforhold til kapitalmarkederne i hverken Viborg, Kiel (Kieler omslag), Hamborg eller Amsterdam. Han havde slet ikke i større omfang genlånt hos andre for selv at kunne låne ud. Hans låneforretninger byggede på hans egen rigdom og likviditet og ikke et gensidigt afhængigt lånesystem, som det ellers ofte blev praktiseret[28]. Derfor var der så rigelig dækning for den samlede gæld i boet på på 816 dl. Alene i kontanter forefandtes der i juni 1633 ikke mindre end 2.360 rdl.

Nu rummer skiftet kun en brøkdel af hans låneforretninger, nemlig dem, der var uafsluttede ved hans død eller i det mindste, da skiftet blev afsluttet, for det er allerede fremgået flere gange i det foregående, at nye lån er blevet givet af arvingerne efter Bertelsens død. Naturligvis har en så stor forretning ikke kunnet ligge stille fra hans død i august 1631 og helt frem til juni 1633. Ad anden vej har vi imidlertid viden om flere lån, blandt hvilke jeg kun skal omtale et på grund af den helt specielle låner og den ret usædvanlige dækning, Bertelsen fik for sit tilgodehavende.

Det drejer sig om den bekendte matematiker Christoffer Dybvad, som Jens Bertelsen på et tidspunkt havde lånt 300 dl. Hvordan de er kommet i kontakt med hinanden, er uvist. Dybvad havde ingen forbindelse til Vejle eller Nørrejylland, så måske kan det tages som udtryk for, at Bertelsen var kendt som forretningsmand uden for Jylland og det sydlige udland. For Bertelsens vedkommende kan vi gå ud fra, at han kun har givet så stort et lån til en borgerlig med vished om at få pengene igen, så det er meget tænkeligt, at det er givet i den korte periode 1618 til 1620, hvor Dybvad havde fast ansættelse og var aflagt med et kanonikat

---

[28] K. Erslev (udg.): *Aktstykker og Oplysninger til Rigsraadets og Stændermødernes Historie i Kristian IV's tid*, 2, 1888, s. 526-527; E. Ladewig Petersen: Fra standssamfund til rangssamfund 1500-1700, 1979, *Dansk socialhistorie* 3, s. 379.

i Lund[29]. I hvert fald er det næppe givet senere, da Dybvad blev afskediget og dømt for spot mod den kristne religion, m.m. i december 1620 og siden sat i fængsel i tårnet Folen på Kalundborg slot. Her døde han pludseligt ved et ulykkestilfælde i 1622[30], så Bertelsen fik sine 300 dl. i klemme. Han skrev derfor til kongen om at måtte få dækning i Christoffer Dybvads efterladte bøger og løsøre, som var på slottet. Det fik han lov til[31]. Dybvads bøger kan således midlertidigt være havnet i Vejle. De udgjorde et betydende videnskabeligt privatbibliotek, væsentligst bestående af værker af matematisk og astronomisk indhold, men også en del historie og klassisk filologi. Biblioteket var påbegyndt af Christoffer Dybvads far, professor Jørgen Dybvad og var siden blevet forøget af ham selv[32]. Jens Bertelsen har derfor rimeligvis haft god dækning for sit tilgodehavende. Yderligere var han i besiddelse af Christoffer Dybvads købebrev på hans anpart i en have på Nørre Stenbro og en humlegård under Højbred. Måske var det en del af pantet for samme tilgodehavende.

Grundlaget for Jens Bertelsens rigdom var handelen, der satte ham i stand til at optræde som långiver til både adel, gejstlige og borgere og bønder i stor stil. Den opsamlede rigdom blev dog langtfra kun benyttet til kreditgivning. Det er snarere et spørgsmål om kreditgivningen ikke er noget, der er vokset ud af og fra den øvrige forretningsaktivitet, for efter 1620 at udvikle sig til en selvstændig forretning. Her må vi skelne mellem de små skyldnere, som optræder i regnskabsbogen år efter år uden at få deres mellemværender med Bertelsen afsluttet og så de større transaktioner, hvor der er udstedt et selvstændigt lånebrev. Vi ved, at den danske adel generelt begyndte at blive stærkere gældstynget i 1620'erne, så det skyldes rimeligvis andet end rent tekniske forhold (f.eks. faste løbetider for gældsbrevene), at der i boet efter Bertelsen er

---

[29] Det gælder også, hvis Jens Bertelsen har overtaget fordringen fra en anden, hvilket ikke kan udelukkes. Af Christoffer Dybvads kalenderoptegnelser fremgår, at han 16. august 1618 lånte 200 rdl. (eller 300 dl.) hos Blasius Møller i København til betaling efter 3 måneder (*Danske Magazin* 4. Rk. 5, 1882-83, s. 44). En sum i samme størrelse, som senere Bertelsen havde til gode.
[30] Om Dybvad, se *Dansk biografisk Leksikon* 3. udg. og der anf. henv.
[31] Kancelliets brevbøger 14. sept. 1622.
[32] O. Walde: Studier i äldre dansk bibliotekshistoria, *Nordisk Tidskrift för Bok- och Biblioteksväsen* 19, 1932, s. 46-47. En del bøger fra dette bibliotek er bevaret i skandinaviske og nordtyske biblioteker.

en klar overvægt af adelig gældsstiftelse hos ham i 1620'erne. Det er et godt udtryk for konjunkturerne og et ændret økonomisk magtforhold mellem adelen og den borgerlige overklasse.

Den ikke-adelige låntagning hos Bertelsen afgiver et mere diffust billede, men når lån optaget 1629 og senere optager en ikke ubetydelig plads, kan det ses som bl.a. de mindre heldiges forsøg på at søge hjælp hos den stærkere stillede efter besættelsesårenes plyndringer og ødelæggelser. I andre Vejle-borgeres skifter kan vi følge, hvordan det trak ud med at få gæld, stiftet til Jens Bertelsen, betalt til arvingerne. Således blev 6 rdl. fra Laurits Lauritsens bo først udbetalt i 1657[33].

Ejendomsbesiddelser

Jens Bertelsens ejendomsbesiddelser udgjorde ved hans død et helt kompleks og har været et meget stærkt aktiv for familien. Ejendommene er kommet til over en årrække og forløbet kan rekonstrueres på følgende måde: udgangspunktet var den store købmandsgård på hjørnet af Torvegade og Bag Snaben (senere Bagsnoge, nu Orla Lehmannsgade. Hvor gården lå, har vi i dag "Grand Hotel"), hvorfra forretningen blev drevet, og hvor Bertelsen boede med sin familie. Gården havde kælder, stalde, m.m. og blev i 1633 vurderet til 1480 dl. Som øksnehandler havde han brug for græsningsarealer og stalde nær byen. Bl.a. havde han en staldgård inden for Nørreport, 10 ejedomme spredt i de fire fjerdinger med skov og mark samt en mængde jord uden for byen, bl.a. for 300 dl. nord derfor, dertil kålhaver og enghaver. Dette har rigeligt opfyldt hans opstaldningsbehov, m.m. i Vejle, men dertil kommer jord, som kom til som pant for gæld. Det gælder et byggested i Søndergade, hvor Morten Væver boede. Bertelsen havde fået det i pant af Væver under besættelsen for 100 rdl., men nu blev det kun vurderet til 60 sl. dl. Fra Otte Brahe fik han i 1621 et hus m. grund i Bredal for 100 rdl. og en enghave fra Johan Brockenhus til Tirsbæk for 60 dl. Yderligere rummede boet ved hans død 17 skøder og pantebreve på fast ejendom i eller ved Vejle, som andre havde måttet overdrage ham som sikkerhed for lån. Det tegner billedet af en købmand, der havde disponeret klogt ved overvejende at investere i ejendomme og kun i mindre grad at have modtaget gælds- og pantebreve.

Flere ejendomme er kommet i hans besiddelse som indfri-

---

[33] RA: Vejle Byfogedarkiv, skifte nr. 90, 15. juni 1657.

else af gæld eller pant. Størst af disse var den store købmandsgård i Ribe, som havde tilhørt Lambert Lauridsen og i marts 1631 blev vurderet til 1.600 dl. Omstændighederne omkring erhvervelsen af denne gård kender vi undtagelsesvis nærmere, da Jens Bertelsen ved en henvendelse til København i 1630 selv havde foranlediget, at gården blev vurderet af "uvildige dannemænd" udpeget af Ribes byråd. Samtidig fortalte han nærmere om de økonomiske transaktioner, der lå bag.

Lambert Lauridsen var borgmestersøn og havde drevet en omfattende øksnehandel[34], hvilket kan have ført ham sammen med Jens Bertelsen. I hvert fald har Jens Bertelsen mødt ham og haft så meget tillid til ham, at han overlod ham nogle "håndskrifter", det vil sige veksler, som Lauridsen skulle føre til Hamborg og levere til Bertelsens faktor der. Da Lauridsen kom til Hamborg, modtog han stik imod aftalen selv pengene og gav dem ud til egen fordel. Han havde ikke nok penge til bagefter at yde Bertelsen erstatning, og Bertelsen fik derfor gården i Ribe i pant for 800 dl. og en veksel på 400 rdl., som skulle have været betalt i Amsterdam den 3. april 1615, men som Lauridsen heller ikke havde betalt. Til det kom yderligere, at Bertelsen havde indløst et pantebrev fra hospitalet i Ribe på 300 rdl. Lauridsen havde således fået en hel del at svare for. Han døde imidlertid i 1616 ved et skibsforlis på en rejse fra Sverige til Frankrig[35]. Arvingerne gik straks fra arv og gæld, så Jens Bertelsen kom altså til at sidde inde med købmandsgården i Ribe i mere end 15 år. I den periode brugte han ifølge sine egne oplysninger med påløbne renter mere end 300 rdl. på vedligeholdelse[36]. Sagen er ikke mindst oplysende derved, at den bevidner i hvor udstrakt grad det var almindeligt, at købmænd af Jens Bertelsens format benyttede sig af de store handelscentre i Hamborg og Amsterdam. Nok var Vejle en ret ubetydelig købstad, men var købmandens virksomhed stor nok, spillede den geografiske placering en underordnet rolle. Gennem breve, veksler og faktorer holdt han sig underrettet om handler og markeder og styrede og afsluttede sine forretninger over store afstande efter datidens forhold. Blot en generation senere var det næppe tænkeligt, at Vejle-købmænd havde faktorer i Hamborg og kunne skaffe likvide midler så let, som Lambert Lauridsen gjorde det på

---

[34] Ole Degn 1981, 2, s. 63, 67, 69.
[35] J. Kinch: *Ribe Bys Historie og Beskrivelse*, 2, 1884, s. 226; Ole Degn 1981, 2, s. 186
[36] Kancelliets brevbøger 26. sept. 1630.

Jens Bertelsen vegne før 1615.

I Vejle ejede Bertelsen ved sin død 23 gårde, huse og ejendomme og 6 boder, foruden et antal ubebyggede grunde, haver eller øde byggesteder[37]. Skiftets beskrivelse af ejendommene lader med en enkelt undtagelse ikke formode, at det er gået hårdt ud over bygningerne under den fjendtlige besættelse. Han var ved sin død byens største ejendomsbesidder. Skønsmæssigt har han ejet knapt 20 % af byens ejendomme. Disses antal blev 1617 opgjort til 124[38], og forudsætter vi antallet uændret, idet der før krigen kan have været et forøget antal og under krigen en mindst lige så stor eller større formindskelse i antallet af ejendomme, når vi den nævnte meget store procent.

Jens Bertelsens position i Vejle

Jens Bertelsens rigdom afspejler sig i byens skattelister. Selv om skatteligningen i udtalt grad vendte den tunge ende nedad[39], optrådte han år efter år fra 1617 til sin død som den ubetinget største skatteyder. Den bevarede skatteliste fra 1617 giver følgende oplysninger om de rigeste, her kun medtaget alle der gav mere end 50 dl. i skat:

Markskat Vejle St. Anders dag 1617[40]

Rådmand Jens Bertelsen	170
Borgmester Niels Knudsen	100
Borgmester Clement Sørensen	100
Anders Munk	90
Rådmand Mads Thomsen	80
Mette, sal. Knud Madsens	70
Niels Hansen	60
Karen, rådmand Søren Knudsens	60
Mette, Oluf Sørensens	60

Af de ni største skatteydere er det karakteristisk, at de tre var enker, og at byens råd var dominerende. Jens Bertelsens bidrag lå så væsentligt over de øvriges, selv den mangeårige borgmester Clement Sørensens, at der heller ikke i byen kan have været nogen

---

[37] Hertil skal lægges de mange ejendomme, haver og jordstykker, som han havde i pant.
[38] Jfr. Petersen 1927, s. 79.
[39] Jfr. Degn 1974, s. 116; Degn 1981, 1, s. 323.
[40] LA, Viborg, D.32 Vejle rådstuearkiv: Nr 348: Skatteligninger 1602-1895.

tvivl om, hvem der var den lokale konge. Den status bevarede Bertelsen lige til sin død. Ved skatteligningen i marts 1631, få måneder før hans død, betalte han af et samlet bidrag fra Torvegades fjerding til genopbygningen af byens rådhus og bro på 54 dl., alene de 9 dl. eller 1/6 svarende til 16,7 % af kvarterets bidrag[41].

På trods af sin rigdom synes Jens Bertelsen at have undslået sig for at deltage i handelsforetagender med andre, og de nye - på kongens initiativ oprettede - kompagnier, holdt han sig helt fra. I det ostindiske kompagni, som blev oprettet i 1616, var ingen vejlensere med, men for øvrigt heller ingen fra Horsens eller Kolding. Det var de mere internationalt orienterede købstæder, der gik i spidsen her: Ålborg, Ribe, Helsingør og Flensborg[42] . I august 1622 udgik der et missive om oprettelse af kompagnier i købstæderne til fremme af salthandelen med Spanien. Baggrunden var, at krigen mellem Spanien og Nederlandene i 1621 var brudt ud igen, hvilket gav vanskeligheder med at få tilstrækkelige mængder salt til Danmark. Vejle fik på frivillig basis sammensat en kreds af borgere, som skulle deltage i et af de tre til formålet oprettede jyske salthandelskompagnier med hovedsæde i henholdsvis Ålborg, Århus og Ribe[43].

Deltagerne i salthandelskompagniet i Vejle 1622[44]

Clement Sørensen	100 rdl.
Niels Knudsen	100 rdl.
Niels Hansen	100 rdl.
Mads Thomsen	100 rdl.
Peder Sørensen	50 rdl.
Simon Munk	50 rdl.
Niels Frantsen	50 rdl.
Michael Thermandsen	50 rdl.
Peder Kølholtt	50 rdl.
Anders Bundsen	50 rdl.
Jesper Jensen	50 rdl.
Jacob Therkildsen	50 rdl.
i alt	800 rdl.

[41] LA, Viborg, D.32 Vejle rådstuearkiv: Nr. 348: Skatteligninger 1602-1895.
[42] RA, Danske Kancelli B 244 Sager ang. det ostindiske kompagni 1617-48.
[43] Kinch 1884, s. 291 ff.; Poul Enemark: Jens Bang og det ålborgske saltkompagni, *Erhvervshistorisk årbog* 1954, s. 23 ff.
[44] RA, Danske Kancelli B 103. 1622 Akter ang. oprettelsen af kompagnier i købstæderne til fremme af salthandelen på Spanien.

Vi leder forgæves efter Jens Bertelsen blandt indskyderne, der ellers talte kredsen af byens førende og rigeste købmænd. Flere deltog i øksnehandelen, og de stod i øvrigt øverst på skattelisterne. Dog betalte de fleste kun mindsteindskuddet på 50 rdl. Da vi kan se bort fra mangel på penge, som grund til Jens Bertelsen manglende engagement i salthandelskompagniet, må det i stedet have været manglende tillid til hele projektet, der lå bag hans nærmest demonstrative afstandtagen fra kompagnidannelsen. Det havde været et fuldstændigt ubetydeligt beløb for ham, om han havde bidraget med 50 eller 100 rdl. for at vise sin gode vilje. Christian 4. havde i det hele taget noget besvær ved at overbevise en række skeptikere om saltkompagniernes nytte. Jens Bertelsen var ikke en enkeltstående særling. Derfor gav kongen gennem sine lensmænd de skeptiske borgere og adelsmænd tommelskruerne på for at få dem til at bidrage. Da vi ikke har de senere deltagerlister, kan vi ikke med sikkerhed afgøre, om Bertelsen hørte til dem, der opgav modviljen. Vejles bidrag til kompagnidannelsen var i øvrigt ganske beskeden og langt fra Ålborgs, der toppede med ikke mindre end 6.500 rdl. eller Ribes 2.900 rdl. Der var adskillige indskydere i Ålborg, der bidrog med 500 rdl. hver, men det var også Ålborgkøbmændene, der tog føringen med salthandelen og så størst muligheder deri[45]. Havde Bertelsen set de samme muligheder, kunne han uden besvær have bidraget med et lignende beløb. Nu blev han i stedet vidne til at købmandskollegerne fra Vejle skrev til Danske Kancelli og klagede over, at der ikke var handlet tilstrækkeligt forsigtigt med kompagniets penge. Derfor bad de om, at det regnskab, der i 1625 var blevet dem forelagt i Horsens, måtte blive nøjere undersøgt og revideret. Endelig foreslog de, at kompagniets skib måtte blive solgt, "at kompagniet udi den besværlighed og farligheds tid måtte opgives" og deltagerne få penge igen. Saltkompagnierne blev nedlagt efter få år uden at have været en god forretning[46].

---

[45] Degn 1981, 1, s. 224 f.; Enemark 1954, s. 34 f.
[46] RA, Danske Kancelli, Indkomne breve uden dato (ca. 1626); jfr. Johan Hvidtfeldt: Bidrag til Vejle Bys Historie i Tidsrummet 1660-1700, *Vejle Amts Årbog* 1935, s. 89-90.

Arven
Jens Bertelsen havde følgende at videregive til arvingerne:

1.	Ejendomme og grunde	8.489 dl.
2.	Rede penge	2.360 rdl.
3.	Tilgodehavender	8.671 rdl.
4.	Gæld	2.829 rdl.
5.	Kramvarelager	324 rdl.
6.	17 breve på ejendomme og jordegods	?
7.	Sølv: 560 lod	?
8.	Guld: 27 1/2 lod og 26 guldrosenobler	?
9.	Tin	82 dl.
10.	Messing	31 dl.
11.	Kobber	47 dl.
12.	Sengeklæder	113 dl.
13.	Bænkedyner og hynder	52 dl.
14.	Lagner og dyner	120 dl.
15.	Jens Bertelsens skårne klæder	16 dl.
16.	Møbler	99 dl.
17.	Jernvarer	41 dl.
18.	Brygge-redskaber, vogne, besætning	333 dl.
19.	Til gode i korn: 65 skæpper rug	?

I alt: godt 15.000 dl.+ sølv, guld osv.

Med et sådant nettooverskud efter betaling af udestående gæld var Jens Bertelsens bo og arv meget anselig selv sammenlignet med de største samtidige købmænds i langt mere betydende købstæder. Det kan illustreres ved de odenseanske købmænds boopgørelser. Nok havde nogle odenseanerne langt større aktiver, Mathias Diderichsen i 1639 f.eks. 47.725 dl., men boernes gæld var tilsvarende meget større. I Diderichsens tilfælde udgjorde gælden således 52 %, hvilket bragte arven ned på under det halve og dermed på et sammenligneligt niveau med Bertelsen. Det var ikke ualmindeligt, at boernes gæld svingede mellem en trediedel og halvdelen[47]. Bertelsen var en købmand over gennemsnittet, ikke kun i Vejle, men blandt købstædernes købmænd i det hele taget.

De fysiske rammer for Jens Bertelsens dagligdag er vi ganske godt underrettet om, takket være skiftet. Med det ved hånden kan vi næsten træde indenfor og se forholdene an i købmandsgården på hjørnet af Torvegade og Snaben (senere Bagsnoge) i

---

[47] Se E. Ladewig Petersen i De fede år. Odense 1559-1660 (*Odense bys historie*, red. af Tage Kaarsted m.fl.), Odense 1984, s. 254.

Vejle sommeren 1633[48]. "Gadestuen" lå i gavlen ud mod Torvegade og rummede bl.a. en jernkakkelovn og et egetræsbord med udtræksfløj. Dernæst kom "forstuen" med indgangsdør fra Torvegade, hvor Bertelsen holdt krambod og foreviste klæde for kunderne. Der stod "en liden sejerværk" og en sort egekiste. Formentlig var der skabe i panelet med hylder til klædevarerne, og sikkert var der som i de andre stuer faste bænke langs væggene. Til bænkene var der i hjemmet ni " bænkedyner", heraf fire flamske og et antal "hynder" til at anbringe mellem ryg og panel. Bag disse stuer var "indrestuen" og køkkenet. I Indrestuen stod en stor egeseng bestemt for Jens Bertelsen og hustru, et lille egebord og en "gul, udskåret, formalet egekiste".

Til køkkenet hørte 6 kobbergryder, en lille og en stor kobberpande, adskillige kobberkedler, et stort ølkar, et mindre ølkar, seks øltønder, to ølfade, en bryggerbalje m.m. Hertil tallerkener i tin i et antal, så der kunne dækkes op til næsten 100 personer. Der var nemlig ca. 100 tinfade og lige så mange tallerkener, foruden krus, kander, fade osv. Skulle det være rigtigt fornemt, måtte sølvtøjet frem, men det kunne trods en samlet vægt på 560 lod ikke klare en opdækning til ret mange personer: der var otte større og mindre sølvkander, tre krus, 1 vinfad, 10 sølvskeer m.m.[49] Endelig var der en snes messinglysestager, varmebækkener, lysekroner og kedler, og ganske få genstande af guld: to guldkæder, den ene en kæde med 26 rosenobler, samt et guldarmbånd og tre ringe. Det var behersket.

I bygningens anden ende var "storstuen" med hjemmets kostbareste stykke indbo, en "tressur", d.v.s. et slags skab til opbevaring af værdisager. Der var også et stort egebord, hvorom formentlig har stået en del af stolene, ni i alt, hvoraf en var en rygstol, fem havde læderbetræk og tre var drejede stole. I storstuen var også en "gul, udskåren, formalet egekiste" og formentlig hjemmets anden kakkelovn. Dertil var der seks mindre kamre forsynet med fyrretræssenge, enkelte også med fyrreborde eller et bord af sten.

På gården var en mindre besætning af heste, køer og svin, samt vogne, redskaber m.m., bestemt for familiens egen husholdning. Høns og andet fjerkræ blev ikke registreret.

---

[48] Jfr. Petersen 1927, s. 79-80 med mindre ændringer her.
[49] Hvis ikke Jens Bertelsen under besættelsen 1627-29 var blevet frastjålet sølv og guld, kan boets begrænsede antal ædelmetaller godtgøre, at den forsigtige Bertelsen ikke har ladet sig pådutte sølvkander, guldringe, osv. som pant for kontantlån.

Det kulturelle miljø

Gennemgangen af købmandsgårdens indbo og redskaber, m.m. efterlader ikke overraskende indtrykket af mere end almindelig solid borgerlig velstand. Det var de fornemst tænkelige forhold for en Vejle-borger. Derfor var det også hos familien Bertelsen, rigshofmester Corfitz Ulfeldt indlogerede sig under sit ophold i Vejle i 1643[50]. Prangende synes hjemmet imidlertid ikke at have været, hvis vi sammenligner med nogenlunde jævnbyrdige købmænd andre steder i landet. Rådmand på Christianshavn, Lauritz Hansen, var død få år før Jens Bertelsen (i august 1628) og efterlod sig noget mere sølv (734 1/2 lod mod Bertelsens 560 lod) og langt flere guldsager (for næsten 365 rdl.). Men vi kan nå videre end det. Der er også noget vi savner hos Jens Bertelsen, som var at finde hos rådmanden på hjørnet af Vestergade og Gammeltorv. Lauritz Hansen havde på væggene i sit hjem bl.a. kongens billede, fire malerier, et "stort kunststykke", et oliefarvetryk, otte kobberstik og ni akvareller i den ene stue og endnu flere billeder af dronningen, Tyge Brahe o. a. i en anden stue. Der var tillige portrætter af ejeren selv og hans kone[51].

Lauritz Hansen var også i besiddelse af en lovbog, hans eneste bog. Der er ingen omtale af bøger i Jens Bertelsens hjem. Vi ved, at Jens Bertelsen i 1622 overtog Christoffers Dybvads bøger, men de kan selvfølgelig være videresolgt straks. Selv om Jens Bertelsen måske har haft nok i at læse regnskaber, er det næsten utænkeligt, at huset ikke har rummet en bibel eller andre kristelige skrifter. Imidlertid omtales bøger overhovedet ikke, hvilket er så påfaldende hos en mangeårig købmand og rådmand, at jeg fristes til at antage, at de ikke er blevet registreret. Som rådmand i langt over 25 år og de seneste år som borgmester indebærer det, at Jens Bertelsen har haft brug for enkelte lovbøger. Måske kan vi komme på sporet af nogle af bøgerne ad anden vej. Datteren Anne blev den 16. september 1627 gift med rådmand Niels Lauritzen Nimb, som senere blev borgmester i Vejle. Rimeligvis er bøgerne eller mange af dem overgået direkte til Anne og Niels. Han havde som rådmand og borgmester brug for enkelte bøger. Han døde imidlertid allerede 1640, og i den forbindelse skiftede Anne den 4. maj 1642 med boet. Det indeholdt bl.a.

---

[50] Petersen 1927, s. 145.
[51] Hans H. Fussing: Rådmand Lauritz Hansens bo 1628, *Personalhistorisk Tidsskrift* 13. Rk: 1, 1952-53, s. 24.

7 bøger i folio
13 bøger i kvart
102 bøger, store og små

"Bøgerne fandtes i et forseglet skab, og blev straks lagt i kisten med tin, kobber og messing og blev tilforseglet. Et andet gammelt bogskab med nogle gamle bøger og som var forseglet, blev åbnet, da ingen kendte indholdet og derefter forseglet igen"[52]. Det er ikke alene i Vejle, men i det hele taget en ret stor bogsamling at finde i et borgerhjem ved den tid. Det var mest akademikere, herunder især læger og præster og adelsfolk, der samlede mere end nogle få opbyggelige skrifter[53]. Desværre oplyser skiftet intet om, hvilke bøger, der var tale om. Blot ved vi, at der må have været en hel del flere end 122, da bøgerne i den anden kiste overhovedet ikke blev talt. Bøgerne er rimeligvis en arv efter Jens Bertelsen, men om det ligefrem skulle være Christoffer Dybvads bøger, der blev gemt i de forseglede skabe, skal jeg lade være usagt.

Bogsamlingen er i antal den største vi har kendskab til i Vejle i hele 1600-tallet. I kun et fåtal af byens hjem har der været bøger, og de var at finde i de mere velhavende borgerhjem, hos rådmændene, hos byfogeden som havde brug for lovbøger i sit arbejde og selvfølgelig hos præsten. Som det fremgår af bilag 1 over alle Vejle-skifter med bøger før 1700, var det kun den tidligere præst i Vejle, Henrik Eriksen Pontoppidan, som virkelig havde en stor bogsamling, muligvis større end den, der havde været i familien Bertelsens besiddelse. Pontoppidans fem børn, fik ved skiftet 1660 udtrykkeligt hver bøger for 41 dl., tilsammen 205 dl., hvilket for den tid har været et meget stort bibliotek, når beløbet bliver omsat til bøger.

Af de henved 120 bevarede skifter fra Vejle før 1700, var der kun registreret bøger i 9, heraf var to ganske vist mere bety-

---

[52] RA, Vejle Byfogedarkiv, skifteregistret nr. 32.
[53] Den ulærde, men formuende købmand og ivrige bogsamler Rasmus Thestrup i Århus havde i 1654 500 indbundne bøger plus 85 års almanakker, hvilket var ganske betydeligt og usædvanligt for en almindelig købmand (*Rasmus Pedersen Thestrups Stambog*. Udg. af Helge Søgaard, Århus 1972, s. 86-87).

delige bogsamlinger. Da skifterne ikke er fuldstændigt bevaret[54], og vi heller ikke kan være sikre på, at eksisterende bøger i boerne er kommet med i skifterne, så bliver billedet af det kulturelle miljø på det grundlag alene noget uklart. Hvis vi derefter inddrager tilstedeværelsen af kontrafejer, skilderier, musikinstrumenter osv., så bringer dette os alligevel et skridt videre ved en sammenligning med andre købstæder. Der blev ikke registreret nogen billeder overhovedet i Jens Bertelsens bo. Faktisk er der kun antruffet sådanne i skiftet efter borgmester Clement Sørensen og, og det endda i et meget begrænset antal[55]. Billedudsmykning som hos rådmand Lauritz Hansen var der langtfra tale om. Musikinstrumenter o. lign er der næsten ingen registrering af. Dermed være ikke sagt, at de ikke var der. Byen havde således bl.a. en trompeter[56], men i kun ganske tilfælde er den slags blevet medtaget i boopgørelser. Der var ikke mindre end 96 mundharper i Henrik Grots krambod i 1664[57]. Tager vi derefter og sammenligner med andre byer: Helsingør, Køge, Ribe, Århus eller Odense, hvor der foreligger skifteundersøgelser eller kildeudgaver, viser det sig, at der i hvert fald langt tidligere i Helsingør og derefter i Ribe, Køge og Århus findes betydeligt flere bøger, kontrafejer, musikinstrumenter m.m.[58], så der træder et klar billede frem af, at borgerkulturen i Vejle gennem hele 1600-tallet var langt mere tilbagestående end i de her nævnte købstæder. Dertil vil nogen måske indvende, hvad nyt er der i det?, hvortil svaret er, at boopgørelserne fra Vejle viser, at der var enkelte storkøbmænd og andre i

---

[54] I januar 1650 leverede byskriver Hans Pedersen en nummeret fortegnelse over de skifter, der indgik i byfogedarkivet fra hans embedsperiode. Fortegnelsen medtager 49 nummererede skifter og yderligere 5 skifter opregnes. Alle skifter er fra årene 1639 til 1649. Af disse er det kun fire, vi ikke kender i dag. Det leder til den konklusion, at skifterne i det mindste for denne periode er forholdsvis godt bevaret til nu.

[55] I Clement Sørensens bo var der: 8 papirstavler med rammer, 4 andre tavler, 3 kontrafejer (4 1/2 dl.), hvoraf datteren Mette overtog 1, som imidlertid ikke er registreret i boet efter hende 5 år senere.

[56] Trompeterer Jørgen Hansen døde 20. maj 1641 og der blev skiftet 16. juli samme år. Se også J. Wolters: Stadsmusikanter i Vejle 1600-1941, *Vejle Amts Årbog* 1942, s. 129-175. Wolters kender bl.a. ikke trompeteren og sætter i øvrigt lighedstegn mellem organist og stadsmusikant i Vejle for denne periode.

[57] RA, Vejle Byfogedarkiv, skifteregistret nr. 112, Henrik Grots 26. feb. 1664.

[58] Jørgen Olrik: *Borgerlige Hjem i Helsingør for 300 Aar siden*, 1903, s. 98 ff.;

byen, der kunne give basis for en rigere bog- og borgerkultur. Foruden Jens Bertelsen og Clemens Sørensen med familier var det Henrik Eriksen Pontoppidan, Iver Nielsen Amnitzbøl, m.fl. (se bilag 2). De havde alle den tilstrækkelige økonomiske formåen, men pointen er netop, at påvirkning udefra og kontakten med de kulturelle frembringelser betød mere end en massiv rigdom. I hvert fjerde skifte i Helsingør mellem 1621 og 1660 var der således billeder af en eller anden slags, og boerne var ikke nødvendigvis meget rige, billederne fandtes også blandt jævne borgere. Kontakten havde i den livlige Øresundsby spredt billederne ud over byen som en almindelig foreteelse[59]. Der var heller ikke nogen nødvendig sammenhæng mellem velstand og social position og boglige interesser. Interessen for eller behovet for bøgerne var mere afgørende for tilstedeværelsen af bøger end de økonomiske midler, der skulle til anskaffelsen[60].

Af Vejles rige borgere var borgmester Clement Sørensens hjem så ubetinget det mest kulturelt prægede. Borgmesteren havde selv som ung studeret i udlandet, 1608 giftede hans sig med adelsdamen Karen Strangenette og lagde så meget vægt på uddannelsen af sine børn, at han nogle år senere fik sønnen Søren på Sorø skole. Bøger, billeder, udskårne spillebrikker, flamske hynder, malede borde m.m. hørte til udstyret i hjemmet. Hans værdifulde historiske optegnelser er allerede nævnt. Ikke sært derfor, at denne mand af format og horisont ud over købstadens kunne bruges som laugmand i Tønsberg len 1635-41. Alligevel var det en sjælden ære, der blev vist borgmesteren, men det bedste vidnesbyrd om tilliden til hans evner og formåen på højeste sted[61]. Alligevel viser hans hjem sig ikke så "moderne" udsmykket som

---

Poul Eller: *Borgerne og billedkunsten på Christian IV.s tid. Uddrag af Helsingørs skifteprotokoller 1621-1660*, 1974, s. 37-40, passim; Palle Birkelund: Noget om Læsning - og lidt om Boghandel - i Aarhus i Slutningen af det 17.Aarhundrede, *Årbog udg. af historisk Samfund for Århus Stift* 32, 1939, s. 17-43; Johan Jørgensen: Bogsamlinger i Kalundborg i slutningen af 17. århundrede, *Kirkehistoriske Samlinger* 7.IV.1960-62, s. 359-371; Johan Jørgensen: *Skifter og testamenter*, 1968, s. 50-55; *Skifter fra Køge 1597-1655*. Udg. ved Gerd Neubert, 1992, fl. st.; Svend Larsen: *Studier over det fynske rådsaristokrati i det 17. århundrede*, 1, s. 176 og 2,1965, 392-93; Degn 1981, 1, s. 312-318; V. Woll: Om Borgerskabets Læsning i det 17. Aarhundrede, *Årbog for historisk Samfund for Odense og Assens Amter* 22, 1934, s. 591-95.

[59] Eller 1974, s. 37-40.
[60] Jfr. Holger Rasmussen: *Bøger og bogbindere i Odense før 1694*, 1959, s. 24 f.
[61] Petersen 1927, s. 147-152.

standsfællernes i de mere internationalt orienterede handelscentre. Boopgørelserne viser, at de mest formuende alt overvejende har benyttet rigdommen til at skaffe sig kostbart indbo, sølvtøj, alle slags bestik, kander, service og klæder, men at bøger, skilderier eller kontrafejer, musikinstrumenter osv. har spillet en ganske forsvindende rolle. Det var tømrere, snedkere, skræddere og alle slags smede byens velbeslåede indbyggere gav beskæftigelse. Endda skal vi ikke gå ud fra, at borgerne kun afgav deres bestillinger lokalt. En del indbo tyder trods de knappe beskrivelser på at være importeret udefra. Der er intet tegn på, at byens rige borgere har ladet sig male eller fået deres epitafier opsat i kirken. Efter Jens Bertelsen blev der opsat et monument i Sct. Nikolai kirke, som det senere skete efter bl.a. hans svigersønner Niels Lauritzen Nimb og Jørgen Staalsen, men ikke med portrætter af de afdøde. Det beror næppe kun på senere ødelæggelser, når vi i dag ikke har billeder af byens fornemste borgere i 1600-tallet.

Disse træk bidrager til at tegne billedet af et forholdsvis snævert kulturelt miljø, der kun blev endnu snævrere efter 1630 i takt med, at de storkøbmænd, som havde deltaget i den internationale handel i blomstringstiden før Kejserkrigen, faldt bort. Forbindelsen til de udenlandske markeder faldt ikke ganske væk. Det ses deraf, at enkelte Vejle-købmænd havde gæld i udlandet omkring 1660, mest i Hamborg, mindre i Lübeck og mindst i Amsterdam[62]. Det samlede billede, som de senere skifter giver er, at købmændenes aktionsradius er blevet mindre. Turen går ikke længere som sædvane til kreditmarkedet i Viborg, m.m., som på Jens Bertelsens tid. Det var snarere udenbys og fremmede købmænd, der hyppigere kom til Vejle i takt med at byen tabte mere og mere i økonomisk betydning. Vejle fik ikke en ny Jens Bertelsen i de første 150 år efter hans død.

---

[62] RA, Vejle Byfogedarkiv, skifteregistret nr. 107: Iver Nielsen Amnitzbøl 1660: 288 dl. til Hamborg. Johan Hvidtfeldt har i artiklen Bidrag til Vejle Bys Historie III. Handel i *Vejle Amts Årbog* 1935 en udpræget tendens til at overdrive udlandets betydning for Vejle-købmændene, idet han ikke får sat de tyske købmænds betydning i et tydeligere forhold til andre danske købmænds rolle. F.eks. når han s. 88 skriver, at Hamborg-købmændene spillede 'en stor rolle' i skifterne og nævner Iver Nielsen Ammitzbøls skifte som eksempel, hvor det trods alt var danske købmænd, der havde det allermeste tilgode og de tyske købmænds andel var helt marginal.

Forretning og ægteskab

Trods sin rigdom og kontakter ud i Jylland benyttede Jens Bertelsen ikke sine børns ægteskaber til at styrke forretningens position uden for Vejle. Der kunne f.eks. være indgået giftermål med rådmandsdøtre fra de nærliggende købstæder eller fra Ribe. Næsten alle hans børn giftede sig i Vejle og halvdelen af de seks børn kom til at indgå i rådmands- og borgmesterkredsen i byen. Det var ikke spor usædvanligt. Det var derimod den yngste søn Augustinus' ægteskab med den adelige frøken Edle Krabbe, datter af Jacob Krabbe til Damsgård m.m. Og sønnen rådmand i Viborg, Bertel Jensens overtagelse af hovedgården Viskum i Sønderlyng herred i 1666 fra Erik Lunov for en fordring på 6552 rdl. Selv døde han 1669, men enken Anne Tornsdatter sad på gården til 1681[63]. Nogle af sønnerne overskred den standsbarriere, som endnu havde begrænset Jens Bertelsens udfoldelsesmuligheder: 1. det var ret utænkeligt for en vejlenser omkring 1600 at blive gift med en adelsfrøken, 2. det var ved lov forbudt ikke-adelige at besidde frit adelsgods før 1660. Det generede helt sikkert Jens Bertelsens forretning, og havde loven og adelsvælden ikke været sådan, var han selv endt som godsejer. Det kom den følgende generation til at opleve.

---

[63] Evald Tang Kristensen: Nogle Afskrifter vedr. Vingegaard, Viskumgaard og Bigumgaard i Slutningen af 17. Aarhundrede, *Samlinger til jydsk Historie og Topografi* IX, 1882-83, s. 213-215; Trap: *Danmark*, 5. udg., bd. 17, 1962, s. 347.

Bilag 1. Vejle-skifter indeholdende bøger før 1700

32. **Niels Lauritzen Nimb**, 4. maj 1642. <se tekst ovenfor>
37. **Jørgen** ?, gift m. Mette Mortensdatter[64], <1645>
    17 bøger, bl.a. 1 kongebog 2 dl., 1 glossariumsbog 1 dl. og l lovbog 1 dl. <ingen samlet vurdering>
48. borgmester **Clement Sørensen**, 11. feb. 1646
Albert Krantz[65]	3 sk.
en krønike	1 dl.
svenske biblia	3 sk.
tyske postil	4 sk.
norsk lovbog	2 dl.
adskillige små bøger	6 dl.
52. **Jens Pedersen**, 26. juni 1648
    7 religiøse bøger, bl.a. en bog som kaldes vejen til det lange liv, en kaldes forgiv mig ikke, en om livets kald. Samlet vurdering: 43 sk.
73. **Mette Clementsdatter**, 13.-14. okt. 1651
1 tysk krønike	1 dl.
8 små tyske bøger	1 1/2 dl
1 tysk psalter bog	1 sk.
79. købmand **Jens Madsen**, 13.-14. sept. 1653
1 stor dansk bibel	8 dl.
i huspostil	2 1/2 dl.
15 forskellige små bøger	4 dl.
85. rådmand **Anders Jensen Sole**, 4.-6. marts 1656
    14 bøger, mest tyske, af religiøs art, i alt 26 sk.
87. byfoged **Anders Jensen**, 10. okt. 1656
Den danske konges slægtsbog[66]	1 1/2 dl.
Danske lovbog	1 1/2 dl.
En anden lovbog med sort bind	1 dl.
En bog kaldet Glossarium	1 dl.
Davis psalter på tysk på sangvis	2 sk.
En bog som kaldes Hus tavle og spejl	1 sk.
5 små tyske bøger på adskillige sprog	1 dl.

---

[64] Kun konceptet til dette slet bevarede skifte foreligger. Det er udateret, men indsat i den kronologiske række ved 1645.
[65] Albert Krantz: *Wandalia oder Beschreibung Wendischer Geschicht*, Lübeck 1600.
[66] Claus Christoffersen Lyschander: *De danske kongers Slectebog*, 1622.

90. **Laurits Lauritsen,** 15. juni 1657
1 dansk bibel	10 dl.
1 huspostil i folie	2 1/2 dl.
1 tysk bibel	1 1/2 dl.
1 oldenborgsk krønike	2 dl.
1 jysk lovbog med hvidt bind	3 dl.
Danmarks riges ret	2 dl.
Jordebog som er skreven	2 1/1 dl.
1 dansk huspostil	1 1/2 dl.
Forklaring over Christi opstandelse	1 dl.
8 små bøger, tyske og danske	2 dl.

108. mester **Henrik Eriksen Pontoppidan,** 16. nov. 1660. tidl. sognepræst i Vejle. Uspecificerede bøger for 205 dl.

Bilag 2. De 10 rigeste Vejle-skifter i 1600-tallet[67].

9. Jens Bertelsen, 3. juni 1633:

22. borgmester Simon Munk, 18. juni 1641: ?

32. Niels Lauritzen Nimb 4. maj 1642: ?

u. nr. Ander Pedersen Munk 24. okt. 1645: 1.318 dl.

46. Jacob Nielsen Amnitzbøl, 8. maj 1645: <?>

47. Kirsten, Hans Møllers, 5. maj 1645:

54. Johanne Jørgens, gift m. Jørgen Sørensen Svane, 16. aug. 1648: 2.173 dl.

73. Mette Clementsdatter, 13.-14. okt. 1651: 3.464

107. Iver Nielsen Amnitzbøl 5. nov. 1660: 5.356

108. Henrik Eriksen Pontoppidan, 16. nov. 1660: 6.192 dl + 54 1/2 td. htk.

---

[67] Clement Sørensens skifte af 11. feb. 1646 er ikke at finde herimellem, da han ved en kontrakt med sine børn i september 1643 havde afviklet sit bo, så skiftet tre år senere indeholdt kun ganske ubetydelige værdier og fordringer til afvikling. Hans bo havde dog været rigt, hvilket fremgår af skiftet efter datteren Mette, nr. 73. Hun havde overtaget faderens købmandsgård. De meget mørke farver, som tegnes i Petersen 1927, s. 151f. af den gamle borgmesters økonomi i hans sidste år, holder næppe stik. For flere af skifterne er det ikke muligt at opgøre det eksakte overskud p.g.a. bevaringstilstand o. lign.

"Sammenrotning".
Kollektive aktioner og folkemassens tilsynekomst i dansk 1600-tals historie

I

I europæisk historie og historieforskning er folkemassen, "the crowd" en forlængst etableret størrelse.[1] Anderledes i Danmark, hvor konfliktniveauet siden Grevens Fejde i 1530'erne har været lavere end i de fleste andre europæiske lande.[2] Den mere eller mindre regerlige folkelige "masse" syner af meget mindre i dansk historie, selv om den naturligvis er der, uden at der nødvendigvis skal være tale om konflikter. Massens tilsynekomst er nemlig ikke alene forbundet med utilfredshed og oprør. Den er tillige et led i autoritetsfremstillingen og magtrepræsentationen i så forskellige regimeformer som den enevældige og den fascistiske stat. Både de enevældige konger og fascistlederne viste sig for massen, for folket. Massens tilsynekomst må forståes i to betydninger: Både som uønsket og ønsket af magtens indehavere.

Da der i 1986 udkom den første antologi om kollektive aktioner og protester i Danmark siden middelalderen, tog den sit kronologiske udgangspunkt ved 1720.[3] I antologien blev massen kun opfattet i den første af de to betydninger, der er nævnt ovenfor. Nemlig som uønsket. Det er hensigten her at føre perspektivet et århundrede længere tilbage, udbrede opfattelsen af massen og skitsere dens ændrede roller i overgangen fra adelsvælde til enevælde.

II

Christian 4. efterlod ved sin død 1648 andet end skønne bygningsværker, nye byanlæg og en mægtig orlogsflåde. Til sønnen Fre-

---

[1] Se f. eks. George Rudé: *The crowd in history 1730-1848*. Rev. ed., London 1981, John Stevenson: *Popular disturbances in England 1700-1870*, London 1979, Mark Harrison: *Crowds and History*, Cambridge 1988.
[2] Jfr. Erling Ladewig Petersen: Fra standssamfund til rangssamfund 1500-1700, *Dansk socialhistorie*, 3, 1980.
[3] Flemming Mikkelsen (red.): *Protest og oprør*. Århus 1986. Jfr. min anmeldelse i *Historie*. Ny Rk. 18: 4, 1991, s. 675-79.

derik 3.s arv hørte også en stor statsgæld og et statsapparat med så mange ansatte som aldrig tidligere. Det var først og fremmest i København, rigets militære centrum, at antallet af statslige tjenere var vokset. Alene i de såkaldte Skipperboder og i Nyboder var permanent samlet adskillige tusinde søfolk og andre, der gjorde tjeneste i orlogsflåden eller på Bremerholm, flådens hjemsted. Dertil føjede sig en garnison af soldater på omkring 4.000 mand. For at stå sig i kampen med ærkerivalen Sverige havde Christian 4. oprustet og opbygget et omfattende permanent militært apparat.[4] Det var derfor en i bogstaveligste forstand omkostningskrævende arv, Frederik 3. overtog, da han blev kronet i Vor Frue kirke i København den 23. november 1648. En understregning af situationens alvor var det, at selve kongekronen havde været pantsat til købmænd i Hamborg og i hast måtte hentes til København til den højtidelige kroningsceremoni.[5]

For at mindske udgifterne søgte den nykronede konge at reducere mængden af statsansatte, en løsning der heller ikke i dag er ukendt. Alene på Bremerholm blev matrosernes antal nedskåret fra 1.500 til 600. Det var i sig selv alvorligt nok, men dertil kom, at staten var i restance med betalingen af lønnen. Naturligt nok trængte søfolkene sig på for at få deres tilgodehavende. En tid blev de holdt hen med løfter; de skulle bare vente til den i udlandet værende rigshofmester, Corfitz Ulfeldt, kom hjem. Han ville medbringe en stor sum penge fra Nederlandene, som herefter til gengæld slap for at betale told i Øresund. De penge kunne betale lønningerne. Det forestillede man sig i det mindste.

Ulfeldt kom til København i december 1649, men alligevel måtte bådsmændene og andre klare sig julen over uden løn. Misfornøjede samlede en stor skare søfolk sig foran Københavns slot, og da Ulfeldt kom ud fra en audiens hos kongen for at køre tilbage til sin bolig i Løvstræde, omringede de vognen og forlangte deres tilgodehavende. Han havde jo haft mange penge med hjem, så ville de ikke med koner og børn sulte ihjel i denne dyre tid. Uden held søgte rigshofmesteren at dæmpe gemytterne med hele sin autoritet - først med gode ord og derefter med trusler om at sætte soldater ind. Skaren svarede trodsigt igen; de truede med at

---

[4] Leon Jespersen: 1600-tallets danske magtstat. E. Ladewig Petersen (red.): *Magtstaten i Norden i 1600-tallet og dens sociale konsekvenser*, Odense 1984.
[5] John T. Lauridsen: *Marselis-konsortiet. En studie over forholdet mellem handelskapital og kongemagt i 1600-tallets Danmark*, Århus 1987, s. 94.

storme Ulfeldts gård, hvis de ikke fik, hvad der tilkom dem.

Fra slottets vinduer kunne man følge bådsfolkenes aktion. Det fik kongen til først at sende parlamentærer ned på pladsen. Det beroligede ikke gemytterne. Derpå måtte to rigsråder i egen høje person komme til stede og på kongens vegne love et kvart års løn. Da pengene virkelig straks blev udbetalt, faldt den ophidsede skare til ro, og man gik hver til sit.[6]

Det siger sig selv, at dette optrin, der havde involveret nogle af rigets mægtigste mænd, ikke kunne gå upåtalt hen. Rigsrådsrepræsentanter forhandlede ikke direkte med hverken kongens tjenere eller andre på gader og pladser, og da slet ikke under trusler. Den 1. februar 1649 udgik der en advarsel til alle bådsfolk i kongens tjeneste mod at samles og til sammen rotte og mod "endog vore fornemste tjenere på gaden og udi deres huse i hobetal at søge, forfølge og med ubeskedelige ord overfalde". Gentog det sig, ville de blive straffet som oprørere. Havde de noget at forebringe, skulle det ske skriftligt, så ville de blive hjulpet efter sagens beskaffenhed.[7] Straffen for oprør betød i praksis, at de kunne komme til at lide dødsstraf. Det var en yderst alvorlig forseelse.

Den meget selvbevidste Corfitz Ulfeldt brød sig ikke om den form for opmærksomhed, som søfolkene her havde vist ham. Det var krænkende for hans stand og anseelse. Især passede det ham ikke, da han havde været med til at disponere over de mange rare kontante penge på anden vis. Alene hans rejse til Nederlandene havde kostet den uhyre sum af 117.000 rigsdaler[8] (en bådsmandsløn var omkring 50 rigsdaler årligt). Den udgift skulle naturligvis først ud af verden, men derefter måtte en række danske og udenlandske storkøbmænd tilgodeses. De var alle Ulfeldts nære forretningsforbindelser og havde ydet staten varer og tjenester i tillid til hans forsikringer. Han havde været rundhåndet med forsikringerne og ikke taget det så nøje med priser og kvitteringer i den gamle konges sidste år. Det lukrerede statsleverandørerne på, og de oparbejdede uhyre tilgodehavender.[9] Den nye konge

---

[6] P. W. Becker (red.): *Samlinger til Danmarks Historie under Frederik IIIs Regering*, 1, 1847, s. 33, H. D. Lind: *Kong Frederik den Tredjes Søemagt*, Odense 1896, s. 29.
[7] O. Nielsen (udg.): *Kjøbenhavns Diplomatarium*, 3, 1877, s. 322.
[8] Lauridsen 1987, s. 242 n.18.
[9] H. D. Lind: Underslæb på Bremerholm under Korfitz Ulfeldts Finansstyrelse, *Historisk Tidsskrift* 6. V, 1894-95.

måtte stå ved sit ansvar overfor disse kreditorer og se at få dem betalt. Det blev de også, i det mindste i et vist omfang - og alle andre måtte vente. Rentemester Peder Vibe beskrev i februar 1649 situationen således: "Baadsfolket og enhver Mand er malcontent uden de Marselis, Henrik Müller og nogle faa andre, som har faaet Indvisninger på de bedste Rigens Intrader, saa at i dette Aar resterer næppelig saa meget, som behøves til Kongens Hofhaltung".[10] Marselis, Müller og nogle få andre var netop Ulfeldts handelspartnere.

Den venten huede ikke kongens tjenere, hvad enten de var søfolk, soldater eller lagerarbejdere. Det drejede sig om deres eksistensgrundlag. Blandt bådsfolkene var utilfredsheden fortsat stor, og bedre blev det ikke af, at flere afskedigedes. Det drejede sig om "de sletteste og de, der bedst kunne undværes", som det ligefremt og brutalt hed i fyringsordren. De øvrige fik igen udbetalt lidt af deres sold, men ikke nok til mere varigt at dæmpe misfornøjelsen. Det førte til nye aktioner og en del rømninger. Af 431 udskrevne matroser i 1653 rømmede de 68. Også soldaterne aktionerede. Der var optøjer på Bremerholm - foruden den udeblevne løn, ville de have bedre mad. De blev anholdt.[11] Året efter var rentemester Peder Vibe udsat for fysisk blokade. Han skrev 19. marts til Erik Krag: "Jeg kan ikke noksom beklage mig over den besværlighed, jeg har af alle, som har noget at fordre både hof-, Holmens- og tøjhustjenere, såvel som af arbejdsfolk og andre, som kronen er skyldig. Forgangen torsdag var der ved 150 af tøjhusfolket for min port, hvilken jeg måtte lukke til og skikke en af mine folk over graven gennem løngangen op til deres øvrighed på Tøjhuset at sætte styr på dem, hvilket og skete". For at klare sig ud af den truende situation havde den adelige rentemester ganske enkelt måttet sende bud efter hjælp.[12]

Det var igen en helt utålelig situation for en af kongens fornemste tjenere - helt utænkelig blot et par årtier tidligere. Hvad var der sket? Hvori bestod det nye? Hvordan kunne disse kollektive aktioner opstå og hvorfor alene i København, men ikke i provinsen, hvor nøden var lige så stor? Forklaringen må søges i, at der for det første under Christian 4. havde udviklet sig flere og

---

[10] Lind 1896, s. 24.
[11] Lind 1896, s. 59f.
[12] Rigsarkivet, Danske Kancelli, Sjællandske Indlæg 19. marts 1654. Afskrift i Det Kongelige Bibliotek, Additamenta 837b-4°.

langt større statslige arbejdspladser i København end ude i landet, og med disse, for eksempel Bremerholm, var der opstået potentielle udgangspunkter for aktioner. Mange ansatte var nu permanent beskæftiget samlet på de store arbejdspladser, hvad enten det var omkring værftet, tøjhuset eller garnisonen.

Hertil kommer for det andet, at der med opførelsen af 130 dobbelthuse - Skipperboderne - i årene efter 1614 og 614 Nyboderhuse mellem 1631 og 1648 var skabt den hidtil største planlagte boligkoncentration i Danmarks historie.[13] Det var et tæt lav rækkehusbyggeri af dimensioner. Karré efter karré var bygget efter en samlet overordnet plan. Der boede tusindvis af mennesker i disse to komplekser. Rækkehusene var bygget for at afhjælpe boligmanglen i hovedstaden, men egentligt også for at opretholde ro og orden. Alle beboere var i kongens tjeneste. Samlet på et sted var søfolkene lettere at få fat på og dermed kontrollere. Den store befolkningskoncentration kom imidlertid til at virke mod sin oprindelige hensigt. Især Nyboder blev potentielt arnestedet for utilfredshed under de første enevoldskonger. Det nære samkvem mellem de der boende familier, med fælles vilkår og problemer i forhold til arbejdsgiveren, staten, gav en helt ny baggrund for kollektiv optræden og samlet protest.

Som tredie og sidste faktor er Københavns befolkningsvækst og den stadig mere koncentrerede bydannelse. I takt med byens hastigt stigende indbyggertal - antallet steg fra 30.000 til 60.000 mellem 1660 og 1690 - blev flere og flere afhængige af lønindkomster i rede penge. I Nyboder kunne man delvis kompensere for den udeblevne månedsindtægt ved at dyrke sin lille have og leve af naturalier. Der var imidlertid ikke tilstrækkelig plads til haver, så de kunne dække et basalt fødevarebehov og tillige give noget at bytte med. Flere og flere blev i den forstand rene byboere. De var regulært på spanden, når kongen ikke lod sine tjenere betale. Her har vi de gnister eller det brændstof, der satte de kollektive aktioner og opløb i gang efter at bålet i form af sammenhobning af de ansatte i forvejen var lagt til rette. Hvor vigtige haverne i Nyboder i øvrigt var, fremgår af et projekt fra omkring 1656, hvor Nyboder blev foreslået udbygget til det dobbelte boligareal på samme grundstykke ved at nedlægge småhaverne og fordoble antallet af boder på dem i stedet. Så ville det ikke gå

---

[13] Jørgen H. P. Barfod: *Christian IV's Nyboder*, 1983.

ud over gadebredden, men samtidig blev der tænkt på haverne. Det blev nemlig foreslået at give Nyboderfamilierne haver uden for Københavns befæstning.[14] Forslagsstilleren har været klar over, at beboerne ikke kunne undvære haverne.

Hvordan skulle myndighederne klare problemerne i de nye boligdannelser? En karre-bebyggelse af Nyboders størrelse lod sig ikke bare opløse, og de statslige arbejdspladser blev større, ikke mindre i den følgende tid. I første omgang kom krigsrygterne og siden krigene med Sverige 1657-60 myndighederne til hjælp - de tog hele opmærksomheden - og efter 1660 havde den nu indførte enevælde en midlertidigt dæmpende virkning. Det var et militært diktatur, som slog voldsomt ned på al slags oprør og opsætsighed. Gemytterne holdtes i ave, men efter den nye krig med Sverige (1675-79) var det slut. Staten manglede penge, og dem der var, gik til andre formål, så lønningerne udeblev, helt eller delvis. Orlogsflådens søfolk samledes jævnligt i protest og forøvede "tumult og gevalt" i gaderne i 1680'erne. Det kom i de følgende år flere gange til egentlige gadekampe mellem matroser og udkommanderede soldater. De var så voldsomme, at der var både sårede og døde på begge sider. Således i 1686 og navnlig i Skt. Hans aften 1690 i Nyboder, hvor befolkningen traditionen tro havde rejst en majstang og forlystede sig med dans. Et klammeri mellem en soldat og en pige, han nappede vist noget fra hende, udløste utilfredsheden, og snart var hele kvarteret i oprør. Økser, knive, stænger og sten blev brugt mod soldaternes sabler og bajonetter, og til sidst blev musketter taget i brug. Vagten ved Østerport blev angrebet så målbevidst af Nyboder-folkene, at den måtte fortrække. Officerer søgte at mane til ro og orden, men trods det varede kampene hele natten og næste dag med. Den næste nat patruljerede hestgarden.[15]

En ting var, at matrosernes lønninger udeblev - statens gæld til dem var i 1693 oppe på 267.000 rigsdaler - en anden, at de efterhånden fik deres boligforhold stærkt forringet. Regnes boligen som en del af lønnen, og det kan vi roligt gøre, så faldt dens kvalitet drastisk. For det første blev boderne ikke vedligeholdt. Når der ikke var penge til al muligt andet, var der heller ikke penge til dette. I 1682 havde situationen nået et punkt, så admiralitetet lod

---

[14] Orla Alstrup/Charles Christensen: *Nyboderfolket*,1930, s. 16. I øvrigt H. D. Lind: *Nyboder og dets Beboere, især i ældre Tid*, 1882, passim.
[15] Barfod 1983, s. 61.

en kommission aflægge besøg i Nyboder. Et resultat af dette besøg var, at der omgående blev sendt 3.000 tagsten til boderne. Det hjalp lidet. 1691 indberettede søetatens bygmester Christoffer Gross, at bygningerne var utjenlige til beboelse! På den måde fik han gennemtrumfet afsættelse af et årligt beløb til vedligeholdelse.[16] For det andet blev hver "bod" i Nyboder, som af Christian 4. var bestemt for en familie, under Frederik 3. og Christian 5. delt op til to familier. Der blev ganske enkelt sat en træskillevæg op på langs gennem husene, så familierne var fælles om køkken og forstue. Endda trak det ud med opsætningen af disse skillevægge selv efter, at der var sat to familier ind. Det kneb med at få råd til skillevæggen i bodernes store stue. Det nærede yderligere utilfredsheden. Mindst det dobbelte antal familier blev klumpet sammen på samme plads, og boede enten på "mørkesiden" mod nord eller "solsiden" mod syd. Ovenpå boede så de lejere, som blev taget ind for at tjene nogle ekstra skilling. Med opdelingen blev det livsvigtige havestykke mindst halveret, og vilkårene blev yderligere forringet. Opdelingen var tilendebragt før 1700 og vel bl.a. andet accelereret af, at skipperboderne blev brandskadede 1690 og de resterende boder solgt 1694, så beboerne måtte overføres til Nyboder.[17]

Presset på dette kvarter og dets beboere var øget ganske betydeligt under Christian 5. Det er hævet over enhver tvivl.[18]

For at få en ende på demonstrationer og optøjer blandt søfolkene greb myndighederne mod århundredets slutning til en *militarisering* af centret for uroen, nemlig hele Nyboder-kvarteret, i den i forvejen overbefolkede by. Med fast hånd blev huse omfordelt, håndværkere for sig, tøjhusfolk for sig osv., sammenspiste beboere blev adskilt. De enkelte kompagnier i flåden fik tildelt hver et bestemt antal karreer. Opsynet og kontrollen med beboerne blev skærpet. Der blev ansat en inspektør. Endelig blev en vagtbygning ved Adelgade med arrest (i Nybodermunde "Hundehullet") bemandet med tolv soldater og en løjtnant. De skulle sikre roen i kvarteret. For at kunne afsvale ophidsede gemytter blev

---

[16] Alstrup/Christensen 1930, s. 30, Barfod 1983, s. 48-57.
[17] Alstrup/Christensen 1930, s. 16, 32, 39f., Barfod 1983, s. 37, 64f.
[18] Jørgen H. Barfods konklusion for samme periode er: "Under Christian V var der således skabt ordnede forhold i langt større udstrækning end man tidligere havde kendt" (Barfod 1983, s. 68). Den sociale dimension mangler ganske i dette arbejde.

der til brug for mestermanden 1688 opsat fire pæle med hals- og håndjern på "mest forbifaldende steder".[19] Der kunne ikke være tvivl om, hvordan sammenrotning ville blive behandlet.

Vagtmandskabets nidkærhed og optræden i tjenesten kom i sig selv til at give anledning til tumulter. Når det lød "det er vagten", da var det signal ikke blot til flugt, men også til hujen og skrigen. den form for despekt for autoriteternes repræsentanter gav en vis tilfredsstillelse, men bragte ikke den manglende løn til veje.

Kun lidt hjalp det. Sammenrotning blandt statens ansatte blev en permanent del af arven efter Christian 4. til langt ind i 1700-tallet. I Nyboder ikke mindst.

III

Her dukker massen igen op i dansk historie og reagerer kollektivt. Uønsket af magthaverne. Det var ikke set siden Grevens Fejde over 100 år tidligere. Under en lang række af konger havde folkemassen kun været negligerede statister, som måske fik tilkastet nogle mønter, når kongelige blev kronet, begravet eller indgik ægteskab. Det store og kostbare ceremoniel med optog ved Christian 4.s kroning i august 1596 er et godt vidnesbyrd derom. Både de foreliggende beskrivelser af begivenheden og de samtidige stik og senere af Karel van Mander den ældre udførte gobeliner med fremstillinger deraf udgrænser folkemængden og gør de fornemme gæster til "folket".[20] Det er ligeledes tilfældet ved "det store bilager" i 1634, dobbeltbrylluppet hvor den udvalgte prins Christians bryllup med Magdalena Sibylla af Sachsen og prinsesse Sofie Elisabeths med Christian von Pentz blev fejret, da der endnu ikke var ebbe i den kongelige kasse.[21] Ved disse lejligheder var folkemassen tilskuere og statister ved festerne, men der blev ikke regnet videre med den. Det gjorde adelsvælden ikke. De øverste stænder præsenterede sig for hinanden og fremmede gæster ved sådanne lejligheder, ikke for folket. Det ville være under adels-

---

[19] Barfod 1983, s. 61.
[20] August Erich: *Klarlige ov Visse Beskriffuelse Om den Stormectige Høybaarne Førstis oc Herris Herr Christian den Fierdes ... Kongelige Kroning ...* 1598, Steffen Heiberg: *Christian 4.*, 1988, s. 51-55.
[21] Charles Ogier: Det store Bilager i Kjøbenhavn 1634, *Memoirer og Breve* 20. Udg. af Julius Clausen og P. Fr. Rist, 1914.

samfundets værdighed.[22]

Det ændrede sig efter 1660. Den enevældige konge var alle stænder overlegne, også adelen, og alles konge. Konge af Guds nåde. Nu var det folket, herunder adelen, kongen lod sig fremstille for. Massen blev ønsket ved bestemte lejligheder. På det mest berømte billede af arvehyldingen den 18. oktober 1660, syner og fylder folkemassen meget som beskuere af den store begivenhed. Det er ganske tilsigtet, for det er det første møde i Danmarkshistorien mellem kongen og folket, hofmaler Wolfgang Heimbach på bestilling har foreviget i 1666. Massen, folket er der som vidner, undersåtter og undergivne. Det er de også på den senere hofmaler Michael van Havens maleri af samme begivenhed.[23] Von Havens maleri kunne endnu ved 1750 danne grundlaget for en folkelig fremstilling af den epokeskabende dag på et træskåret etbladstryk.[24] Folket var varigt til stede gennem kunstnernes arbejder. Det blev fastholdt, og det blev ønsket fastholdt.

Paradoksalt er det, at samtidig med at folket bliver trukket ind som passive beskuere til magtfremstilling for første gang, er det mere end tidligere svært for den samme magt at opretholde passiviteten i dele af befolkningen. Vel antastede de kongelige tjenere ikke kongens magt, de var ikke oprørere, men når de trods risikoen for hårde straffe gav deres utilfredshed til kende, udsprang det af et regulært materielt behov og fælles vilkår. Den uønskede handlende masse var genkommet ved samme tid, som den passive ønskede folkemasse havde fået tildelt en synlig plads i den enevældige magtrepræsentation.

Den enevædige magtstat havde denne modsætning indbygget i sin vækst og magtkoncentration. I en række europæiske lande udviklede det sig til farlige oprør, men aldrig i Danmark. Det blev kun til sammenrotninger, som dem vi her er vidne til på slotspladsen og i Nyboder. Hvorfor det er en helt anden og større historie.

---

[22] Der findes ingen samlet behandling af den repræsentative offentlighed og hofkulturens ideologiske funktion under adelsvælden, men bl.a. foreligger Ole Kongsted: Den verdslige "rex splendens". Musikken som repræsentativ kunst ved Christian IVs hof, *Christian IVs Verden*. Red. af Svend Ellehøj, 1988, s. 433-464. Se i øvrigt henvisningerne hos Heiberg 1988, s. 464.

[23] Analyser af malerierne i bl.a. *Dansk Kunsthistorie* 2, 1973, s. 219f. (Poul Eller).

[24] V. E. Clausen: *Det folkelige danske træsnit i etbladstryk 1565-1884*, 1985, s. 118, 147.

"Den borgerlige Stands onde Vilkår".
Et indlæg i magtkampen mellem købmændene i København i 1650'erne

At ramme sømmet på hovedet

J. A. Fridericia udgav i slutningen af 1880'erne et lille anonymt skrift med titlen "Den borgerlige Stands Onde Vilkaar" efter en afskrift i den Uldallske Samling på Det Kongelige Bibliotek.[1] Han kunne oplyse, at originalen havde hørt til den del af den Lercheske til geheimeråd v.-d. Osten solgte bogsamling, og at afskriften af Jacob Langebæk var dateret til det 17. århundrede. Selv daterede Fridericia det mere præcist til den første del af Frederik 3.s regeringstid, da Danmark omtales som et "kårerige", hvilket vil sige før 1660, og der tales om ønsket om, at det pantsatte gods atter måtte kunne indløses. Pantsætningen var begyndt efter Frederik 3. regeringstiltrædelse.

Fridericia så interessen ved skriftet ligge "dels i dets Skildring af Borgerstandens slette Kaar og Fremhævelsen af Standens egen økonomiske udygtighed som en Hovedaarsag dertil, dels i dets Forslag til Handelens fremme, som gaar ud paa en streng regulering af hele Omsætningen ved at indordne denne i en slags Lavsform". Så præcis anså Fridericia skriftets beskrivelse af borgerstandens situation for at være, at han i sit hovedværk *Adelsvældens sidste Dage*, 1894, afsluttede afsnittet om borgerstanden med som konklusion ordret at aftrykke mere end en hel side af skriftets indhold, som her for forståelsen af det følgende påny gengives:

"Udi vore Lande er der Korn, levende Bæster, Fedevarer, Fisk, Tømmer og Metaller, og bliver der indført Vin, Kryderier, uldent og Linned, og dog er der fast ingen Borgere i vore Lande, som kan leve vel af Kjøbmandsskabet alene, men alle vore Naboer og alle de fremmede, som kommer ind til os, de bliver rige og fede af vor Armod og Usselhed, hvilket kommer af, at Adelen formenes ikke at ville have den Stand paa Fode, og derfor gjør de

---

[1] "Den borgerlige Stands onde Vilkaar". Et forslag til Handelens Fremme og Borgerstandens Opkomst, vistnok fra Midten af det syttende Aarhundrede, *Danske Magazin* 5. Rk. I, 1887-89, s. 27-36.

enten ingen eller ond Orden og Skik udi Kjøbmandsskabet, tilmed forstaar det det ikke (som er at se af deres egne Kjøbmands-skaber), ej heller Borgerne, saa som de skulde; thi en Del fører Havre til Lübeck og siden sidder med Haanden under Kinden, en Del sender Peber til Danzig og sælger Pundet for 3 Skilling, en Del fører Alun til Hamburg og sælger Ladningen for Fragten, en Del driver Øksen paa Holland og giver dem bort for Fodringen, en Del henter Varer fra Lübeck, Hamburg, Holland, eftersom de vil have Varerne til, og dermed gjør de sig alle til de fremmedes Kræmmersvende; thi Kreditorerne kommer udi Landet og ser Boet efter, og eftersom han da ikke finder sine Varer i Boet eller Penge eller Forlovere derfor, da kaster han vor gode danske Mand i Jern og fører ham fangen bort med sig, saa som jeg selv haver set med vemodige Øjne. En andel Del tager en stor Sum Penge af hollænderne at kjøbe Landvarer op for efter den Ordre og Takst og forn den præcise Penge, som jeg haver set Hollændernes Breve paa, saa at de fornemste Borgere, som sætter Landkjøbet paa vore Varer, de er ikke vore Borgere, men fremmedes Bogholdere. De, som er rigere, de gjør Kompagnier med største Uforstand, dem selv til Undergang og baade deres Medborgere, saa og alle Udlændinge til stor Præjudicio, som er at se af alle de Kompagnier, som hidindtil er stiftede, undtagen det islandske, hvilket og ikke haver den Fremgang, som det burde, fordi det nu er blevet til en Arv og lader sig anse ikke at ville vare eller staa længe. De Borgere, som forstaar saadanne Kompagniers Fauter og derfor ikke vil begive dem derudi, de søger Monopoler, Forpagtninger og tager hemmeligt en af de store udi Ledtog med sig og siden gjør hvad de vil. De andre Borgere, som haver noget, de haver ikke forhvervet det med deres Kjøbmandsskab eller noget Haandværk alene, men af Fogderi, Skriveri, Tolderi Forstanders Pladser, Leverancer, Restsedlers Indløsning og andre flere slige Praktiker, hvilke Borgere blander sig endog udi alle andre Haandteringer og Næringer og er saadanne mestendels nogle fremmede, som er komne ind til os".

Denne gengivelse bliver efterfulgt af følgende bemærkning: "Der er næppe Tvivl om, at denne Skildring trods sin Skarphed i den store Helhed rammer Sømmet på Hovedet". Fridericia tager kun det forbehold, at det ikke kom frem, at der i København var visse muligheder for udviklingen af den borgerlige energi.[2] I kon-

---

[2] *Adelsvældens sidste Dage*, 1894, s. 80-81.

centreret form blev samme billede tegnet af Fridericia i fremstillingen i 4. bind af *Danmarks Riges Historie*, omhandlende tiden 1588-1699.[3]

Hverken ved udgivelsen eller ved den senere gentagne benyttelse af forslaget anså Fridericia det for nødvendigt at føje nogen nærmere læsevejledning til om indholdet, dets standpunkter, placering i samtiden og forfatteren. Det er hensigten her at søge at råde bod på det, herunder som det vigtigste punkt, at stille spørgsmålstegn ved rigtigheden af selve skriftets beskrivelse af borgerstandens onde vilkår. Det har vistnok mere end strengt taget realistisk på trods af andet kildemateriale fået lov til at præge indtrykket af borgerstandens vilkår i perioden mere end godt er. Det gælder f. eks. i Albert Olsens, Knud Fabricius', C. O. Bøggild-Andersens m. fl.s fremstillinger af tidens historie[4] for først - delvis - at blive brudt med Johan Jørgensens arbejder om det københavnske patriciat,[5] og siden i en række købstadshistorier,[6] mens det pessimistiske syn for håndværkernes er videreført af Ole Degn.[7]

---

[3] J. A. Fridericia: *Danmarks Riges Historie*, 4, 1896-1902, s. 331-334.

[4] Albert Olsen: Handels- og Søfartsforhold i det 17.-18. Aarhundrede, Bering-Liisberg (red.): *Danmarks Søfart og Søhandel fra de ældste Tider til i Dag*, 1, 1919, Albert Olsens afsnit i A. Nielsen (red.): *Dänische Wirtschaftsgeschichte*, Jena 1933, m.m. (Jfr. Hans Kryger Larsen: *Merkantilismen i dansk historievidenskab. En historiografisk undersøgelse af Albert Olsens forfatterskab og hans placering i forskersamfundet*, 1983, s. 33-39), Knud Fabricius: Enevældens Dæmring og den ældre Enevælde, *Schultz Danmarkshistorie*, 3, 1942, s. 253-258, C. O. Bøggild-Andersen: Christian IV's Tidsalder, *Schultz Danmarkshistorie*, 3, 1942, s. 150ff. og samme: *Hannibal Sehested. En dansk Statsmand*, 1, 1946, s. 59, Louis E. Granjean: *Omkring Hans Nansen. Handels- og Søfartsforhold i 1600-tallet*, 1953, s. 72-74.

[5] Se bibliografien i John T. Lauridsen: *Patriciatets historiker. Johan Jørgensen 1924-69*. (Her pp. 302-322).

[6] Se spec. E. Ladewig Petersen, Knud J. V. Jespersen, Leon Jespersen: *De fede år*. Odense 1559-1660, 1984 (*Odense bys historie*, red. af Tage Kaarsted m.fl.)

[7] Ole Degn og Inger Dübeck: *Håndværkets kulturhistorie*, 2, 1983. Jfr. anm. af Troels Dahlerup i *Information* 7. juni 1983 og Ole Degn: Socialrealistiske jeremiader - eller moderne socialhistorie, *Fortid og Nutid* 30:4, 1983, s. 322-324; Ole Degn: Borgernes by, Ib Gejl (red.): *Århus. Byens historie - 1720*, 1996, s. 266, passim.

Datering

Det skulle for det første være muligt at nå til en endnu mere præcis datering af skriftet end Fridericia forsøgte. Det vil også bringe os nærmere på ophavssituationen.

I sin omtale af de hidtil generelt skadelige handelskompagniers undergang slutter den anonyme forfatter "undtagen det islandske <kompagni>, hvilket og ikke har den fremgang, som det burde, fordi at det er nu bleven til en arv og lader sig anse at ville ikke vare eller stå længe". Med formuleringen, at islandske kompagni er blevet en arv, sigtes der rimeligvis og ikke uden spydighed til, at privilegiehaverne i 1649 af den nytiltrådte Frederik 3. havde fået deres rettigheder stadfæstet og forlænget for 20 år (det var sidst sket i 1634). Det er en bestemmelse, som den anonyme forfatter åbenbart ikke billiger, og han spår derfor kompagniets snarlige undergang. Spådommen gik også i opfyldelse i 1662.[8] Det islandske kompagni eksisterer altså på skriftets affattelsestidspunkt, men er det også det eneste? Det kunne man i første omgang fristes til at antage på grund af forfatterens formulering. Imidlertid nævner han senerehen også indirekte saltkompagniet, som fik sine privilegier tildelt 6. september 1655 med ikrafttræden 1. januar det følgende år,[9] hvilket fører mig til den slutning, at vi kan datere skriftet til tiden mellem 1655 og 1660. Snarere nærmest 1655 begrundet i omtalen af det islandske kompagnis problemer (det led det år et betydeligt tab)[10] og saltkompagniets oprettelse. Besvigelserne med leverancerne til den kgl. orlogsflåde bliver omtalt (s. 31), ligeledes at kronen havde stor gæld, og at krongods var pantsat. Krongods blev som bekendt pantsat i større stil 1650-51, og det er i samme periode, at afsløringerne af statsleverandørernes besvigelser fandt sted. Et affattelsestidspunktet umiddelbart efter september 1655, men ikke tidligere, forekommer mest sandsynligt. Anledningen har nemlig givetvis været tildelingen af privilegier til saltkompagniet, der fik en meget ublid modtagelse i borgerskabet.[11] Det er hypotesen. Herom mere nedenfor.

---

[8] Jon Adils: *Den danske Monopolhandel paa Island 1602-1787*, 1926-27, s. 105, 116, 121.
[9] O. Nielsen (udg.): *Kjøbenhavns Diplomatarium*, 3, 1877, s. 443-448.
[10] Adils 1926-27, s. 117.
[11] Jfr. Svend Ellehøj: Christian 4. tidsalder 1596-1660, 2. udg., 1970, s. 440 (*Politikens Danmarkshistorie 7*).

"De onde vilkår"

Det er en ofte genkommende praksis, at den, der vil opnå noget hos myndighederne (eller sin arbejdsgiver) smører tykt på i håb om på den måde at vinde forståelse for sin sag. Den anonyme forfatter til det her behandlede skrift er ingen undtagelse.

Han starter med den påstand, at næsten ingen danske borgere kunne leve godt af købmandskab alene, mens alle naboer og alle de fremmede, som kom til, de blev rige og fede af danskernes armod og usselhed. Han har også en forklaring på det. Det skulle komme af, at adelen ikke ville have borgerstanden på fode, og derfor gjorde de enten ingen eller ond orden i købmandsskabet. Tilmed forstod de ikke købmandskabet, hvilket er at se af deres egen handel. Borgerne handlede heller ikke, som de skulle. En del af dem gjorde sig til fremmede købmænds kræmmersvende. Andre gjorde sig til deres bogholdere. De, som var rige, de gjorde kompagnier med den største uforstand, dem selv til undergang og både deres medborgere og alle udlændinge til stor skade. De borgere, der forstod kompagniernes fejl og ikke ville være med, de søgte monopoler, forpagtninger og tog hemmeligt en af de store i ledtog med sig og gjorde siden, hvad de ville. De andre borgere, som havde noget, havde ikke erhvervet det med deres handel eller håndværk alene, men havde blandet sig i alle mulige andre håndteringer og næringer. De var for det flestes vedkommende fremmede, som var kommet til landet. Dem nødtes man nu omsider til at holde igen, så de ikke bredte sig alt for vidt og undertrykte andre.

Fridericia fandt som nævnt, "at denne skildring trods sin skarphed i den store helhed rammer sømmet på Hovedet". Han lagde specielt vægt på udfaldet mod adelen og handelskompagnierne, borgerstandens manglende evne til at tage kampen op på de store markeder, herunder underlegenheden i forhold til hollænderne, samt endelig at det var favorisering med statsleverancer og ikke gunstige handelsforhold i almindelighed, hvis nogen havde en betryggende position.[12]

Det kan i dag forekomme overraskende, at den i øvrigt bundsolide Fridericia på nogle punkter på et spinkelt grundlag tager dette indlæg for pålydende uden at tage afstand fra de andre helt grundløse påstande, som han lige så vel citerer. Udfaldet mod de indvandrede købmænd lades uomtalt, ligeledes den grove

---

[12] Fridericia 1894, s. 81.

overdrivelse, at næsten ingen danske købmænd kunne leve af deres handel alene. Der var en storkøbmandsgruppe både i København og provinsen, som det vil være svært at påstå ikke kunne leve af handelen uden at være i lommen på fremmede købmænd. Den udenlandske indvandring var ikke noget nyt fænomen i 1650'erne, men der er ingen belæg for, at indvandringen skulle være særligt stor i denne periode.[13] Tværtimod at skade, tilførte de udenlandske købmænd ny kapital, nye forbindelser og horisont til det danske borgerskab. En ikke ubetydelig del af de københavnske købmandsfamilier i 1650'erne havde indvandrede blandt deres forfædre en eller to generationer tilbage. At indvandrerne påførte de etablerede købmænd en uvelkommen konkurrence, er så en anden sag.

Som det ofte er tilfældet, har den anonyme forfatter generaliseret på grundlag af nogle få eksempler, han har stiftet bekendtskab med. Det passede ham åbenbart ikke med de nye indvandrere, men det er ikke det samme som, at hans vurdering var udtryk for en realitet. Hans fremstilling af de onde vilkår rummer kun enkelte nye elementer i forhold til, hvad der havde været vilkårene for dansk handel i årtier. Udlændinges og specielt hollænderes tilstedeværelse var ingen nyhed. Om de havde vundet større indpas end tidligere, er uvist, og den anonyme forfatter har næppe haft bedre mulighed for at vide det end os, men nye hollandske og tyske købmænd gjorde sig gældende. Det var bare ikke nødvendigvis det samme, som at der var kommet flere. Kompagniforsøgene strakte sig tilbage til 1616! Nyt var kun kronens pengenød, favorisering af statsleverandører og bedragerierne med statsleverancerne. Nyt var imidlertid også, at staten aldrig havde haft så stort et forbrug og foretog indkøb fra borgerskabet som aldrig før.

Lige det var i sig selv intet ondt vilkår. Ondt var det derimod, at den anonyme forfatter og hans kompagnoner ikke havde andel i dem. Og ondt var det, at en snæver personkreds var blevet

---

[13] Om indvandringen O. Nielsen: *Kjøbenhavns Historie og Beskrivelse*, 3, 1881, s. 166ff. og 5, 1889, s. 415ff., Louis Bobé: *Die deutsche St. Petri Gemeinde zu Kopenhagen*, 1925, s. 7-45 (det tyske element), Louis Bobé i K. Fabricius m. fl. (red.): *Holland-Danmark*, 2, 1945, s. 357ff. (nederlændingene), Albert Olsen: *Bybefolkningen i Danmark på Merkantilismens tid*, Århus 1932, s. 4-24, Hans H. Fussing: *Bybefolkningen 1600-1660*, Århus1957, s. 57f., Johan Jørgensen: *Det københavnske patriciat og staten ved det 17. århundredes midte*, 1957, s. 14-20.

udpeget som hovedparticipanter i Saltkompagniet. Onde var for ham de privilegier, der var blevet Saltkompagniet til del. Det havde rimeligvis fået ham til at fatte pennen.

En af saltkompagniets tre hovedparticipanter var en indvandret tysker, Hermann Iserberg. Iserberg var kommet til København i 1630'erne og havde svunget sig op som fremmede købmænds bogholder eller faktor, indtil han selv havde fået del i statsleverancer. Iserberg betjente sig som så mange andre købmænd i udstrakt grad af svogerskabsforbindelser. Det var med til at bringe ham frem i første række. Han var samtidig en af dem, den anonyme forfatter indirekte udpegede som en af årsagerne til den borgerlige stands onde vilkår. Ønsket om at få sat en stopper for udbredelsen af disse købmænds virksomhed, gik derfor også på Iserberg. Det er nærliggende at slutte, at det netop i første række var Iserberg og hans udenlandske bagmænd, der var de konkrete skydeskiver som årsagen til de onde vilkår. Bag Iserberg stod storløbmænd i Hamborg (Berns & Marselis) og Amsterdam (Gabriel Marselis), der som de *eneste* udlændinge også havde haft andel i bedragerierne med statsleverancerne.[14] København var nok en stor by, men større var den heller ikke. Vi får svært ved at finde en personkreds, som den anonyme forfatters beskrivelse passer bedre på. Iserbergs og konsorters fremtrængen har han ikke kunnet lide, og han var ikke alene om det.[15]

Hensigter

Den anonyme forfatter havde to udtalte hensigter med sit skrift:

For det første at undgå bedragerier indenfor købmandsstanden. Det berettes, hvorledes faktorer, bogholdere og handelstjenere først lærer en tyvestreg hos deres husbonde og siden benytter dem mod husbond selv (s. 30); dernæst omtales svindelen med leverancerne til den kgl. flåde (s. 31).

Det er en ædel hensigt, som de allerfleste kun vil kunne bifalde. Anderledes forholder det sig imidlertid, hvis den underliggende hensigt er en skjult kritik af de privilegier, der var udstedt til saltkompagniet. Der havde tre købmænd fået beføjelser, som den anonyme forfatter indirekte kritiserer med de forslag, han

---

[14] Om Iserberg, John T. Lauridsen: "En godfather i København" - om indvandreres etablering omkring 1660, *Historiske Meddelelser om København* 1988, s. 9-12 [Her s. 207-211].
[15] Jørgensen 1957, s. 73.

fremsætter i sit skrift. De kunne misbruges. Ganske åbent kunne det naturligvis ikke skrives.

For det andet var hensigten angiveligt at genskabe "enigheden" inden for købmandsstanden, en enighed som nu er borte imellem os, skrives det (s. 31). Videre slås på den streng, at "ingen her efter at tage fordelen fra hinanden, som hidtil er sket" (s. 29).

Dette synes også rosværdigt, og kan gå på både favoriseringen med hensyn til statsleverancer og kompagniprivilegierne. Givetvis er det begge del. Der er næppe tvivl om, at den anonyme forfatter selv har følt fordelen taget fra sig for nylig.

Omtalen af bedragerierne har deres almindelige baggrund i den store bedrageriaffære, der efter 1650 var afsløret med statsleverancerne. Med hensyn til enigheden hænger det sådan sammen, at det ikke havde været alle købmænd beskåret at deltage i statsleverancerne. En lille gruppe af købmænd blev favoriseret af rigshofmester Corfits Ulfeldt og fik særlige muligheder for både profit og bedragerier. Det øgede den sociale differentiering af borgerstanden. En lille gruppe blev rigere ved de særligt lukrative leverancer, hovedsageligt københavnske købmænd. Andre søgte at sikre sig ved forbindelser til udenlandske købmænd, nogle ved kompagnier, andre med monopoler og forpagtninger og endelig nogen ved "fogderi, skriveri, tolderi, forstanderpladser, leverancer til staten, restsedlers indløsning og andre slige praktiker" og ikke ved købmandsskab alene. Det er alle disse købmandsskabet uvedkommende og skadelige "praktiker", som den anonyme forfatter vil til livs. Gennem disse praktiker har nogle købmænd taget fordelen fra andre. Uden at nævne dem ved navn - det drejer sig om mindre end en halv snes - er det den hidtil favoriserede købmandsgruppe, der henvises til.[16] En af dem, Henrik Müller, var blevet generaltoldforvalter i 1651 og altså beskæftiget med "tolderi". Andre havde opkøbt restsedler, d.v.s. beviser på tilgodehavender hos staten til under pålydende. De mere kapitalstærke købmænd havde derved sikret sig en ekstragevinst og de svagere havde lidt yderligere tab.

Rettens pleje - lighed for loven

Den anonyme forfatter vil angiveligt opnå enighed og velstand for *hele* borgerstanden og ikke kun de få. Det skal ske gennem realiseringen af en række forslag:

---

[16] Om de favoriserede, Johan Jørgensen 1957, s. 37-39 og John T. Lauridsen: *Marselis-konsortiet*, Århus 1987, s. 32-34, 90.

De første to forslag angår borgerstanden som helhed og drejer sig om øvrighedens sammensætning. Her skelner forfatteren mellem den dømmende magt og bystyret. Dommerne skal være født af borgernes lænder og udvælges på den måde, som al lovlig kald bør ske og "icke nu skeer i Danmark". Deres embede skal holdes efter loven, og de skal dømme uden stands anseelse, hvad enten det drejer sig om adel, gejstlig, borger eller bonde (s. 28-29). Desværre uddyber forfatteren ikke, hvad han forstår ved "lovligt kald", men det er åbenbart, at han anser den gældende form for udpegelse af dommere eller rettere fogder, som varetog dette, gennem lensmændene for ulovlig. Hans understregning, at dommerne skal være født af borgernes lænder kan være en hentydning til de - få - tilfælde, hvor ridefogeder og slotsskrivere blev indsat i rådene.[17]

Heller ikke billiger han den faktiske sammenblanding, der i denne periode var praksis mellem dømmende myndighed og bystyre. Endelig er hans krav om lighed for loven en åben stillingtagen mod adelens særrettigheder og privilegier. Mod dem var der i 1650 for første gang vist åben uvilje af magistraten i København og bag dem en stor gruppe af betydende borgere.[18]

Bystyret i København

Det andet forslag vedrørende borgerstanden som helhed drejer sig om bystyrets organisering. Der bør efter forfatterens opfattelse på lovlig vis kaldes seks borgmestre: to for købmændene, to for håndværkerne og to for de fattige. De skal være samlet i et "corpus", ét administrativt organ. Herunder kommer rådmandsgruppen, som for købmændenes vedkommmende skal bestå af 88 personer, nemlig fordelt med 8 repræsentanter for hver af de i alt 11 handelsgrene.[19] Håndværksmestergruppen skal tilsvarende havde to rådmænd for hvert håndværk, dog nævnes antallet af håndværk ikke. Endelig skal der for de fattige være en rådmænd af hver stand. Det vil sige to.

---

[17] P. Munch: *Købstadsstyrelsen i Danmark*, 1, 1900, s. 50f., 53.
[18] C. Rise Hansen (udg.): *Aktstykker og Oplysninger til Rigsrådets og Stændermødernes historie i Frederik III's Tid*, 1, 1959, s. 465-471.
[19] Det er: 1. kornhandel, 2. handel med levende dyr, 3. fedevarehandel, 4. fiskehandel, 5. tømmerhandel, 6. metalhandel, 7. salthandel, 8. vinhandel, 9. krydderihandel, 10. linnedhandel, 11. uldhandel.

Rådmændene for håndværk skal have det som opgave at sørge for, at hver håndværksmester inden for hvert fag slår et trykt register op på sin dørstolpe, som angiver varernes pris efter en forhandlet takst. Denne takst skal kun kunne ændres en gang i kvartalet. Endvidere skal alle håndværk have deres friheder nedskrevet og stadfæstet, som nu kun bryggerne har det.

Bryggerne havde som alle andre fået deres lavsprivilegier ophævet i 1613, men det havde vist sig nødvendigt med en regulering på området; den kom i 1622 og igen 1640. Dertil kom i 1651 og 1652 regler for vinhandlerne, der også fik lov til at danne lav.[20] Da vin og øl mange steder udskænkedes de samme steder har forslagstilleren rimeligvis haft branchen som helhed i tankerne, da han skrev dette. I hvert fald er han modstander af Christian 4.s lavsforbud.

De vil sige, at forslagsstilleren vil have ophævet Christian 4.'s lavsforbud fra 1613.

De fattiges rådmænd skal sørge for, at alle yder efter formue og evne og fordele det rundeligen til dem, der har det fornøden. Endvidere skal de afskaffe alle tiggere og sørge for, at alle fornemme mænd skiftes til at gå fra dør til dør for at bede om almisse på de fattiges vegne, eller de skal i stedet forordne, at der af profitten ved udlandshandel bliver givet 10 % til de fattiges ophold. Håndværkerne skal give en del af deres gevinst ud fra den opslåede takst til samme formål, og overskuddet af tienderne fra kirkens og skolers underhold ligeledes. Det hele skal administreres af denne øvrighed, også ungdommens optugtelse (s. 29-30).

Forfatterens forslag gælder kun København, købstæderne omtales ikke. I købstæderne ville en sådan kæmpeforvaltning også være fuldstændig urealistisk. I de allerfleste købstæder ville der f.eks. langtfra være de 88 købmænd, der skulle til for at udgøre deres rådmandsgruppe, og selv om forslaget søgtes gennemført i København alene, ville en rådmandskreds på langt over 100 personer være utopi, og ude af proportion med byens størrelse. Det ville omtrent svare til, at halvdelen af bypatriciatets mænd havde sæde i bystyret. I stedet ser vi i dette forslagsstillerens konsekvente bestræbelse på at få alle inden for den borgerlige stand repræsenteret, ganske vist med en kraftig overrepræsentation af købmændene og på at få alt reguleret ved aftaleforhold. Det gælder ikke mindst det tredie, største og mest detaljerede forslag, som gælder

---

[20] O. Nielsen: *Kjøbenhavns Historie og Beskrivelse*, 4, 1885, s. 141, 148f.

købmandsstanden alene, den stand han hele tiden har haft i tankerne, selv om forslaget bestræber sig på at omfatte borgerstandens vilkår og interesser som helhed.

Købmandsstandens organisering og handelens regulering

Forslaget om "købmandsskabet" er hele skriftet "Den borgerlige Stands Onde Vilkaar"s hovedstykke. Det fylder med sin indledning og efterfølgende 43 punkter 2/3 af indholdet. Her skal kun opridses hovedtrækkene og trækkes enkelte detaljer frem, der mere end antyder forslagets bagvedliggende ærinde.

Al handel skal ifølge forslaget monopoliseres. Der skal oprettes 11 monopoler, et for hver handelsgren. I hver købstad i begge riger skal der være et handelskammer for hver handelsgren. Ethvert af købstædernes handelskamre skal have fire ledere, København otte. Når der træffes beslutninger i handelskamrene, skal borgmestrene tages med. Hver af monopolerne skal holde tre faktorer i hvert af de lande, de handler med. Faktorerne må ikke være beslægtede eller havde nært svogerskab med deres monopols ledere. Faktorerne skal have samme procentandel af handler som monopolledelsen (pkt. 1-5).

Fra handelsprofitten trækkes 30 %, 10 % til de fattige, 10 % til kronen, som så ikke må kræve anden skat og 10 % til monopolledelsen, fordelt med dobbelt så meget til ledelsen i København som til de andre købstæder (pkt. 8). Københavns handelskamre skal være hovedkontor for hver handel, men København skal dog ikke byde og råde over de andres pung (pkt. 12). Ingen må indskyde mindre end 10 rdl. eller varer derfor i et monopol (pkt. 23).

Der er endvidere regler for udpegelse af ledelserne, valgregler i ledelserne, forskrifter for taksering af varer, fordeling af in-teresseområder, procentrater for lån, regler for lån og betaling, afregningsterminer, m. m. Reglerne skulle sikre handelen for danske købmænd. De må ikke tage fremmede købmænd i kompagni med sig (pkt. 20) og indenlandske varer må ikke udføres, før de er solgt med profit af monopolernes faktorer (37). Dog må fremmede købmænd godt komme frit til havnene og handle med handelskamrenes ledelser, der da forestår salget på alles vegne (43).

For ved monopolhandel at kunne købe tilstrækkeligt ind til rigernes behov, skal der fire gange om året afgives besked om, hvor meget købstæderne ville have af hvilke varer (pkt. 39). Det er et anliggende mellem regeringen og hovedkontorerne hver tredie måned at afgøre og stadfæste købene (pkt. 41).

Denne altomfattende monopolhandel ville kræve en meget betydelig administration. I hver købstad skulle der altså være 44 ledere af de i alt 11 handelskamre. Det ville de fleste steder sige flere end, der overhovedet var købmænd i byen; i andre at alle købmænd indtog en lederpost i det lokale handelskammer. Det forudses ganske vist, at mindre steder kan lægges ind under større (pkt. 3), men det vil kun øge den administrative uoverskuelighed. Administrationen af landets samlede vareindkøb og -salg kvartal for kvartal ville kræve en overordentlig stor indsigt i behov og efterspørgsel. Prisdannelsen skulle i sidste ende være et aftalespørgsmål mellem regeringen og hovedhandelskamrene. Det er med forslagets egne ord "it tungt werch" (s. 31), der her lægges op til, og helt urealistisk i forhold til tidens forudsætninger.

Det fri købmandsskab tog forslagsstilleren afstand fra. I stedet er det et ekstremt tilfælde af et ønske om kalkuleret adfærd. Den adfærd, som den enkelte købmand kunne tilstræbe for sin egen virksomheds vedkommende, blev her søgt omsat til hele samfundets. Det var en samfundskalkulering for købmandsskabet, forslagsstilleren havde som den store utopi. Alle andre interesser skulle orienteres imod handelen. Produktionen blev vel ikke glemt, der var et krav om, at indenlandske varer skulle være forarbejdet på den måde, som købmændene ved, det vil være tjenligt i forhold til det sted, de skulle føres hen (pkt. 36), men i øvrigt var handelens tarv altdominerende. Købmanden som fabrikant blev der ikke ofret plads eller tanker på.

Salthandelen som eksempel
Efter at have opridset forslagets 43 punkter giver den anonyme forfatter, angiveligt for forståelsens skyld, et eksempel på, hvor handelen efter forslaget skal fungere. Han vælger den 7. handelsgren efter hans egen opregning, salthandelen, som udgangspunkt, og går direkte over til at tale om Saltkompagniet, selv om han i de foregående punkter har skrevet om "kontorer", "kamre" eller "monopoler" og ikke kompagnier. Det er næppe bare en forskrivelse. Der var et kompagni under opbygning eller et eksisterende saltkompagni med privilegier, en handelspraksis og en ledelse, som han kunne holde op mod sit forslag. Det har været en pointe.

Han forestiller sig handelen foregå på følgende måde: Ledelserne for saltkompagniet i alle byer laver et overslag over, hvor meget salt de vil have denne gang, og hvor mange penge, de har til at købe det for. Dette bliver meddelt til København, hvor regeringen residerer hos hovedkontoret. Hovedkontoret kan skyde penge i ikke alene den mindre handel omkring København, men i alle de andre kontorer i begge riger og dermed supplere den mangel på penge, der måtte være. Det kan f. eks. være Kalundborg, Ringsted, Holbæk og Nykøbing i Ods Herred, beregnet som en rode, der melder til København, at de har brug for 500 læster salt, men at de kun har 10.000 rdl. at købe det for. Nu kan København vælge at skyde de penge til, som mangler i denne rode, eller så mange som de kan og vil indlægge.

Siden forhandles det, om saltet enten skal hentes med kompagniets egne skibe fra Spanien og Frankrig eller om man ikke har tilstrækkelig kredit eller skibe, og ikke selv tør forestå risikoen, men lader det indskrive fra Holland og lader dem stå for risikoen. Om det spørgsmål sender hver rode sit votum til hovedkontoret, og flertallets beslutning vil være gældende.

Dersom de fleste stemmer for en indskrivning fra Holland, da giver hovedkontoret besked til den danske kommissær i Holland, at han skal slutte kontrakt med de købmænd på stedet, som vil levere 500 læster for kontante penge, nogle nu, resten senere, eller om de vil modtage varer fra Danmark-Norge i stedet. I så tilfælde skulle de straks finde gode varer for sig til sin fulde betaling.

På den måde kan de også handle i alle de andre monopoler inden- og udenlands, så varerne blev skikkede lige så vel på de små som de store, indskyder forslagsstilleren optimistisk, før han vender tilbage til planens mest ømme punkt, nemlig selve finansieringen: Man kunne også få kredit nok over et år og betale købmændene tilbage med deres eget.

Derpå er det regeringen og hovedkontoret, der sætter prisen på saltet, så der bliver en profit på 10 %, og sender denne takst til alle lokalkontorerne, hvor den skal opslås på dørstolpen i salthusene. Når saltet ankom til kontorerne i de ønskede mængder, da skal det oplagres hos nogle borgere, som skal tage sig af denne vare og ikke må modtage nogen anden. Fra dem sælges saltet, og pengene bliver leveret fra kontoret, der hvert kvartal tager sin rodes andel, til hovedkontoret, der beholder resten til kreditorerne i Holland.

Forslagsstilleren ser sluttelig frem til, at landet bliver så rigt på skibe og penge, at man selv kan sende skibe til Spanien eller Frankrig. "Dog dette er ikke at tænke på endnu", er forslagets allersidste sætning (s. 35-36).

Denne udgang på forslaget er næppe en tilfældighed. For kongen var hovedformålet med saltkompagniet, at det førte til udrustning af kompagniets egne skibe ikke alene til sejlads efter salt, men også med en bestykning, så de kunne anvendes i søkrig. Forslagsstilleren tror ikke på det realistiske i det, og får det - såvel som en kritik af saltkompagniet i det hele taget - frem gennem eksemplets form. Dermed kunne det ikke virke så stødende på de høje læsere af skriftet.

Salthandelseksemplet demonstrerer måske tydeligst, hvordan forfatteren er ude på at ophæve storkøbmændenes fordel af at være i besiddelse af skibe eller skibsanparter og have eget net af handelstjenere eller faktorer. Deres penge og kontakter skal kun kunne kanaliseres gennem monopolet og bibringe de mindre købmænd og de mere ydmyge handelspladser det samme kontaktnet og samme mulighed for at handle på fremmede steder, som de større købmænd og saltkompagniet allerede havde det.

Dertil kommer ønsket om en differentieret og specialiseret handel, som kun kunne være realistisk i København. Klædehandlere måtte ikke handle med andet, salthandlere heller ikke, osv. I købstæderne ville købmændene sjældent kunne klare sig ved kun at sælge en enkelt vare, og deres vareudbud var bredere.

Saltkompagniets privilegier

Kompagnihandel var på denne tid et storkøbmandsanliggende, ikke mindst når det gjaldt en vare som salt, som skulle hentes langvejs fra. Frederik 3. udstedte saltkompagniets privilegier for at få bygget og udrustet nogle skibe, som også kunne bruges i krigstid (pkt. 11-12). Der blev krævet et minimumsindskud på 500 rdl. og maximum var 5.000. Der ses en iøjnefaldende forskel til de sølle 10 rdl., som forslagsstilleren regner for et tilstrækkeligt minimum for deltagelse i et handelskontor. Omvendt satte han ikke et maksimum, hvilket måske er et udtryk for begrænsningen i udsynet i hans forslag.

Ledelsen i saltkompagniet, de tre hovedparticipanter blev udpeget af kongen selv (pkt. 13), hvor forslagsstilleren vil lade det være et internt anliggende for handelskontorerne efter visse regler. Kompagniet fik privilegier for 20 år, men ikke monopol. I stedet blev det bevilget en indførselstold på 1,5 rdl. pr. læst salt, hvor alle andre skulle give 18 rdl. Med denne administrative ordning blev monopolet i praksis sikret, og man undgik det omfattende administrative apparat, som forslagsstilleren vil have opbygget for at opnå det samme. Saltkompagniet fik sin monopolstilling gennem en direkte statslig foranstaltning, nemlig en lavere told end alle andre, mens forslagsstilleren ikke inddrog det statslige apparat for at sikre de monopoldannelser, han ønskede. Det er en af grundene til, at han får mere bureaukrati. En anden er hans decentrale organisationsmodel, de mindre steder skal med, hvor det for saltkompagniet blev slået fast, at hovedsædet var København, og dem der ville være med, kunne selv komme fra begge riger. Frederik 3. tog ikke hensyn til, om købmændene var beslægtede og besvogrede i saltkompagniet. Det var de i høj grad,[21] hvor forslagsstilleren af en eller anden grund vil imødegå de nære forbindelser, som var en realitet overalt i erhvervene på et tidspunkt, hvor kreditinstitutionerne var lidt udviklede. Han har kun kunnet se med misundelse på disse forhold i saltkompagniet, der placerede ham mindre gunstigt. Man kan fristes til den tanke, at han vil udelukke svogerskabsforbindelserne, fordi han ikke selv har kunnet benytte sig af dem.

I saltkompagniets privilegier var ledelsen holdt skadesløs for sine dispositioner, endvidere at hver kun hæftede i forhold til sin andel af det samlede indskud (pkt. 9 og 13), mens forslagsstilleren krævede, at man hæftede solidarisk for såvel gæld som for udgifter til kronen (pkt. 28). I Saltkompagniet fik ledelsen til deling 10 % af overskuddet (pkt. 13), mens deres faktorer skulle have 2 % i provision af indgåede handler (pkt. 14). Overfor dette stillede den anonyme skribent umiddelbart efter forbuddet mod svogerskab mellem kompagniledelse og faktorer det forslag, at faktorer skal have lige så meget i løn i procent af en handel, som ledelsen i København ved samme handel (pkt.5). Atter den udlignende bestræbelse for så vidt angår indtjeningsmulighederne.

I sit forslag tager den anonyme forfatter i detaljer stilling til så mange forhold af betydning for salthandel og kompagnihandel med samme, at jeg som nævnt vil anse det for overvejende sandsynligt, at det er udarbejdet 1655, da planerne for saltkompagniet blev kendt.

---

[21] Lauridsen 1988.

Om forfatteren

Forfatteren er velorienteret om både handel og håndværksforhold. Han kender ikke kun den danske handel, men også til handelen med udlændinge (27-28: set med egne øjne). Et sted taler han om sit "eget folk" (30), hvormed han sandsynligvis mener sine handelstjenere, d.v.s. at han naturligvis selv er købmand. Hertil kommer, at han nævner "vores" misundere i forbindelse med omtalen af handelsmændenes vilkår, hvilket gør det åbenbart, at vi har en købmand for os. Han er ganske givet fra København. Han taler om "staden", underforstået København og fortæller, at han tidligere har indgivet en betænkning til hoffet. Han hører ikke til den begunstigede gruppe af storkøbmænd, da hele skriftet er vendt mod deres interesser. Med hans interesse for bystyret og dets vilkår, kunne det måske være nærliggende at antage, at det er en rådmand, der med betænkningen er gået enegang, men det behøver slet ikke være tilfældet. Ellers findes hans navn i hvert fald sikkert blandt de 139 københavnske borgere, der skriver til magistraten den 20. november 1650, og hvori der blev bedt om fritagelse for accise.[22] Lægges interessen for salthandelen til, får vi yderligere kredsen af mulige indsnævret. Det var næppe heller ret mange andre end købmænd beskåret at holde rede på både kompagniprivilegier og håndværkerrettigheder. Det har krævet et overblik, som kun var en repræsentant for patriciatet beskåret. Vi har en mere udpræget end karakteristisk repræsentant for tidens civiliserede borger for os. Han er sig i høj grad bevidst.[23]

Forfatteren var tilhænger af en strengt reguleret handel, samtidig med at han var imod de gamle kompagni- og monopoldannelser. Til den strenge regulering hørte en begrænsning af antallet af købmænd. Det vil sige, at erhvervsmulighederne og profitten skulle tildeles de få inden for den bestående samfundsorden. Blot skulle det ikke kun være den kreds, som nu var kommet frem ved statsleverancer. Vilkårene for den begrænsede kreds skulle være mere lige. Det er en købmand, der er blevet skadet, gået for nær eller marginaliseret ved tildelingen af privilegierne til saltkompagniet.

Når forslaget er fremsat af kun en person, der er hele vejen igennem anvendt jeg-form, og han ikke har søgt at få andres op-

---

[22] C. Rise Hansen (udg.): *Aktstykker...* 1, 1959, s. 467f.
[23] Jfr. Janne Risum: Borger og civilisering, *Dansk litteraturhistorie*, 2, 1984, s. 239-248.

slutning, er det nærliggende at antage, at han har stået ret isoleret med sine synspunkter om en meget stærk handelsregulering. På den anden side kan forslagsstilleren også have ønsket at fremhæve sin person. Dog er indholdet ikke tynget heraf, og slet ikke som det ellers kan opleves i skrivelser til administrationen og hoffet.

Forslagets skæbne

Hvordan forslaget blev modtaget helt konkret og sagsbehandlet i administrationen er uvist, men det har næppe mødt sympati hos den adel, der bliver kritiseret for dels ringe købmandsskab dels forsøg på at holde borgerstanden nede. Ej heller har de borgerlige, der på dette tidspunkt havde vundet indpas i administrationen, Henrik Müller som generaltoldforvalter og admiralitetsråd og Poul Klingenberg som generalpostmester og admiralitetsråd, set med positive øjne på forslaget. Det var rettet mod de købmandsinteresser, de repræsenterede. Hvor magtfulde end begge disse grupper var, var det dog underordnet i forhold til den kendsgerning, at statsadministrationen under Frederik 3. ikke kunne drives uden udstrakt brug af kapitalstærke storleverandører og financiers med nære internationale forbindelser. Kongemagten var i et akut afhængighedsforhold til netop de favoriserede købmænd, som forslagsstilleren pegede ud. Det problem havde forslagsstilleren på kort sigt ingen løsning på, og allerede derfor var forslaget dømt til at falde, om det overhovedet blev seriøst behandlet. I hvert fald blev det ikke søgt ført ud i livet. Det stred f. eks. direkte mod Frederik 3.s politiske interesser og magtambitioner, når forslagsstilleren ville have flådeudgifterne bragt ned ved at lægge skibene op og afskedige folkene i den tid, der ikke var krig (s. 31).

Hvis ellers forslagsstilleren levede længe nok, ville han have været vidne til, at kongemagtens foretrukne forretningsforbindelser voksede mere og mere sammen med statsadministrationen og i en periode under krigene 1657-60 næppe var til at udskille fra denne for de mest magtfuldes vedkommende. Hvor forslagsstilleren drømte om en "helet" borgerstand, kom der en endnu mere splittet eller differentieret stand ud af det. De mægtigste blandt borgerstanden fusionerede med den gamle adel i en ny overklasse efter 1660.

På det helt nære plan kunne forslagsstilleren også være vidne til, at det gik saltkompagniets direktører godt, også den han med al sandsynlighed havde haft i tankerne som en af udlændingenes bogholdere. Herman Iserberg blev i marts 1659 medlem af de 32 mænds råd i København, og kun hans død i efteråret 1959 forhindrede ham i at nå endnu videre. Det gik mindre godt for Saltkompagniet. Allerede 1658 var det ude i problemer, og det blev ophævet i februar 1662, da det ikke havde kunnet opfylde sit formål for kronen, nemlig at holde gode defensionsskibe.[24] På det punkt fik forslagsstilleren ret. Den slags var ikke at tænke på endnu, men for kompagnierne var svenskekrigene ødelæggende, og krigene kunne forfatteren ikke have forudset. Derfor var det, at han fik ret i dette tilfælde, ikke nødvendigvis et udtryk for hans realisme i den sag.

P. Munch karakteriserede i 1900 den anonyme skribents forslag vedrørende bystyret som "helt fantastiske og meningsløse; de kan ikke have været udtryk for almindelige krav, og der havde ingen som helst mulighed været for at opfylde dem".[25] Den konklusion kan uden videre udstrækkes til at gælde for de øvrige forslag, især om købmændenes organisering og handelens regulering.

Forslagsstilleren havde på enhver måde skrevet forgæves, hvis ikke en historiker fra en sen eftertid havde fundet hans forslag frem igen.

Fridericia benyttede sig imidlertid kun af forslagets første tilstandsbeskrivelse og undlod en stillingtagen til de efterfølgende forslag, som nok kunne have bidraget til bedømmelsen af det realistiske i den forudgående beskrivelse. Han klippede det, han kunne bruge og udelod resten. En nærmere beskæftigelse med forslagene kunne måske have bragt ham mere i tvivl med hensyn til, om den indledende skildring i det store og hele ramte sømmet på hovedet.

Konklusion

"Borgerstandens onde vilkår" er forfattet af en københavnsk købmand omkring 1656. Sandsynligvis med særlige interesser i salthandelen. Muligvis var han med i eller tæt på bystyret. I hvert fald viser han en bemærkelsesværdig interesse for domstole og retspleje, hvorom han tidligere skal have indgivet en betænkning, og specielt for indretningen af Københavns bystyre. Forfatteren tegner et billede af den danske borgerstands onde vilkår, som kun med forbehold kan tages for gode varer for en mindre gruppe

---

[24] Nielsen 1885, s. 226f.
[25] Munch 1900, s. 54.

købmænd i København. Det vil være forfejlet at udstrække den borgerlige stands onde vilkårs generaliseringer til at gælde hele standen og hele landet. Hvor Fridericia ville gøre en undtagelse for København, vil jeg gøre det for hele det øvrige land. Så er der ikke meget tilbage. Skriftet går på specifikke forhold og en bestemt situation, og indholdet kan ikke frigøres derfra.

Det er alligevel et interessant eksempel på, hvilke midler købmændene tog i brug i kampen om handel, varer og leverancer. Noget enestående eksempel herpå er det dog ikke, heller ikke for tiden,[26] men det er mere usædvanligt, at et sådant partsindlæg finder vej til Danmarkshistorien og får lov til at præge opfattelsen af borgerskabets vilkår ved midten af det 17. århundrede i henved trekvart århundrede. Vi kunne ikke forestille os modstanderne af A. P. Møller-koncernens ejerskab til Danmarks undergrund monopol på olieudvinding være alene om at skrive om erhvervsforholdene i Danmark siden 1960'erne. Ensidigheden eller "skarpheden" i standpunktet har sin begrænsning. Hertil kommer for "Den borgerlige stands onde Vilkaar"s vedkommende, at det er paradoksalt, at en liberalt indstillet historiker som Fridericia har kunnet tage et sådant fantasiforslag med talrige restriktioner og reguleringer til indtægt på sin egen tids borgerstands vegne.

---

[26] Her vil jeg henvise til Poul Klingenbergs forslag om en tontine, det første tilløb til et dansk livsforsikringsselskab, hvor en konkurrent, Duarte de Lima, straks indgav et andet tilbud til rigsrådet i 1653 (Se C. Rise Hansen (udg.): *Aktstykker* ..., 2:2, 1975, s. 609f., 688-705).

Løse blade til en slægtshistorie

Om Poul Harris: *Marselis-slægten. Blade af dens historie.* Centrum, Jyllands-Postens Forlag 1980. 240 s. plus udfoldelig tavle. Ill.

Handelshuset Marselis og dets virksomhed i Danmark og Norge i tiårene omkring 1650 findes hyppigt omtalt i den historiske litteratur, og familien har forlængst fået en fast plads i de samlede fremstillinger af Danmarks og Norges historie. Derimod har Marselis ikke tidligere været genstand for en selvstændig monografisk behandling hverken i Norge eller Danmark, selv om familiens virksomhed og betydning nok kan retfærdiggøre det.

Historikere som J. A. Fridericia, Louis Bobé, C. O. Bøggild-Andersen og Johan Jørgensen, for at nævne de vigtigste, har alle været opmærksomme på Marselis' betydning og har lagt grunden til et nærmere studium af familiens virksomhed som købmænd, långivere, bjergværksejere, postadministratorer m.m., men uden selv at gå igang med arbejdet. Det er derfor den tidligere hollandske konsul Poul Harris, Århus, der i den bog, der her skal omtales, har kunnet publicere den første samlede danske fremstilling af Marselis-slægtens historie. Harris mener selv, at de danske historikeres tilbageholdenhed med at give sig i kast med familien Marselis' historie måske kan skyldes den hårde dom og kritik, som familien har været udsat for i den foreliggende litteratur, "historiens dom" om man vil (s. 15). Taget i betragtning, hvor stedmoderligt og mangelfuldt eller direkte uudforsket store dele af ældre dansk handels- og økonomisk historie er, mener jeg langtfra, at dette forhold behøver at være en forklaring. Dertil kommer, at det ingenlunde er nogen let og taknemmelig opgave at give sig i kast med en undersøgelse af Marselis' virksomhed på grund af dennes i høj grad internationale karakter. Det kan i sig selv være nok til at afholde en historiker fra at begynde en behandling heraf. Forskningsmidler og rejsepenge har altid været en mangelvare, og arkivbesøg i udlandet er i høj grad en forudsætning for på tilfredsstillende måde at beskæftige sig med Marselis' virksomhed, også set i relation specielt til den del, der fandt sted i Danmark og Norge. Denne bliver først rigtigt forståelig og sat i rette sammenhæng og perspektiv, når den bliver set på baggrund af Marselis' internationale virksomhed. Marselis' handelshus kan med et moderne udtryk betegnes som en multinational koncern med sine afdelinger og aktiviteter spredt over det meste af Europa: hovedkontorer i handelscentrene Amsterdam og Hamborg og filialer i økonomisk mindre udviklede lande (Danmark-Norge, Polen, Rusland). Marselis' virksomhed og udvikling kan således være en case study i centrum-periferi-problematikken, forholdet mellem økonomisk og socialt mere og mindre udviklede områder. Marselis drog uden al tvivl fordel af den på europæisk plan ulige udvikling og skyldte den sin merkantile succes.

Harris har som ikke-faghistoriker med sin fremstilling sat sig en mere begrænset opgave: han vil fortælle *slægtens* historie og vurdere, om dommen over den kan betragtes som retfærdig, og det er selvsagt rimeligt, at fremstillinger bliver bedømt ud fra disse intentioner.

Med hovedvægten lagt på slægtens, personernes historie og med disse gjort strukturerende for dispositionen kan der rejses den første alvorlige indvending mod Harris' bog: ved at have sat enkeltpersoners skæbne i centrum og kun lade dem binde sammen af det fælles slægtsforhold mistes en væsentlig del af muligheden for at skabe en sammenhæng og forståelse af Marselis' historie. I stedet for Marselis' historie præsenteres vi for mere eller mindre forbundne "historier" eller "blade" af slægtens historie, hvis vi skal blive i forfatterens sprogbrug. Dette er selvsagt ikke nogen tilfældighed, men ligger i forlængelse af Harris' historie- og samfundssyn, som det kommer til udtryk i bogen. Han formulerer det selv sådan, at alle nu som tidligere har lige sociale muligheder, og at det er den lille gruppe af iderige og foretagsomme mennesker, der altid findes, der kommer frem (forstået som socialt opadstigende) og som skaber historien (s. 15-16). Hertil vil jeg fremholde, at det, der forbinder medlemmerne af familien Marselis, er deres fælles erhvervsaktivitet og forbundne økonomiske interesser på en lang række områder, og at det derfor er dem, der bør være strukturerende for at give fremstillingen sammenhæng og mening, også selv om Harris har villet skrive slægtens og ikke handelshusets eller rettere handelshusenes historie. Det bliver nu engang en mere eller mindre konstrueret skelnen mellem slægt og handelsvirksomhed, der er helt urimelig at opretholde, ikke mindst da det er den sidste, der har givet Marselis betydning, og dertil kommer, at slægtens historie må ses under alle dens aspekter, og det er direkte handelsvirksomheden, der var konstituerende herfor og af mest afgørende betydning også for Marselis' "private" eller familiemæssige dispositioner. Den "kærlighed", som Harris ser som årsag til giftermål i familien (bl.a. s. 36, 56), vil jeg hurtigt nedtone til fordel for rent forretningsmæssige overvejelser: det var i høj grad sådanne, der i handelshuse af Marselis' format var styrende for ægteskabsforbindelser og ikke noget så luksuriøst som et overvejende følelsesbetonet forhold, selv om dette ikke helt skal udelukkes.[1]

Det viser sig, at den valgte disposition med udgangspunkt i de enkelte personer medfører en lang række kronologiske brud og gentagelser, der opløser en række umiddelbare forståelsesmæssige sammenhænge. Handelshuset Marselis' grundlægger Gabriel Marselis den ældre må således dø i flere omgange: første gang i afsnittet om ham selv, senere også i afsnittene om en af sønnerne, Selio Marselis, og begge steder anvendes der direkte afsnitsoverskrifter, der meddeler begivenheden (s. 40, 95). Det er ikke heldigt.[2] Blandt de emnemæssige brud på dispositionen og noget vildledende overskrifter skal jeg kun give et par eksempler: i kapitlet om Gabriel Marselis d. æ. fortælles der efter beretningen om Christian 4.s kornkøb i Rusland i 1620'erne og Marselis' andel heri under overskriften "En grotesk pantsætning" brat om, at Christian 4. havde haft sin kongekrone sat i pant til Marselis i Hamborg (s. 37f.), hvilket foranlediger Harris til en række vidtløftigheder om kongekroner og deres brug i øvrigt. Først senere får vi en knap og utilstrækkelig forklaring på, hvorledes det kunne gå til, at Marselis havde fået den position og rolle i forhold til den danske kongemagt. Og her ser jeg helt bort fra, at pantsætningen af kongekronen først er sket efter Gabriel Marselis' død (1643), nemlig efter krigen 1644-45 og skete til arvingerne A. B. Berns & L. Marselis i Hamborg i fællesskab,[3] hvorfor en omtale af pantsætningen slet ikke hører hjemme her.

I afsnittet om Gabriel Marselis den yngre angives det, at der efter en kort introduktion om personens liv skal fortælles om Marselis-slægten som storgodsejere på internationalt plan, idet

---

[1] Jeg kan om ægteskabet som led i Marselis' forretningsdispositioner henvise til John T. Lauridsen: *Marselis-konsortiet*, Århus 1987, s. 64f., 67, 121f., 124.
[2] Harris benytter af en eller anden grund til stadighed det misvisende "stamhus" om Marselis' handelshuse.
[3] Jfr. Lauridsen 1987, s. 94 og der anf. henvisninger.

der indledes således: "I perioder brillerede også medlemmer af Marselis-slægten som storgodsejere" (s. 109). Dette samtidig for at give en fornemmelse af Harris' særlige stil og forhold til emnet. Indholdet svarer imidlertid ikke hertil: i afsnittet fortælles kun om familiens forskellige privatboliger og lystgårde, og det var selvsagt ikke disse, der gjorde Marselis til storgodsejere på internationalt plan (s. 109-111). Det er først de store godsovertagelser i Danmark og Norge efter 1660 som pant eller ejendom for givet kredit til kongemagten, der berettiger til at karakterisere familien som godsejere på internationalt plan, og disse godsovertagelser behandles først i et senere afsnit (s. 123ff.). Der kunne gives flere eksempler på misvisende overskrifter og uheldige kronologiske brud (f. eks. 114, 116), men det skal være nok hermed.

Nok er Harris den første, der offentliggør en samlet dansk fremstilling af Marselis-slægtens historie, men hermed være ikke sagt, at han er den første, der foretager en pløjning i hidtil uopdyrket jord. Han har kunnet trække stærkt på Erik Amburgers på tysk udgivne bog fra 1957 om Marselis, specielt med henblik på virksomheden i Rusland, men også hvad angår virksomheden i Vesteuropa.[4] Der er i realiteten kun meget lidt at finde hos Harris, som ikke kan genfindes hos især Amburger i hans meget stofmættede bog. Harris har tilmed ikke altid angivet, at en række iagttagelser om handelshuset er overtaget fra Amburger eller allerede findes i den foreliggende forskning.[5] Dette nævnes kun for at påpege en vis tendens igennem hele bogen, et forsøg på at få læseren til at acceptere denne bog som mere end en amatørs forsøg på en traditionel populariserende historiefortælling, men også i en eller anden form acceptere den som et egentligt selvstændigt bidrag til den historiske forskning. Harris nævner flere gange, at han har foretaget mange besøg på arkiver, biblioteker og museer både her og i udlandet (bl. a. s. 12, 15), taler om sine studier og studie*resultater* osv. Bag arkivbesøgene ligger der imidlertid ingen mere eller mindre systematisk anlagt arkivforskning. Harris kan ikke selv læse 1600-tallets skrift, men har i nogle enkelte

---

[4] Erik Amburger: *Die Familie Marselis. Studien zur russischen Wirtschaftsgeschichte*, Giessen 1957. Fejlagtig titel hos Harris s. 236.

[5] F. eks. findes betragtningerne om navnet Elswoud (s. 29) hos Amburger (s. 27); korrektionerne til *Dansk biografisk Leksikon* 2. udg. ang. A. B. Berns' kone (s. 42) er allerede rettet i samme værks tillægsbind; den i note 62 anførte rettelse havde allerede O. Nielsen haft øje for (*Personalhistorisk Tidsskrift* 1, 1880, s. 203).

tilfælde indhentet hjælp dertil. Hvad der har styret de fleste af arkivbesøgene synes i stedet at have været henvisningerne i Amburgers bog, hvorefter der i en række tilfælde er henvist direkte til det utrykte materiale uden at angive Amburgers bog som mellemled (f. eks. note 85, 158, 171, 307, 308). Hvad jeg vil udtrykke hermed er, at Harris' bog ikke kan tillægges nogen selvstændig videnskabelig værdi, heller ikke på trods af den ubestrideligt store energi, Harris har udvist i sit indsamlingsarbejde både hvad angår dansk og udenlandsk litteratur, ligesom en række oplysninger og vurderinger slet ikke vil kunne holde for en nærmere prøvelse. Derimod må vi være Harris taknemmelig for det billedstof, der gengives i bogen, og hvoraf en del ikke tidligere hr været umiddelbart tilgængeligt for et dansk publikum (specielt s. 122, 144).[6]

På et område mener Harris selv især udtrykkeligt at have bidraget med noget nyt, og det er angående en af Marselis' danske kompagnoner, Albert Baltser Berns og hans genealogi, hvor en helt ny slægtstavle er blevet resultatet (især s. 44 og tavlen bag i bogen). Jeg skal gøre opmærksom på, at Harris' nytolkning af det forhåndenværende kildemateriale angående Berns' forældres herkomst bl.a. beror på en klippefast tillid til H. U. Ramsings værk om københavnske ejendommes besiddelsesforhold før 1728,[7] og en udtalt mistillid til Oluf Nielsens arbejder i denne sammenhæng.[8] Harris går så vidt i sit rekonstruktionsforsøg, at han ikke alene laver en ny slægtstavle, men også forsyner de begravede familiemedlemmer i St. Nikolai kirke med dertil svarende slægtsrelationer, idet den forudsætningsløse læser må tro, at der s. 53 og 55 er tale om en direkte gengivelse af sider fra kopibogen over kirkens begravelser. Det er det imidlertid ikke, men er også Harris' forsøg på en rekonstruktion af familieforholdene og kan derfor slet ikke, som han selv mener, tjene som støtte til hans øvrige nytolkninger (se s. 53).[9] Det er ikke stedet her til at gå nærmere i de-

---

[6] Yderligere findes der ud over det af Harris gengivne maleri af Gabriel Marselis d.y.'s lystgård Elswoud (s. 122) endnu et samtidigt maleri af maleren Jan Wouwerman, gengivet af C. J. Connet: Elswout, *Jaarboek Haarlem* 1933, s. 48/49. Begge er siden gengivet hos Lauridsen 1987, s. 211, 213.

[7] H. U. Ramsing: *Københavns Ejendomme 1377-1728*, 1943-96, 1-9 (de senere bd. udg. ved forskellige udgivere).

[8] O. Nielsen: *Kjøbenhavns Historie og Beskrivelse*, 4, 1885.

[9] Kopibogens opgivelser er aftrykt i *Personalhistorisk Tidsskrift* 1, 1880, s. 192-223 (O. Nielsen) og i *Danmarks Kirker*, 1, 1945-58. Udg. af Nationalmuseet ved V. Hermansen, Aa. Roussell og J. Steenberg, s. 577-613 (Johan Jørgensen).

taljer med Berns' genealogi, men jeg agter at vende tilbage hertil i en anden sammenhæng.[10] Her skal der kun advares mod at tage Harris' rekonstruktionsforsøg for gode varer, da det på afgørende punkter strider mod det eksisterende kildemateriale.

Har har med sin bog villet rehabilitere Marselis og vise, at slægten ikke var så slem som sit rygte. Hvad Marselis foretog sig i sin samtid var ikke noget usædvanligt eller særligt graverende set ud fra samtidens forudsætninger, og hvad andre købmænd og godsejere i en tilsvarende position gjorde, var ikke bedre egnet til at tjene deres rygte, mener Harris. Således vurderet kan der være noget rigtigt i Harris' rehabiliteringsforsøg: Marselis var måske ikke værre end så mange andre af samtidens initiativrige foregangsmænd. Korruption, svindel og enorme profitter var ikke noget særligt for Marselis, for Danmark eller Europa i 1600-tallet. Hvor oprustningens og krigens krav møder købmandens opstår den slags stadig, hvad de seneste års afslørende skandalesager har vist (Lockheed m.m.). Men ved en samlet vurdering af Marselis' virksomhed mener jeg ikke, at man kan nøjes med denne betragtning. Marselis' mange initiativer og stigende rigdom havde en pris: økonomisk og socialt betød det ødelæggelse eller en radikal ændring af mange menneskers eksistensgrundlag og levevilkår. Med kongemagten i ryggen kunne Marselis skalte og valte med arbejdskraften ved sine bjergværker og de omkringboende bønder, kræve gårde nedlagt, forlange arbejdskørsel m.m. og som godsejer ændre afgifts- og arbejdsbetingelserne uden at befolkningen kunne beskytte sig herimod eller havde et socialt sikkerhedsnet under sig, når Marselis' initiativer ændrede eller forringede deres vilkår. Marselis-familien var initiativrig, og hvad der styrede initiativerne, var muligheden for at tjene penge uden hensyn til de menneskelige omkostninger. Som et af de første eksempler på en multinational koncerns virksomhed i Danmark-Norge er Marselis-forretningen meget illustrativ på godt og ondt. Selvfølgelig betød det accellereret udnyttelse af landenes råstofressourcer, indførelse af ny teknik og nye organisationsformer etc., men når det skete i et samfund, hvor kongemagten/staten helt og holdent stod bag de nye entreprenører på bekostning af den menige befolknings behov og interessser, kan det ikke undre, at vi hører mange samtidige klager over Marselis' virksomhed. Ud fra den samtidige menige almues interesser var Marselis' og andre moder-

---

[10] Se den følgende artikel her.

ne entreprenørers virksomhed noget nyt og hensynsløst, der nok berettigede dem til at klage og at betegne deres virksomhed som afpresning og udbytning. Det bliver et spørgsmål om, fra hvilken social gruppe i samfundet man ønsker at foretage sin vurdering, og her har Harris helt klart foretaget et valg. Det er legitimt, men viser også under hvilken forudsætning, Harris' rehabiliteringsforsøg må ses.

Det vil slutteligt være rimeligt at bedømme Harris' bog som den populariserende historiefortælling, den er. Fremstilingen er letløbende og letlæst; udstyret er i orden, der er adskillige illustrationer m.v. Udenomsværkerne er således til stede, og en bog om Marselis opfylder givetvis et behov ikke mindst i Århus-området, hvor Marselis-navnet efterhånden er blevet meget kendt og anvendt i de forskelligste sammenhænge spændende fra sportsbegivenheder over den kongelige residens i byen til pålægsindustrien. Hvem var egentlig Marselis, er sikkert et spørgsmål mange århusianere på et tidspunkt stiller sig. Når jeg ikke mener, at bogen kan være fyldestgørende på dette omåde, hænger det ikke sammen med nogen som helst afstandtagen fra at forsøge på en populær formidling om fortiden; det er mere et spørgsmål om måden, det skal gøres på. Selvfølgelig må man kræve af den populariserende historieskrivning, at den skal være underholdende og oplysende, og det er Harris' bog også et stykke hen ad vejen, men man må ideelt også kræve, at den samtidig giver en sammenhængende forståelse af emnet, klargør tidens betingelser og vilkår, så læseren ikke blot sidder tilbage med spredte historier eller løse blade, men giver et samlet meningsfuldt billede af emnet. At Harris ikke opfylder disse idelle fordringer, skal han ikke specielt kritiseres for - det er der i det hele taget kun få inden for genren, der gør. Så kan de være nok så populære og læste. Palle Lauring er en typisk repræsentant for en formidling, der går over stok og sten uden mening i historien.[11] Og nogen ny Palle Lauring er Harris heller ikke.

---

[11] Harris har givetvis læst Palle Laurings Danmarkshistorie, hvor det syn på købmændene i 1600-tallet, han står for, også genfindes (hvad det i øvrigt også gør i Erik Arup: *Danmarks historie*, III, 1955. Ved Aksel E. Christensen, s. 164f.).

Familien Berns' slægtsforhold omkring 1600

Det er ofte forbundet med store vanskeligheder eller næsten umuligt at følge slægtsbaggrunden for den gruppe af især nederlændinge, som fra 1500-tallet og frem i det følgende århundrede søgte til de danske byer, først og fremmest København, for at indgå i det danske borgerskab. Indvandrernes forældre, fødested og fødeår kendes kun undtagelsesvis, selv om mere indgående undersøgelser i udlandet i nogle tilfælde vil kunne oplyse dette, ligesom den sociale baggrund og status, samt måske motiverne til emigrationen vanskeligt kan eftersporses.[1] På forhånd er det dog givet, at mange af de nederlændinge, der kom til Danmark set ud fra danske forhold har haft en relativ høj social status ved ankomsten, hvor fædrene eller de selv har været ikke ubetydelige forretningsfolk, håndværkere o. lign. Herom vidner den hast, hvormed en del af dem steg op i det danske borgerskabs øverste lag. Forbindelser i hjemlandet og internationale relationer i øvrigt, kombineret med medbragte økonomiske midler og en forretningserfaring, som det danske borgerskab måtte sende sine sønner til udlandet for at søge at erhverve, skabte hurtigt nederlændingene en fremtrædende social position i Danmark, en position der befæstedes ved passende ægteskaber ind i og forretningsforbindelser med det danske borgerskab.

I det følgende skal jeg kritisk beskæftige mig med en lille del af den nederlandske indvandrergruppes slægtsforhold i København omkring 1600 med udgangspunkt i familien Berns, der senere blev kendt via Albert Baltser Berns, som var en af Christian 4.s største og mest betydende leverandører. Her er det imidlertid

---

[1] Bl.a. kan nævnes Sune Dalgårds forsøg på at eftersporse familien Braem (*Danskrnorsk hvalfangst 1615-1660*, 1962, s. 377-78) og Erik Amburgers forsøg på at lokalisere familien Marselis (*Die Familie Marselis*, Giessen 1957, s. 26-28). Sidstnævntes bestræbelser lykkes kun til dels, da det ikke har stået ham klart, hvor udbredt navnet Marselis med lidt varierende stavemåde var i 1500- og 1600-tallet både i og udenfor Nederlandene, se John T. Lauridsen: *Marselis-konsortiet*, Århus 1987, s. 19.

de foregående generationer, det drejer sig om. Valget af Bernsslægten er ikke tilfældigt. Poul Harris har nemlig i sin bog om familien Marselis fra 1980 foretaget en nyrekonstruktion af slægten Berns' familierelationer, især hvad angår dens første generationer i Danmark.[2] Jeg skal på grund af denne rekonstruktions metodiske konsekvenser for gennemførelsen af slægtshistoriske studier, gennemgå de væsentligste dele af Poul Harris' bogs argumentation og kildegrundlag. Afslutningsvis skal jeg sammenfatte, hvad der med sikkerhed vides om Berns' slægtsforhold, og hvad der er en vis grad af sandsynlighed for.

Det er ikke fremdragelsen af nyt og hidtil uudnyttet kildemateriale, der har fået Harris til at forsøge en nyrekonstruktion, men først og fremmest en anden vurdering og udnyttelse af det foreliggende materiale. Der forsøges i bogen først og fremmest en argumentation for, at familien Berns' stamfar i Danmark, Baltser Berns, ikke, som hidtil antaget, selv var indvandrer fra Nederlandene, men i stedet var søn af en anden indvandrer ved navn Bernt Schyrmand, der ifølge Harris "antagelig o. 1575" som "halvoksen" var kommet til København sammen med sin far Peter Schyrmand og broderen Johan (s. 46). Her skulle Bernt Schyrmand have giftet sig med Barbara Havemann, datter af Hans og Margrethe Havemann, og de skulle bl.a. have fået sønnen Baltser Berns (s. 47). Det er H. U. Ramsings arbejde om københavnske ejendomme,[3] der har ledt Harris til dette rekonstruktionsforsøg, idet Ramsing lige ud har skrevet, at Baltser Berns var Bernt Schyrmands søn af 1. ægteskab, dog uden at dokumentere dette.[4] Harris har imidlertid fulgt ideen op, og problemet for ham har været at forklare, hvorfor Baltser Berns ikke kaldte sig Baltser Schyrmand, men havde opgivet sit slægtsnavn. Hans forklaring er følgende:

"I den danske kirkebog har man ved dåben af Berendt Schyrmands søn Baltser villet indføre ham som Baltser Berendtsøn, men den der har forestået indskrivningen i den danske dåbs-

---

[2] *Marselis slægten. Blade af dens historie*, Århus 1980. Anmeldt af Hans H. Worsøe i *Personalhistorisk Tidsskrift* 100, 1980, s. 241 og af John T. Lauridsen i *Fortid og Nutid* 29, 1981, s. 328-331 [Optrykt her som "Løse blade til en slægtshistorie", s. 126-132].

[3] *Københavns Ejendomme 1377-1728*, 1-9, 1943-96.

[4] Ramsing 2, 1945, s. 14. Derimod fremgår det ikke af Harris' henvisninger, hvorfra han har oplysningen om Bernt Schyrmands og Barbara Havemanns ægteskab. En gennemgang af de bøger og artikler, Harris benytter i kapitlet om Berns, har ikke ført til en afklaring heraf.

protokol (som vi vel at mærke *ikke* kender!, J. T. L.), har forkortet det nederlandske ord "zoon" forkert. De kom til at stå "Baltser Berendtzs": der skulle have stået "Berentsz", (underforstået: Berents zoon). Denne ukorrekte indføring i kirkebogen og det hele taget undladelsen af at skrive "zoon" resp. "søn" helt ud må være forklaringen på, at Baltser fik - eller tog (sic, J.T.L) - efternavnet Berns og ikke Schyrmand. - Det er en detalje, men for at forstå den nye anetavle er det nødvendigt at gøre sig denne navneforandring klar" (s. 44).

For det første kan jeg ikke være enig med Harris i, at der her er tale om "en detalje", idet den af ham på dette grundlag opstillede nye slægtstavle kan medføre, at arbejdet med en del af det københavnske borgerskabs slægtsforhold omkring 1600 kan blive afsporet eller vildledt, og dermed besværliggøres arbejdet med problemer som social mobilitet, levealder og indbyrdes forretningsforbindelser m.m., som i denne ellers ret kildefattige periode er ret afhængig af netop beskæftigelsen med slægtforholdene.

For det andet kan jeg ikke godtage, at en formodet fejlagtig stavemåde i en kirkebog, vi ikke kender, skulle have fået Baltser Berns til som følge af skrivefejlen at ændre sit slægtsnavn. Med et kendskab til den uensartethed i stavemåde, som kendetegner de skriftlige kilder omkring 1600, kan det få uoverskuelige konsekvenser, hvis det skulle accepteres, at det alene havde kunne få folk til i givet tilfælde at ændre deres slægtsnavn så radikalt, som det her postuleres. Måske har Harris også været klar over dette, da han mellem to tankestreger indskyder, at Baltser Berns ellers kan "have taget" efternavnet Berns! Det kan vel ikke udelukkes, men det er rent gæt, når der ses bort fra Ramsings ovennævnte påstand, som jeg i det følgende skal se lidt nærmere på grundlaget for.

Det er med rette blevet nævnt, at Ramsings arbejde om Københavns ejendomme 1377-1728 er en uvurderlig kilde til slægts- og personalhistorien,[5] men det gælder for dette, som for hans foregående værk om Københavns historie og topografi i middelalderen, at det lider af nogle brist og metodiske mangler, der gør, at oplysninger derfra ikke uden videre kan betragtes som sikre,

---

[5] Gunnar Olsen i *Historisk Tidsskrift* 11. 1., 1945-46, s. 744-46, Albert Fabritius: Det københavnske Bystyres Slægtsforbindelser i ældre Tid, *Historiske Meddelelser om København* 4.2, 1949-1952, s. 317f.

og det gælder også, hvor han udtaler sig om slægtsforhold.[6] Findes der i det materiale, han har benyttet til belysning af ejendomsforholdene, kilder, der godtgør, at Baltser Berns var søn af Bernt Schyrmand i dennes 1. ægteskab, henviser han i hvert tilfælde ikke til dette, og vi må nøjes med hans ord i dette som i en række andre tilfælde. Jeg tvivler imidlertid på, at et sådant kildemateriale foreligger, men formoder i stedet, at Ramsing har sluttet sig til dette slægtskab ud fra dels navnene (Bernt Schyrmands søn kaldes Baltser Berns (underforstået søn)), dels at Baltser Berns overtog en stor gård i Højbrostræde efter Bernt Schyrmand i 1602, da Schyrmand ifølge Ramsing skulle være afgået ved døden.[7] Det kan være disse omstændigheder, der har fået Ramsing til at slutte, at Baltser Berns var Bernt Schyrmands søn, idet han har opfattet Berns' overtagelse af gården, som hans arv efter faderen.

Er der tale om en slutning fra Ramsings side og ikke andet, skal det påpeges, at slutningens grundlag ikke kan holde, idet Bernt Schyrmand - heller ikke ifølge Harris - døde i 1602, men først i 1612,[8] og hermed falder den umiddelbare mulighed for, at Baltser Berns i 1602 overtog gården i Højbrostræde ved arv efter faderen bort. Dette har dog ikke påvirket Harris' opfattelse, da han på trods af de rettelser, som han selv leverer til Ramsings værk, ikke mister sin tillid til dennes oplysninger og heller ikke synes at være klar over, at Ramsing ikke overalt bygger på dokumentation.

Det er som nævnt opfattelsen i bogen, at Barbara Havemann var Baltser Berns' mor, og at hendes forældre var Hans og Margrethe Havemann.[9] Dette fører mig til at foretage følgende overvejelser: Ifølge bogen havde Barbara Havemann været gift med Bernt

---

[6] Se for middelalderværkets vedkommende Eiler Nystrøm i *Historisk Tidsskrift* 10. 6, 1942-43, s. 506-12 og for det senere arbejde Johan Jørgensen: H. U. Ramsings Københavns ejendomme 1377-1728, *Historiske Meddelelser om København* 1962, s. 167-176. Johan Jørgensen fik af Selskabet for Københavns historie tilbuddet om at stå for videreførelsen af udgaven, men afslog p.g.a. sin skepsis over Ramsings arbejdsmåde (Johan Jørgensens privatarkiv). Kirsten Lindberg: Tilføjelser til Ramsings værk, *Historiske Meddelelser om København* 1997, s. 220-254.

[7] Se note 4.

[8] Harris 1980 i bogens bilag. Det antages, at Bernt Schyrmand var identisk med Bernt Thor Schyren. Jfr. også Oluf Nielsen: *Kjøbenhavns Historie og Beskrivelse*, 4, 1885, s. 237.

[9] Harris 1980, s. 47, 53 og bogens bilag.

Schyrmand før 1600 og ægteskabet var opløst (!) senest da, idet Bernt Schyrmand omkring dette tidspunkt, stadig ifølge bogen, giftede sig for 2. gang.[10] Antages det blot, at Barbara Havemann i 1600 var 20 år, og det kan ikke være urimeligt, følger heraf, at hun må være født omkring 1580. Dette får selvsagt konsekvenser også for forældrenes alder. Regnes deres ægteskabs indgåelse til at være sket omkring 20 års alderen, og datterens nedkomst at være sket straks derefter, nås der i det mindste tilbage til omkring 1560. Dette er alt sammen under forudsætning af, at bogens opfattelse kan holde.

Ifølge Harris døde Barbara Havemann i 1631,[11] og hun må i forlængelse af det ovenstående da have været omkring 51 år, hvilket ikke er usandsynligt. Værre bliver det imidlertid, når der ses på forældrenes dødsalder. Det er sikkert, at Margrethe Havemann døde i 1638 og Hans Havemann 1658,[12] hvilket, hvis Harris følges igen, vil sige, at hun blev næsten 80 år og han næsten 100. Dette er i sig selv ikke helt umuligt, men det er i hvert tilfælde meget sjældent, hvis ikke usandsynligt, og burde nok have givet anledning til at overveje slægtsforholdet. Alene den høje dødsalder indikerer, at Margrethe og Hans Havemann ikke kunne være Barbara Havemanns forældre.

Hertil føjer sig nogle mere tvingende momenter. Af rentemesterregnskabet for 1626 fremgår det, at der den 8. september udbetaltes 15.581/2 rdl. for "soldaterklæder" til Hans Havemann. Han modtog pengene på sine "kære svogres" Albert Baltser og Bernt Berns vegne.[13] Margrethe Havemann var således givetvis snarere Albert Baltser Berns søster, hvilket også forklarer, hvorfor både Margrethe og Hans Havemann blev begravet i Baltser Berns' arvingers gravsted i St. Nikolai Kirke, og at det var Hans Havemann, der i 1634 *arvede* gården i Højbrostræde efter Nille Berns' 3. mand Boldevin Blanckfort (Nille B. var selv død året før).[14] Via sin kone var Hans Havemann den nærmeste til at overtage gården, da svogeren Albert Baltser Berns fra 1629 havde taget fast ophold

---

[10] Ibid. s. 47. At Bernt Schyrmand giftede sig 2. gang er sikkert, derimod ikke hvornår. Se iøvrigt nedenfor note 31.
[11] Harris 1980, s. 53.
[12] Johan Jørgensen: Gravminder, S. Nicolai kirke, *Danmarks Kirker*, udg. af Nationalmuseet ved Victor Hermansen, Aage Roussell og Jan Steenberg 1, 1945-58, s. 593.
[13] Rigsarkivet, Rtk., Rentemesterregnskab 1626, udgift f. 56.
[14] Se note 12 og Ramsing 2, 1945, s. 14.

i Hamborg,[15] og dennes øvrige søskende vist alle var døde. En søster Nille var død allerede i 1619 langt fra hjemmet og under for familien dunkle omstændigheder,[16] mens broderen Henrik begravedes to år senere.[17] Broderen Bernt Berns har det ikke været muligt at spore senere end 1626, da han optrådte i samarbejde med broderen Albert Baltser om levering af uniformer til den danske hær,[18] mens den sidste af brødrene, Johan, optræder endnu i oktober og november 1628, da han indførte to stude til Malmø og importerede fransk og spansk vin til København.[19] En af brødrene Bernt eller Johan blev begravet i familiens gravsted i St. Nikolai Kirke den 14. marts 1629, men hvem af dem det var, vides ikke, da begravelsesprotokollen ikke oplyser fornavnet.[20] Rimeligvis har begge brødre været døde i 1629 (se i øvrigt slægtstavlen).

Harris mener til sin opfattelse af familien Berns' slægtsforhold at finde støtte i St. Nikolai Kirkes begravelsesprotokoller og gengiver i den forbindelse navnene på en del af de personer, der er blevet begravet i kirkens enkelte gravpladser (s. 53, 55). Umiddelbart ser dette meget overbevisende ud; vi får således oplyst både det fulde navn og slægtsforholdet i en række tilfælde; nogle steder dog i en parentes, hvad der muligvis skal angive, at det er Harris' tilføjelse (?), men at opstillingen støtter bogens tolkning er evident. Det fremgår heraf bl.a., at Baltser Berns' mor Barbara Havemann blev begravet 23. august 1631, at Margrethe Havemann, Barbaras mor blev begravet 27. december 1638 m.m. Kigger man imidlertid i de udgivne oplysninger fra begravelsesprotokollerne, viser det sig, at her er oplysningerne noget spar-

---

[15] A. B. Berns havde den 26. april 1629 giftet sig med Elisabeth Marselis i Hamborg (se oversigten over familien Berns), men kaldes endnu den 30. oktober samme år for indvåner i Kbh. (Rigsarkivet, Rtk., Rentemesterregnskab 1629, udgift f. 76), dog er flytningen til Hamborg rimeligvis sket kort derefter og før 29. april 1631, da han udnævntes til kgl. faktor i Hamborg (Amburger 1957, s. 35).

[16] *Kancelliets Brevbøger 1616-1620*, Udg. ved L. Laursen, 1919, s. 555.

[17] Jørgensen 1945-58, s. 579.

[18] Se note 13.

[19] Rigsarkivet, Registrant 108b: Reviderede civile regnskaber: 143d: Malmø toldregnskaber 1627-32, 28. okt. 1628; 160a: (Brudstykker af) Københavns toldregnskaber, 26. nov. 1628.

[20] Jørgensen 1945-58, s. 605. Det er sandsynligvis Johan Berns, der begravedes 1629, da hans hustru senere begravedes samme sted (ibid.). Bernt Berns døde sandsynligvis kort efter 1626.

sommere og ikke nær så entydige, som bogen vil give det indtryk af. Der står f.eks. således blot, at Hans Havemanns datter blev begravet 23. august 1631; hendes fornavn får vi *ikke* oplyst. Det fremgår også, at Hans Havemanns hustru Margrethe begravedes 27. december 1638, men at hun var Barbaras mor står der intet om.[21] Det skal tilføjes, at i de her nævnte eksempler, er der i bogen ikke fundet en anledning til at sætte nogle af oplysningerne i parentes. Der er tale om en uheldig og vildledende sammenblanding af rekonstruktion og dokumentation, hvor læseren forledes til at tro, at de i forbindelse med begravelserne opgivne personoplysninger alle eller næsten alle stammer direkte fra begravelsesprotokollerne og ikke for en dels vedkommende selv er et rekonstruktionsforsøg. At begravelserne og gravenes indbyrdes placering kan anvendes til slægtshistoriske studier er en anden sag, men det bør ikke ske på den måde, der her er anvendt.

Det er netop begravelserne, som Oluf Nielsen er gået ud fra, da han i sit kompilationsarbejde om Københavns historie forsøgte at udrede nogle af det københavnske borgerskabs slægtsrelationer og af interesse i denne sammenhæng bl.a. forsøgte at afklare Baltser Berns' hustru Nille Johansdatters slægtsforhold. Han drog den nærliggende - men ikke skriftligt udtrykte slutning, at hun med navnet Johansdatter var datter af Johan Schyrmand, da hun efter hans, hans hustrus og hendes 2. mands død (1623) overtog Schyrmands gravsted. Her begravedes derefter en søn af Nilles 1. ægteskab, senere en stedsøns hustru m.m.[22] Bevise slægtsforholdet har Nielsen ikke kunnet, det forbliver en formodning ikke mindst, da vi end ikke ved, om Johan Schyrmand overhovedet havde en datter. At Oluf Nielsen i sit arbejde er kommet til at udtale sig for sikkert om denne familiemæssige sammenhæng, er en anden sag.[23]

Poul Harris har i sin bog forsøgt at tilbagevise Oluf Nielsens lige refererede formodning for det første ved igen at støtte sig til H. U. Ramsings arbejde, hvor det i en parentes udkastes, som en

---

[21] Se note 12.
[22] Nielsen 1885, s. 238. Jfr. Jørgensen 1945-58, s. 605. Navnet Nille Johansdatter oplyses 1634 (O. Nielsen (udg.): *Kjøbenhavns Diplomatarium*, 2, 1874, s. 789).
[23] Nielsen 1885, s. 237 note 2. På den følgende side lader han dog tvivlen skinne igennem.

mulighed, at Nille Johansdatter var datter af Johan van Geldern, men med den reservation, der ligger i et vedføjet spørgsmålstegn. Også her må man rekonstruere sig til, hvad Ramsing bygger sin hypotese på. Hvor Oluf Nielsen havde fæstnet sig ved begravelserne, henholder Ramsing sig til ejendomsforholdene og især skiftene i disse, idet det er den generelle antagelse, at der for den enkelte ejendom er en høj grad af kontinuitet i besiddelsesforholdene, forstået på den måde, at ejendommen forbliver i samme families eje i generationer. Det ses ofte, men er selvsagt ikke en regel, der kan tages i anvendelse i tvivlsomme konkrete enkelttilfælde.

Det forholder sig således, at Johan van Gelderns enke efter mandens død i 1582 giftede sig med den ovenfor omtalte Bernt Schyrmand og med hende fulgte den ligeledes i det foregående omtalte gård i Højbrostræde, som senere Baltser Berns overtog. Da Baltser Berns kone Nille netop hed Johansdatter, ser Ramsing muligheden for, at hun kunne være datter af den forrige ejer af gården på grund af navnet, og at hun via sin mors 2. ægteskab blev gift med stedfaderens søn af 1. ægteskab.[24]

Der er også her kun tale om en formodning, idet det heller ikke her kan dokumenteres, at Johan van Geldern havde en datter. Det indrømmes i bogen (s. 46), men det forsøges alligevel at sandsynliggøre Ramsings hypotese, idet Harris som argument benytter sig af en formodning (!) fremsat af Oluf Nielsen om, at Claus Condevin (Nille Johansdatters 2. mand) tidligere skulle have været gift med en datter af Johan van Geldern. Det benyttes af Harris som indicium for, at van Geldern havde haft en datter, og ser helt bort fra, at Nielsen havde anset van Gelderns datters og Claus Condevins ægteskab for det første og Condevins og Nilles for det andet. Harris mener, at det stik modsatte har været tilfældet: først var Baltser Berns gift med Nille Johansdatter (van Geldern), hvorefter hun giftede sig med Condevin (s. 47). Harris har med andre ord benyttet sig af den del af Nielsens formodning, som faldt i tråd med hans egen opfattelse og ladt hånt om det resterende og for Nielsens formodnings holdbarhed ikke uvæsentlige.

Også her byggede Oluf Nielsens opfattelse på iagttagelser af begravelserne i St. Nikolai Kirke, hvoraf det fremgår, at det var Claus Condevin og senere hans søn Baltser, der gravlagdes i det gravsted, hvori tidligere Johan van Geldern og hans hustru var begravet. Der kan derfor være en slægtsforbindelse mellem van

---

[24] Se note 4.

Geldern og Condevin via en datter.[25]

Det er forhold, som ikke inddrages af Harris, der som afslutning på hele sin argumentation efter min mening noget kryptisk skriver:

"I samme retning peger de interessante oplysninger, man kan udlede af H. U. Ramsings redegørelser om Københavnske Ejendomme 1377-1728 samt oplysninger i Nationalmuseets store værk, Danmarks Kirker" (s. 47-48).

De "interessante oplysninger" havde det været rimeligt at få nærmere specificeret, ikke mindst, da Harris' senere brug af de bl.a. i *Danmarks Kirker* trykte oplysninger fra St. Nikolai Kirkes begravelsesprotokoller er stærkt misvisende (jfr. ovenfor) og ikke tjener til yderligere underbyggelse af Harris' opfattelse.

Endelig forsøger Harris at argumentere mod, at Johan Schyrmand kunne være far til Nille Johansdatter, da Baltser Berns så havde giftet sig med sin kusine, hvilket ifølge datidens lovgivning ikke var tilladt, selv om en dispensation ved kgl. bevilling kunne gives; men en bevilling "synes ikke at foreligge" (s. 47). Dette kunne måske synes et væsentligt argument, hvis man ser bort fra, at en dispensation udmærket kan have eksisteret uden, at vi kender den i dag, men det må ikke overses, at hele argumentet også indeholder en antagelse i sine præmisser, nemlig at Bernt Schyrmand skulle være far til Baltser Berns; og det mener jeg i forlængelse af det foregående ikke er sandsynliggjort, hvorfor hele argumentet falder bort.

Både Johan van Geldern og Johan Schyrmand opfylder minimumskravene for at være Nille Johansdatters far: begge var de handelsmænd, begge havde det relevante fornavn og begge var af nederlandsk herkomst, som også Nille skulle være det ifølge fortalen til ligsangen over hendes søn Albert Baltser Berns.[26] For Johan van Gelderns vedkommende er der ikke yderligere indicier for faderskabet til Nille, mens der for Johan Schyrmands vedkommende er flere, selv om jeg ikke vil tillægge dem en afgørende vægt. Schyrmand hørte til den kreds af købmænd, Baltser Berns

---

[25] Nielsen 1885, s. 239 med note 1. Jfr. Jørgensen 1945-58, s. 578.
[26] Johan Rist: *Ehrentempel. Dem Weiland Wol-Edlen/Vesten und Hochbenannten Herren/ Herrn Albrecht Balthasar Berrns*, Hamburg 1652 (eks. i Hamborgs Kommerzbibliothek: *Hamburgische Teutsche Leichengedichte* (Quart), 11, Nr. 16). En senere udg., hvor den oplysende fortale er forkortet, findes i Johan Rist: *Neuer Teutscher Parnass*, 1668, s. 798.

drev sine forretninger sammen med, specielt havde de to sammen med købmændene Peder Frandsen og Hans Holst enebevilling på handelen på Vespenø,[27] hvilket godtgør en snæver forbindelse mellem de to familier, en forbindelse der ofte knyttedes via ægteskaber, men mere væsentligt er det, som ovenfor nævnt, at Nille overtager Johan Schyrmands gravplads i St. Nikolai Kirke. Det åbner muligheden for, at hun som eneste arving har overtaget den efter sine forældres død, og at hun ikke blot har tilkøbt sig den. Samme mulighed foreligger ikke for Johan van Gelderns vedkommende, idet det ikke er Nille og hendes nærmeste familie, der begravedes i hans tidligere gravplads, men i stedet Nilles 2. mand og deres søn Baltser.[28] Skal man derfor afveje de to muligheder for fadderskabet til Nille, må Johan Schyrmand blive den mest sandsynlige.

Da Louis Bobé i 1935 udsendte sin grundlæggende stamtavle over familien Berns, undlod han at give et bud på, hvem der var forældre til henholdsvis Baltser Berns og Nille Johansdatter. Senere undlod Erik Amburger tilsvarende at udtale sig om dette forhold.[29] Jeg vil i forlængelse af det ovenstående følge Bobés og Amburgers eksempel og indtil andet bevises eller sandsynliggøres fastholde den opfattelse, at man for det første intet ved om Baltser Berns forældre, blot at han stammede fra Nederlandene, nærmere bestemt Groninger Ommelanden, den nordvestlige del af den nuværende provins Groningen,[30] og at han var kommet til København engang før 1596, på hvilket tidspunkt han optoges i Danske Kompagnis broderskab.[31] Denne sidste omstændighed tillader også den antagelse, at han var kommet til København nogle år før, han fandt optagelse i dette forholdsvis eksklusive selskab, og

---

[27] *Norske Rigs-Registranter*, 3, Christiania 1865, Udg. af O. C. Lund m.fl., s. 45; *Kancelliets Brevbøger 1603-1608*, Udg. ved L. Laursen, 1915, s. 149.
[28] Jørgensen 1945-58, s. 578.
[29] Louis Bobé: von Berns, *Danmarks Adels Aarbog* 1935, II, s. 9-12, 134-35, Amburger 1957, s. 209.
[30] Johan Rist 1652.
[31] O. Nielsen (udg.): *Kjøbenhavns Diplomatarium* 6, 1884, s. 51. Ifølge Harris' opfattelse kan Baltser Berns 1596 kun have været 16 til 20 år gammel, da hans far skulle have været en "halvvoksen søn" (= 15 år?) o. 1575 (Harris 1980, s. 46), og selv om det antages, at faderen blev tidligt gift, kan Berns ikke have været ældre end det angivne i 1596. Dette gør i det mindste Harris' opfattelse af det kronologiske forløb mindre sandsynlig, da Danske Kompagni næppe i almindelighed optog så unge mennesker.

at han allerede på dette tidspunkt hørte til den bedst stillede del af det københavnske borgerskab, ganske som det, at han senere ses at drive forretning i selskab med så fremtrædende en købmand som Mikkel Vibe, den senere borgmester, gør, at han kan betegnes som storkøbmand efter danske forhold.[32]

For det andet vil jeg for Nille Johansdatters vedkommende fastholde, at såfremt man skal indlade sig på formodninger om hendes herkomst, må det blive, at det mest sandsynlige er, at hendes forældre har været Johan Schyrmand og hustru (navn ukendt) og, at hun var blevet gift med Baltser Berns senest omkring 1602, da sønnen Albert Baltser Berns fødtes.

Det er mit håb, at dette indlæg har kunnet illustrere, at problemerne ved benyttelsen af gravlæggelser og ejendomsskift til belysning af slægtsrelationer er mange, og at man i mange tilfælde må lade sig nøje med formodninger, hvis ikke andet og supplerende kildemateriale rækker en hjælpende hand, men på den anden side også, at der er grænser for, hvor vidt man kan gå i sine formodninger, og at de ikke alle er lige sandsynlige.

Som bilag bringes en oversigt over familien Berns' slægtsrelationer; oversigten bygger bortset fra 1. og 2. generation med enkelte rettelser på det ovenfor nævnte arbejde af Louis Bobé.[33] Der er nogle uoverensstemmelser mellem Bobés og Amburgers slægtstavle over Berns, hvilke der ikke i alle tilfælde har kunnet tages stilling til, da det vil kræve en fornyet gennemgang af dåbsbøgerne i Hamborg.

---

[32] Nielsen 1885, s. 238.
[33] Bobé 1935; Amburger 1957, s. 209, Jørgensen 1945-58, s. 578 f., 589, 593, 605; de i note 13, 16 og 19 anf. henvisninger. Det skal tilføjes, at Johan Rist i 1652-udgaven af sit *Ehrentempel* over A. B. Berns nævner, at denne og Elisabeth havde fået 9 børn, mens kun 8 er blevet identificeret.
Rimeligvis var Zacharias Garben (begravet 4. maj 1653) Hans Havemanns svigersøn og hustruen Lisabeth (begravet 22. maj 1654) hans datter at dømme efter begravelserne i St. Nikolai Kirke, men er på grund af usikkerhedsmomentet udeladt. For slægtsskabet taler også det forhold, at Zacharias og Lisabeth Garbens ene datter hed Margrete (begravet 27. dec. 1670) i lighed med Hans Havemanns hustru. Skikken med at give børnene navne efter andre og ældre familiemedlemmer bestyrker også den opfattelse, at der var tale om et slægtsskab mellem Berns og Schyrmand: Tre af Baltser Berns' og Nille Johansdatters børn havde fornavne, som genfindes hos familien Schyrmand: Nille, Bernt og Johan. Det er næppe blot en tilfældighed, ikke mindst da Nille og Bernt ikke var så almindelige navne .

Familien Berns

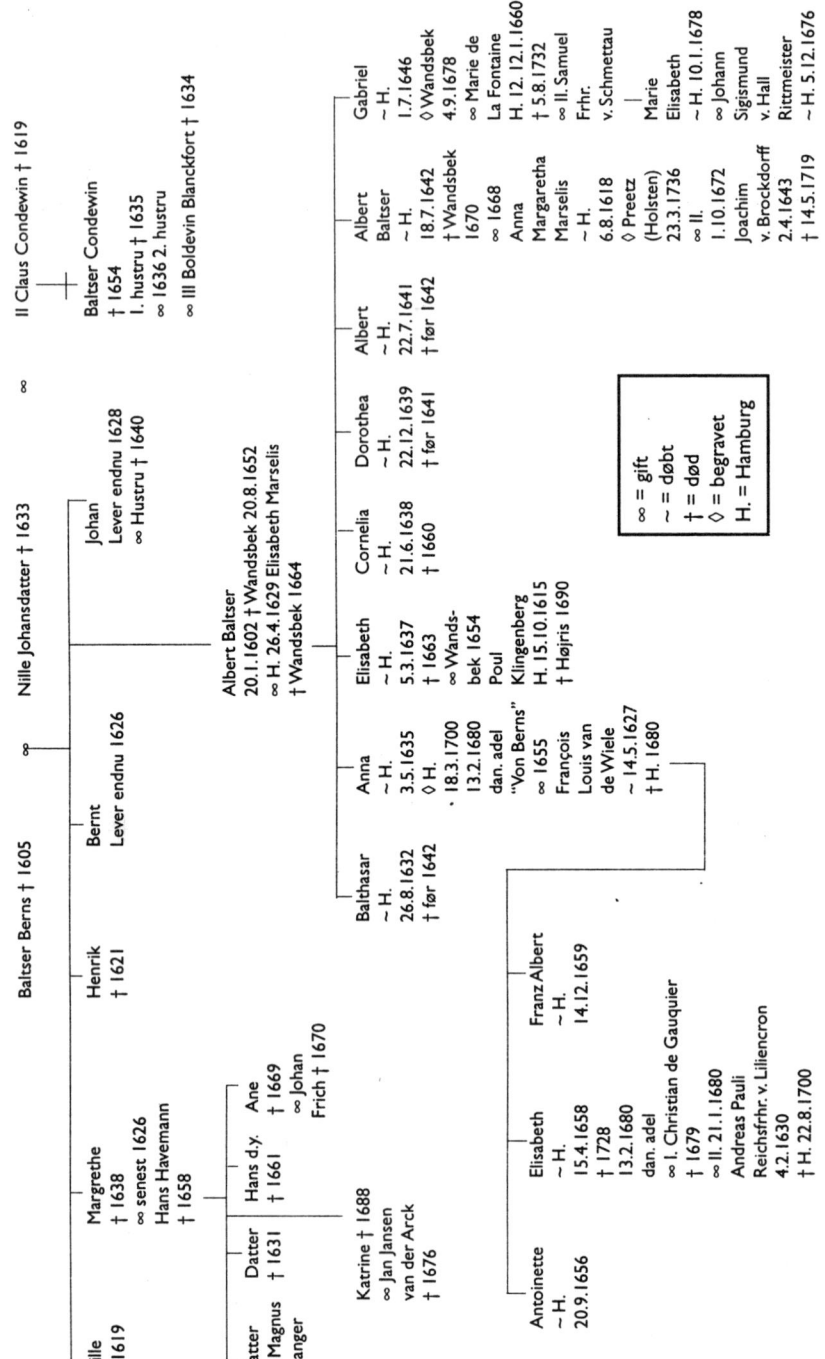

Albert Baltser Berns

Berns, Albert Baltser, 1602-52, storkøbmand, kgl. dansk faktor i Hamborg. F. 20. jan. 1602 i Kbh., d. 20. aug. 1652 på Wandsbeck, begr. sst. Forældre: købmand Baltser B. fra Frisland (d. 1605) og Nille Johansdatter (d. 1633, gift 2 med købmand Claus Condevin, d. 1619, 3 med købmand Boldevin Blanckfort, d. 1634). Gift i Hamborg 26. april 1629 med Elisabeth Marselis, f. 1613 i Hamborg, d. 1664 på Wandsbeck, d. af storkøbmand, kgl. dansk faktor i Hamborg Gabriel M. d. ældre (d. 1643) og Anna L'Hermite (d. 1652).

Med baggrund i det københavnske borgerskabs øverste lag begyndte B. senest 1625 som leverandør til den danske krone. Under Kejserkrigen skaffede han i fællesskab med Gabriel Marselis d. ældre store mængder proviant, våben og ammunition til den danske hær. 1629 flyttede han til Hamborg, udnævntes 1631 til kgl. faktor sst. og svang sig i løbet af 1630'erne sammen med svigerfaderen Gabriel Marselis d. æ. op til at være den danske krones største og vigtigste udenlandske handelsforbindelse, en position de holdt til Torstenssonkrigen, hvorefter de måtte dele den med Gabriel Marselis d. yngre. Med en omsætning på minimum 800.000 rdl. 1633-1649 med den danske krone var huset fuldt på højde med de største kongelige leverandører i Kbh. De overførte penge, lånte kongen kontante summer, fik 1638 monopol på salpeterhandelen på Rusland, søgte året efter midler til oprettelse af et ostindisk kompagni i Glückstadt, som skulle forenes med det i Kbh., og påtog sig 1642 at hente 20.000 læster salt fra Spanien til Danmark. Hovedsiden af handelshusets virksomhed var dog leverancerne til den danske krone af luksusvarer som juveler og sølvtøj, foruden det væsentligste, nemlig krigsfornødenheder: tømmer til flåden, krudt, kugler, proviant, musketter, kanoner m.m. I forbindelse hermed oprettede B. på kongens opfordring et skibsbyggeri i Neustadt, hvorfra han leverede adskillige orlogsskibe til den danske flåde, bl.a. Trefoldigheden, Victorie og Frederik Tertius. B. sluttede 1641 kontrakt med Christian 4. om for egen regning at opføre et tøjhus og et krudttårn i Glückstadt. Tøjhuset rummede våben til 12.000 mand, og til dets underhold modtog han 3.000 rdl. årligt. I tilknytning hertil fik B. samme år bevilling for et kanonstøberi sst. Herfra begyndtes under ledelse af Francois Roen produktionen af det første ensartede og sammenhængende danske kanonsystem. Med B.s aktiviter øgedes den danske krones rustningskapacitet væsentligt, en omstændighed der ikke undgik svensk opmærksomhed. Derfor ødelagde de under Torstenssonkrigen skibsbyggeriet i Neustadt, mens tøjhuset og støberiet reddedes, da Glückstadt fæstning modstod svenske angreb. Som erstatning for skibsbygeriet i Neustadt fik B. af kongen lov til af grev Christian Pentz og hans hustru at købe godset Wandsbeck, således at kongen og rigsrådet skulle udstede et gælsbrev for købesummen. B. fik også Wandsbeck 1645, men måtte senere efter sin egen påstand betale så meget herfor, at der ikke blev tale om nogen erstatning. Han krævede da ikke mindre end 61.186 rdl., efter at værftet var sat igang igen.

Efter Gabriel M. d. æ.s død fortsatte sønnen Leonhard M. handelshuset sammen med B. Deres stadigt voksende tilgodehavende hos den danske krone søgtes bl.a. betalt af de hollandske redemptionspenge, ved pantsættelse af kgl. klenodier, af told- og lensindtægter og af de norske bjergværkers produktion. 1651 fik de overdraget hovedgårdene Lund på Mors og Bustrup i Salling for et tilgodehavende på 53.972 rdl. Efter ansøgning blev de fritaget for skat og udskrivning og fik fri jagt på disse godser. B.s handelsvirksomhed omfattede hele Europa, men med Danmark-Norge som alt overvejende interessesfære. Han blev både som bankier, leverandør og producent i særlig grad uundværlig for den danske krone og tog sig godt betalt derfor. Den ved Corfits Ulfeldts fald nedsatte revisionskommission havde adskilligt at udsætte på de priser, der var betalt for B.s leverancer, da det viste sig, at han havde hørt til de særligt begunstigede. Husets forbindelse med den danske krone blev dog ikke afbrudt af den grund, og fortsattes også efter B.s død 1652 af hans enke og arvinger, bl.a. svigersønnen, den senere som dansk generalpostmester og admiralitetsråd kendte Poul Klingenberg og broderen Leonhard M.

Danmarks Adels Aarbog, LII, 1935, II, s. 9ff.; Eric Amburger: *Die Familie Marselis. Studien zur russischen Wirtschaftsgeschichte*, Giessen 1957, John T. Lauridsen: *Marselis konsortiet. En studie over forholdet mellem handelskapital og kongemagt i 1600-tallets Danmark*, Århus 1987.

Blæs i bøssen!
Fundraising på Christian 4.s tid

I løbet af de sidste 10-15 år har sparekniven ramt alle dele af kulturlivet og uddannelsessektoren. Hvor det offentlige har sagt stop, er private blevet bedt om at træde til. Fundraising er blevet et vigtigt element i institutionernes politik, og de professionelle fundraisere er forlængst en realitet.
Fundraising har en lang tradition i Danmark, hvad blot de mange gavebreve til middelalderens klostre vidner om. Her skal gives et eksempel på, hvordan Christian 4. skaffede midler til en af sine uddannelsesinstitutioner.

Baltser Condevin var en rig købmand og fornem klædehandler i København på Christian 4.'s tid. Han var opvokset i en fremtrædende købmandsfamilie. Faderen Claus Condevin var indvandret omkring 1600 og havde giftet sig med den rige købmandsenke Nille Baltser. Baltser Condevin blev opdraget sammen med moderens børn af første ægteskab i en stor købmandsgård i Højbrostræde (i dag Højbro Plads). Gården lå meget centralt for byens handelsliv, både nær havnen, slottet og trafikken fra oplandet. Foruden familien og flere handelstjenere rummede gården i den store kælder både en beværtning og en krambod.
 Familien havde mange indflydelsesrige venner og forbindelser i det københavnske borgerskabs øverste lag. De lavede forretninger og handelskompagnier sammen og mødtes til selskabelighed hos hinanden. Baltser Condevin var halvbroder til købmanden Albert Baltser Berns, der i 1629 var flyttet til Hamborg og havde fået en blomstrende forretning i gang bl.a. som leverandør af korn, våben og ammunition til Christian 4. Det gav Baltser Condevin forbindelse til verdenshandelen. Claus Condevin havde været direktør i Det ostindiske Kompagni, var en aktiv erhvervsmand og havde nydt kongens særlige bevågenhed. Sønnen Baltser gjorde også lejlighedsvis forretninger med kongen og havde overtaget faderens investering i Det ostindiske Kompagni. Han søgte efter bedste evne at leve op til faderens og halvbro-

derens format og var bl.a. med i det nyoprettede østersøiske kompagni 1637. Så vidt baggrunden.[1]

Baltser Condevin så sig i februar 1636 foranlediget til at opsøge Christian 4. på Haderslevhus i Sønderjylland. Det var langt fra København, hvor han til daglig slog sine folder, men måske havde han også forretninger at gøre i landsdelen. Han kan have været på pengemarkedet i Kiel ved det såkaldte Kieler-omslag, der årligt fandt sted ved den tid. Eller også havde Baltser rejst den lange vej for specielt at opsøge kongen, der i længere tid havde været væk fra København. Baltser Condevin havde i hvert fald en i høj grad både delikat og presserende sag at tale med kongen om. Herom erfarer vi i et brev, som Christian 4. straks efter mødet skrev til rentemestrene: Baltser Condevin har været her og blæst i bøssen, på det han må være fri for at stå åbenbar skrifte.[2]

Condevin havde "blæst i bøssen", det vil sige, at han havde betalt en bøde. Ikke mindre end 400 rdl. gav han til Frederiksborg skole for sin forsyndelse.[3] Det var mange penge, vel 3 til 4 årslønninger for en håndværker og endnu mere for småkårsfolk. De kunne have levet godt i årevis for de penge. Christian 4. havde behændigt udnyttet en opstået situation til på stedet at få privat fundraising til undervisningssektoren.

For Baltser Condevin betød de penge kun lidt. Her var ikke tale om en hr. hvem som helst, men hvad havde da egentligt foranlediget både rejsen til kongen og bøden? Det får vi at vide i endnu et brev, som kongen sendte til rentemestrene. Det viser sig at være nogle fortidige synder, som nu indhentede den fine købmand. Før sit første ægteskab havde han bedrevet hor med en anden kvinde. Nu var både denne kvinde og hans første hustru død, og han ville gifte sig igen. Der kom hans sognepræst, magister Laurids Mortensen Scavenius ved St. Nikolai Kirke ham imidlertid stærkt på tværs. Præsten havde kendskab til den tidligere forsyndelse og krævede nu, at Baltser Condevin skulle stå frem i kirken og bekende sin brøde for menigheden. Det var den lovfæstede praksis i sådanne sager.

Det ville være svært at bære for den fornemme købmand,

---

[1] Hertil John T. Lauridsen: *Marselis-konsortiet*, Århus 1987.
[2] C. F. Bricka og J. A. Fridericia (udg.): *Kong Christian den Fjerdes egenhændige Breve*, 4, 1882, s. 17.
[3] F. P. J. Dahl: *Efterretninger om den kgl. lærde Skole ved Frederiksborg*, 1, 1836, s. 43.

både overfor kolleger og standsfæller og da ikke mindst over for den tilkomne og hendes familie. Der var ingen grund til på den måde at få kastet skygger over det kommende ægteskab. Ægteskabet var tilmed meget nært forestående, så Condevin havde faktisk den frejdighed efter at have "blæst i bøssen" for sin fortids synder straks tillige at bede kongen om tilladelse til at skænke vin og bede flere par til brylluppet end den gældende forordning desangående tillod. Den tilladelse gav Christian 4.[4] og Condevin kunne rejse tilbage til København og fejre bryllup med sin tilkomne, Ingeborg.

Vi kender ikke noget til brylluppets forløb, men der blev givetvis dækket stort op i Højbrostræde. Med den kongelige tilladelse kunne Baltser Condevin invitere mere end 24 par med børn og 12 karle, som ellers var maksimum ved bryllup for købmænd og borgmestre. De kunne også nyde den vin, som det ellers kun var adelen forundt ved slige lejligheder.[5] Christian 4. udstedte og måtte gang på gang i løbet af sin regeringstid indskærpe sine "luksusforordninger", de love der skulle dæmme op for den borgerlige og adelige overklasses frådseri med hensyn til påklædning og selskabelig ødselhed, men i tilfældet Condevin stod han med en mand af en position, så der kunne gøres en undtagelse. Og manden havde lige vist sit generøse sindelag, ja han havde nærmest betalt for tilladelsen.

Condevin beholdt siden den kongelige yndest til sin død i 1653. Han blev begravet i netop den kirke, hvor han havde undgået at stå åbenbar skrifte ved at blæse i bøssen.

Den penible sag fik imidlertid et efterspil. Et var at Condevin reddede sig ud af den, noget andet præstens rolle i affæren. Som Christian 4. formulerede det til rentemestrene, magister Laurids kommer vist til at blæse med i bøssen, inden den leg er endt. Kongen kunne nemlig ikke forstå, hvorfor præsten så længe havde undladt at lade Condevin stå åbenbar skrifte, når han kendte til hans forsyndelse. Magister Laurids skulle derfor forhøres af rentemestrene, og han måtte ikke forud få at vide, hvad sagen drejede sig om. Endvidere blev magister Laurids stævnet for Københavns biskop, hans provst og Københavns Universitets konsistorium, som tog sig af de sager.[6] Det var altsammen en meget ubehagelig

---

[4] O. Nielsen (udg.): *Kjøbenhavns Diplomatarium*, 3, 1877, s. 158.
[5] V. A. Secher (udg.): *Corpus Constitutionum Daniæ*, 4, 1894, s. 155ff.
[6] O. Nielsen (udg.): *Kjøbenhavns Diplomatarium*, 5, 1882, s. 184-185.

opmærksomhed for den gode magister, men han synes at have klaret frisag uden at være kommet til at blæse i bøssen. I hvert fald er der ikke spor af sagen i konsistoriums protokoller, så han kan have talt sig fri. Sligt var jo hans gebet. Og hans videre karriere kom affæren ikke til at skade. Han blev senere selv biskop i København og fik dermed rollen at kunne lade andre blæse i bøssen.

Udtrykket "at blæse i bøssen" forekommer overhovedet første gang på dansk i Christian 4.s brev om Condevin til rentemestrene i 1636. Kongen skrev frejdigt på modersmålet, som der blev talt i samfundet omkring ham, så vi kan ikke tillægge ham personligt æren af at være en original sprogfornyer. Udtrykket er i en senere tid blevet til det mere vulgære "at spytte i bøssen".[7] Det er der stadig mange, der gør. Frivilligt eller tvunget, for en god sag eller som bøde.

---

[7] O. Kalkar: *Ordbog over det ældre danske Sprog*, 1, 1881-85, s. 232.

Skibsbyggeri for den danske krone i Neustadt i 1640'rne

Da H.D. Lind i 1889 udgav sin stofmættede bog *Kong Kristian den Fjerde og hans Mænd paa Bremerholm*, bragte han i forbindelse med sin behandling af de kgl. skibsbyggere et tillæg om den danske krones skibsleverandører. Blandt disse omtales den kgl. faktor i Hamborg og storleverandør til den danske krone Albert Baltser Berns og hans skibsværft i Neustadt. Lind sammenstillede for første gang de trykte oplysninger om Berns' skibsværftsaktivitet og supplerede dem fra utrykte kilder, hvad der betegner et for den tid stort fremskridt, men til nogen afklaring af værftets betydning nåede han ikke. Jeg skal her på grundlag af bl.a. nye arkivstudier forsøge at uddybe kendskabet til Berns' skibsbyggeri for den danske krone og at vurdere betydningen af værftet i Neustadt for den kgl. orlogsflådes opbygning i 1640'rne.

A.B. Berns, der var født i København i 1602, havde allerede fra 1625 fungeret som leverandør til den danske krone. Omkring 1630 flyttede han til Hamborg, hvor hans svigerfar Gabriel Marselis d.æ. drev en omfattende international handelsvirksomhed, og det er disse to købmænd i fællesskab, vi i slutningen af 1630'rne træffer som ejere af et skibsværft.

Kan vi tro Berns, var det Corfitz Ulfeldt, der på Christian 4.s vegne først havde tilskyndet Gabriel Marselis d.æ. og ham til at etablere sig som skibsværftsejere i den danske krones magtområde. I hvert tilfælde tillod Berns sig i en erstatningsansøgning i 1647 flere gange at erindre kongen om, at skibsværftet i Neustadt gennem Ulfeldt var startet på kongens egen begæring.[1] Den første efterretning om dette skibsværft er fra oktober 1638, hvor det fremgår, at Berns og Marselis selv havde ladet et skib bygge der,[2] men også for Christian 4. har byggeriet givetvis været i gang på

---

[1] Her og i det følgende er det utrykte kildemateriale, der henvises til, at finde i Rigsarkivet, Kbh. Berns' ansøgning er i Rentekammeret (herefter Rtk.), Afregninger IX, X, IIL, dat. 14. dec. 1647.
[2] *Kancelliets Brevbøger 1637-1639*, 1944, s. 531.

dette tidspunkt. Fra det kgl. omslagsregnskab i begyndelsen af 1639 fik Berns udbetalt 3.000 rdl. til det igangværende byggeri for kronen, et byggeri som kongen selv kom til Neustadt og beså i juni samme år.[3] Nogle måneder tidligere - i februar - havde Berns og Marselis efter ansøgning hos hertug Frederik af Gottorp fået bevilget told- og licensfrihed for de skibe, de allerede havde ladet bygge i Neustadt og for fremtiden ville bygge der.[4]

Rimeligvis er værftet startet senest 1638, og placeringen i Neustadt skyldtes sikkert den forholdsvis store trærigelighed i området der omkring. Det må erindres, at der til et middelstort orlogsskib gik 4.000 udvoksede sunde egetræer, hvorfor byggeriet var meget følsomt for træmangel. Af samme grund søgte alle under den herskende mangel på skibstømmer at sikre tilstrækkeligt træ for sig selv og holde andre borte.[5] Berns og Marselis var ingen undtagelse. Da de i 1642 afskedigede værftets hollandske skibsbygmester Clauss Paulsen, og han ville nedsætte sig som selvstændig skibsbygger i Neustadt, fik de hurtigt det forpurret ved en henvendelse til hertug Frederik af Gottorp. Hertugen gav dem den 5. november nævnte år eneret til at bygge skibe i Neustadt for de næste 10 år, og det blev udtrykkeligt nævnt, at ingen andre måtte drive skibsbyggeri ved siden af dem.[6] En effektiv måde at skaffe sig af med en konkurrent på.

Christian 4.s indtryk efter den første besigtigelse af værftet må have været positivt, for der oprettedes den 27. oktober 1639 en kontrakt med Berns og Marselis om levering af flere skibe,[7] hvis konstruktion og udrustning, som det fremgår af bl.a. kongens egne breve, fortsat nøje blev overvåget i de følgende år. Kongen foretog i januar 1641 også endnu en personlig besigtigelse af byggeriet, og skrev efter besøget til Corfitz Ulfeldt om skibene, "att ded største er saa sterck aff tømmer, som ieg er uyss paa, at magen

---

[3] Kong Christian den Fjerdes Kalenderoptegnelser fra Aarene 1617, 1629 og 1639. Udg. af C.F. Bricka, *Danske Samlinger* 1 . Rk. V, 1869-70, s. 80; Rtk., Reviderede civile regnskaber, kgl. omslagsregnskab 1639 udgift no. 121. Skibet skulle i alt koste 8.000 rdl.
[4] J. H. Koch: Von der Neustädter Schiffswerft aus dem 17. Jahrhundert, *Jahrbuch für Heimatkunde Oldenburg/Ostholstein* 28, 1984, s. 118.
[5] Jfr. Karl-Friderich: *Der Schiffbau der hansischen Spätzeit*, Weimar 1960, 106f.
[6] Koch 1984, s. 119f.
[7] Rtk., Rev. civ. regnsk., kgl. omslagsregnskab 1641 udgift no. 125.

inted fyndis y Europa".[8] Desværre kendes byggekontraktens indhold ikke, men i de følgende år udbetaltes der jævnligt penge ifølge den, især via det kgl. omslagsregnskab, som er en af hovedkilderne til de følgende oplysninger, og efterhånden tilgik der den kgl. flåde den ene nybygning efter den anden fra værftet i Neustadt. Det drejer sig bl.a. om nogle af de allerstørste og mest kendte orlogsskibe i Christian 4.'s og senere Frederik 3.'s orlogsflåde; skibe som "Trefoldigheden" og "Frederik Tertius".

Det skal her indføjes, at de skibe, som Christian 4. lod bygge i Neustadt, givetvis af kongen blev opfattet som hans personlige og ikke rigets ejendom, ganske som det havde været tilfældet med de orlogsskibe, som skibsbygger Peter Mikkelsen i Itzehoe tidligere havde leveret. For disses vedkommende havde Christian 4. i et brev til rigsrådet i 1633 påpeget, at de var betalt kontant over det kgl. omslagsregnskab og derfor ikke havde kostet riget en daler.[9] Tilsvarende betaltes de af Berns og Marselis leverede skibe indtil Christian 4.s allerseneste år næsten udelukkende over kieleromslaget og fra kongens egen kasse; denne betalingsmåde nævnes udtrykkeligt i slutopgørelserne for et par af skibene, og det må givetvis bl.a. ses som en understregning af, at flåden var kongens personlige ejendom og ikke var betalt med rigets midler.

I det følgende er samlet en række relevante oplysninger om de skibe, der blev leveret til eller var bestemt for den danske krone, og som havde fået kølen lagt på skibsværftet i Neustadt i Berns' og Marselis' ejerperiode. Det kan bl.a. bemærkes, at året for det enkelte skibs aflevering til kronen afviger noget fra de tidspunkter, der opgives i den foreliggende litteratur, men at oplysningerne her bygger på det originale regnskabsmateriale eller kvitteringer. Det samme gælder de opgivne priser for det enkelte skib, men her gælder det tillige, at det er noget usikkert i nogle tilfælde, hvor megen udrustning der fulgte med i form af sejl, tovværk, kanoner m.v. I de fleste tilfælde kan vi gå ud fra, at priserne ikke inkluderer skibenes bestykning, i nogle tilfælde heller ikke sejl og tovværk, men det sidste gælder især for de skibe der blev leveret i de første år af værftets virksomhed.

---

[8] C.F. Bricka og J.A. Fridericia (udg.): *Kong Christian den Fjerdes Egenhændige Breve*, IV, 1882, s. 422; V, 1883-85, s. 15; VII, 1891, s. 77; VIII, 1947, s. 183ff., 203 (VIII udg. ved. Johanne Skovgaard (herefter cit. Chr. IV's breve).

[9] Chr. IV's breve III, 1878-80, s. 102, Jfr. Knud Klem: Christian 4. og Bremerholm, *Årbog 1977 Handels- og Søfartsmuseet på Kronborg* s. 103f.

På værftet i Neustadt byggede Berns og Marselis i det mindste følgende skibe til den danske krone:

Navn	Kanoner	Besætning	Pris	Vurderet 1653	Afleveret
(ukendt)	?	?	8.000 rdl.	-	1639[10]
Sancta Maria	?	?	13.500 rdl.	-	1639[11]
Sorte Bjørn	36	92	?	20.000 rdl.	1640[12]
Trefoldigheden	60	300	?	53.000 rdl.	1642[13]
Graa Ulv	36	150	?	38.000 rdl.	1642[14]
Pelicanen(?)	42	150	?	38.000 rdl.	1642[15]
Ørnen	?	?	?	-	(1644)[16]
Unavngivet	?	?	?	-	(1644)[17]
Victoria	56	280	52.350 rdl.	53.000 rdl.	1647[18]
Frederik	94	434	75.000 rdl.	70.000 rdl.	1649[19]

Med undtagelse af de to første skibe, hvoraf boierten "St. Maria" var et fragtskib, drejede det sig næsten udelukkende om mellem-

---

[10] Det ukendte skib: Rtk. Rev. civ. regnsk., kgl. omslagsregnskab 1639 udgift no. 121. Sancte Maria: samme sted 1640 udgift no. 109; J.H.P. Barfod: *Orlogsflåden på Niels Juels tid 1648-1699*, 1963, s. 9. - I det følgende er kanontallet opgivet efter Barfod 1963, s. 7f., 15 og besætningernes størrelse efter Daas optegnelsesbog (Da Kanc B 186 186, fol 69) og H. D. Lind: Om Kong Kristian den Fjerdes Orlogsflaade, *Tidsskrift for Søvæsen*, Ny Række, 25, 1890, passim.
[11] Se foregående note.
[12] Kgl. omslagsregnskab 1641 udgift no. 125.
[13] Kgl. omslagsregnskab 1643 udgift no. 174.
[14] Se foregående note.
[15] Chr. Bruun: *Curt Sivertsen Adelaer*, 1871, s. 420, 426, Lind 1890, s. 44.
[16] C.C. Gjörwell: *Nya svenska biblioteket*, 2, Stockholm 1763, s. 429, 431; *Kancelliets Brevbøger 1644-1645*, 1968, s. 46, se også ibid. s. 58, 87,105; A. Zettersten: *Svenska flottans historia åren 1635-1680*, Norrtelje 1903, s. 362, 587; Rtk. Afregninger IX, 8, IIL (Berns' erstatningsansøgning); *Handlingar rörande Sveriges historia* 3. serie, Xll, 1909, s. 262.
[17] Se foregående note.
[18] Rtk. Afregninger IX, 8, VII. Bemærk at denne pris ikke inkluderer kanoner. Fejlagtigt anføres afleveringsåret 1650 for "Victoria" hos H. G. Garde: *Efterretninger om den danske og norske Søemagt*, 1, 1832, s. 146f., Bruun 1871, s. 277, Barfod 1963, s. 10, 15, 31. "Victoria" blev afleveret i København 23. sept. 1647 ifølge en kontrakt af 16. juni 1646.
[19] Rtk. Afretninger IX,8, XXVI.

store og helt store orlogsskibe. "Sorte Bjørn", "Trefoldigheden" og "Graa Ulv" nævnes udtrykkeligt som byggede efter kontrakten af 1639. Det sidste af skibene, "Frederik" skilte sig ved sin størrelse ud fra de øvrige; det var et såkaldt "hovedskib", der skulle tjene som kommandoskib og udgøre flådens kerne. For de to skibe, der var under bygning i 1644, "Ørnen" og det endnu unavngivne, henvises der til den nærmere omtale nedenfor.

Listen gør ikke krav på fuldstændighed, bl.a. kan der måske være bygget flere handelsskibe for kronens regning eller eventuelt mindre både og pramme. For "Pelicanen"s vedkommende skal tages det forbehold, at det kun er fra samtidig svensk side, at skibet angives som bygget i Neustadt, mens det ikke har kunnet dokumenteres i Berns' og Marselis' regnskabsmateriale. Det udelukker imidlertid ikke, at "Pelicanen" kan være leveret fra Neustadt, da regnskabsmaterialet langt fra er fuldstændigt bevaret, og det heller ikke for alle de øvrige skibes vedkommende har været muligt at efterspore samtlige afbetalinger. Hertil kommer, at "Pelicanen" var af samme type og konstruktion som "Graa Ulv", der med sikkerhed byggedes på Berns' og Marselis' værft i Neustadt, hvorfor jeg vil antage, at den samtidige svenske kilde har ret, og at også "Pelicanen" var fra dette værft.

Det støttes af den tyske lokalhistoriker J. H. Koch, men desværre uden at det for mig er muligt at efterprøve hans dokumentation.[20] Koch mener desuden, at orlogsskibene "Charitas", "Fides" og "Justitia" blev bygget af Berns og Marselis i 1643, foruden "Røde Ræv" i 1647. Det er unægteligt et betragteligt supplement til den ovenfor angivne byggeaktivitet, hvorfor det nok er værd at tage særskilt stilling til. Kochs kildegrundlag for de tre førstnævnte orlogsskibes vedkommende er licens-indtægtslisterne i Neustadt for årene 1638-53, men af disse fremgår det ikke, at der er tale om nybyggede skibe; kun at der har været indført træ til skibene. Koch overser den helt oplagte mulighed, at der kun var tale om reparationer af ældre orlogsskibe og ikke om nybygninger, hvilket måske også kan finde støtte i licenslistens formulering

---

[20] J. H. Koch: Hafenverkehr, Schiffbau und Packhäuser im Kreis Oldenburg, Holstein, *Jahrbuch für Heimatkunde im Kreis Oldenburg in Holstein* 9, 1965, s. 114, J. H. Koch: Dänischer Kriegsschiffbau in Neustadt im 17. Jahrhundert, *Jahrbuch für Heimatkunde im Kreis Oldenburg in Holstein* 12, 1968, s. 39 og samme 1984, s. 124.

"Charitas wegen umgebaweten Holzes".[21] Afgørende er imidlertid, at den kgl. orlogsflåde i forvejen rummede skibe med de nævnte navne, hvilket indebærer, at der skulle have været tale om en omfattende *samlet* ophugning af ældre skibe og bygning af andre med samme navn, om Kochs antagelse skal holde stik. "Justitia" betegnes f. eks. i 1647 som "gammelt" af den velunderretttede svenske resident i København. På det foreliggende grundlag anser jeg ikke en sådan ophugning for sandsynlig. For "Røde Ræv"s vedkommende har det ikke været muligt at efterprøve Kochs oplysning, hvorfor det indtil videre må stå åbent, om skibet blev bygget af Berns og Marselis i 1647.[22]

Det nævnes i slutopgørelsen for et par af skibene, at betalingen var sket over omslaget og fra kongens eget kammer. I dag kan betalingerne fra sidstnævnte kilde kun undtagelsesvis følges, men hertil kommer yderligere, at 50 til 60.000 rdl. betaltes til skibsbyggeriet i form af det salpeter, som Christian 4. havde ladet konfiskere på nederlandske skibe i 1639. Dette salpeter tilbagekøbte Gabriel Marselis d.y. i Amsterdam på de implicerede nederlandske købmænds vegne for 60 til 70.000 rdl. Heraf skulle de 10.000 rdl. betales kontant, og for resten skulle der leveres to skibe fra værftet i Neustadt.[23] Det er sandsynligvis hovedsageligt disse steder, at kilderne til de resterende betalinger må søges.

En nødtørftig angivelse af værdien af de i Neustadt byggede orlogsskibe, ganske vist fuldt udrustede som orlogsskibe, men efter en del års brug, giver en vurdering formentlig udarbejdet i anledning af den med Generalstaterne afsluttede alliancetraktat i februar 1653. Vurderingssummerne er indsat i skemaet ovenfor

---

[21] Koch 1968, s. 124. Jeg er J. H. Koch tak skyldig for en afskrift af licenslisten i Neustadt.
[22] Vedrørende danske orlogsskibe med de nævnte navne: Chr. 4.s breve IV, s. 175, 33f.; VI, s. 48; VII, s. 46-48; Chr. Bruun (udg.): Kort Overslag over Rigens Indtægt og Udgift 1642, *Danske Samlinger* 1. VI, 1870-71, s. 345; Bruun 1871, s. 418-420, Lind 1890, s. 419, 422, 429f., 440, Barfod 1963, s. 7f. - Om "Røde Ræv": Koch 1965, s. 144 , 1968, s. 43 og 1984, s. 123. En forespørgsel til Koch har ikke kunnet afklare kildespørgsmålet (brev fra Koch 3.5.1984). Barfod 1963, s. 8, 122 nævner, at "Røde Ræv" kan være anskaffet lige efter krigen 1644-45, men ikke hvorfra. Derfor behøver det ikke at være fra Neustadt, da kronen af og til opkøbte færdige skibe, f. eks. fra købmænd.
[23] Sune Dalgård: Salpetertolden af 1638-39 og den private spekulationshandel bag den, *Historisk tidsskrift* 11. Rk. IV. 1953-56, s. 322f., 330f.

og beløb i alt 272.000 rdl. svarende til ca. 1/3 af den samlede danske orlogsflådes værdi omkring dette tidspunkt.[24] Alene dette gør det klart, hvilken afgørende betydning Berns' og Marselis' værft har haft i 1640'rne for nytilgangen af skibe til den kgl. orlogsflåde, og det også på trods af usikkerheden omkring "Pelicanen"s byggested.

Christian 4.'s faste skibsbygger i Itzehoe gennem mange år, Peter Mikkelsen, var død senest ved januar 1635, da hans arvinger udbetaltes penge ved omslaget. Arvingerne fortsatte ikke byggeriet af skibe for kongen[25]; Berns og Marselis kan således betragtes som Peter Mikkelsens afløsere som kgl. skibsleverandør. På Bremerholm, orlogsflådens hovedbase, byggedes der på trods af de enorme tømmerleverancer hertil i 1640'rne ingen orlogsskibe, men kun mindre både og pramme, foruden at der foretoges de nødvendige reparationer, og i Norge byggede Christoffer Gøje i 1641 sit sidste skib for kronen.[26] Af de københavnske storleverandører havde Rasmus Jensen Hellekande et skibsbyggeri på Christianshavn, men herfra ses der ikke leveret orlogsskibe til kronen, selv om Hellekande i begyndelsen af 1640'rne stillede flere skibe til orlogsflådens rådighed.[27] Der kan ikke være tvivl om, at det kgl. flådebyggeri i 1640'rne helt overvejende havde været i Berns' og Marselis' hænder. Skibsværftet i Neustadt var på kort tid blevet et væsentligt led i det danske oprustningspotentiel, og det er ikke mindst på den baggrund, at vi må opfatte den opmærksomhed, værftet vakte, fra flere sider.

For indbyggerne i Neustadt var Berns' og Marselis' store skibsbygningsaktivitet ikke kun en velkommen forøgelse af byens erhvervsliv. Byggeriet tog i løbet af få år et omfang, der helt

---

[24] P. Holck: Flaadelister omkring Krigsaarene 1644-55, *Tidsskrift for Søvæsen* 114, 1945, s. 551.

[25] Kgl. omslagsregnskab op.cit. 1635 udgift; H. D. Lind: *Kong Kristian den Fjerde og hans Mænd paa Bremerholm*, 1889, s. 376f. Det er muligt at følge udbetalingerne til Mikkelsen for hans skibsbyggeri i de kgl. omslagsregnskaber forud for 1635.

[26] H. D. Lind: Underslæb paa Bremerholm under Korfitz Ulfeldts Finansstyrelse, *Historisk Tidsskrift* 6. Rk. V. 1894-95, s. 381, Lind 1889, s. 377f.

[27] *Dansk Biografisk leksikon*, 3. udg. 7, 1981, s. 333. 1653 omtaler Frederik 3., at der fra 1642 til 48 ikke blev bygget et eneste skib på Bremerholm trods tømmerleverancer dertil for 13 tønder guld (Chr. Molbech: Om Corfits Ulfeldt som Landsforræder, og om hans politiske Charakter og Handlinger, *Historisk Tidsskrift* 1. III, 1842, s. 405 n. 103).

sprængte de en gang fastlagte rammer. Den plads ved havnebroen neden for hospitalet, der var bestemt for værftet, var snart for lille, så Berns og Marselis begyndte en uhæmmet udvidelse af arealet. I 1642 havde de på den måde efterhånden skaffet sig en ekstra plads på 500 gange 500 skridt, foruden at de benyttede byens fælles græsarealer til oplagring af store mængder træ. Ekspansionen fandt sted uden byrådets samtykke og uden, at Berns og Marselis betalte ekstra leje for de nye arealer. Det blev ved de en gang fast-lagte 60 rdl. årligt for et foretagende, der beskæftigede ca. 200 mand og omsatte for 10.000-vis af rdl. Rivninger mellem byråd og mening var på den baggrund næsten uundgåelige.[28]

Rådet i Lübeck klagede 1643 over det skadelige skibsbyggeri i Neustadt, der lagde skovene øde og ville ruinere byen. Hertug Frederik anmodedes derfor om at gøre en ende på dets eksistens. Anmodningen var fremkaldt af et benådningsbrev, som Berns den 5. november året før var blevet tildelt for værftet. Havde Lübecks råd ventet et positivt svar, kan det kun skyldes uvidenhed om værftets betydning for den kgl. oprustning. Hertug Frederik afviste klagen, skibsbyggeriet ville ikke skade byen, og ansvaret for træhærgningerne påtog hertugen sig, idet han bemærkede, at hvis adelen ikke måtte levere træ til skibsbyggeriet, ville det i stedet blive solgt til Holland eller et andet land. I 1649 var det galt igen, efter at Berns havde anlagt en reberbane i forbindelse med skibsbyggeriet. Blandt Lübecks håndværkere så reberne sig truede heraf. For at få Berns til at afstå fra dette foretagende, ville reberne yde ham en bedre behandling.[29] Det lykkede dem ikke. I januar afsluttede Berns en forpagtningskontrakt med Neustadts byråd, hvorefter han anlagde en reberbane på græsarealet bag hospitalsgården i en længde af 200 favne og med en bredde på 48 fod. Aftalen blev straks konfirmeret af hertug Frederik af Gottorp.[30] Lübeck-håndværkernes nederlag i denne sag var total.

Fra en anden kant kunne den danske krone ikke nøjes med at beskytte værftet i Neustadt med ord og skrivelser. Så tidligt som i 1640 var kronens potentielle fjende nr. 1, Sveriges magthavere, blevet opmærksomme på skibsbyggeriets eksistens og fulgte

---

[28] Koch 1984, s. 119.
[29] E. Baasch: *Beiträge zur Geschichte des deutschen Seeschiffbaues und der Schiffbaupolitik*, Hamburg 1899, s. 122, E. Baasch: *Die lübecker Schonenfahrer*, Lübeck 1922, s. 257f.
[30] Koch 1984, s. 123.

til stadighed dets aktivitet,[31] indtil de under Torstenssonkrigen fik en lejlighed til at komme dette for Sverige skadelige byggeri af orlogsskibe til livs. I foråret 1644 erobrede svenske tropper Neustadt, mens Berns og Marselis havde to skibe under bygning, det ene med kølen lagt, det andet næsten færdigt. Der blev fra svensk side straks gjort forberedelser til at overføre begge skibe til Sverige som krigsbytte sammen med et lager af adskillige tusinde planker. Skibsværftsarbejderne blev taget til fange. Christian 4. forsøgte at hindre værftets plyndring ved at lade 3 orlogsskibe krydse under Wismar og i håb om at tilbageerobre det næsten færdigbyggede skib eller i det mindste at få det ødelagt, men uden held. Både tømmeret, takkel, tovværk og det næsten færdigbyggede skib nåede velbeholdent til Wismar den 17. juni. Skibet tilgik straks den svenske flåde under navnet "Ørnen". Inden de svenske tropper blev tvunget til at forlade Neustadt igen i juli, nedrev og nedbrændte de skibsværftet, hvorved det for en tid lykkedes svenskerne at få Berns' og Marselis' byggeri af orlogsskibe til den danske krone standset, men ikke længe. Værftet blev efter krigen genopbygget fra grunden, og der blev påny lagt kølen til skibe bestemt for den kgl. flåde. Resultatet var selvsagt bl.a. fornyet svensk interesse for, hvad der foregik.[32] Under den svensk-danske magtkamp var det af vital betydning at være informeret om modstanderens rustningspotentiel.

A. B. Berns søgte senere erstatning for værftets ødelæggelse, først i forbindelse med de danske fredsforhandlinger med Sverige, hvor Corfitz Ulfeldt afviste sagen på grund af dens "beskaffenhed" og i stedet henviste ham til Christian 4. Ved den følgende henvendelse til kongen viste Ulfeldt sit velvillige sindelag ved at søge at presse Christian 4. til at overlade Berns godset Wandsbeck i Holsten som erstatning. Dette så kongen dog ingen grund til, blot fordi Berns "siig selffuer til profiit (havde) ladiit mig bekomme alle allehande waare", men han gav sig alligevel til sidst. Berns tilforhandlede sig på kongens anbefalingsskrivelse til grev Pentz Wandsbeck, dog i den mening at det skulle skænkes ham som

---

[31] F.W.L. Badse: *Det russisk-østbaltiske markeds betydning for den dansk-norske stat 1629-43*, Utrykt speciale, Københavns Universitet 1968, s. 87 og note 259; *Handlingar rörande Sveriges historia*, 3. serie, X, 1905, s. 424.

[32] Gjörwell 1763, s. 429, 431; *Kancelliets Brevbøger 1644-1645*, 1968, s. 46, se også ibid. s. 58, 87, 105; Zettersten 1903, s. 362, 587; Rtk. Afregninger IX, 8, IIL (Berns' erstatningsansøgning); *Handlingar rörande Sveriges historia* 3. serie, XII, 1909, s. 262.

skadeserstatning for skibsværftet, således at kongen og rigsrådene skulle udstede en obligation til grevinde Pentz, hvem godset var givet som gave. Imidlertid sad grev Pentz i så stor gæld til Gabriel Marselis d. æ.'s arvinger med pant i Wandsbeck, at der kun blev 17.000 rdl. tilovers af købesummen på 39.000 rdl. Herpå gav Berns grevinde Pentz en revers lydende på at skaffe ham kongens og rigsrådernes obligation for summen, hvilket også skete. Hermed var sagen dog langtfra afsluttet. Gabriel Marselis d.y. mødte op hos Berns med dennes revers og krævede de 17.000 rdl. plus rente, 1.020 rdl., hvilket Berns måtte give ham. På den måde fik Berns efter eget udsagn ingen erstatning for den lidte skade ved overtagelsen af Wandsbeck. Et fornyet krav indleveret i december 1647, lydende på 61.186 rdl. og forsynet med Ulfeldts anbefaling, kom for sent til at den dødssyge konge kunne indfri det, om han havde villet.[33] Ulfeldts løfte, afgivet på kongens vegne, om, at erstatningssummen skulle blive betalt, fik heller ingen virkning.[34]

I det hele taget gik de kgl. leverandører en vanskeligere tid i møde i årene efter Torstenssonkrigen, og det af flere grunde, både politiske og finansielle. Endnu i de første efterkrigsår og før Christian 4.'s død kunne Corfitz Ulfeldt via sin magtposition sikre sine begunstigede leverandører særlige vilkår. Først havde Christian 4. den 15. september 1947 selv givet Niels Trolle besked på at bese og vurdere orlogsskibet "Victoria" for derefter at lade det lægge til flåden.[35] Efter at "Victoria" var blevet afleveret på Bremerholm, kunne det åbenbart ikke gå hurtigt nok med betalingen, så lovede Ulfeldt den 17. november samme år Berns og Marselis 2.000 rdl. som rentebetaling ved omslaget 1649 for skibet, og såfremt hovedsummen blev stående længere, da 8% p.a. i rente. Det var en åbenbar tilsidesættelse af da gældende lov, hvorefter 6% p.a. var den højst tilladelige rentesats, og under de ændrede magtforhold efter tronskiftet 1648 opnåede Berns og Marselis heller ikke mere end de 6%.[36] Det er det eneste eksempel, der er fundet

---

[33] Rtk. Afregninger IX, 8, IIL; Chr. IV's breve VI, 1885-86, s. 78, 84; VIII 1947, s. 363; udateret optegnelse uvist af hvem i Kongehusets og Rigets arkiv, Rigens hofmesters Breve 1643-1661, Breve til Joachim Gersdorff, pk. 7.
[34] Rtk. Afregninger IX, 8, IIL.
[35] *Kancelliets brevbøger 1647*, 1989, s. 290f.
[36] Danske Kancelli B.250 Kommissionsakter ang. revision af adskillige afregninger 1651-53; Rtk. Afregninger IX, 8, VII. Det skal i øvrigt bemærkes, at revisionskommissionen intet har bemærket om Ulfeldts skriftlige løfte til Berns og Marselis.

på noget, der kunne ligne en skriftlig blottelse fra Ulfeldts side, mens beviser for, at han tog betaling for favoriseringen af bl.a. Berns og Marselis, ikke har kunnet fremdrages.[37] I de hele havde Berns og Marselis travlt med at få sikret deres betalinger de sidste efterårsmåneder. Det kan skyldes deres personlige likviditet, men også være et forsøg på at sikre de udestående fordringer vel vidende, at kongens tilstand ikke var den bedste.

Både Ulfeldts manglende held med at sikre Berns og Marselis erstatning for det af svenskerne ødelagte skibsværft og hans mislykkede forsøg på at sikre dem en særlig gunstig rente af de penge, som de havde tilgode for skibsbyggeriet, varslede, at der var en ændret holdning til de hidtidige kgl. leverandører under udvikling og ikke mindst til dem, der havde nydt Corfitz Ulfeldts og hans svogers Hannibal Sehesteds særlige bevågenhed. Dette kom til udtryk bl.a. i forbindelse med Berns' og Marselis' aflevering af orlogsskibet "Frederik Tertius", det første afleveret til kronen fra Neustadt efter Frederik 3. regeringstiltrædelse.

Fra nytår 1648 havde Frederik 3. ladet føre permanent tilsyn med færdiggørelsen af "Frederik". Mestersvenden Knud Troelsen på Holmen blev sendt til Neustadt som observatør "indtil videre", og Christoffer Lindenov måtte selv en tur derned for at opsætte og gøre udførlig relation om byggeriet. Allerede inden skibet ankom til København i midten af oktober 1649, havde kongen yderligere givet Christoffer Lindenov besked om straks ved dets ankomst at lade det føre ind til havnen, at lade alt registrere ombord og at lade alt blive, som det forefandtes, til kongen selv ankom eller der blev givet anden ordre. Berns og Marselis ville gerne have "en god pilot" til at føre det nye skib sikkert gennem løbet om Dragør, og det fik de også, men Frederik 3. indskærpede Joachim Gersdorff, at det skulle ske på deres egen bekostning.[38] Der var ingen tvivl om, at kongen ville sikre sig mod merudgifter, og at han ikke kom til at betale for mere, end han havde fået leveret, og det var netop prisen, der opstod uenighed om. Efter skibets ankomst var både kongen og dronningen ombord og udtalte deres beundring for det kolossale skib, men de skulle tillige have ytret

---

[37] Jfr. også Johan Jørgensen: *Det københavnske patriciat og staten ved det 17. århundredes midte*, 1957, s. 51ff.
[38] Bruun 1871, s. 224f., H. D. Lind: *Frederik den Tredies Sømagt*, Odense 1896, s. 27f.

sig kritisk over den forlangte pris.[39] Den 8. december 1649 kunne den svenske resident Magnus Durell indberette til den svenske konge, at Frederik 3. ikke var tilfreds med det nye skib, som Berns og Marselis krævede 150.000 rdl. for, men som ikke engang skulle være vurderet til 60.000 rdl. Kongen ville lade "Frederik" vurdere og oven i vurderingssummen give Berns og Marselis 10.000 rdl. som fortjeneste, ellers ville han slet ikke betale for skibet.[40] At Durell ikke har været helt dårligt underrettet fremgår af, at Peder Vibe nogle måneder senere, den 18. april 1650, kunne fortælle, at Corfitz Ulfeldt for tiden ikke viste sig angiveligt på grund af sygdom, men at den egentlige årsag var, at Ulfeldt var utilfreds med, at "Frederik" var blevet takseret til 63.000 rdl., skønt han havde lovet Berns 95.000 rdl.[41]. Med den nye konges stigende greb om magten mistede Ulfeldt sin tidligere position, og det blev efterhånden umuligt for ham at varetage de tidligere begunstigede leverandørers interesser.

Til uenigheden om prisen kom fra kronens side utilfredshed med "Frederik"s sødygtighed og anvendelighed som orlogsskib. I juli 1650 beordredes skibet prøvesejlet fuldt udrustet for at man kunne vurdere dets sejlegenskaber, og det er rimeligvis på dette togt, at det afsløredes, at "Frederik" var et "ubekvemt" skib, der i høj sø hverken kunne vende eller bruge det underste lag kanoner.[42] Det sidste var ikke mindst alvorligt for skibets slagkraft. Af regnskabsmaterialet fremgår det, at prisen for "Frederik" tilsidst blev 75.000 rdl. eller 12.000 rdl. mere, end det ifølge Peder Vibe skulle være blevet vurderet til[43]. Det vil sige, at Frederik 3. ikke gav meget mere i fortjeneste til Berns og Marselis, end han ifølge Durell allerede i oktober 1649 skulle have besluttet sig til.

Om Berns' og Marselis' reaktion på kronens modtagelse af "Frederik" og problemerne omkring salgssummens størrelse er det svært at udtale sig. Det må i hvert tilfælde være blevet helt klart for dem, at det ikke længere var nok at have Corfitz Ulfeldts

---

[39] *Kancelliets brevbøger 1648*, 1991, s. 233, *Kancelliets brevbøger 1649*, 1993, s. 261, f., Lind 1896, s. 27f.
[40] P. W. Becker: *Samlinger til Danmarks Historie under Kong Frederik den Tredies Regiering*, 1 , 1847, s . 30 .
[41] J. A. Fridericia (udg.): Breve fra Statsmænd i Danmark til den danske Resident i Stockholm, Peder Juel fra Aarene 1648-55, *Danske Magazin* 5. Rk. 11, 1889-92, s. 370.
[42] Lind 1896, s. 27f.
[43] Rtk. Afregninger IX, 8, XXVI.

tilsagn om en bestemt pris for leverancer, når den nye regering under Frederik 3., som i dette tilfælde desavouerede ham. En kendsgerning er det, at "Frederik" var det sidste skib, Berns og Marselis leverede til den danske kongemagt fra værftet i Neustadt.[44] Bag skibsleverancernes ophør kan have skjult sig gensidig utilfredshed om pris og kvalitet, men sandsynligvis er det næppe det, der har været afgørende. To andre faktorer spillede ind. For det første var der i 1640'rnes slutning påbegyndt bygningen af 3 orlogsskibe af kgl. skibsbygmester James Rubbens. Det foregik i Norge under Hannibal Sehesteds tilsyn. Den konkurrence, værftet i Neustadt herved blev udsat for, og de afsætningsvanskeligheder, der opstod, får vi et klart indtryk af ved de bestræbelser, som Berns og Marselis samtidig udfoldede til anden side. Det lykkedes dem i 1648 at afsætte et enkelt skib til Portugal, mens gentagne forsøg på at fa den spanske krone til at aftage skibe magen til "Frederik" fra værftet i Neustadt, bestræbelser kanaliseret gennem den spanske gesandt Bernardino de Rebolledo i 1648-49, helt mislykkedes.[45]

For det andet gik kronens betaling for de to sidste skibe, som Berns og Marselis havde leveret, særdeles langsomt. Der var ikke som tidligere tale om kontante udbetalinger, mens byggeriet endnu stod på, tværtimod fulgte den lovede betaling heller ikke efter skibenes levering. For eksempel skulle 20.000 rdl. for "Frederik" have været betalt til omslaget i 1652. Det skete ikke, og endnu 1658 var hverken "Victoria" eller "Frederik" blevet fuldt betalt.[46] Bygningen af orlogsskibe krævede meget store investeringer, ikke mindst når de var af "Frederik"s størrelse, og skulle der bygges det ene efter det andet, måtte betalingerne holde nogenlunde trit hermed. I modsat fald hobede et enormt tilgodehavende sig hurtigt op.

---

[44] Sikkerheden med hensyn til hvilke og hvor mange skibe Berns og Marselis lod bygge for den danske krone er størst for 1640'rnes anden halvdel, da regnskabsmaterialet for denne periode er mere fuldstændigt bevaret.
[45] Lind 1889, s. 374f.; Barfod 1963, s.10, 31; Baasch 1889, s. 14, 121 og samme: Der Verkehr mit Kriegsmaterialen aus und nach den Hansestädten vom Ende des 16. biz zur Mitte des 17. Jahrhunderts, *Jahrbücher für Nationalökonomie und Statistik*, 137, Jena 1932, s. 542; Emil Gigas: *Grev Bernardino de Rebolledo. Spansk Gesandt i Kjøbenhavn 1648-1659*, 1883, s. 23, 38.
[46] Rtk. Afregninger IX, 8, Vll, XV ogXXXVI; kgl. omslagsregnskab op.cit. 1652, udgift. En del af betalingen for begge skibe indgik i assignationer, der i 1658 blev givet gods i pant for.

Denne situation var indtrådt for Berns og Marselis omkring 1650. Med kronens stigende betalingsvanskeligheder efter Torstenssonkrigen var skibsbyggeriet blevet en risikabel affære, og det var sandsynligvis dette og i mindre grad konkurrencen fra skibsbyggeriet i Norge, der fik Berns og Marselis til at afhænde værftet i Neustadt.

Salget skete inden 1652, da der påny blev leveret kronen et orlogsskib fra Neustadt, men uden Berns og Marselis som leverandører. Om den nye værftsejer allerede på dette tidspunkt var Claus Reimers, som i 1660'erne leverede skibe derfra, er derimod uvist.[47] Samtidig havde kronen formået en under Torstenssonkrigen nytilkommet i leverandørkredsen, købmand Heinrich Würger fra Lübeck, til at bygge et orlogsskib med 50 kanoner. Det blev bygget i Lübeck, mens nybyggeriet på Holmen fortsat var stoppet.[48]

Berns' og Marselis' position som den danske krones hovedleverandør af orlogsskibe begrænser sig til 1640'rne, men er et slående eksempel på, hvordan der i den senere del af Christian 4.'s regeringstid lagdes en ny kurs for den dansk-norske rustningsproduktion. Hvor kronen tidligere selv havde stået for en væsentlig del af orlogsbyggeriet og kun købt en mindre del, vendtes billedet i slutningen af 1630'rne, og det blev næsten helt overladt til private købmænd, først og fremmest Berns og Marselis, at forestå orlogsbyggeriet. Dette kan ikke betragtes isoleret, men skal ses i sammenhæng med at Marselis samtidigt startede et kanonstøberi i Glückstadt, byggede og finansierede et tøjhus samme sted, mens Gabriel Marselis d.y. påbegyndte et engagement i den norske bjergværksdrift.[49]

På alle områder fra udvindingen af de nødvendige råstoffer til kanoner, bygning af våbenarsenaler, finansiering af våbenlagre og bygning af orlogsskibe søgtes storkøbmænd i større omfang inddraget som ejere og eneansvarlige. Det gælder ikke alene A.B. Berns og familien Marselis, selv om de var de mest fremtrædende på dette område; også en række andre købmænd engageredes i

---

[47] Barfod 1963, s. 10, 20, 22ff., 29, 31.
[48] Bruun 1871, s. 223f., Lind 1896, s. 76, P. Holck: Elfenbensmodellen af "Norske Løve", *Tidsskrift for Søvæsen* 102, 1931, s. 81-86 (angiver 32 kanonporte og at skibet blev bygget i Norge), Johan Jørgensen: Familien Würger i Lübeck og København, *Historiske Meddelelser om København* 1969, s. 15.
[49] Herom henvises til John T. Lauridsen: *Marselis-konsortiet*, 1987.

tilsvarende aktiviteter, bl.a. bjergværksdriften i Norge, krudtfabrikation m.m. Kronen havde selv tidligere helt eller delvis stået for den mest vitale del af sin rustningsproduktion, hvis der ikke blev foretaget indkøb i udlandet. Nu skulle en væsentlig del heraf overlades private pengestærke borgere mod passende privilegier og med forkøbsret for kronen af alle produkter. Hensigten var at få en øget rustningsproduktion igang i den dansk-norske krones magtområde og helst også med anvendelse af råstoffer herfra.

Denne udviklingstendens havde både en statsfinansiel og en udenrigspolitisk baggrund. 1620'rnes merkantilistiske eksperimenter med kronen som initiativtager og hovedinteressent havde været en fiasko, og et tiår senere tillod statsfinansernes forringede stilling ikke længere en sådan statslig aktivitet. På den anden side krævede den fortsatte magtkamp med Sverige en stadig militær opbygning. Som fremhævet af Hermann Kellenbenz, var det samarbejdet med storkøbmænd som Louis de Geer, familien Trip og andre, der gjorde det muligt for Gustav Adolf og Axel Oxenstierna at gå fra defensiven i offensiven i 1600-tallets første halvdel.[50] Christian 4.'s stigende anvendelse af og afhængighed af sine handelsforbindelser, bl.a. også de udenlandske, og forsøgene på at få dem til at engagere sig i den danske rustningsproduktion må ses som et forsøg på at leve op til den svenske udfordring både militært og financielt.[51] I denne udvikling opnåede A.B. Berns og familien Marselis en helt central placering, som en af den danske krones vigtigste leverandører, bankier og producenter. Skibsværftsaktiviteten i Neustadt er et af beviserne herfor.

---

[50] H. Kellenbenz: Spanien, die nördlichen Niederlände und der skandinavischbaltische Raum in der Weltwirtschaft und Politik um 1600, *Vierteljahrschrift für Sozial- und Wirtschaftsgeschichte*, 41, Wiesbaden 1954, s. 329. Se også Lauridsen 1987, s. 54f.
[51] Der er næppe tvivl om, at Corfitz Ulfeldts og Hannibal Sehesteds magtperiode i 1640'rne har accelereret denne udvikling.

Jyske snaphaner

Ordet snaphane forbindes vel af de fleste med svenskekrigenes dansk-skånske frihedskæmpere - især med gøngehøvdingen Svend Poulsen, hvis bedrifter 1657-60 er blevet kendt gennem Carit Etlars romaner om *Gøngehøvdingen* og *Dronningens Vagtmester*. Egentlig er en snaphane (snaphanelås) navnet på tændmekanismen til et af datidens håndskydevåben. Det var meget benyttet af bønder og andre bevæbnede folk, som derfor efterhånden blev kaldt snaphaner.[1] Men snaphanerne var ikke blot et østdansk fænomen og en snaphane ikke altid en patriotisk frihedshelt, der vovede livet i en større sags tjeneste. Det skal belyses med den følgende historie.

I december 1644 opholdt den hollandske storkøbmand Selio Marselis sig i Christiania (det senere Oslo), hvor han gjorde store forretninger med statholderen Hannibal Sehested. Torstenssonkrigen var i gang. Nederlandene leverede krigsmateriel til de dansk-norske stridskræfter og modtog selv tømmer fra Norge. Hjemme i Amsterdam sad Selios bror, Gabriel Marselis, der var med i handelen og derfor havde krav på en del af udbyttet. Det normale havde været at overføre værdipapirer, men rede penge var jo også en mulighed, og den benyttede man i dette tilfælde. I Christiania lå skibet "Den hvide Falk" klar til afsejling; det skulle bringe tømmer til Gabriel, men hertil føjede Selio to sække med 11.600 rigsdaler i guld - en kolossal sum, mere end skib og ladning i øvrigt var værd.

Af hensyn til vinterstormene undgik man ellers at sejle med tømmer på denne årstid, men der blev altså gjort en undtagelse, og det kom Marselis til at fortryde. Nytårsdag strandede skibet på den jyske vestkyst; det nøjagtige sted kendes ikke, men formodentligt har det været ret langt mod syd. Det lykkedes dog for skipperen, Jan Martenss fra Frederiksstad, at bjærge en del af tøm-

---

[1] Arne Hoff: Lidt om bevæbning og våbenbrug under belejringen og stormen på København, *Militært tidsskrift* 88, 1959, s. 77-87.

merlasten og hele guldskatten. Han fortsatte nu rejsen over land, men var ikke nået langt, før han blev antastet af "snaphaner og andre røvere", som fratog ham alle pengene. At skulle meddele dette i Amsterdam har ikke været behageligt for skipperen, så for om muligt at råde bod på skaden rettede han henvendelse til bispen i Bremen, i hvis ansvarsområde røveriet havde fundet sted. Denne var på det tidspunkt en dansk prins, senere kendt som Frederik 3. Han tog affære, og det lykkedes virkelig at fravriste snaphanerne en del af pengene, 3.740 rigsdaler. Hvordan han bar sig ad, melder kilden intet om.

Når vi overhovedet kender historien, skyldes det, at skipper Martenss fik den nedskrevet og bevidnet af en notar.[2] Han havde jo mistet betroet gods, og det har været ham magtpåliggende at vise dets ejer, hvor ihærdigt han har arbejdet for at mindske skadens omfang. Gabriel Marselis' reaktion er os ubekendt, men mange søvnløse nætter har nyheden næppe skaffet ham. Et tab, der ville have bragt andre til tiggerstaven, kunne ikke rokke en af Nordeuropas mægtigste købmænd.

Frederik 3. og Gabriel Marselis fik senere en del med hinanden at gøre - og igen på det økonomiske plan. Den hollandske matador havde finansieret Christian 4.s krigsførelse og bidrog nu til sønnens, der på den måde blev ham store beløb skyldig. De blev, da tiden var inde afregnet i jord: en hel række godser i Danmark, Norge og Hertugdømmerne kom i Marselis-konsortiets besiddelse og gjorde det på få år til rigets mægtigste godsejer.

---

[2]   Gemeente Archief, Amsterdam, Not. arch. 696B, 20. juni 1645.

Krig, købmænd og kongemagt omkring enevældens indførelse i Danmark

Vi er i året 1641. Stedet er Glücksborg ved Flensborg fjord. Her mødtes kong Christian 4. i dagene omkring 1. juni til vigtige forhandlinger med medlemmer af den hollandske købmandskonsortium Marselis. Forhandlingerne gjaldt tilvejebringelsen af midlerne til landets forsvar. Der blev diskuteret en hel del frem og tilbage. Kongen kendte fra tidligere Marselierne som benhårde forretningsmænd, men også som dem, der kunne gennemføre store projekter. Projekter som de allerfleste af landets egne købmænd ville vige tilbage for eller slet ikke havde forudsætningerne for at klare. Marselis-konsortiet havde vist det adskillige gange. Bl.a. da de opkøbte et meget stort parti salpeter til en værdi af 10.000-vis af rigsdaler, som Christian 4. havde ladet opbringe fra hollandske skibe i Øresund.[1] Eller da de i slutningen af 1630'rne havde startet et skibsværft i Neustadt for derfra at kunne levere store orlogsskibe til den kongelige flåde. Netop i disse dage i sommeren 1641 var orlogsskibet Trefoldigheden under bygning der, og kongen havde allerede ved selvsyn ladet sig imponere af det store skib.[2]

Kort sagt var det ikke nogle helt almindelige og jævne købmænd, kongen personligt gik ind i forhandlinger med. Marseliskonsortiet bestod af internationale storkøbmænd med repræsentanter placeret i nogle af Europas vigtigste handelscentre: Amsterdam, Hamborg og Moskva.[3]

Kongens mål var at engagere Marselis endnu mere i dansk oprustning og få dem til at gå igang med egentlig *våbenproduktion* inden for det danske riges grænser i stedet for som tidligere kun at have leveret materiel udefra. Man enedes efter nogen forhand-

---

[1] Sune Dalgård: Salpetertolden af 1638-39 og den private spekulationshandel bag den, *Historisk tidsskrift* 11.4, 1953-56, s. 317f., 331-344.
[2] John T. Lauridsen: Skibsbyggeri for den danske krone i Neustadt i 1640'erne, *Handels- og Søfartsmuseet på Kronborg. Årbog* 1982 [Her s. 151ff.].
[3] John T. Lauridsen: *Marselis-konsortiet*, Århus 1987, s. 62-68.

ling om, at Marselis skulle opføre og drive et kanonstøberi i Glückstadt beregnet fortrinsvis for kronens behov. I Norge skulle konsortiet samtidig have lov til at starte en omfattende jernudvinding og jernproduktion. De fik tildelt noget så usædvanligt som et generalprivilegium på jernudvinding i Norge. Blot forbeholdt kongen sig forkøbsret til produktionen.

Alt blev ikke klaret under flerdagsmødet i Glücksborg. Først efter yderligere overslag og tilbud enedes parterne et par måneder senere om, at Marselis tillige skulle bygge og vedligeholde et våbenmagasin - et tøjhus - indeholdende våben til 12.000 mand og dertil et krudttårn. Det skulle ligge i Glückstadt. Prisen for at have våbnene til konstant disposition blev for kronen sat til 3000 rdl. årligt.[4] Til sammenligning kan det anføres, at en håndværkerlønning på den tid var omkring 100 rdl. årligt.

Skruer vi tiden en snes år frem - til 1660'erne - træffer vi Marseliskonsortiet som den danske stats største private enkeltkreditor; repræsentanter for konsortiet besad betydende poster i statsadministrationen, og i løbet af få år fik de overdraget krongods i et omfang, så de blev de største godsejere i Danmark-Norge. Marselis-repræsentanters optagelse i adelsstanden dannede den naturlige afslutning på denne historie om succes.

Var det en sådan udvikling Christian 4. havde i tankerne, da han i 1620'rne om kompagnihandelen havde udtalt ønsket om, at den måtte blive "Os til ære og købmændene med Guds hjælp uden skade"? Slet ikke. Christian 4. havde med sin aktive merkantilistiske politik villet styrke staten, og det kunne ske gennem en styrkelse af produktion og handel - og dermed af borgerskabet.[5] Dermed være ikke samtidig sagt, at borgerskabet skulle have rettigheder på linie med den privilegerede adel. Slet ikke. Da et medlem af Marselis-konsortiet - Albert Baltser Berns - i 1645 gennem rigshofmester Corfitz Ulfeldt ansøgte om jordegods som betaling for et tilgodehavende hos kronen, svarede Christian 4., at han ikke kunne se, hvorfor han skulle give denne tilladelse til "en købmand, fordi denne til egen profit havde ladet mig modtage alle slags varer".[6] Kongen ønskede at opretholde den eksisterende

---

[4] Lauridsen 1987, s. 51-53, 101f.
[5] Henrik Pers: Christian 4.s merkantilistiske erhvervspolitik ca. 1619-25, *Historie*, Ny Rk. 10:3, 1973, s. 412f.
[6] Lauridsen 1987, s. 50.

standsstruktur og at holde hver stand til sine rettigheder og pligter. Det indebar bl.a., at borgerlige ikke måtte eje jordegods. Besiddelse af jordegods var et adeligt monopol og privilegium.

I tilfældet Marselis gav Christian 4. sig alligevel. Berns fik lov til at overtage det ønskede jordegods, Wandsbeck i Holsten. Gud havde i for høj grad hjulpet købmændene - for at blive i Christian 4.s sprog - og det uden, at det var blevet kongemagten til synderlig ære. Ikke endnu da, og Christian 4. kom ikke til at opleve det.

I de sidste omkring 10 år af sin regeringsperiode indgik Christian 4. i et stigende og hidtil uset omfang en snæver forretningsforbindelse med en lille gruppe storkøbmænd. Især hans aktive svigersønner, Københavns statholder og senere rigshofmester Corfitz Ulfeldt og Norges statholder Hannibal Sehested, stod for kontakten til købmændene. En snæver gruppe af københavnske og få udenlandske storkøbmænd blev givet næsten monopol på leverancerne til den danske stat. Marselierne var kun en enkelt, omend den mægtigste, repræsentant for denne gruppe, der opnåede begunstigelser og en position, som ikke tidligere var blevet borgerskabet til del.[7] Forbindelsen mellem kongemagten og storkøbmændene gled med årene over fra at være af mest forretningsmæssig natur til også at have karakter af en alliance. Storkøbmændene blev efterhånden så engageret i kongemagtens oprustning og finanser, at deres handelshuse stod og faldt med kongemagtens evne til at betale. Kongemagten på sin side kunne ikke undvære storkøbmændenes kreditter, leverancer og internationale forbindelse under opgøret med både indre og ydre modstandere.

I det følgende skal skitseres baggrunden for og udviklingen af denne alliance mellem det øverste borgerskab og kongemagten i de sidste tiår op til enevældens indførelse, samt dens samfundsmæssige konsekvenser.

Danmark og Europa

Danmark var i 1600-tallet ikke en af Europas førsterangsnationer, hverken økonomisk, militært eller politisk. Landet var en perifer stat, der i høj grad modtog de nye impulser og strømninger *udefra*

---

[7] Johan Jørgensen: *Det københavnske patriciat og staten ved det 17. århundredes midte*, 1957, Johan Jørgensen: *Rentemester Henrik Müller. En studie over enevældens indførelse i Danmark*, 1966, Lauridsen 1987.

hvad enten de var kulturelle, erhvervspolitiske eller militærtekniske. Landet var i kraft af sin altovervejende agrare karakter mere råstofeksportør end færdigvareproducent. Sin vigtighed i en international sammenhæng skyldte landet den geografiske beliggenhed: kontrollen over de stræder, der forbinder Østersøen med Vesteuropa, en af Europas vigtigste handelsruter.

Lige siden Sveriges og Danmarks adskillelse i 1500-tallets første del havde der været en rivalisering og magtkamp igang mellem de to stater. Gentagne krige var blevet udkæmpet. Denne magtkamp havde fra 1620'rne fået et nyt perspektiv: mens den danske stats finanser forringedes og dansk handel indbragte mindre p.g.a. dårlige internationale konjunkturer, udviklede og styrkede Sverige sine økonomiske og militære ressourcer. Politisk optrådte landet mere og mere som stormagt. Vægtskålen begyndte at tippe i svensk favør. Den danske stats eksistens begyndte for alvor at komme i fare. Danmark kunne risikere at blive en vasalstat under Sverige, ganske som Sverige tidligere havde været det under Danmark.[8]

Christian 4.s merkantilistiske eksperimenter, tydeligvis sat i værk efter udenlandske, især nederlandske, forbilleder i forsøget på at fremme "trafikken" i Danmark, havde ved 1630 stort set alle lidt skibbrud.[9] Danmark kunne ikke klare sig i konkurrencen med centrum-landene - bl.a. Nederlandene og England; de vigtigste varer - korn og kvæg - var og blev råvarer. Efter 1630 besad den danske kongemagt ikke længere de midler, der skulle til for at være direkte medvirkende i etableringen og driften af erhvervsmæssige foretagender. Værre var det, at staten på de givne vilkår heller ikke var i besiddelse af alle de ressourcer, der skulle til for at klare sig i oprustningskapløbet med den ekspanderende svenske stormagt. Sverige besad flere, bedre og rigeligere råstoffer bl.a. til våbenproduktion og til salg til udlandet. Under den dynamiske Gustav Adolf var bl.a. udenlandske købmænd med hollænderen Louis de Geer i spidsen fra århundredets første årti blevet engageret i svensk råstofudvinding og produktion, mens kongen selv stod for en modernisering af både militæret og forvaltningen. Det

---

[8] Leo Tandrup: *Mod triumf eller tragedie*, 1-2, Århus 1979, Michael Roberts: *Gustavus Adolphus. A History of Sweden 1611-1632*, 1-2, London 1958.
[9] Pers 1973 og Erling Ladewig Petersen: Fra standssamfund til rangssamfund 1500-1700, *Dansk social historie*, 3, 1980, s. 298-302, 328-335 m. henv. til tidligere litteratur.

var på den baggrund Sverige kunne træde ind i Trediveårskrigen med så stor styrke og succes.[10]

Dansk oprustning - muligheder og begrænsninger

Endnu ved begyndelsen af 1600-tallet havde Danmark ingen permanent hær. Kalmarkrigen mod Sverige 1611-13 var blevet udkæmpet hovedsageligt med hvervede tropper. Den eneste faste hærstyrke bestod af nogle kompagnier til hest, lenenes og adelsgodsets rostjeneste. Dette rytteri bestod så godt som udelukkende af adelige, der siden middelalderen havde haft monopol på at være krigerstanden. Selv om dette monopol ved 1600 længe havde været brudt, og infanteriet for længst var trængt frem som den vigtigste militære enhed, klamrede adelen sig til den rostjeneste, som i sin tid havde været begrundelsen for adelens særlige privilegier i samfundet. Faldt rostjenesten bort, var der for alvor grund til at sætte spørgsmål ved berettigelsen af adelens privilegier. Af den grund søgtes rostjenesten stadig tilpasset den militære udvikling.

Først 1614 tillod rigsrådet, at der oprettedes en lille stående hær udskrevne bondesoldater på 4.000 mand. Disse bondesoldater lod meget tilbage at ønske i form af træning, organisering og kvalitet. Det var ikke en tidssvarende militær enhed. Christian 4. ønskede i stedet en permanent hvervet hær af lejesoldater, hvad rigsrådet stædigt modsatte sig, da det både ville betyde store udgifter og øge kongens magt på bekostning af adelens. Adel og rigsråd så en fordel i, at der ikke var nogen større fast hvervet hær organiseret inden for statsapparatet. Ved anvendelsen af lejlighedsvis sammenkaldte lejehære var der tale om en militær organisation uafhængig af statsapparatet. Derved blev det undgået, at statsmagten repræsenteret af kongen blev afgørende styrket. Christian 4.s deltagelse i Kejserkrigen 1627-29 gennemførtes derfor også i hovedsagen med i hast hvervede udenlandske lejesoldater, der fik deres afsked straks ved krigens afslutning.

I 1630'rne ændrede adelen under indtryk af den stigende

---

[10] Hermann Kellenbenz: Spanien, die nördlichen Niederlande und der skandinavisch-baltische Raum in der Weltwirtschaft und Politik um 1660, *Vierteljahrschrift für Sozial- und Wirtschaftsgeschichte* 41, Wiesbaden 1954, s. 329, Michel Roberts: *The Swedish Imperial Experience 1650-1718*, London 1979, Lauridsen 1987, s. 55.

svenske trussel indstilling og indså nødvendigheden af en militær udbygning. De økonomiske midler hertil blev imidlertid ikke bevilget uden betingelser. På et stændermøde i Odense i 1638 blev det krævet, at adelens ekstraordinære bevillinger henlagdes i specielle landekister og bestyredes af særlige landkommissærer valgt af adelen. Dermed var disse indkomster på en gang øremærkede og unddraget kronens direkte kontrol. Adelen tiltog sig hermed en del af finansadministrationen, hvor den ellers kun havde været bevillingsgivende.

Den direkte anledning til, at der i 1630'rne for første gang holdtes *hvervede* tropper i fredstid var den udvidede union med Hertugdømmerne. Herved forpligtede kongeriget sig til at holde 3.600 mand ryttere og fodfolk i beredskab, sålænge krigsfare truede grænsen. Udgifterne til hæren blev nu en meget tyngende udgift selv i fredstid. Skatteudskrivningen blev intensiveret.

Den nye krig med Sverige 1643-45 ramte et land, der allerede var finansielt ustabilt og alligevel ikke havde fået opbygget et militært beredskab, der kunne hamle op med de krigsvante svenske styrker. Atter måtte der i al hast foretages omfattende hvervninger af udenlandske tropper.[11] Fredsslutningen i 1645 blev dyrekøbt for Danmark ikke alene i form af landafståelser, men også i form af en stor statsgæld - over 4 millioner rdl. - efter krigen. Torstenssonskrigen var den første krig i 1600-tallet, der for alvor blev købt på afbetaling af den danske statsmagt.

De første efterkrigsår blev på en måde også købt på afbetaling. Christian 4.s svækkelse i hans sidste leveår skabte et interregnum, som hans svigersønner Ulfeldt og Sehested til fulde udnyttede. Begge arbejdede de ihærdigt for en styrkelse af deres egen magtposition inden for statsapparatet. Begge optrådte de mere og mere enerådende og bidrog kraftigt til gennembrydning af den eksisterende forvaltningsordning.[12] Egenhændigt foretog de store bestillinger af våben, ammunition, orlogsskibe, tømmer m.m. hos den af dem begunstigede gruppe af storkøbmænd. Storkøbmændene kunne hurtigt skaffe de ønskede varer - på kredit. Deres leverancer tog ikke af i de første efterkrigsår - snarere tværti-

---

[11] K. C. Rockstroh: *Udviklingen af den nationale Hær i Danmark i det 17. og 18. Aarhundrede*, 1, 1909, Gunner Lind: *Hæren og magten i Danmark 1614-1662*, Odense 1994, s. 21-82.

[12] C. O. Bøggild-Andersen: *Hannibal Sehested. En dansk statsmand*, 1-2, 1946-70, Steffen Heiberg: *Enhjørningen. Corfitz Ulfeldt*, 1993.

mod. For at skaffe storleverandørerne betaling begyndte de oprustningsivrige svigersønner i et større omfang at anvende den fremgangsmåde at anvise købmændene betaling direkte fra statens indtægtskilder, f.eks. toldindtægterne fra Ribe eller naturalier fra et af lenene i stedet for at henvise til en af den centrale forvaltnings kasser.[13] Fremgangsmåden medførte, at finansforvaltningen blev mere og mere uoverskuelig.

I en del af den foreliggende forskning er der talt om finansforvaltningens sammenbrud i Christian 4.s sidste år.[14] Der var ikke styr på og overblik over statens indtægter og udgifter. Det er et spørgsmål, om kongen og hans svigersønner, der med oprustningen ønskede en styrkelse af kongemagten, har misbilliget det under de givne forhold. Alternativet havde været at underkaste sig rigsrådets og landkommissærernes kontrol og administration, hvor især de sidstnævnte modsatte sig statsmagtens ekspansion og centraliseringen i det hele taget.

På trods af at den hvervede hær hurtigt blev reduceret efter Torstenssonskrigen, gik det meget dårligt med afbetalingerne på den opsamlede gæld. Den befolkning, som pengene skulle trækkes ud af, var økonomisk svækket af krig og besættelse og kunne ikke yde det samme som tidligere. Det var et højst gældsat bo, Christian 4. efterlod sig ved sin død 1648. Karakteristisk for situationen var, at kongekronen var pantsat til Marselis i Hamborg. Den krone måtte Frederik 3. i al hast lade indløse, da han fik overladt tronen.

Frederik 3. tiltrådte styret som den mest handlingsbundne konge i mere end 100 år. Adelen havde aftvunget ham en håndfæstning, der satte snævrere rammer for hans aktivitet end forgængernes, og han overtog en statsgæld, hvor alene afdragene slugte det meste af de kontante indkomster.[15] Der var tilsyneladende ikke meget spillerum for kongelig magtudfoldelse og nye planer - og slet ikke for en omfattende oprustning. Både politiske og finan-

---

[13] Jørgensen 1957, Lauridsen 1987.
[14] Knut Mykland: *Skiftet i forvaltningsordningen i Danmark og Norge i tiden omkring 1630 og inntil Frederik den tredjes død*, Oslo 1974. Jfr. også Jens Engberg: *Dansk finanshistorie i 1640'erne*, Århus 1972 og samme: Det 17. århundredes generelle politiske krise og striden mellem det danske rigsråd og landkommissærerne 1647-49, *Fortid og Nutid* 24, 1969-71, s. 388-409, Leon Jespersen: Landkommissærinstitutionen i Christian IV's tid: Rekruttering og funktion, *Historisk tidsskrift* 80:1, 1981.
[15] J. A. Fridericia: *Adelsvældens sidste Dage*, 1894, s. 29f.

sielle bindinger lagde hindringer i vejen.[16] Alligevel var det den samme konge, der efter 1660 kunne lade sig hylde som enevældig.

Krig og gæld som banebrydere

Efter Frederik 3.s tiltræden som konge kunne det se ud som om, at storkøbmændenes særlige rolle i magtkampen mellem samfundets ledende grupper var udspillet. Deres leverancer til staten skrumpede ind, og snart matte både Corfitz Ulfeldt og Hannibal Sehested forlade deres stillinger, idet der blev indledt undersøgelser af deres embedsførelse, men ikke nok med det. De begunstigede storkøbmænd kom også selv i søgelyset og fik deres forretninger med kronen undersøgt. Herved afsløredes store underslæb.[17] Det var så graverende, at den på den måde ,"mestbegunstigede", den københavnske storkøbmand Henrik Müller, en kort overgang blev fængslet. Men han slap med skrækken.[18] Det samme gjaldt de øvrige storkøbmænd - herunder Marselis.

Det er en bemærkelsesværdig mildhed, der blev vist den lille gruppe af storkøbmænd på trods af deres underslæb. Domstolene på den tid viste ellers ingen skånsel for den slags forbrydelser. I 1641 havde det kostet en toldskriver i Helsingør hovedet, at han havde forsøgt at tilegne sig 300 rdl. For storkøbmændenes vedkommende drejede det sig om flere hundrede tusinde rdl. Mildheden overfor storkøbmændene må ses på baggrund af deres fortsatte betydning for kronen som leverandører og kreditgivere og af deres engagement i den danske oprustning. Ikke kun Marselis, men også Henrik Müller og Joachim Irgens var involveret i bjergværksdriften og støberivirksomhed i Norge og kunne herfra levere kanoner og kugler. Det initiativ, der under Christian 4. var taget til efter svensk forbillede at engagere storkøbmændene i rustningsproduktionen, kunne Frederik 3. i den givne situation ikke tillade sig at opgive.

Måske kunne det synes, at det ville være fristende at sætte de bedragerianklagede købmænd under lås og slå eller endda at lade dem henrette. Dermed kunne en ikke uvæsentlig del af stats-

---

[16] Leon Jespersen: 1648 - magtstat eller minimumsstat? Begreber og udviklingslinier, Leon Jespersen og Asger Svane-Knudsen: *Stænder og statsmagt. De politiske brydninger i 1648 og 1660*, Odense 1988.
[17] H. D. Lind: Underslæb paa Bremerholm under Korfitz Ulfeldts Finansstyrelse, *Historisk Tidsskrift* 6.V, 1894-95.
[18] Jørgensen 1957, s. 54.

gælden bringes ud af verden - måske 25%. Den praksis blev anvendt i andre europæiske lande. Problemet var imidlertid, at den danske stat ved 1650 havde akut brug for fortsatte kreditter, hvilket ville blive overordentligt vanskeligt eller umuligt at opnå, hvis der blev faret hårdt frem mod de hidtidige kreditorer. Storkøbmænd som Marselis, Müller og Irgens havde tætte forbindelser til det internationale lånemarked i Hamborg og Amsterdam. Blev de sat ud af spillet, ville lånemarkederne der være lukket for den danske stat. Storkøbmændenes underslæb blev derfor foreløbig gemt, men ikke glemt. Købmændene havde fortsat en rolle at spille.[19]

I 1651 udnævntes Henrik Müller til generaltoldforvalter. Vel nok det bedste bevis for, at besvigelserne var "glemt" og især, at staten fortsat havde brug for hans tjenester. Sammen med Poul Klingenberg - en repræsentant for familien Marselis' interesser - optoges han i det nyoprettede admiralitetskollegium i 1655. Admiralitetet var sammensat af både borgerlige og adelige medlemmer, der i fællesskab skulle forestå bl.a. alle indkøb til orlogsflåden.[20] Det var en nydannelse, der understregede alliancen mellem kongemagten og storkøbmændene. I et større omfang end hidtil sammenflettedes kronens og storkøbmændenes interesser, men det afspejler også statsadministrationens behov for embedsmænd af en ny støbning - en type med evner for handel og forretning, med viden og overblik over priser og konjunkturer på det europæiske marked for alle slags varer. Heroverfor kom den traditionelle adelige embedsmandsuddannelse mere og mere til kort. Det var ikke længere tilstrækkeligt med adelsmænd, der havde været på dannelsesrejse i Europa og siden havde tilbragt tiden i regeringskontorerne. Den ekspanderende statsmagt, landets største producent og forbruger, havde overskredet en grænse, hvor hidtidige forvaltningsformer og finansieringsmåder var utilstrækkelige, hvis landet skulle stå sin prøve mod ærkefjenden Sverige. Købmændene skulle bidrage til at få løst disse problemer.

I løbet af 1650'erne lykkedes det ikke at komme af med statsgælden, heller ikke selv om der blev udlagt for omkring 1 million rdl. i krongods som betaling. De borgerlige kreditorer fik en andel heraf, men uden at der egentlig blev brudt med adelens godsmonopol. Betaling af renter og afdrag blev ved med at være en

---

[19] Jørgensen 1966, s. 37f., Lauridsen 1987, s. 92-99.
[20] Jørgensen 1966, s. 39ff., 57ff., Lauridsen 1987, s. 125f.

tyngende byrde tiåret igennem. Flere år blev der kun betalt renter, nogle gange ikke engang det, og den anvisning af betaling til kreditorerne, som var sat i system i Ulfeldts og Sehesteds magtperiode, blev fortsat i stor målestok.[21]

Skulle der mobiliseres midler til sanering af statsfinanserne og en samtidig udbygning af det danske forsvar, måtte det blive adelen, der viste offervilje og i det mindste midlertidigt opgav skattefriheden for deres gods. Det kneb det gevaldigt med. Skønt rigsrådet gav gentagne bevillinger til beskatning af adelsgodset, stødte det til stadighed på passiv modstand fra den menige adels side. Rigsrådet havde det ikke i sin magt at træffe bindende beslutninger på hele adelens vegne, hvis ikke den enkelte havde givet sin fuldmagt dertil. Baggrunden herfor var, at rigsrådsadelen stort set kun repræsenterede sig selv, da det i kraft af sin stigende rigdom udskilte sig mere og mere fra den talrige jævne adel. Denne splittelse mellem adelens basis og dens ledelse i rigsrådet svækkede dets handlekraft i en sådan grad, at det virkede næsten lammende på alt reformarbejde.

Med den øvrige befolknings forringede skatteevne, var det begrænset, hvad der kunne gøres til opretholdelse endsige til udbygning af forsvaret. En stående hvervet hær kunne der på grund af de dermed forbundne udgifter ikke være tale om. I stedet blev der organiseret en ny national milits af udskrevne fodfolk og ryttere. Militsens organisering og uddannelse var fortsat ikke på højde med de hvervede enheders, og udskrivningerne stødte på både befolkningens og de adelige godsejeres modstand. Rømninger hørte til dagens orden.[22]

Megen større succes havde Frederik 3. ikke med presset for at få udbygget landets fæstninger, og at få orlogsflåden udvidet. Nogle forbedringer blev gennemført især med fæstningsbyggeriet, men igen og igen var det rigsrådet og først og fremmest den menige adel, der modsatte sig at yde bidrag til landets forsvar og hindrede mere omfattende forbedringer og reformer. På den baggrund kan det ikke undre, at kløften mellem kongemagt og adel blev stadigt større.

I betragtning af alene landets dårlige finansielle situation og det militære beredskabs ringe niveau kan det synes at være en fuldstændig halsløs gerning, at Frederik 3. i 1657 tog initiativet til

---

[21] Fridericia 1894, Jørgensen 1957 og 1966, Lauridsen 1987.
[22] Lind 1994, s. 83-91.

og startede en ny krig med Sverige. Udsigten til en sejr kan ikke have været stor, og Danmark havde ingen mægtige udenlandske allierede at støtte sig til fra starten. Ganske vist var den svenske konge Karl Gustav engageret i en krig i landene syd for Østersøen, men Sverige var ikke af den grund svækket. Tværtimod, Sverige var en stormagt, mægtigere end nogensinde. I lyset af, hvad der senere skete, er det fristende at opfatte Frederik 3.s beslutning om et angreb på Sverige lige så meget som den eneste mulighed for at få gennemført reformer i Danmark, som et forsøg på at få revanche overfor Sverige og genvinde de tabte områder. Kongen og hans rådgivere kunne ved krigens start ikke forudse, hvor tæt de ville komme på katastrofen, men kan have regnet med i det mindste at fastholde status quo ved krigen med Sverige og få den svenske kongemagt frataget lysten til fremtidige aggressionsplaner mod Danmark; planer som Frederik 3. og hans rådgivere gjorde sig mange anstrengelser for at udbrede kendskabet til i Danmark, og som var et væsentligt element i kongens bestræbelser på at få både rigsrådet og de øvrige betydende stænder til at tilslutte sig krigen mod Sverige. Ved at skræmme adel, borgere og gejstlige med den svenske trussel om et angreb på Danmark (en mulighed der *var* til stede siden den aggressive Karl Gustavs tronbestigelse i 1654), fik Frederik 3. i 1657 de facto vedtaget krigen med Sverige på et stændermøde og fik bevilget en del af de nødvendige midler til oprustningen og krigsførelsen. Kun den fremmanede (og også reelle) krigstrussel havde fået adelen som helhed til i et større omfang at gøre nogle af de indrømmelser, som den hidtil havde nægtet. Der blev bevilget midler fra det ellers skattefri adelsgods.[23]

Hvorvidt dette også indgik i Frederik 3.s og hans rådgiveres overvejelser, skal ikke nærmere diskuteres her; blot kan det konstateres, at Frederik 3. *valgte* at lade oppiske en krigsstemning 1656-57, og at han benyttede den og den påfølgende krig med Sverige til gennemførelse af nydannelser. Krigen *blev* banebrydende for reformer. Kongen kan have valgt at fremtvinge krigen allerede i 1657 for at gennemtvinge reformerne og ikke blot afvente et svensk angreb. Med den givne politiske struktur var der intet vundet ved at forholde sig afventende. Snarere ville den svenske konge stå endnu stærkere på et senere tidspunkt.

---

[23] Fridericia 1894, s. 238-364, Finn Askgaard: Østersøpolitikken og Hollands hjælp til Danmark, *Et vendepunkt i Københavns historie*, 1959, s. 128f.

I 1658 blev der dannet et krigskollegium, et fagministerium, der skulle samordne og koordinere de militære aktiviteter. Som admiralitetskollegiet pegede det frem mod en egentlig nyordning af centralforvaltningen efter kollegiesystemet, et mere effektivt og tidssvarende system, der var slået igennem i andre europæiske lande.[24] Endnu måtte det vente.

1650'ernes første halvdel havde været relativt magre år for storleverandørerne set i forhold til den foregående periode under Ulfeldts og Sehesteds finansstyrelse. Leverancerne havde ikke været af samme størrelsesorden, og betalingen haltede mere bagefter end nogensinde. Krig med Sverige ville for storkøbmændene betyde nye store forretninger med kongemagten. Deres holdning til en ny krig kan der ikke være tvivl om.[25] Måske er Selio Marselis' udtalelser ved en diplomatmiddag i København i januar 1657 repræsentativ for holdningen i kredsen af storleverandører. Han optrådte meget udfordrende over for den tilstedeværende svenske repræsentant og krævede foruden tilbagegivelsen af de til Sverige mistede områder også indtægten fra disse siden 1645.[26] Marselis var med andre ord på høgenes, d.v.s. kongemagtens, parti. På trods af det var krigen mod Sverige et lige så risikabelt foretagende for storkøbmændene, som det var for den danske kongemagt. Et totalt nederlag for Danmark ville betyde, at alle storleverandørernes tilgodehavender ville være tabt. Også på den baggrund må vi betragte den meget fremtrædende rolle, som storkøbmænd som Henrik Müller og Marselis-konsortiet spillede, da det så allermest truende ud, og hovedparten af landet var besat. Under Københavns belejring var det dem fremfor nogen, der kunne fremskaffe både forsyninger og kontanter udefra. I den sidste del af krigen kom Selio Marselis og Henrik Müller til de facto at fungere som rentemestre. Pa kongens ordre forhandlede de priser på varer m.m. og foretog udbetalinger til skippere, matroser og småkøbmænd. Det drejede sig om 10.000-vis af rdl. I første del af krigen havde Müller og Marselis også bl.a. påtaget sig alene at underholde en hær på 10.000 mand i et halvt år. Det var derfor ikke sært, at Frederik 3. havde lovord tilovers for disse mænd, selv om de tog sig godt betalt for deres tjenester.

---

[24] Lind 1994, s. 101ff.
[25] Jørgensen 1957, s. 68, Gunnar Olsen: Borgerne under belejringen, *Et vendepunkt i Københavns historie*, 1959, s. 11, Lauridsen 1987, s. 132f.
[26] Bertil Rimborg: *Magnus Durell och Danmark*, Göteborg 1997, s. 323ff.

Bl.a. Holland hjalp med til at hindre det fuldstændige danske nederlag, men fremfor alt var det befolkningen bag Københavns volde, der måtte udkæmpe de store slag, som afværgede, at Gustav Adolf gjorde sig til herre over byen og dermed over Danmark. Det var under belejringen af København, at Frederik 3. under situationens pres tildelte byens borgere særlige privilegier, privilegier som til dels allerede de facto var givet storkøbmændene, nemlig adgang til statslige embeder.[27]

Regnskabets time oprandt i egentligste forstand i 1660 efter fredsslutningen med Sverige. Regnskabet kom i første omgang til at dreje sig om tilvejebringelse af pengene til nedbringelse af den nye store statsgæld. Hertil indkaldtes et stændermøde i København i efteråret. Fra at have drejet sig om penge, blev stændermødet også regnskabets time for adelsvælden. Borgere og gejstlige fandt sammen med kongemagten i en fælles vilje til at fjerne adelens særlige privilegier og give borgere og gejstlige samme ret og adgang til gods og embeder. Adelen skulle til at yde på linie med de andre stænder. Adelen måtte give sig. Indesluttet i København, omgivet af borgervæbningen og garnisonen var der ikke andet for, end at adelens repræsentanter måtte bøje sig. Her kan det i en parentes bemærkes, at kongen i den spændte indenrigspolitiske situation ikke fandt det tilrådeligt at udsætte betalingen af Københavns garnisons tropper, som det i værste fald kunne blive nødvendigt at støtte sig til. Der blev sluttet aftale med - ja hvem andre end - Henrik Müller og Selio Marselis om, at de hver skulle betale 15.000 rdl. pr. måned til garnisonen i månederne omkring årsskiftet.[28]

Vi leder forgæves efter storkreditorernes indlæg på stændermødet. Faktisk var det især deres tilgodehavender, det hele drejede sig om. De borgerlige røster, der var fremme i denne sammenhæng på mødet, ønskede besparelser og indskrænkninger og lige behandling af store og små kreditorer, helst indenfor rammerne af en ny stænderforfatning. Det var det mere jævne og ikke mindst provinskøbstædernes borgerskabs program. Det fandt ikke tilstrækkelig støtte og modarbejdedes givetvis i magtens korri-

---

[27] Leon Jespersen: Den københavnske privilegiesag 1658-1661 og magtstatens fremvækst. Nogle udviklingslinier, Nils Erik Villstrand (red.): *Kustbygd och centralmakt 1560-1721*, Helsingfors 1987, s. 157-183 (Skrifter utg. av Svenska litteratursällskapet i Finland 546).
[28] Lauridsen 1987, s. 161.

dorer af storkøbmændene og de hof- og miliærkredse, der var interesseret i en fortsat statslig ekspansion. I hvert tilfælde blev det hele overladt til kongemagtens afgørelse - og Frederik 3. var ikke sen til at gribe muligheden for at regere som enevældig konge. Støtte til den politiske omvæltning har Frederik 3. med sikkerhed fundet hos storkreditorerne, hvoraf alene en håndfuld storkøbmænd med Müller og Marselis i spidsen havde omkring 40 % af godt 4 1/4 millioner rdl. tilgode - en kolossal sum. Storkreditorerne så deres interesser bedst varetaget ved, at alle de politiske og organisatoriske rammer, der hidtil havde bundet kongemagten, blev brudt. De ønskede en stærk kongemagt, der kunne skære igennem, hvor det var nødvendigt. Det var den eneste måde, hvorpå de kunne få deres tilgodehavender betalt inden for en overskuelig fremtid. Det foregående tiårs erfaringer havde vist dem, at adelsvælden i den henseende satte for snævre grænser, og udtalelserne fra det jævne borgerskab på stændermødet lod ane, at det også kunne ventes fra den kant, hvis et nyt stænderstyre blev indført.

Nu gjaldt det om at få statsgælden nedbragt. I den henseende var det betryggende for kreditorerne, at en fra storkøbmændenes egen kreds, Henrik Müller, i november 1660 formelt blev udnævnt til rentemester. Andre kreditorer tildeltes ligeledes embeder indenfor administrationen og en strøm af - omkostningsfri - titler blev uddelt som påskønnelse for den ydede hjælp. Det mindskede imidlertid ikke den store statsgæld, hvor alene renter og afdrag slugte de statslige indkomster, og det var i et land, der havde været ude i århundredets hidtil mest opslidende og ødelæggende krig med en flerårig besættelse af udenlandske tropper. Skulle det problem løses, måtte der gås radikalt til værks og tænkes i nye baner.

Kongemagtens største aktiv - krongodset -, hvorfra hidtil den største del af de faste indkomster var kommet, blev nu i stort omfang overladt kreditorerne som betaling. Herved blev hele samfundets ejerforhold i løbet af få år væsentligt forskubbet, men uden at der kan tales om en dybtgående social omvæltning. Tværtimod blev det feudale samfunds struktur konsolideret ved, at borgerstandens øverste lag i kraft af sin stilling som storkreditor gled ind i den eksisterende struktur som godsejere på linie med den gamle adel. Marselis-konsortiet og Henrik Müller m.fl. blev på få år landets største godsejere. Omfordelingen af ejerforholdet til en stor del af landets jord blev så gennemgribende, fordi storkreditorerne for at få betaling i krongods for det meste også blev tvunget til at købe en yderligere andel heri kontant. Den slunkne statskasse fik derved øjeblikkeligt likvide midler at arbejde med.[29]

Der er delte meninger om, hvem der fik ideen til krongodsudlæggene. Blandt ideens ophavsmænd er udpeget Henrik Müller og Hannibal Sehested, men det lader sig næppe endeligt afgøre. At Henrik Müller og andre af storkreditorerne senere beklagede, at de havde måttet overtage krongods til tvangskurs, er ikke noget argument imod, at Müller kan være ideens ophavsmand, blot har han og de andre beklaget de konsekvenser, det fik for dem som enkeltpersoner. Ud fra en samlet betragtning kan f.eks. Müller udmærket have været klar over, at der ikke var noget alternativ. Krongodsudlæggene var både en nærliggende mulighed og den eneste realisable, hvis betalingen af statsgælden skulle ske indenfor en overskuelig fremtid og ikke vedvarende tynge statsbudgettet.

I kraft af at statsgælden blev banebrydende for omfordelingen af ejerforholdet til jorden, blev den også automatisk banebrydende for en række fornyelser og reformer i først den statslige og senere den lokale administration. Da statsmagten ikke længere havde faste indkomster fra et stort krongods, måtte der etableres et nyt indkomstgrundlag - et gennemgribende beskatnings- og afgiftssystem. "Skattestaten" så dagens lys, hvilket gav nye og større opgaver for administrationen med matrikuleringer af jorden og takseringer i byerne for at tilvejebringe det nødvendige opkrævningsgrundlag.

Det kollegiesystem, der var gjort begyndelsen til i de sidste år under adelsvælden, blev nu gennemført. En række kollegier eller fagministerier oprettedes med hvert deres forvaltningsområde, men indbyrdes uafhængige. I kollegierne forberedtes de sager, der skulle forelægges kongen i Geheimekonseillet, et råd bestående af kongen og lederne af kollegierne. Her tog kongen sine beslutninger, som det derpå var kollegiernes opgave at føre ud i livet.[30]

Frigjort for adelsvældens politiske bindinger udvidedes det militære potentiel kraftigt under enevælden, som et værn mod både ydre og indre modstandere. Selv om den hvervede hær måtte

---

[29] Carl S. Christiansen: *Bidrag til dansk Statshusholdnings Historie under de første Enevoldskonger*, 1, 1908, Bøggild-Andersen, 2, 1970, s. 84-98.

[30] Knud Fabricius: Kollegiestyrets Gennembrud og Sejr 1660-1680, Aage Sachs (red.): *Den dansk Centraladministration*, 1921, Bøggild-Andersen, 1, 1946, s. 315-347, Lind 1994, s. 107ff.

reduceres efter Karl Gustav-krigene, blev den ikke opløst. Kongemagten havde nu til stadighed en stående hvervet hær til rådighed, og hæren og det militære beredskab blev udvidet i det hele taget i takt med enevældens konsolidering, og efterhånden som befolkningen igen kunne pålægges øgede byrder. Faktisk var det her den væsentligste hindring for den militære stats ekspansion nu var at finde.

De tidligere storkøbmænds særlige rolle var udspillet med deres overgang til storgodsejere, og nok fik de fleste af dem med tiden adelige titler, men adelsvældens privilegier var der ikke længere tale om. Som jordens ejere iøvrigt beklagede de strømmen af skatter og afgifter. Under Christian 5. fandt den velkonsoliderede enevælde tiden inde til at tage en del af det tilbage, som de tidligere storkøbmænd havde scoret i form af enorme profitter, da kongemagten var i knibe. En revisionskommission gennemgik de gamle regnskaber og fandt forhold frem, der bragte flere af de tidligere storkøbmænd til fuldstændig ruin. Det gjaldt bl.a. den engang så mægtige Henrik Müller; han levede sine sidste år i fattigdom frataget alle sine ejendomme. Marselis overvandt denne krise, og først i 1923 gav familien slip på det sidste af det erhvervede gods.[31]

Slutning

I løbet af 1600-tallet tolvdobledes de danske statsudgifter. Hovedparten af stigningen faldt på det militære beredskab. Mange penge gik til soldaternes sold, deres forplejning og udrustning, orlogs- og fæstningsbyggeri m.m. Denne kraftigt stigende statslige aktivitet - med rette kaldt en udgiftseksplosion - krævede en anden organisering af hele det apparat, der skulle foretage opsugningen af de nødvendige midler fra samfundet til udgifternes dækning.[32] De konservative kræfter repræsenteret ved adelen strittede imod denne udvikling. Det var først og fremmest dem, der havde noget at tabe. I de sidste to årtier inden adelens modstand blev brudt,

---

[31] Carl S. Christiansen: Den store Revisionskommission og dens Forløbere, *Historisk Tidsskrift*, 7, IV, 1902-04, Jørgensen 1966, s. 205ff., 214ff., Lauridsen 1987, s. 191ff.

[32] Erling Ladewig Petersen: From Domain State to Tax State. Synthesis and Interpretation, *The Scandinavian Economic History Review* 23, 1975, Erling Ladewig Petersen: Fra standssamfund til rangssamfund 1500-1700, *Dansk socialhistorie*, 3, 1980, Leon Jespersen: 1600-tallets danske magtstat, Erling Ladewig Petersen (red.): *Magtstaten i Norden og de sociale konsekvenser*, Odense 1984.

trådte en gruppe storkøbmænd til som kongemagtens allierede. Netop i den omstillingsperiode, hvor staten skiftede karakter fra en "domænestat" til en "skattestat", spillede storkøbmændene en mere betydende rolle end før og senere i nyere tid. I den overgangsperiode var der særligt brug for deres tjenester. De kunne frem for nogen skaffe både de leverancer og den kredit, som den ekspanderende statsmagt havde brug for. Med deres aktiviteter tjente storkøbmændene som mellemmænd ved adelsvældens likvidering. Storkøbmændene kunne for en tid levere den væsentligste del af den kredit, der gjorde kongemagten mindre afhængig af domænestatens indkomster, netop så længe at kongemagten med militært pres og støttet af borgerstanden, gejstlige og en lille gruppe af adelige kunne omstyrte adelsvælden. Hermed blev vejen åbnet for den modernisering af hele statsapparatet, der fulgte efter 1660 og den moderne nationale stats dannelse.

Magtkampen og krigene med Sverige var frem for noget det, der tvang moderniseringen igennem. Skulle den danske kongemagt overleve kampen med Sverige, var reformer og fornyelser på en række områder bydende nødvendige. Det gjaldt den militære organisation, som statsapparatet i øvrigt.[33] Derfor var der også tale om et stigende og mere omfattende statsligt initiativ. Kun i statsligt regi kunne de nødvendige ressourcer og det magtapparat koncentreres, som skulle til for at tage den svenske udfordring op. Hermed være ikke sagt, at statsmagtens ekspansion gjorde enevælden uundgåelig. Det var en til det sidste overvejende konservativt indstillet adel, der spillede kongemagten kortene i hænde og hindrede, at der blev tale om et *andet* politisk system.

For befolkningens store flertal - jordens dyrkere - foregik den politiske magtkamp langt væk, men de kom til at bære hovedparten af kampens byrder og lidelser. Det kunne være i form af fjendtlige troppers besættelse eller "venligtsindede" troppers indkvartering, ved flere skatter og afgifter og i form af indkaldelse til hæren. Det grundlæggende forhold mellem jordens dyrkere og ejere, mellem bønder og godsejere, ændredes der ikke ved. Bønderne dyrkede andres jord på samme måde som hidtil.

---

[33] Otto Hintze: Military Organization and the Organization of the State, i *The Historical Essays of Otto Hintze*, ed. by Felix Gilbert, New York 1975 og Samuel E. Finer: State- and Nation-Building in Europe: The Role of the Military, C. Tilly (ed.): *The Formation of National States in Western Europe*, Princeton 1975.

Poul Klingenbergs selvbiografiske optegnelser

Få kilometer fra Tønsberg i Norge ligger godset Jarlsberg, som rummer familien Wedells store arkiv på adskillige hundrede pakker. Blandt arkivets ældste materiale er to pakker med papirer vedrørende den danske erhvervsmand, generalpostmester, embedsmand m.m. Poul Klingenberg (1615-1690). Papirerne er kommet til Jarlsberg gennem Poul Klingenbergs slægtning Frederikke Juliane Louise Klingenberg (død 1833), som i 1779 giftede sig med Ludvig Frederik Wedell til Wedellsborg. Gennem denne slægt er Klingenbergs papirer nedarvet til den nuværende ejer af Jarlsberg.[1]

Klingenbergs papirer fortjener nok at blive præsenteret lidt nærmere, da de udgør en af de største rester af et dansk storkøbmandsarkiv, der overhovedet er bevaret før 1700. Sørgeligt lidt er der ellers tilbage efter 1600-tallets købmænd og foretagere, mindre end en snes købmandsbøger bliver det sammenlagt til og næppe mange flere købmandsarkiver.[2] Det er for meget at håbe, at flere vil dukke op. Bedst kendt er vel den københavnske storkøbmand Steffen Rodes og arvingernes regnskabsbog over studehandel 1637-50,[3] mens de bedst bearbejdede og analyserede regnskabsbøger er Ribe-købmændene Niels Grisbecks og Hans Friis' for årene 1602-1650.[4]

Det er ikke eksistensen af egentligt regnskabsmateriale, der gør Klingenbergs arkiv interessant, - der er kun ganske enkelte

---

[1] *Danmarks Adels Aarbog* 1951, s. 157. Jfr. C. Rise Hansen: Det tidligste danske tilløb til livsforsikring, *Fund og Forskning* 18, 1971, s. 81 n. 1.
[2] Ole Degn: Danske købmandsregnskaber før 1700, *Erhvervshistorisk årbog* 1979, s. 7-40.
[3] Det kongelige Bibliotek, Gl. kgl. Saml. 992 fol. Jfr. Albert Olsen: Steffen Rodes regnskabsbog over studehandel 1637-1650, *Historisk Tidsskrift* 9. 1, 1918-20, s. 255-281.
[4] Ole Degn: Perspektiver i et købmandsregnskabsmateriale fra Ribe fra første halvdel af 1600-årene, *Beretning. Foredrag og forhandlinger ved det nordiske historikermøde i København 1971, 9.-12. august*, 1974, s. 113-129 og Ole Degn: *Rig og fattig i Ribe*, 1, 1981, s. 98-140, o. fl. st.

regnskaber i det - nej, det er den borgerlige opkomlings og forretningsmandens projekter, betænkninger og notater i kraft af den fremskudte position og nærhed ved magtens centrum i nogle afgørende år af dansk historie. Dertil kaster de lys over hans personlige liv, ikke mindst de ægteskabelige dispositioner. De giver strejf bag facaden hos en sukcesrig købmand og embedsmand i nogle årtier, hvor en hidtil uset social opstigen var blevet mulig, men overskridelsen af den sociale barriere til adelsstanden var ikke uden problemer.

I den foreliggende litteratur er Poul Klingenberg blevet meget forskelligt vurderet og karakteriseret: lige fra en eventyrer, en lykkeridder og en ren spekulant til bogelskeren og den kloge mand. Han var det hele og mere til. Som få blandt 1600-tallets indvandrede købmænd var han projektmager i stor stil, vidende og aktiv på en lang række felter. Her skal det blot med, at aktiviteterne må have givet sig udslag i en meget omfattende arkivdannelse; han var generalpostdirektør 1653-85, admiralitetsråd 1654-71, etatsråd 1671-74, kommerceråd 1679-84, storkøbmand og godsejer fra 1654 til sin død. Hver af disse aktiviteter havde alene været nok til at fylde en stor stak aktpakker, men det allermeste er nu væk.

Her er omstændighederne ved Klingenbergs sidste leveår ikke uden betydning. Han gik nemlig på få år fuldstændig fallit. Det hele ramlede sammen for ham med sådan en hast, at hans arkiv, spredt bl.a. på hans godser, simpelthen blev opgivet og overladt til de nye ejere, hvis de ikke i stedet blev taget i forvaring af staten. Klingenberg havde fået skiftet med sine eneste overlevende søn af samme navn før fallitten, så godset Højris på Mors blev reddet for slægten, og her tilbragte han sine sidste år (begravet ved den nærliggende Ljørslev kirke). På Højris kan imidlertid kun en mindre del af Klingenbergs arkiv havde befundet sig og forespurgt om det i 1708 fra administrationen i København, måtte sønnen svare, at det, der havde været, var afhentet af kongelige skiftekommissærer.[5] Da Klingenberg var adlet og som sådan under den særlige hofjurisdiktion, kunne dele af hans arkiv derfor være havnet i hofrettens skifteprotokoller eller i forbindelse hermed. En eftersøgning på Rigsarkivet har imidlertid været forgæves. I Rigsarkivet findes ganske vist et privatarkiv efter Klingen-

---

5 Fr. Olsen: *Det danske Postvæsen, dets Historie og Personer indtil Overtagelsen af Staten 1711*, 1889, s. 122.

berg, men det rummede indtil for nylig kun ganske enkelte aktstykker. I forbindelse med udarbejdelsen af værket om P & T's historie er der imidlertid skaffet kopier af de for en side af dansk historie så betydningsfulde papirer på Jarlsberg. [6]

Kun pakkerne på Jarlsberg repræsenterer i dag en del af det oprindelige Klingenberg-arkiv. Papirerne blev første gang benyttet af M. Birkeland i 1887 i en artikel om det norske postvæsen. Derved blev Fr. Olsen henledt på deres eksistens og gjorde mere indgående brug af dem to år senere i sin grundlæggende danske posthistorie til 1711. Begge forfattere var mest interesserede i Klingenbergs virke som generalpostdirektør, men meddelte også referater af en del af det øvrige indhold. Mest bemærkelsesværdig var deres gengivelse af nogle selvbiografiske optegnelser, som Klingenberg havde skrevet.[7] De gav for første gang nogle mere fyldestgørende oplysninger om Poul Klingenbergs liv, hvortil kendskabet forud havde været ganske spinkelt. Herefter gik der godt 70 år, før Klingenbergs papirer atter kom frem i forskningens søgelys. Denne gang var det den hollandske historiker Herman Wagenvoort, der var på sporet af Klingenbergs andel i oprettelsen af Europas første livsforsikringsselskab, en tontine kaldet "Det frugtbringende Selskab". Omkring halvdelen af papirerne på Jarlsberg vedrører dette projekt, og Wagenvoort kunne på grundlag heraf som den første påvise, hvem der var selskabets egentlige ophavsmand, italieneren Lorenzo Tonti, mens Klingenbergs rolle kun havde været formidlerens. Det var den danske konge Frederik den Tredie, ideen til en tontine i begyndelsen af 1650'erne skulle sælges til - og blev det.[8] Livsforsikringsselskabet skulle bringe penge både i den slunkne statskasse og i idemagernes lommer. Ledt på sporet af Wagenvoorts arbejde kunne arkivar C. Rise Hansen derefter publicere en del materiale vedrørende "Det frugtbare Selskab" fra arkivet i Jarlsberg i den store udgave af *Aktstykker og oplysninger til rigsrådets og stændermødernes historie i Frederik III's tid*, bd. 2, 1974-75. Tontinen var en livrentelignende afart af en forsikring, hvor et antal personer hver indskød en sum penge og

---

[6] Otto Madsen: Et nyttigt og gavnligt postværk, *P & T's historie til 1711*, 1991, s. 411 f. Rigsarkivet, Private personarkiver nr. 8117.

[7] M. Birkeland: Det norske Postvæsen i dets Oprindelse og første Begyndelse, *Smaaskrifter tilegnede A.F. Krieger*, 1887, s. 223-225, Olsen 1889, s. 65-67.

[8] Herman Waagenvoort: *Tontines. Een onderzoek naar de geschiedenis van lijfrenten bij wijze van tontineen de contracten van overleving in de Republiek der Verenigde Nederlanden*, Utrecht 1961.

delte renterne. Efterhånden som indskyderne døde, fik de tilbageværende et større og større renteafkast. Når alle var døde overgik hovedstolen til kongemagten. Denne livrenteform opnåede almindelig udbredelse i Europa i 1600- og 1700-tallet. Den første realiserede tontine i Danmark er fra 1747: Liv-Rente-Societetet.

Imidlertid benyttede både Wagenvoort og Rise Hansen kun papirerne om livsforsikringsprojektet, og ikke det øvrige materiale, som Birkeland og Olsen havde påpeget eksistensen af. Det kunne i hvert fald for Wagenvoorts vedkommende ikke skyldes manglende interesse for Klingenbergs øvrige virksomhed eller hans person, hvilket ledte mig til den konklusion, at han (og Rise Hansen) ikke havde set alle de papirer, som Birkeland og Olsen havde haft i hånden. Det blev bekræftet af, at mine egne henvendelser om at låne alle Poul Klingenbergs papirer kun førte til oversendelse af en pakke med påskriften "Det frugtbringende Selskab". Det var i 1975. Tilsyneladende var det øvrige materiale forsvundet og senere henvendelser bragte det ikke for dagen. Til gengæld fik jeg tilbuddet om selv at komme til Jarlsberg og undersøge sagen, hvilket jeg gjorde i september 1986. Da dukkede så den savnede pakke op igen. Forholdet var ganske enkelt det, at Klingenbergs papirer ikke opbevares sammen i Jarlsbergs arkivkælder, men at de to pakker står adskilt i arkivet som pakke nr. 6 og 14.

Jeg havde håbet, at papirerne kunne kaste mere lys over Poul Klingenbergs handelsvirksomhed. I den henseende er jeg som allerede antydet, bortset fra tontinen, blevet skuffet. Når der ses bort fra ganske enkelte opgørelser over modtaget told og over administrerede hollandske subsidiepenge i 1660'erne, indeholder arkivet knapt noget om Klingenbergs forretninger, og næsten slet intet om hans private forretninger. Oven i købet har de bevarede akter med opgørelser om mellemværender med staten kun ringe betydning, da de ikke bringer nyt, som ikke kunne være hentet i administrationens arkiver.

Hvad Klingenberg (eller andre) har arkiveret i de to bevarede pakker vedrører næsten udelukkende hans forhold til den danske stat og den karriere, denne forbindelse skabte for ham. F.eks. var der omkring 1670 ingen grund til fortsat at opbevare de mange akter om "Det frugtbringende Selskab". Projektet var aldrig blevet til noget, der kom ikke den forventede tilslutning, og det hele var en død sag allerede i 1656. Derfor kunne det kun have en ganske særlig grund, da vi kan udelukke en egentlig "historisk" interesse hos den travle embeds- og erhvervsmand Poul Klingenberg som baggrund for at opbevare papirerne vedrørende en stor fiasko. Heldigvis må vi - uanset grunden - sige i dag, da kendskabet til tontinen ellers ville have været langt mere begrænset. Det samme gælder en del andre papirer i arkivet.

Denne interesse i at arkivere og bevare materiale vedrørende specielle sider af sine aktiviteter understreges af, at der blandt papirerne er et latinsk hyldestdigt til ham, forfattet i 1668 af den bekendte lejlighedsskribent, præsten Johannes Olavius i Randers.[9] Opbevaringen af dette digt, der er tilegnet Klingenberg personligt kræver jo ingen nærmere forklaring, men hvorfor gemme på en lang betænkning om matrikelvæsenet, som han i 1664 udarbejdede til administrationen eller på en række akter om den danske hærs organisation og finansiering 1655? Eller på nogle rejsepas, som Frederik 3. udstedte til ham i januar 1651? Det har han gjort, fordi det var en dokumentation af hans nære forbindelse til kongemagten, en dokumentation, han, der blot var en borgersøn fra Hamborg, nok kunne have brug for at henvise til i et samfund, hvor herkomst, stand og fine og magtfulde forbindelser var af så afgørende betydning. Derfor er hans adling i efteråret 1669 også kommet ham særdeles godt tilpas. Dermed havde han fået et formelt bevis på sin fremtrædende sociale position, og en status, som ellers kun fødsel gav. Samtidig gav det ham anledning til at opregne, hvordan han havde gjort karriere og havde nået samfundets top i det ellers socialt så standsbundne samfund.

Det gjorde han i sine selvbiografiske optegnelser, der må betegnes som værende af ikke ringe interesse, når man vil trænge nærmere ind på 1600-tallets borgerlige opkomlinges mentalitet. Nu er det ikke sådan, at selvbiografiske optegnelser fra perioden er sjældne, men undtagelsen er det unægteligt, at en mand af borgerlige herkomst placeret så nær magtens centrum, har taget sig tid dertil og ikke mindst, at optegnelserne er blevet bevaret til vor tid. Kun få andre af Poul Klingenbergs samtidige og socialt tilnærmelsesvis jævnbyrdige, kender vi i dag selvbiografiske optegnelser fra. Blandt dem er Klingenbergs personlige bekendte Johan Monrad, Jørgen Bjelke og Ditlev Ahlefeldt, som alle udfoldede optegnelserne til egentlige sammenhængende selvbiografier

---

[9] En kopi af digtet, der er dateret 28. jan. 1668, er tilgået Håndskriftafdelingen på Det Kongelige Bibliotek. Trykt her som bilag 3.

eller memoireværker.[10] Af disse er Johan Monrad den eneste, der direkte omtaler Klingenberg i sine erindringer. Kun Monrad var af borgerlig herkomst, men har helt anderledes let end Klingenberg fundet sig til rette i det adelige miljø, da han ikke skulle overskride standsbarrieren gennem købmandsskabet som Klingenberg, men gjorde det som underviser for unge adelige. Poul Klingenberg har givetvis også kendt lægen Otto Sperling, som ligeledes var fra Hamborg og en nær ven af Corfitz Ulfeldt, som Klingenberg op til Ulfeldts flugt fra København i 1651 havde en del at gøre med gennem sine principaler Berns og Marselis.[11] Sperling omtaler ikke Klingenberg personligt i sin selvbiografiske skildring, som bærer præg af den borgerligt uddannedes miljø; en mand der gennem sin mangeårige indespærring på grund af tilknytningen til Ulfeldt kunne skrive åbent til sine børn om det liv, han nu sad udenfor. Her fylder ikke mindst beskrivelsen af mødet med den unge enke Margrethe Schwendi i Bergen, forelskelsen og det sluttelige ægteskab med hende i 1630 en del sider (s. 24-47). Selvbiografien vidner om varme følelser for den tilkomne, men det har givetvis spillet en ikke ubetydelig rolle, at hun var enke efter en medicus, og at ægteskabet ville lette hans egen karriere.

Selv skrev Klingenberg, som vi kender det i dag, kun et komprimeret antal optegnelser om sit liv og sin karriere. Det drejer sig om følgende, som jeg for nemheds skyld herefter betegner som A, B og C:

A. Et ark med ganske knappe optegnelser, hvor der anføres slægten Klingenbergs position som borgmestre og rådsherrer i Lübeck gennem tre århundreder og Klingenbergs adling 1669. Hertil er der så senere i margen tilføjet, at han adledes efter 16 år som administrationsråd og generalpostmester og havde været kgl. diplomat.

B. Et ark, der på bagsiden har påskriften: "Meine gebuhrtes Linie". En opregning af slægtninge i Lübeck fra 1350 og frem til hans

---

[10] *Etatsråd og Landkommissær Johan Monrads Selvbiografi.* Udg. af S. Birket Smith, 1888; *Generallieutnant Jørgen Bjelkes Selvbiografi.* Udg. af J. A. Fridericia, 1890; *Ditlev Ahlefeldts Erindringer 1617-1660.* Oversat af Palle Rosenkrantz og Louis Bobé, 1922.

[11] *Dr. med. Otto Sperlings Selvbiografi.* Udg. af S. Birket Smith, 1885.

egen fødsel i Hamborg 1615. Derefter med mindre skrift om hans karriere 1631-1669. Trykt her som bilag 1 i dansk oversættelse.

C. Seks sider med titlen "Wegen meines Lebendes Lauffs". Det er en nøjere beskrivelse af et bestemt tidsafsnit i hans liv 1652-54 og hans ægteskabsindgåelse, og siden 1656-62 om hans børn og deres gudfædre og -mødre. Trykt her som bilag 2 i dansk oversættelse.

Efter indholdet at dømme er i hvert fald A og B skrevet lige efter hans adling i 1669, da der gives oplysninger om karrieren lige frem til det tidspunkt, mens de senere udnævnelser og diplomatiske sendelser er uomtalte. Mest sandsynligt er det denne store begivenhed og et højdepunkt i hans karriere og sociale opstigen, der har fået ham til at sætte sig ned, tænke på det liv, der bragte ham, en borgersøn fra Hamborg, til København som kgl. embedsmand med omgang med rigets mægtigste mænd og hans sluttelige adling for udførte tjenester. A kan være den første skitse, som er blevet ham for knap trods tilføjelserne, hvorefter den langt mere detajerede optegnelse B, til dels om de samme forhold, er blevet nedfældet.

Optegnelse C har en helt anden karakter. Der er ikke blot tale om en opremsning af trin på karrierens vej, nej der er Klingenberg på vej til at skrive en egentlig sammenhængende selvbiografi i forlængelse af optegnelse B. Den fortæller indgåede om et meget afgørende afsnit i hans liv fra 1652 til juni 1654 eller rettere, den beretter om en del af, hvad der skete af vigtigt for ham i den periode: den ægteskabsforbindelse det var så nødvendigt for ham at få i stand, nærmest en dramatisk episode er det for ham, selvom den endte lykkeligt. Hvornår C er skrevet, er vanskeligere at afgøre, men bemærkelsesværdigt er det, at den stopper året før den store, private ulykke ramte Klingenberg: pesten i Hamborg 1663 bortrev både hans hustru og de fleste af hans børn. Kun sønnen Poul Klingenberg den yngre overlevede. I august 1663 ansøgte han om, at hans nu afdøde hustru med to i St. Petri kirke tidligere begravede børn måtte overføres til det Bernske familiegravsted i Wandsbeck. Det blev bevilget.[12]

Selv var Klingenberg i begyndelsen af 1650'erne uden tilstrækkelige pengemidler. Ganske vist havde han været mangeårig

---

[12] Rigsarkivet, Danske kancelli, Sjællandske Tegnelser 1. sept. 1663 (m. indlæg, dateret Hamborg 28. aug. 1663).

handelstjener og betroet mand hos storkøbmanden A.B. Berns i Hamborg, og havde drevet lidt handel for egen regning ved siden af, men det havde ikke givet rigdom på det niveau, som var nødvendigt for at opnå en indflydelsesrig position. Berns' handelshus var et af de mest betydende i Hamborg med udstrakte forbindelser til det øvrige Europa gennem det kombinerede familieskab og forretningspartnerskab med familien Marselis, hvis repræsentanter sad i Amsterdam, Christiania og Moskva foruden Hamborg. I alle byer hørte de til det allerøverste borgerskab. Klingenberg havde fået noget at stile efter. Det har været nervepirrende måneder for Poul Klingenberg fra den ene søsters afvisning af ægteskab til den andens accept. For en handelstjener udlært i beregningens kunst, var det forbistret ærgerligt at skulle løbe imod en kvindes afvisende følelser. Den slags var ikke til at kalkulere med, og måtte nærmest sidestilles med en uforudset storm og skibsforlis, så hans lettelse har været enorm, da den yngre søster - med den myndige enkefru Berns mellemkomst (hun styrede forretningen efter mandens død) -, viste sig mere imødekommende. Hvilken rolle følelserne for den udkårne har betydet, melder notaterne intet om, men det har ikke været det væsentlige for Klingenberg. Hans egne følelser røbes heller ikke, men at der ikke var tale om nogen stormende forelskelse, siger sig selv. Klingenberg tabte ikke sit hjerte i en lidenskabelig kærlighed, som hans senere bekendte Johan Monrad gjorde det til jomfru Mette Sophia Krabbe og berettede om i sine erindringer.[13] Nærmest forretningsmæssigt redegør Klingenberg for forhandlingerne om at få et ægteskab i stand. Først for tiden efter ægteskabets indgåelse taler han om sin "kære hustru", som det hører sig til for den gode kristne ægtemand. Det kan ikke tages som udtryk for nogen større affection. Den først udkårne Anna Berns giftede sig i 1655 med François Louis van der Wiele. Ægteparret optrådte senere begge på skift som faddere til Poul Klingenbergs børn, som det fremgår af optegnelserne. Det var, som det burde være og røber ikke noget om familiemodsætninger eller store følelser.

Et ægteskab med en datter af A.B. Berns var for Poul Klingenberg den vigtigste forretningsdisposition, han overhovedet kunne foretage i hele sit liv. Den åbnede hans adgang til europæiske storkøbmandskredse på jævnbyrdigt niveau og gav adgang

---

[13] Jfr. Karin Hansen og Merete Quist: Man kan altid kalde det kærlighed, *Den jyske historiker* 41, 1987, s. 47-50.

til finansieringskilder, som han uden familieforbindelsen til Berns og Marselis, næppe havde fået. Medgiften var på 40.000 rdl., halvt i form af Bustrup gods i Jylland, halvt som anpart i handelshuset Berns og Marselis.[14] Det var en medgift, der ved sin størrelse var en prinsessse værdig.

Hvad kan optegnelserne ellers bruges til? Selvfølgelig giver de vigtige genealogiske oplysninger om Klingenberg og hans familie. De allerfleste af dem har vi kun herfra. Optegnelserne rummer et godt eksempel på datidens navngivningsskik i storkøbmandskredse. Klingenbergs førstfødte dreng blev opkaldt efter den afdøde svigerfar og Klingenbergs principal. Drengen kom derfor til at hedde Albert Baltser. Tilsvarende blev den første datter opkaldt efter svigermoderen, tør vi formode, selv om Klingenbergs hustru og søster havde samme navn, og alle tre var til stede ved barnets dåb. Derimod kom den anden søn til at hedde som sin egen far. Det siger noget om Klingenbergs selvfølelse. Drengen kunne ellers meget vel have fået farfarens navn, som var Joachim. Hermed er ikke angivet nogen generel regel for fornavneskik. Den vil det være umuligt at opstille, for det var den sociale afhængighed, der var afgørende og ikke slægtsbåndet i de store købmandsforetagender. Det kan formuleres på den måde, at de mindre betydende, dem der stod i et afhængighedsforhold på den ene eller den anden måde, ved navngivningen af deres børn viste deres foresatte eller mere betydende slægtning en passende opmærksomhed ved at barnet fik samme navn. Som Poul Klingenberg her giver sin første søn svigerfaderens navn. Det kunne også være en handelstjener, der i øvrigt uden slægtsskab med sin arbejdsgiver, gav sit barn navn efter arbejdsgiveren.[15]

Om de fortsatte trin på karrierens vej underrettes vi på årstal, men vi får intet at vide om initiativtagerne, eller hvad der lå bag. De kongelige udnævnelser til henholdsvis generalpostmester og admiralitetsråd anføres med korrekt dato. Derimod oplyses der intet om Klingenbergs eget initiativ i den forbindelse. Udnævnelserne kom ikke bare pludseligt dumpende. Han havde gjort sig fortjent dertil, bl.a. ved på eget initiativ at stille forslag om nyorganisering af postvæsenet og rimeligvis spillede han også en aktiv rolle ved Admiralitetskollegiets oprettelse året efter hans

---

[14] Rigsarkivet, Danske Kancelli, Sjællandske Register 20. februar 1686.
[15] Dette er nærmere dokumenteret i John T. Lauridsen: En "Godfather" i København, *Historiske Meddelelser om København* 1988, s. 10, 25 [Her s. 208, 221].

egen udnævnelse til admiralitetsråd. Det personlige initiativ var imidlertid ikke det attråede og statusgivende, hvorfor det ikke var værd at nævne. Hans indsats under svenskekrigene 1657-60 og derefter ville det unægteligt have været interesant at få en beretning om fra hans egen pen. Han var tæt på de besluttende kredse, omgikkes Joachim Gersdorff, Christoffer Gabel, Hannibal Sehested, Henrik Müller og andre omkring statsomvæltningen i 1660 og havde store personlige interesser i de følgende års kreditafvikling. Der er intet derom. Med Henrik Müller drev han fælles forretninger i forhold til staten, og selv om bølgerne kunne gå så højt mellem de to, at andre nærmest måtte lægge sig imellem ved afslutning af store handler, så finder vi dog Henrik Müllers hustru som fadder til et af Klingenbergs børn. Deri lå tillige et signal om den sociale status, og derfor er det så vigtigt for Klingenberg at opregne alle børnenes faddere. Ikke mindst når det var fremtrædende repræsentanter for adelen, som ved den førstfødte søns dåb, hvor både rigshofmesteren og greve Christian Rantzau lod sig repræsentere.

Som optegnelserne foreligger nu, er de - selv om vi ikke ved, om der har været endnu flere - et vidnesbyrd om, hvordan den borgerlige opkomling bl.a. har reageret på den sociale opstigen under den tidlige enevælde. Det gav ikke kun anledning til demonstration af ydre pragt: han lod sig male af tidens bedste kunstner Karel van Mander, han fik sin egen lukkede stoleplads i St. Petri kirke lige under kongens, kørte med en af Københavns mest præsentable karosser, havde mange tjenestefolk osv[16]. Det førte også til en vis selvreflektion at være steget op fra det jævne borgermiljø til en af kongens betroede mænd. Som sådanne er optegnelserne ret enestående fra den tid og det miljø i Danmark. Som nyadlet havde han blandt sine nye standsfæller behov for et langt og ærværdigt persongalleri af betydende slægtninge for socialt at kunne placere sig. Det var nemlig, hvad den gamle adel kunne præsentere ham - opkomlingen - for. Vi kan også tage for givet, at han i nogle kredse i den gamle adel blev mødt med hån, foragt eller direkte afvisning, men sikkert uden, at de gik så vidt som til den direkte fornærmelse. Klingenberg var trods alt en indflydelsesrig mand og at fornærme ham direkte på grund af hans sociale herkomst, var at fornærme den enevældige konge, som

---

[16] John T. Lauridsen: Adelsreaktion og politisk satire under den tidlige enevælde, *Danske Studier* 1987, s. 22 [Her s. 255].

havde adlet ham og siden indført den ny rangadel og de ny rangklasser i 1671. Det kunne være farligt, men det afholdt ikke kredse i den gamle adel fra at udsætte Klingenberg for ætsende spot og satire i et anonymt skuespil fra 1670'erne "Grevens og friherrens komedie", som i afskrift cirkulerede på herregårdene. Heri optræder både Klingenberg og hans søn under det let gennemskuelige navn Klingenbeutel, som et par rigtige kæltringe, der var kommet frem ved fup og fiduser og det foragtelige købmandsskab. Skuespillet er den bedste dokumentation for, at social modvilje har omgærdet Poul Klingenberg som repræsentant for de adlede borgerlige opkomlinge. Om han har kendt til skuespillets eksistens er uvist, men det er meget tænkeligt, at bemærkninger er faldet til ham derom. Miljøet ved hoffet var præget af intriger, rænker, bedrag, falskhed og den form for giftighed, som ville gøre ondt.[17]

Uanset dette har Klingenberg kendt de sociale krav og standsforventningerne i den gamle adel, som han gerne ville nærme sig. Dem mødte han overalt, bl.a. hos hans bekendte, den adelige Ditlev Ahlefeldt, som betragtede handel som en næringsvej for den borgerlige privatmand, mens adelsmanden på grund af sin fødsel fra starten var en offentlig person og repræsentant for samfundsordenen. Kun gennem en karriere i statens tjeneste kunne den borgerligt fødte gøre sig fortjent som offentlig person, det vil sige blive værdig til en adling[18]. Der er næppe tvivl om, at vi her har baggrunden for, at Klingenberg med omhu gemte netop de papirer, der dokumenterede hans statslige embeder og karriere. Omvendt var der kun rent forretningsmæssige grunde til at gemme regnskabsbøger og lignende. Når alle forpligtelser var opfyldt kunne de med fordel bortkastes, da de ikke bidrog til den vundne sociale position. Tværtimod mindede de om en håndtering, som ikke var den fuldgyldige adelsmand værdig.

Poul Klingenberg valgte ikke som andre af de borgerlige, der blev adlet, at påstå, at han egentligt selv var af gammel adelsslægt. Noget sådant blev f.eks. fremhævet om familien Marselis i ligprædikenen over Selio Marselis i 1663 og senere gentaget af biskop Johan Braem i 1699.[19] Klingenberg trak i stedet på sine

---

[17] Dieter Lohmeier: Adlige Geisteswelt des 17. Jahrhunderts: Detlev von Ahlefeldts Memoiren, *Nordelbingen* 44, 1975, s. 130 f.
[18] Jfr. Lohmeier 1975, s. 135.
[19] *Universitetsprogram 1663*, forfattet af Bertel Bartholin; Johan Braem: Ligprædiken over Constantin Marselis 1699 (Det Kongelige Bibliotek, Thott 1127, fol.).

fremtrædende borgerlige aner fra Lübeck, som det fremgår af optegnelserne. Det kunne han gøre med god ret og uden - med sin egen selvforståelse - at tabe i agtelse, for de rådmænd og borgmestre, det drejede sig om, havde været særdeles mægtige mænd i hansestædernes hovedby. De havde haft en position, magt og indflydelse, som var de færreste eller ingen af de adelsmænd eller deres afdøde slægtninge beskåret, som Klingenberg nu kunne betragte som sine ligemænd.[20]

Klingenberg var ret nøjagtig i angivelsen af både sine forfædres navne og årstal for deres optræden, og det hele 300 år tilbage i tiden. Ganske vist er der mindre afvigelser i tidsangivelse og navne, men i det store og hele kan hans oplysninger om slægten Klingenberg i Lübeck bekræftes. Byggede disse oplysninger udelukkende på en mundtlig familietradition, er det ganske imponerende, men måske har han tillige kunnet støtte sig til familieoptegnelser eller har benyttet de tidligt trykte værker om Lübecks historie i middelalderen, f.eks. Hans Regmann: *Lübeckisches Chronik*, 1619. Hos Regmann kunne Klingenberg have taget en god del af de oplysninger, han bragte i sine optegnelser om slægten Klingenberg. Der var en rig tradition i Lübeck for at skrive byens historie, og selv om bykrønikerne ikke forelå trykt i deres helhed, cirkulerede afskrifter deraf. Flere er sikkert havnet i København, og i hvert fald en er der endnu, Reimar Kocks lybske krønike.[21] Med sine boglige interesser har Klingenberg haft mulighed for at støtte sig på andet end en mundtlig familietradition.

Poul Klingenbergs selvbiografiske optegnelser viser, så få de end er bevaret, en mand, som har rustet sig mentalt til omgangen med adelen og tillige har kunnet give sin søn et imponerende anegalleri og en social position blandt landets mægtigste. Det var ikke så lidt af en borgersøn i 1600-tallets Danmark.

---

[20] I *Danmarks Adels Aarbog* 1923, s. 486 har en senere tids genealoger (uvist hvem) udlagt dette "som han baade paa Fædrene og Mødrene side var kommen af urgammel Adel". Der er ikke fundet dokumentation for dette hos Poul Klingenberg selv.

[21] Ny kgl. Saml. 303a og b, fol; Det Kongelige Bibliotek. Jfr. C. Paludan-Müller: Studier til Benyttelse og Bedømmelse af nogle Kilder til nordisk Historie, *Historisk Tidsskrift*, 3. 1, 1858-59, s. 54 ff.

Bilag 1. Poul Klingenberg: Min slægt.

Wedekind Klingenberg, [22] rådmand i Lübeck død 1350.
Johan Klingenberg, rådmand i Lübeck død 1358.[23]
Johan Klingenberg, også rådmand i Lübeck død 1371.[24]
Gosswin Klingenberg, borgmester i Lübeck. Han blev fordrevet under det store oprør i 1408 og døde 1413 i Hamborg eller Lüneborg. [25] Efterlod sig to sønner, nemlig Johan og Peter.[26]

Johan Klingenberg, Gosswins søn, er atter indtrådt i det gamle råd i Lübeck i 1416, kom i rådhusstolen og blev borgmester. Er 1432 udsending ved det burgundiske Nederland og ved kongen af England.[27] I 1447 er han atter sendt til kongen af England, da rådet dengang havde forhåbninger til London, er død som borgmester.[28]

Peter Klingenberg, Gosswins søn, har slået sig ned i Hamborg og er død 1461.[29]

Johan Klingenberg er død i Hamborg 1493.

Vincent Klingenberg er død 1559.

Poul Klingenberg er født 1534, død 1614.

Joachim Klingenberg født 1589 på Kristi Himmmelfarts dag, død 1651.

Jeg, Poul von Klingenberg, er født i Hamborg den 18. oktober 1615 af Joachim Klingenberg og Gertrud Klingenberg, født Allers.

---

22 Brødrene Bertram og Gosswin var 1373 borgere i Lübeck. Deres far var Wedekinus Klingenberg. *Urkunden-Buch der Stadt Lübeck* (herefter cit. som LUK), 1. Abt., Bd. 1, Lübeck 1873, no. 214 og Bd. 5, Lübeck 1877, no. 355; E.F. Fehling: Lübeckische Ratslinie von den Anfängen der Stadt bis auf die Gegenwart, Lübeck 1925 (*Veröffentlichungen zur Geschichte der Freien und Hansestadt Lübeck*, Bd. 7, Heft 1), no. 359. Herefter cit. som Fehling.
23 Fehling no. 349. Døde 1356.
24 Fehling no. 398.
25 Jfr. E. Daenell: *Die Blütezeit der Deutschen Hanse*, 1, Berlin 1905, s. 164. Døde i Lübeck 1416 (Fehling no. 414).
26 Gosswin havde to sønner Johan og Bertram. Johan var den senere rådmand og borgmester i Lübeck, LUK Bd. 5, Lübeck 1877, no. 355.
27 1434 var Johan Klingenberg udsending til Burgund (jfr. Daenell op. cit. 1, s. 254) og 1434 og 1436-37 til England (LUK, 1. Abt., Bd. 7, Lübeck 1885, no. 712-16, Fehling no. 507).
28 Fehling no. 507. Døde 1454.
29 Efter 1455 ophører familien Klingenberg med at optræde i Lübeck, jfr. LUK, Bd. 10-11.

Ved pinse 1631 kom jeg i tjeneste hos hr. Albert Baltser Berns og artede mig sådan, at jeg i det tredie år blev bogholder. Et eller to år derefter har hr. Albert Baltser Berns antaget mig som kompagnon i sin forretning.[30]

Den 8. februar 1651 begyndte jeg min rejse,[31] først til Tyskland og derfra til Italien, Frankrig, England, Brabant og Holland, på hvilken rejse jeg besøgte næsten alle verdens lande og steder.

1653 blev jeg generalpostmester og 1654 kongelig admiralitetsråd.

1665 har Hans kongelige Majestæt sendt mig som Envoye Extraordinaire til De forenede Nederlande og 1667 som ambassadør plenipotentarius til Breda for at slutte fredstraktaten med England, Frankrig og Generalstaterne.[32]

4. september 1669 blev jeg af kong Frederik den Tredie optaget i adelsstanden.

---

[30] Det kan ikke forholde sig således, da Klingenberg år senere stadig bliver omtalt som handelstjener af A.B. Berns (jfr. G.L. Wad i *Historisk Tidsskrift* 6. II, 1889-90, s. 127) og var han kompagnon, da havde han ikke behøvet at få et ægteskab med en datter af Berns i stand.

[31] Originale rejsepas udstedt den 3. januar 1651 af Frederik 3. ligger i arkivet.

[32] *Danske gesandter og gesandtskabspersonale indtil 1914*. Ved Emil Marquard, 1952, s. 276 (her med opgivelse af forkert charge for rejsen 1665).

Bilag 2. Poul Klingenberg: Mit levnedsløb[33]

Den 21. juni 1652 kom jeg igen til Hamborg og fandt hr. Albert Baltser Berns temmelig svag af sin sædvanlige vederstyggelige sygdom. Kort tid efter min hjemkomst har jeg anholdt hans hustru Elisabeth Berns om, at forlovelsen med hendes ældste datter jomfru Anna må blive fuldbyrdet. Derom har der været talt mellem fru moderen Elisabeth og mig i mange år lige siden hendes fødsel. Dog er det aldrig kommet til et tilsagn eller en forlovelse, men fru moderen har udsat det hele til datteren nåede hendes myndige alder og selv kunne bestemme. Moderen har også denne gang givet den samme undskyldning, men gav dog fortrøstning om, at det ville ske i løbet af kort tid. Selv ville jeg gerne have sagen fremskyndet og afgjort og har beklaget denne forsinkelse til hr. Albert Baltser Berns, som har trøstet mig med, at det snart ville blive anderledes, og at der ville følge en god afgørelse. Han har også talt med fru moderen derom og begæret, at sagen ikke længere måtte udskydes. Imidlertid tiltog hans svaghed, og han døde <20.> august på Wandsbeck. Han blev begravet i kirken i Wandsbeck.

Denne sorg har optaget fru moderen og hele huset, så der ikke kunne tales om min forlovelse. Da jeg imidlertid i november på boets og kompagniets vegne[34] måtte gøre en rejse til det kongelige hof, ønskede jeg gerne forinden sagen med min forlovelse i orden og kom også såvidt dermed, at fru moderen gav sit samtykke dertil, hvilket hun aldrig før havde gjort. Hun gav mig også fortrøstning om, at jomfru Anna var temmelig inklineret og tilsagde mig sagen en god afslutning, hvilket hun ville bevise gennem at skrive til mig. Derpå tiltrådte jeg rejsen til København og bragte kompagniets affærer i orden.

Da jeg imidlertid af fru moderens skrivelser mærkede, at datteren jomfru Anna var koldsindig og modvillig i sagen, så fandt jeg det for godt at holde mig borte, og lod mig bruge i Hans kongelige Majestæts tjeneste, idet jeg blev sendt til de holstenske

---

[33] Enkelte realoplysninger er indsat i teksten og angivet med < >. Der er kun foretaget ganske enkelte forkortelser og nogle udeladelser af de meget lange titelangivelser på højtstående personer. Yderligere oplysninger om faddernes slægtsforhold til Klingenberg kan hentes i E. Amburger: *Die Familie Marselis*, Giessen 1957, s. 209.

[34] Med "kompagniet" menes Berns & Marselis' handelshus i Hamborg.

landråder ved Kieler omslag og derfra over Nyborg til rigsråderne i Jylland. I Kiel var jeg så nær Hamborg, at jeg også rejste dertil i 4 til 5 dage, i hvilken tid jeg efter fru moderens råd talte med jomfru Anna om min inklination. Da jeg imidlertid fornemmede koldsindighed hos hende, er jeg ikke gået videre med sagen, men har ladet det blive derved efter moderens råd, for derefter at holde mig borte, indtil datteren kunne bringes på andre tanker, hvortil moderen lovede at gøre sit bedste og skriftligt at advisere mig derom.

I mellemtiden har jeg ladet mig bruge i Hans kongelige Majestæts tjeneste i København uden at få nogen endelig besked. For at få en ende på sagen formåede jeg rigshofmester Joachim Gersdorff til at skrive til fru moderen for at rekommandere min person og sagen og gav Brostrup Gedde fuldmagt til at tale med fru moderen og datteren og deres venner for at begære et ja eller et nej. Han fik en god besked hos fru moderen, men hos datteren og hendes slægtninge fik han efterretning om, at hendes inklination kun var ringe, og jeg besluttede mig for gennem en skrivelse til moderen at afbryde sagen.

Jeg begav mig da igen i kongens tjeneste og blev den 16. juli <1653> antaget som Generalpostmester[35] og blev ellers mest brugt i visse kommissioner. I februar 1654 rejste jeg til Hamborg, jeg tænkte ikke på ægteskab, det havde jeg opgivet, men for at få mit forhold til kompagniet udskilt og adskilt gennem visse aftaler. Under min tilstedeværelse i Hamborg mærkede jeg fru moderens gode intention, at hun gerne ville holde mig ved sit hus og ordne sagen sådan, at jeg vendte mine tanker til den anden datter, jomfru Elisabeth.

I juni 1654 holdt jeg bryllup på Wandsbeck med jomfru Elisabeth Berns, hvor grev Christian Rantzau var tilstede på kongens vegne, amtmand Frederik von Ahlefeldt på hertugen af Slesvig og Holstens vegne og mange fornemme herrer og venner.

Den 4. juli 1654 blev jeg udnævnt til admiralitetsråd af kongen med en årlig gage på 1000 Rdl. Bestallingen blev retmæs-

---

[35] Udnævnelsen trykt i Olsen 1889, s. 225 ff.

sigt udstedt i Odense i mit fravær og oversendt til Hamborg.[36]

Mandag den 10. marts 1656 kl. kvart i fire om morgenen blev vores første søn Albrecht Baltasar født i Hamborg og blev døbt den 18. marts. Fadderne var: 1. greve Christian Rantzau, hvis stedfortræder var Hamborgs borgmester Bartholdus Møller, 2. rigshofmester Joachim Gersdorff, hvis stedfortræder var den kongelige råd, Laurentius Langeman og 3. min svigermor Elisabeth Berns, som selv var til stede.

Albrecht Baltasar er befordret ud af denne verden af den timelige død i København i 1657 og nedsat i kirken der.[37]

Den 28. januar 1658 klokken 6 om morgenen er vores datter Elisabeth født i København, og fordi hun kom ganske svag til verden, blev hun døbt på den derpå følgende fredag af magister <Daniel> Pfeiff, pastor i den tyske menighed.[38] Fadderne var 1. Selio Marselis, 2. min svigermor fru Elisabeth Berns, 3. min søster Elisabeth, Herman Iserbergs.[39]

Elisabeth fløj den samme fredag aften salig til Gud og blev også nedsat i den tyske kirke i København.

Min kæreste havde ved denne barselseng pådraget sig en svær sygdom, hvoraf man nogle dage før havde troet, at hun ville forlade verden. Hun kom dog igennem det ved Guds nåde, men jeg kom ikke alene til at se mine børn forlade mig, men også min kære hustru i en elendig tilstand. Hertil kom yderligere gennem den store ubeskrivelige kulde, at bæltet og havet frøs til, så den svenske konge og hele hans krigsmandskab marcherede derover og præsenterede sig ved Københavns forsvarsværker. Gud har dog nådigst afværget al ufred og ladet freden råde.

---

[36] Den originale bestalling er i Rigsarkivet, Rentekammerarkivet, Afregninger III, 59, 1 og i Danske Kancelli B 183, Bestallingsbøger 1618-60. Endnu i 3. udgave af *Dansk biografisk leksikon* henlægges udnævnelsen til 1655, desuagtet at Birkeland 1887 og Olsen 1889 og siden bl.a. H. Ehrencron-Müller i *Forfatterlexikon omfattende Danmrk, Norge og Island til 1814* har den korrekte dato. Når den originale bestalling ikke længere er blandt Klingenbergs papirer, skyldes det givetvis, at han havde måttet indlevere den som bilag, da han forsøgte at få sin gage som admiralitetsråd udbetalt.

[37] Poul Klingenberg var medlem af den tyske St. Petri menighed i København, og drengen blev derfor begravet i St. Petri kirke, som senere søsteren Elisabeth.

[38] Jfr. Louis Bobé: *Die deutsche St. Petri Gemeinde zu Kopenhagen*, 1925, s. 94.

[39] Herman Iserberg var købmand i København og medlem af de 32's råd. Døde 1659. Om ham Lauridsen 1988, s. 9-12 [Her s. 208-211].

Den 7. august 1659 klokken halv et middag blev vor anden søn Poul født og blev på den følgende onsdag døbt af hr. Fontain, prædikant i den reformerte kirke. Faddere var 1. Selio Marselis ved fuldmægtig Jan de Reuter, 2. min svoger Francois Louis van der Wiele, 3. min svigerinde Cornelia Berns.[40]

Den 5. december 1660 klokken 8 om formiddagen blev vor datter Anna født i Hamborg og den følgende fredag den 7. december døbt af hr. Fontain, prædikant i den reformerte menighed. Fadderne var 1. Anna van de Wiele, 2. Aletta Marselis og 3. Gabriel Berns.

Dette barn blev født efter kun at være båret 7 måneder i moders liv. Derfor var det også ganske sart. Trods det levede det med Guds vilje. Jeg var selv ikke hjemme dengang, men var i København.

Om morgenen søndag den 14. september 1662 klokken kvart over 3 er vores datter Sophia Elisabeth født. Den følgende onsdag den 17. september blev hun døbt af hr. doktor Saxine, prædikant ved den reformerte menighed. Fadderne var 1. Sophia Müller, rentemester Henrik Müllers hustru, 2. min søster Margereta Bowhers, 3. min svoger Albrecht Berns.

---

[40] Om hende, se Per Seland i *Personalhistorisk tidsskrift* 1990, s. 200-201 med tilføjelsen om ægteskabet med Andreas Tomlo. Hun døde 1660.

Bilag 3. Johannes Olavius' hyldestdigt til Poul Klingenberg 1668[41]

Den senere præst i Randers, Johannes Olavius, f. 1624, begyndte tidligt en karriere som hyldest- og æresdigter. Han havde digtet i mere end 25 år, da han gav sig til at hylde Klingenberg i tidens poetiske stil, hvor vægten er lagt på stilen fremfor indholdet. Derfor er der heller ikke mange historiske oplysninger at uddrage af digtet. Når f. eks. Klingenbergs veltalenhed fremhæves, behøver det ikke nødvendigvis betyde, at Olavius har haft nogen konkret viden derom. Derimod er det interessant, at kritikken af Klingenberg som diplomat, er kommet med, selv om digteren bruger det til at lægge afstand til samme kritik og hæve Klingenberg til heltestatus. Olavius digtede i bedste fald ud fra de sparsomme mundtlige og trykte offentlige kilder, han kunne få adgang til. I digtet til Klingenberg førte det til et resultat, hvis indhold kan gengives på følgende måde:

Først beskriver Olavius de fredelige forhold i Norden og Balticum efter Breda-traktaten (linie 1-12), som større digtere såsom Vitus Bering og Anders Bording også besynger (13-18). Digteren indser, at han ikke er opgaven voksen og begrænser sit emne til Klingenberg (19-28). Inspireret og støttet af denne vil hans vers endda blive set af kongen (29-32), der vil læse om Klingenbergs fredsmission, hvortil også det trofaste Jylland udpegede ham (35-42). I Breda lå Europas frelse i Klingenbergs hånd, og hans patriotiske veltalenhed blev alment beundret (43-46). Mens England truede med krig og hævn (47-54), fik Klingenberg med sin veltalenhed standset krigen og bragt fred til Norden (55-60). Han fremstår som næsten guddommelig, ikke kun fordi han, som bekendt, indførte handelen i Norden, men endnu mere på grund af den veltalenhed, der fik Skotland og England til at vælge fred og forbund (61-70). Danmark (og Jylland) hylder Klingenberg, og i fremtiden vil hans navn blive husket, for hele verden står i gæld til ham (71-76). Klingenberg skal ikke frygte den kritik, som forsøger at ødelægge hans navn, men lade Nordens digtere bringe hans navn ud i verden (77-80). Som fredens fortaler vil han opnå en anden fred, berømmelsens fred, ja helten Klingenberg vil, efter at have nedlagt selve krigen, også i fredstid finde helteopgaver at løse (81-84).

---

[41] Oversat fra latin af Jacob Thomsen og Ivan Boserup. Sidstnævnte har tillige transskriberet den latinske tekst. De bringes hermed min hjerteligste tak.

Ad illustrem et generosum Dominum
Dn. Paulum Klingenbergium
Avgustissimi Regis Daniæ et Norvegiæ,
In admiralitate consiliarium, et nuper
Bredæ super tractatu pacis, Legatum plenipotentiarium.

Edomitum Martem dum Dania nostra triumfat,
   Captiviqve abeunt ex Aqvilone metus;
Nil secura timet dominas jam Cimbria classes,
   Avt qvæ tot perdunt arma virosqve, rates:
Insultare juvat bellis, proscribimus arma,
   Votaqve fas paci solvere sancta novæ.
Classica sæva tacent, totam pax optima Balthen
   Occupat, affines conciliatqve Joves,
Non consangvineos turbant bella impia Reges,
   Nullus hyperboreas verberat hostis aqvas,   10
Rursus in oceano jam regnant otia toto,
   Codanosqve sinus navita tutus adit.
Nempe triumfantes recitant hæc jubila vates,
   Qvos hic inaurato vertice Cimber habet.
Vitus in arctois jam princeps gloria Cyrrhis
   Illaqve Borringi non imitanda Venus.
Ambo boni, similes nempe illis Dania nunqvam
   Videt, et ambiguum est sitne habitura pares.
Ipse ego pars patriæ, parsqve inter parva Poëtas,
   Non cives inter pars inhonora pios: 20
Iam longo amplector venientem carmine pacem;
   Commodoqve Arctoæ grandia plectra lyræ.
Occupat ingentem pietas mihi plurima plausum,
   Sed mihi tam vastum mole laborat opus.
Dumqve premor nimij jam majestate cothurni,
   Inqve ipso portu nostra carina jacet,
Te, KLINGENBERGI, diffusum carmen adorat,
   Avspiciis currant tam pia vela tuis.
Tu mihi principium magni venerabile voti,
   Tuqve mei Phoebus carminis alter eris.   30
O faveas, o te clarius mihi Principe surgat
   Spiritus, inqve suis plenius undet aqvis.
Asserat avgusto tua me facundia Regi,
   Teqve avthore meam Pierin ille legat.
Te leget, inqve omni leget optima nomina versu,
   Qvæ tantæ pacis conciliator habes.
Nam tu, tu nobis divinam qværere pacem,
   Et bellum in cursu sistere, dignus eras.
Elegit cum Rege tuam mea Cimbria linguam,
   Postqvam privatum desijt illa loqvi: 40
Arctois postqvam jam consulit optima sceptris,

Et Regis dudum est fida ministra sui.
Hinc ori commissa tuo pax publica mundi est,
　Credidit Evropæ se tibi tota salus.
Tot Regum proceres inter te Breda stupebat
　Tam gravia et patrio Principe digna loqvi.
Bella minabatur Tamesis, crudelia Britto
　Sævijt, atqve animo sangvinolentus erat.
Hærebant odijs Bergarum incendia longis
　Spumabatqve omnes illa repulsa minas.　　　　　　　50
Sperabat laceræ solatia regia classis,
　Si qvateret tumidis littora nostra tubis,
Si reliqvâ premeret nos belli mole Britannus
　Nosqve odij faceret sæva elementa sui,
Te KLINGENBERGI furijs opponere tantis
　Tu potes, inqve ipso limine bella necas.
Tu patriæ cavsam, contra convitia mundi
　Asseris, atqve aliqvid spe qvoqve majus agis.
Grandi odio Cimbros, bellis immanibus Arcton
　Eripis, hæcqve oris gratia sancta tui est.　　　　　　60
Qvam mihi divinus, qvam tum Dis proximus esse
　Visus es, et patriâ dicere digna fide.
Non antiqva canam, qvod te Duce primus in Arcto
　Mercurius volucres coepit inire vias,
Plus aliqvid tantâ tibi tum pietate peractum est,
　Tumqve tuo primum coepimus ore frui.
Qvando Caledonius te Rex interprete Pacem
　Foederaqve offensus nostra Britannus amat:
Hæc fortuna tui est Heros illustrior oris
　Atqve hinc bis nobis optimus hospes ades　　　　　70
O vivas meritam dum reddit Dania Laurum
　Cumqve suo grates Principe Cimber agit.
Secula si post nos possunt sperare nepotes,
　Si sua venturæ gratia gentis erit
A nobis discent seri tua nomina nati,
　Debitor atqve tibi posthumus orbis erit.
Nil tibi ab invidiâ, nihil a livore timendum est
　Qvi tua jam tota nomina peste premit.
Vindicet æternis tua te jam vatibus Arctos,
　Per qvos in mundum jam tuus ibit honor.　　　　　80
Nempe oratorem pacis pax altera famæ
　Proteget, inqve omni jam feret alba sinu.
Post domitum Martem jam KLINGENBERGIUS Heros
　Invenit in mediâ qvod qvoqve pace domet.

Johannes Olavius pastor Rhandrusiensis.

Randrusij 28. Januarij 1668.

Til den berømmelige og ædle herre
Hr. Paul Klingenberg,
Medlem af den højværdige konge af Danmark og Norges
Admiralitetsråd og nylig hans befuldmægtigede
Udsending ved fredstraktaten i Breda.

Mens vort Danmark triumferer over den betvungne Mars,
   Og angsten som fange forlader Norden,
Frygter det sikre Jylland nu hverken dominerende krigsflåder
   Eller de skibe, der bringer tab af så mange våben og mænd:
Hvilken fryd at vise krigene sin foragt, vi konfiskerer våbnene,
   Og intet forbyder at opfylde hellige løfter for den nye fred.
De grusomme krigsflåder tier, den gode fred har besat hele det baltiske hav
   Og forsoner de tilgrænsende himmelstrøg.
Ufromme krige forstyrrer ikke beslægtede konger,
   Ingen fjende hærger de nordlige vande,   10
Atter hersker nu fredelige tilstande på hele verdenshavet,
   Og sømanden stævner i sikkerhed ud på Codans bugter.
Sandelig! jubelråb fremføres af triumferende digtere,
   Som jyden her har i sin gyldne krone.
Vitus [Bering] er nu i de nordiske Parnasser den højeste berømmelse,
   Ligesom [Anders] Bordings uefterlignelige ynde,
Begge fortrinlige mænd, thi deres mage ser Danmark ikke,
   Og tvivlsomt er det, om Danmark vil få deres lige.
Selv tilhører jeg fædrelandet, og skønt en mindre blandt digterne,
   Bringer jeg ikke skam over mine fromme medborgere.   20
Men langvarigt har jeg nu besunget den kommende fred
   Og slået den nordiske lyres vældige strænge.
En udbredt fædrelandskærlighed kommer mig i forkøbet med stort bifald,
   Men min så store opgave er tynget af sin egen vægt,
Og mens jeg trykkes af den nu altfor høje stils ædelhed,
   Og min køl endnu ligger i havn,
Hyldes du, KLINGENBERG, af et for alment digt.
   Lad da disse så pietsfulde sejl ile under dine auspicier!
Du skal være den ædle start på mit store løfte,
   Du vil være mit digts anden Apollon.   30
O! stå mig bi! O! måtte ånden under din anførsel rejse sig klarere for mig
   Og rigeligere strømme over i sine vande.
Gid din veltalenhed må bringe mig nær til den ophøjede konge
   Og at han på din foranledning må læse mit digt.
Dig vil han da læse, og i hvert et vers vil han læse de fremragende benævnelser,
   Du har som stifter af så stor en fred.
Thi du, du var værdig til at søge for os den guddommelige fred
   Og standse krigen i dens løb.
Din tunge har mit Jylland udvalgt sammen med kongen
   Efter at det havde givet afkald på at tale på egne vegne: 40
Efter at det allerede på bedste vis drager omsorg for de nordlige riger

Og længe har været sin konges tro tjener.
Derfor blev verdens offentlige fred betroet din mund,
   Europas frelse overgav sig helt til dig.
Breda blev slået af forundring over, at du blandt så mange kongers fyrster
   Talte så vægtige ord og så værdige for dit fædrelands fyrste.
Med krige truede Themsen, med grusomhed rasede englænderen
   Og var blodtørstig i sit hjerte.
Ildebrande i Bergen [?] havde føjet sig til langvarigt had,
   Og hint tilbageslag fik alle trusler til at skumme.   50
Englænderen håbede på kongelig oprejsning for den ødelagte flåde
   Hvis han kunne smadre vore strande med fuld krigsmusik,
Hvis han kunne tynge os med krigens øvrige byrde
   Og gøre os til de grumme genstande for sit had.
Du, KLINGENBERG, kan sætte dig op imod sådanne furier
   Og på selve tærsklen tilintetgør du krige.
Du hævder fædrelandets sag imod verdens beskyldninger,
   Og det du udfører overgår hvad man havde turdet håbe.
Du befrier jyderne for et stort had, hele Norden for grusomme krige,
   Og dette er din munds hellige nådegave.   60
Hvor guddommelig, hvor nær guderne forekommer du mig da ikke at være,
   Og at tale på en måde der er fædrelandstroskab værdig?
Jeg vil ikke besynge det velkendte, som at det først var under din ledelse
   at Merkur henlagde sin flyvende færd til Norden.
Langt større var det du dengang fædrelandskærligt udførte,
   Og da begyndte vi først at nyde godt af din veltalenhed,
Da den skotske konge, med dig som forhandler, ønskede fred,
   Og den fjentlige englænder ønskede at gå i forbund med os.
Denne lykke, o! berømmelige helt, skyldes din veltalenhed,
   Og derfor vender du to gange tilbage til os som den bedste gæst.   70
O! gid du må leve, mens Danmark kroner dig med fortjente laurbær,
   Og jyden med sin konge yder dig sin tak.
Hvis tiderne efter os kan håbe på efterkommere,
   Hvis fremtidens folk vil være taknemmeligt mod sig selv,
Så vil de sent fødte lære dit navn af os,
   Og verden vil efter din død være din skyldner.
Du skal hverken frygte misundelse eller det nag,
   Som nu med hele sin ødelæggende kraft forfølger dit navn.
Lad da dit Norden hævne dig ved udødelige digtere,
   Ved hvilke din hæder nu vil vandre ud i verden.   80
Thi den anden fred, ryets fred, vil beskytte fredens fortaler,
   Og pletfrit vil den nu bringe ham ind i hvert et bryst.
Efter at han har betvunget Mars finder helten KLINGENBERG
   Straks noget nyt, som han, også i fredstid, kan bringe i orden.

Hans Olsen
Præst i Randers
Randers, 28. Januar 1668.

En "Godfather" i København
- om indvandreres etablering omkring 1660

Igennem det meste af 1600-tallet lød der klager over, at den danske handelsstand blev trykket ned af den udenlandske, især nederlandske, konkurrence og ikke havde den kapital og skibstonnage, der skulle til for at hamle op med udlændingene. Den afsatte statholder i Norge, Hannibal Sehested, forsvarede sig omkring 1650 mod anklager for at have betjent sig af udenlandske købmænd med, at der ikke var nogen danske eller norske handelsfolk, der var i stand til at påtage sig opgaverne.[1] Nu var der ganske vist tale om særlig store forretninger i statsligt regi, som det ikke var beskåret enhver købmand at gennemføre, men skal vi tro andre udsagn, var det ikke det, der var det afgørende. Et anonymt skrift fra 1650'erne fastslår, at næsten ingen i Danmark kan leve af købmandsskab, mens alle de fremmede kommer hertil og bliver rige og fede af vores armod. For at imødegå det, må der indføres handelsbeskyttelse og fremfor alt, må hele den danske handel og handelsstand gennemorganiseres. Til redegørelsen for den triste situation hører også konstateringen af, at nogle af de formuende borgere ikke er rigets borgere, men i virkeligheden fremmedes bogholdere, fordi de arbejder og opkøber for hollændernes penge.[2] Denne sidste beskyldning vil det i almindelighed være svært at påvise rigtigheden af.

I det følgende skal der imidlertid gives et fremtrædende eksempel på, at det kunne forholde sig, som den anonyme forfatter påstår: at rigets borgere kunne være fremmedes "bogholdere". Tillige skal det være afsættet til at foretage en case-study i, hvordan den store gruppe af indvandrere, der kom til Danmark i løbet af 1600-tallet for en dels vedkommende etablerede sig særdeles solidt på ganske kort tid. Der vil blive fokuseret på de vilkår og mu-

---

[1] Hannibal Sehesteds forsvarsskrift er til dels trykt i Thyra Sehested: *Hannibal Sehested. En Beretning efter trykte og utrykte Kilder*, 2, 1886, her s. 9, 204.
[2] Den borgerlige Stands onde Vilkaar. Udg. af J. A. Fridericia i *Danske Magazin* 5. Rk. 1, 1887-89, s. 28.

ligheder, der gjorde sig gældende i tiårene lige omkring enevældens indførelse. Det er en periode, der generelt er blevet karakteriseret som mere socialt mobilitetsfremmende end tidligere, især tiden efter 1660.[3] Og det i København mere end noget andet sted. Ærindet her er at se nærmere på de faktorer, der gav nogle borgerlige indvandrere en social opstigen og karriere, som selv velmeriterede københavnske borgere ikke kunne have gjort bedre.

Indledningsvis må vi tilbage til 1630'rne, da en sandsynligvis yngre tysk emigrant ved navn Hermann Iserberg dukker op i København. Om hans baggrund ved vi intet, men hans senere karriere taget i betragtning, kan det tages for givet, at han var handelsuddannet - og så var han ugift. Han etablerede sig i 1637 i en gård i Højbrostræde. Gården overtog han fra den københavnske købmand Hans Havemann, der herved splittede de hidtil sammenhørende gårde (Strand kvarter matrikel 66B og 1) op. Den anden gård overtog Baltser Condevin. Selv boede Hans Havemann lige på den anden side af gaden i den store købmandsgård Strand kvartermatrikel nr. 70.[4] Havemann og Condevin var i familie, da Havemanns hustru Margrethe, født Berns, var Condevins halvsøster.[5] Dette er af betydning at vide, når vi erfarer, at Hermann Iserberg i 1638 optrådte som fuldmægtig for købmanden Albert Baltser Berns i Hamborg.[6] Berns var broder til Margrethe Havemann og havde til 1629 boet i Højbrostræde, før han flyttede til Hamborg for at blive kompagnon i Marselis-konsortiet. Med disse tråde knyttet følger, at det ikke var nogen helt tilfældig fuldmægtig, Berns havde udvalgt sig. Tværtimod kan vi få en mistanke om, at det var Berns, der havde installeret Iserberg blandt familien i Højbrostræde for at benytte ham som handelsagent.

Den formodning bestyrkes af, at Iserberg i de følgende mange år igen og igen optrådte ikke alene på Berns' vegne, men også for de øvrige repræsentanter for Marselis-konsortiet. Når konsortiet modtog kontanter i København for gennemførte forretninger med staten, var det tit Iserberg, der kvitterede på deres

---

[3] E. Ladewig Petersen: Fra standssamfund til rangssamfund 1500-1700, *Dansk socialhistorie*, 3, 1980, s. 401, 423.
[4] H. U. Ramsing: *Københavns ejendomme 1377-1728*, 2, 1943, s. 22, John T. Lauridsen: Familien Berns' slægtsforhold omkring 1600, *Personalhistorisk Tidsskrift* 108, 1988, s. 19-28 [Her s. 133-144].
[5] Lauridsen 1988.
[6] D. H. Wulff: *Jens Bang*, Alborg 1885-86, s. 150.

vegne.⁷ Hertil kan så føjes, at lægen Otto Sperling i sin selvbiografi fra 1660'erne bekræfter, at Iserberg var Berns' repræsentant.⁸

Hensigten med at etablere Iserberg i København var klar nok: i en årrække havde Berns og Marselis haft en tiltagende handel med staten og andre købmænd i København. Derfor havde de brug for en repræsentant der. Vi ved, at Berns' stedfader Boldevin Blanckfort var behjælpelig med pengeforretninger i København, men da han døde i 1634, måtte der en anden til at overtage konsortiets interesser der.⁹ Den rolle har svogeren Hans Havemann ikke ønsket at påtage sig, så det var blevet Iserberg i stedet.

Iserbergs status som fuldmægtig eller agent for Berns og Marselis, gør det vanskeligt at afgøre, hvornår han i de følgende år handlede på konsortiets og hvornår på egne vegne. Var det eksempelvis på sin egen bekostning, at han i 1642 overtog alle Ebbe Ulfeldts stude,¹⁰ eller foretog han i virkeligheden den handel på konsortiets vegne? Også selv om det sidste skulle være tilfældet, er der ingen tvivl om, at Iserberg har fundet ud af at kombinere sin fuldmægtig-stilling med en selvstændig handelsvirksomhed.

Givetvis for at styrke sin selvstændige virksomhed, indgik Iserberg engang i 1640-rne et fordelagtigt ægteskab. Han giftede sig da med Elisabeth Klingenberg, som var søster til en anden af Marselis-konsortiets fuldmægtige, bogholderen Poul Klingenberg.¹¹ Sådan viste han på bedste måde sit oprigtige ønske om at opretholde og styrke sin tilknytning til konsortiet. I samme ånd må vi se navngivningen af Iserbergs førstfødte (?) søn i 1648. Drengen fik navnet Albert Balthasar,¹² så vi kan tage det for givet, at han er blevet opkaldt efter Iserbergs foresatte i Marselis-konsortiet, Albert Baltser Berns. Som det også nedenfor vil fremgå, er dette ikke et enestående eksempel på, at forretningsmænd lader

---

⁷ Rigsarkivet, Rentemesterregnskaber 1643/44 udgift fol. 43, sst. 1644/45 udgift fol. 150, 159, C. Rise Hansen (udg.): *Aktstykker og oplysninger til rigsrådets og stændermødernes historie i Frederik III's tid*, 2:1, 1975, s. 171, *Norske Rigs-Registranter*, Xl, Christiania 1891, udg. af O. G. Lund m.fl. s. 28.

⁸ Dr. med. Otto Sperlings Selvbiografi. Udg. af S. Birket-Smith, 1885, 124.

⁹ John T. Lauridsen: *Marselis-konsortiet. En studie over forholdet mellem handelskapital og kongemagt i 1600-tallets Danmark*, Århus 1987, s. 40.

¹⁰ Rigsarkivet, Reg. 108b, 171b Fortegnelse på de fra Assens udførte Øxne 1642-46, m. bilag 84.

¹¹ *Danmarks Adels Aarbog* 1930, II, 3f.

¹² Sst. Drengen fødtes 28. november 1648 i København.

deres sønner opkalde efter de forretningsforbindelser, som de var mest afhængige af.

For styrkelsen af Iserbergs position i København skulle ægteskabet med Elisabeth Klingenberg vise sig at blive en meget betydningsfuld disposition. Hendes bror Poul Klingenberg udviklede sig nemlig i begyndelsen af 1650'erne til en særdeles indflydelsesrig mand. For det første blev han - ved et passende ægteskab - medejer af Marselis-konsortiet, og for det andet udnævnte kongen ham til en række vigtige embeder. Således blev han både generalpostdirektør og admiralitetsråd. Ikke mindst det sidste var vigtigt for den, der ønskede sig andel i statsleverancerne, for admiralitetsposten gav Klingenberg indflydelse på indkøbene til orlogsflåden. Dermed var vejen også banet for at lade svogeren Iserberg få både andel i leverancerne og betaling for det leverede.[13] Det sidste var ellers blevet meget vanskeligere under den akutte statslige finansnød, men netop på det punkt var det afgørende at have de rigtige indflydelsesrige forbindelser - og det havde Iserberg fået i Klingenberg. Den meget fremtrædende position, Iserberg opnår i løbet af 1650'erne inden for det københavnske handelsborgerskab, må nok i det væsentligste tilskrives hans nære forbindelse til Klingenberg og Marselis-konsortiet. En antydning af, at det forholder sig sådan får vi i 1653, da staten overlader Iserberg Ørholm krudtmølle og han bliver fabrikant, som tidligere andre tilknyttet Marselis-konsortiet var blevet det. Da kontrakten om overtagelsen af krudtmøllen skulle indskrives i Danske Kancellis kontraktbog, bliver der først skrevet "Selio Ma", hvilket derefter blev strøget til fordel for Iserbergs navn.[14] Denne fejlskrivning fortæller klart, hvem der ellers var inde i billedet og var forbundet med Iserbergs interesser: Selio må skulle helt skrevet ud have været Selio Marselis, en af hovedinteressenterne i Marseliskonsortiet, bosat i Christiania, men som tilbragte megen tid i København.

Med overtagelsen af Ørholm krudtmølle begyndte det rigtigt at gå hurtigt for Iserberg. Det var selvfølgelig meningen, at han skulle levere krudt til staten. Produktionen kom i gang, og han begyndte at levere for store summer. Det drejede sig 1655 bl. a. om en kontrakt om levering af 1500 centner musketkrudt for 3.600 rdl., og i de følgende år tilflød der ham trods statens finansielle vanskeligheder store summer som betaling for hans

---

[13] Lauridsen 1987, s. 119-27.
[14] Rigsarkivet, Danske Kancelli B 191 Kontraktbøger 1650-60 B, fol. 171.

vigtige krudtleverancer: 1657/58 fik han næsten 9.000 rdl. over rentemesterregnskabet, i oktober 1657 1.490 rdl. fra landkommissærerne og i januar 1659 meget karakteristisk 4.000 rdl. gennem Gabriel Marselis.[15] Gabriel Marselis var Marselis-konsortiets repræsentant i Amsterdam og bestyrede derfra de hollandske subsidiepenge, der tilflød den danske konge. Det var af subsidiepengene, Iserberg fik en del af sin betaling.

Med Ørholm krudtmølle var Iserberg hjulpet godt på vej og havde fået en mere selvstændig position. Et vidnesbyrd herom er også, at han i 1654 flytter til et større hus på det fornemmere strøg i Østergade. Huset der var, bortset fra generaltoldforvalter og købmand Henrik Müllers og rigshofmester Joachim Gersdorffs, det højest vurderede i gaden. Ikke mindre end 1.500 rdl. blev det ansat til i 1661.[16] Dermed var Iserberg flyttet ind blandt både byens og landets ledende personer. Selv begyndte han også at få lederposter. I 1655 blev han sammen med Københavns borgmester Peder Pedersen og købmand Johan Steinkul hovedparticipant i det nyoprettede saltkompagni. Dermed var han kommet i selskab med det københavnske borgerskabs øverste lag. At netop Iserberg sikrede sig en stilling som hovedparticipant i saltkompagniet kan også hænge sammen med, at han har fået solid støtte for sin kandidatur: svogeren Poul Klingenberg var også interessent i kompagniet.[17]

Under den svenske belejring af københavn var Hermann Iserberg blandt de 66 af byens købmænd, der tog initiativ til at indsende et vidtgående forslag til nye privilegier for København. Blandt forslagene var et om oprettelsen af en borgerrepræsentation, et råd på 32 mænd. Det råd blev realiseret i marts 1659, og Iserberg fik straks sæde i det, hvilket er et ikke ringe vidnesbyrd om, at en førstegenerations indvandrer fra udlandet kunne få tillidsposter på borgerskabets vegne. I de 32 mænds råd kom han selvfølgelig i selskab med en række andre af de mest fremtrædende købmænd, hvoraf enkelte som Albrecht Itzen, var udlændinge som han selv.[18] Som en af de 32 mand var det meget vigtige

---

[15] Johan Jørgensen: Patriciat og enevælde, *Historiske Meddelelser om København* 1964, s. 80, Rigsarkivet, Rtk. Afregninger VIII.94.
[16] Ramsing 8, s. 85, O. Nielsen (udg.): *Kjøbenhavns Diplomatarium*, 1, 1872, s. 756f.
[17] O. Nielsen (udg.): *Kjøbenhavns Diplomatarium*, 3, 1877, s. 446, Lauridsen 1987, s. 127.
[18] O. Nielsen (udg.): *Kjøbenhavns Diplomatarium*, 1, 1872, s. 705.

forhandlinger med staten, han skulle deltage i. Bl. a. drejede det sig om at føre de privilegier, som året før var blevet givet København, ud i livet. Her kom han ud for at sidde ved forhandlingsbordet med både sine tidligere foresatte i Marselis-konsortiet og med sin svoger Poul Klingenberg. Fra Marselis-konsortiet var det Selio Marselis, der deltog i disse forhandlinger. Pointen er imidlertid, at Iserberg her mødte sine nære forbindelser som repræsentanter for *staten*, mens han selv skulle varetage byens interesser.[19] Da imidlertid også Poul Klingenberg, Selio Marselis foruden andre af statens repræsentanter havde betydelige erhvervsinteresser i København, er det et karakteristisk eksempel på sammenfletningen af københavnske erhvervsinteresser og den statslige erhvervspolitik.

Hverken Selio Marselis eller Poul Klingenberg havde i 1659 slået sig permanent ned i København, selv om de ofte opholdt sig der. Derfor var Iserberg så meget mere gunstigt placeret til at fortælle dem om holdningerne i det københavnske borgerskab, som han selv var vokset ind i. Et af emnerne i erhvervskredse var utvivlsomt den statslige gæld til byens handelsfolk for de store leverancer, der gjordes på kredit under belejringen. Hvordan skulle man få den betalt. Iserberg havde som så mange andre penge i klemme.

Iserberg kom ikke til at opleve løsningen på gældsproblemet eller den store omvæltning i 1660. Han levede endnu i september 1659, men var død i december samme år.[20]

Iserberg efterlod sig med sikkerhed tre børn: Albert Balthasar, Anna Margrethe og Gertrud, men desuden er sandsynligvis også den Hermann Iserberg, der år senere dukker op som legationssekretær, søn af ham.[21] Alle børnene var kun halvvoksne, så hustruen Elisabeth stod trods et vel solidt bo ikke uden store problemer. Atter bliver vi vidne til, at Poul Klingenberg påtager sig den hjælpendes og befordrendes rolle. Han overtog simpelthen formynderskabet for Anna Margrethe og lod hende flytte sammen med sine egne børn i hjemmet i Hamborg. Tilsvarende tog Klingenbergs søster Magdalene sig af Gertrud, mens Albert Balthasar

---

[19] Se bl.a. O. Nielsen (udg.): *Kjøbenhavns Diplomatarium*, 5, 1882, s. 595.
[20] O. Nielsen (udg.): *Kjøbenhavns Diplomatarium* 1, 1872, s. 709, E. Marquard: *Kjøbenhavns Borgere 1659*, 1920, s. 129.
[21] *Danmarks Adels Aarbog* 1930, II, s. 3f., E. Marquard: *Danske gesandter og gesandtskabspersonale indtil 1914*, 1952, s. 288f.

blev sat i skole i København og senere kom på Universitetet.[22] Måske har Elisabeth Iserberg beholdt den sidste formodede søn Hermann hos sig, men i hvert fald var hun ved på den måde at have afsat børnene mere frit stillet til at gifte sig igen. Og så var der videreførelsen af den afdøde ægtefælles forretninger.

Ørholm krudtmølle havde trods den svenske besættelse 1658-60 på næsten mirakuløs vis klaret sig så intakt igennem, at Elisabeth Iserberg ifølge kontrakten fra 1653 kunne fortsætte driften. Det gjorde hun i starten bistået af Ditmer Burmeister, der var medinteressent og boede i Iserbergs hus i Østergade sammen med en anden handelstjener, Albrecht Heins.[23] Denne ordning af forholdene bestod til 1661, da Elisabeth Iserberg giftede sig med Henrik Eggers, som straks flyttede ind i huset i Østergade. Eggers videreførte krudtmøllen og leverancerne til staten trods et i forvejen betydeligt tilgodehavende. Der blev nemlig givet anvisning på betaling ved toldindtægter i Norge.[24] Det var en efter tidens forhold relativ betryggende betalingsanvisning, og en sådan blev kun givet, fordi staten prioriterede krudtfabrikationen og krudtleverancerne højt. Tiden var urolig og situationen stadig anspændt efter 1660.

Henrik Eggers var borgmestersøn fra Holbæk og derfor sandsynligvis et ukendt navn i det københavnske borgerskab,[25] men han begyndte snart at gøre sig bemærket på forskellig vis. Selv var han med sin baggrund næppe uden økonomiske midler, men kom givetvis ved ægteskabet med Iserbergs enke til flere penge. Det er sikkert med dem i ryggen, at han den 20. maj 1663 trådte frem med en 20 års eneret for Danmark og Norge på et amdam- eller stivelsesværk i København. Hvordan det er gået med det projekt, er uvist, men det optog ham i hvert fald ikke mere,

---

[22] G. L. Wad i *Historisk Tidsskrift* 6. 2, 1889-90, s. 127, Thomas Bartholins *Universitetsprogram over Albert Balthasar Berns*, 1680.
[23] Aksel E. Christensen: *Industriens Historie i Danmark indtil c. 1730*, 1943, s. 88, Marquard 1920, s. 64.
[24] *Dansk biografisk leksikon*, 3. udg., 5, s. 409, Christensen 1943 sst., Rigsarkivet, Rtk. Afregninger VIII.94 og IX, L (her fortegnelse på alle assignationer fra Rentekammeret 1. nov, 1660 til ultimo dec. 1661 til landkommissærerne i Norge. Iserbergs enke, som fik 7.486 rdl., var her i selskab med det nye styres bedste støtter: Christoffer Gabel (fik 5.300 rdl.), Selio Marselis (fik 12.766 rdl.), Hans Svane (fik mere end nogen anden, 17.674 rdl.), Hans Nansen (3.000 rdl.) m.fl.).
[25] Johan Jørgensen: *Skifter og testamenter*, 1968, s. 39.

end at han i oktober 1666 stillede kongen forslag om et endnu mere vidtløftigt projekt. Mod at få en skilling af hver rigsdaler, der blev opkrævet i alle danske købstæder af varer, hvorpå der endnu ikke var lagt afgift, ville han årligt levere 50 centner salpeter til statens behov. Forslaget blev pure afvist af Statskollegiet, der mente, at Eggers ville komme til at tjene alt for meget i forhold til den ringe mængde salpeter, han ville levere.[26]

Bortset fra krudtleverancerne, finder vi ikke Eggers blandt statens forretningsforbindelser. Med de tidligere erfaringer, skulle man ellers nok tro, at Poul Klingenberg kunne have været ham behjælpelig med at skaffe sådanne. Måske har Klingenberg lagt et godt ord ind for ham i forbindelse med tildelingen af privilegierne for stivelsesværket, men har ladet det blive derved. Og hvorfor nu det? Af den simple grund, at Eggers ikke har levet op til forventningerne som svoger. Han tabte nemlig penge, kunne ikke få det til at løbe rundt. Der blev i hvert fald nået det punkt, hvor Poul Klingenberg på børnenes vegne måtte gøre indførsel i huset i Østergade for at sikre deres arv. Det var i marts 1668. Altså havde Eggers bestemt ikke vist sig værdig til at blive gift med Poul Klingenbergs søster. Året efter måtte han ved hustruens død helt afstå både gården i Østergade og Ørholm krudtmølle. Det hele overgik til Iserbergs børn, og Poul Klingenberg flyttede som deres værge ind i Østergade.[27] Senest dermed var hans bosættelse i København permanent.

På det tidspunkt havde Henrik Eggers for længst forladt København og Danmark og på det nærmeste brændt sine broer for at søge lykken i det fremmede. Intet ejede han mere i København, hvor han kun efterlod sin mindreårige søn Poul, der helt sikkert havde fået fornavn efter sin magtfulde onkel. Den 20. okt. 1668 var Eggers sejlet fra byen med skibet "Færø", der havde kurs mod Dansborg i Ostindien. Med sig bragte Eggers en bevilling til at anlægge et salpeterværk på Dansborg og en bestalling som vicekommandant over Trankebar. Skulle det vise sig, at den hid-

---

[26] O. Nielsen (udg.): *Kjøbenhavns Diplomatarium*, 3, 1877, s. 583f., J. Lindbæk (udg.): *Aktstykker og Oplysninger til Statskollegiets Historie 1660-1676*, 1, 1903-04, s. 269.

[27] Ramsing 8, s. 85, *Danmarks Adels Aarbog* 1930, II, s. 3 opgiver fejlagtigt Elisabeth Iserbergs dødsår til 1657, det var 1669, jfr. *Dansk biografisk leksikon* 3. udg., 5, s. 409, A. D. Jørgensen: *Peder Schumacher Griffenfeld*, 2, 1894, s. 199.

tidige kommandant var død, skulle Eggers overtage stillingen.[28]

Skibet "Færø", som Eggers sejlede ud med, tilhørte orlogsflåden, men var stillet til admiral Cort Adelers og Poul Klingenbergs rådighed og udrustet af dem. Med dette initiativ skulle den danske ostindienhandel genoptages, og vi kan gå ud fra, at Klingenberg har benyttet den lejlighed til at få den besværlige svoger sendt godt af vejen.

Fra Dansborg hører vi ikke til, at der kom noget ud af salpeterværkets oprettelse, men med bestallingen som vicekommandant bragte Eggers sig straks i modsætning til kommandanten Eskild Andersen, som viste sig at leve i bedste velgående. Det førte til rivninger og retssager imellem dem, og beklagelser fra Eggers til kongen. Heller ikke i Trankebar blev der rum for Eggers' ambitioner, og i 1673 blev han hjemkaldt for at få sat en stopper for de ufrugtbare tvistigheder. Han døde under hjemrejsen i begyndelsen af 1674 i Masulipatnam og blev begravet der. Det havde været hans hensigt med karavane at rejse over Arabien og Persien i stedet for at tage hele turen med skib.[29] Eventyrlyst kan have bragt ham på den ide, men det kan også være, at det ikke hastede alt for meget med at komme tilbage til København.

Ved efterretningen om Eggers' død måtte Poul Klingenberg i gang med at efterspore hans breve, som var sendt med skib. Givetvis var indholdet bl.a. forretningspapirer vedrørende ostindienhandelen. De skulle jo nødig gå tabt. Brevene dukkede op i England,[30] og dermed var Klingenbergs besvær med Eggers ført til ende.

Som familien Berns' hus i Højbrostræde i 1630'rne var blevet Hermann Iserbergs udgangspunkt for etableringen i det københavnske erhvervsliv, blev hans eget hus i Østergade det en menneskealder senere for Albrecht Heins og Ditmer Burmeister. Som ovenfor nævnt boede de i 1659 hos Iserbergs enke, hvor de havde

---

[28] Rigsarkivet, Rtk. Afregninger VIII.95, hvor Poul Eggers optræder på sin afdøde mor Elisabeths vegne, Kay Larsen: *Guvernører, Residenter, Kommandanter og Chefer samt enkelte andre fremtrædende Personer i de tidligere danske Tropekolonier*, 1940, s. 61.

[29] Larsen 1940, s. 62, Cunnar Olsen: Dansk Ostindien 1616-1732, *Vore gamle tropekolonier*, 5, 1967, s. 170f., 175, 178, 180, J. P. Cortemünde: *Dagbog fra en ostindiefart 1672-75*. Udg. af Henning Henningsen, 1953, s. 107, 113, 165, 197.

[30] Rigsarkivet, Gabriel Milans privatarkiv, Poul Klingenberg til Milan fra Haag 2. sept. 1675.

status som handelstjenere.[31] Heins kom med sikkerhed fra Hamborg og Burmeister sandsynligvis også. Heins optrådte i juni 1660 på sine principaler Berns og Marselis i Hamborg's vegne, da han anmodede om, at Cornelius Lerche i Spanien måtte få en ny ordre om at udbetale 2.812 Stk. v. Achten. Ligeledes som deres fuldmægtig søgte han i december samme år om betaling af handelshusets tilgodehavender.[32] Deraf kan vi tillade os at slutte, at det er Berns og Marselis, der har ladet ham sende til København for fortsat at have en fast repræsentant der efter Iserbergs død.

Heins nøjedes som venteligt ikke med at repræsentere Berns og Marselis, men indledte i 1660 sine egne første mindre leverancer til staten. Den trafik tog gradvist til i de følgende år.[33] Et springbræt for sin karriere skaffede han sig i 1662, da han blev gift med Magdalene Klingenberg, en anden af Poul Klingenbergs søstre.[34] Hermed var Heins' løbebane for så vidt sikret. Vel var Magdalene Klingenberg ikke rig, men i kraft af familiebåndet til Poul Klingenberg var det ægteskab den vigtigste forretningsdisposition, Heins overhovedet kunne foretage, hvis Klingenberg ville leve op til forventningerne om at være en god svoger. Det ville han.

Hvordan skal det ellers forklares, at en mand som Heins, der få år før havde været nytilkommet handelstjener i København, i marts 1664 fik overladt forpagtningen og forvaltningen af alt stempelpapir i Danmark og Norge. Stempelpapirsafgiften var blevet indført i 1657 og siden forøget og differentieret. Pligten til at anvende stempelpapir gjaldt en række dokumenter vedrørende pengetransaktioner, retssager, ansøgninger til administrationen, fæstebreve, attester m.m. Med andre ord var det en afgift, der berørte den største del af befolkningen, hvorfor der var en ikke ringe fortjeneste at hente ved dens administration. Heins skulle lønne stempelpapirforhandlerne over hele riget, men ville så til gengæld nyde 5 % af indtægterne. Indtægterne skulle han føre bog over på "italiensk maner", hvad der næppe har været vanskeligt at efterkomme som tidligere fuldmægtig hos Berns og Marselis. Hvad der derimod kunne have været sværere at opfylde, var kravet om, at han skulle stille en kaution pa 20.000 rdl., foruden at han hver 14. dag frem til november 1664 skulle betale 1.500 rdl. til aflønning

---

[31] Marquard 1920, s. 64.
[32] Jørgensen 1964, s. 34.
[33] Rigsarkivet, Rtk. Afregninger VIII. 69.
[34] *Danmarks Adels Aarbog* 1930, II, s. 3.

af skibstømrerne og arbejdsmændene pa Holmen. Da kontrakten var afsluttet 5. marts, ville det sige, at Heins skulle udrede i det mindste yderligere 22.500 rdl. for at få forpagtningen.

Her kan vi mere end ane, at Poul Klingenberg har optrådt i kulissen. Ellers havde Heins ikke kunnet udrede de krævede store kontante summer. Dertil kommer, at det var Holmens folk, Heins skulle lønne i godt et halvt år. Holmen var stadig Poul Klingenbergs arbejdsfelt i kraft af stillingen som admiralitetsråd. Vi kan derfor se det mønster aftegne sig, at Klingenberg har tilbudt at komme den økonomisk betrængte flåde til hjælp - gennem sin svoger selvfølgelig - hvis svogeren så samtidig kunne få forpagtningen af stempelpapiret. Rent ud sagt: Klingenberg købte stempelpapirforpagtningen til Heins. For at afrunde billedet af Klingenbergs rolle omkring tildelingen af denne forpagtning skal det med, at det var Klingenberg i egen person, som var ophavsmanden til hele den administrative ordning i 1664, der omfattede stempelpapiret.[35]

Forpagtningen af stempelpapiret var en god forretning, så god, at Heins ikke slap den før sin død. I hans forpagtningstid øgedes både den samlede indkomst for staten og ham selv.

Med en velvilligt indstillet svoger med indflydelse i administrationen og som tilmed var et mangeårigt medlem af admiralitetskollegiet, var der for købmanden Albrecht Heins muligheder for flere statsleverancer og da til flåden især. Fra midten af 1660'erne leverede Heins til dels i fællesskab med Ditmer Burmeister overordentlig store mængder materiel hertil i form af takkel og tovværk, kanoner m. m., foruden at han administrerede penge til udbetaling til matroserne.[36] Når han kunne tillade sig at engagere sig i den slags storhandel i en tid, hvor statsfinansernes tilstand var særdeles anspændt, skyldes det igen den tætte forbindelse til Klingenberg. Heins og Burmeister havde sikret sig, at de også ville få deres betaling eller i det mindste størstedelen af den. Ved Klingenbergs mellemkomst var de kommet ind i den snævre kreds af købmænd og embedsmænd, der fik kontant betaling af de nederlandske subsidiepenge. De penge udbetaltes årligt som bidrag til det danske forsvar. Hovedadministratorerne af de penge var Gabriel Marselis i Amsterdam - og Poul Klingenberg. For årene

---

[35] Carl S. Christiansen: *Bidrag til dansk Statshusholdnings Historie under de to første Enevoldskonger*, 1, 1908, s. 55, 431-33.
[36] Rigsarkivet, Rtk. Afregninger VIII. 69-70.

1661-67 udgjorde subsidiepengene et beløb på 850.000 rdl., som det nok var værd at få en andel af. Udbetalingerne fra denne konto tog sig sådan ud:[37]

Albrecht Heins	109.333 rdl.
Heins og Burmeister	11.235 -
Joachim Würger	10.047 -
Johan Steinkul	3.600 -
Peder Pedersen	66.625 -
Josua Abensur	1.000 -
Mathias Hase	27.360 -
Samuel Sautijn	43.330 -
Henrik Luderman	8.000 -
Claus Reimers	6.000 -

Medtaget er kun de mest betydende blandt de borgerlige beløbsmodtagere. De enkelte samlede udbetalinger er medtaget for at give et indtryk af omfanget. En sammentælling fører til det resultat, at Heins og Burmeister tilsammen har modtaget ca. 120.000 rdl. for leverancer og til videre administration. Det er slet ikke så dårligt, når vi ser, at de er i selskab med erfarne og indflydelsesrige folk som f. eks. borgmester Peder Pedersen og Johan Steinkul fra København. Endda skaffede disse udbetalinger ikke Heins fuld dækning for leverancerne. I 1670 havde han Lundtofte i pant for et lån til staten, og selv skaffede han sig en gård i Silkegade, ligesom han i 1671 købte det gamle giethus i Pilestræde. Endelig overtog han Ørholm krudtmølle fra Iserbergs arvinger.[38]

Selv Heins' forretninger med andre københavnske købmænd ufortalt - vi ved så lidt om dem - er det klart, at han havde svunget sig op i det københavnske borgerskabs øvre lag i løbet af ganske få år. Lige så klart er det, at han i meget høj grad skyldte Poul Klingenberg tak for at have nået den position.

Hermed kunne vi for så vidt godt forlade Heins, for hans videre løbebane synes forudsigeligt afstukket. Imidlertid kom døden ham på tværs i 1672, som han stod på toppen af sin karriere og to år forud havde kunnet føje bl. a. en direktørstilling i det ostindiske kompagni til sin virksomhed. Det er næsten overflødigt

---

[37] Rigsarkivet, TKUA Spec. del. Gesandtskabsregnskaber 16. Gabriel Marselis' og Poul Klingenbergs regnskab over indtægt og udgift af hollandske subsidiepenge 1661-67.
[38] Jørgensen, 2, 1894, s. 199, 503, *Danmarks Adels Aarbog 1930*, II, s. 3.

at tilføje, at en anden direktør i det kompagni var - ja rigtigt, Poul Klingenberg.[39]

Nok var det af Heins og Burmeister først og fremmest Heins som Klingenberg, men også Burmeister optrådte han som patron for. Allerede af det foregående fremgår det, at han fik andel i Albrecht Heins' leverancer til staten, og at de i det hele taget indgik kompagniskab. I Burmeisters tilfælde var det ikke muligt for Klingenberg ved et passende ægteskab at knytte ham nærmere til sig. Klingenbergs søstre var alle gift fra 1662 og hans egne døtre døde som børn. Derfor måtte Burmeister tilknyttes på anden vis. Det skete derved, at Klingenberg gjorde ham til sin fuldmægtig. Det lyder måske ikke af så meget, men i realiteten var det en anselig og betydningsfuld post, i dette tilfælde nærmest svarende til administrerende direktør. Stillingen indebar bl. a. ledelsen og opsynet med postvæsenet i Danmark og Hertugdømmerne i kraft af, at Klingenberg var generalpostmester og havde postvæsenet som privat virksomhed. I den lange periode fra september 1665 til oktober 1667 var det Ditmer Burmeister alene, der stod for den virksomhed, mens Klingenberg var på en diplomatisk sendelse til Nederlandene. Kun ved brevveksling med Burmeister havde Klingenberg i den tid kontakt med sin store postforretning, hvad der i høj grad siger noget om den fuldmægtiges ansvar.[40]

Efter sin hjemkomst fra Nederlandene sørgede Klingenberg ikke længe derefter for, at Burmeister som Heins fik en fastere stilling. Fuld af nye initiativer efter udlandsopholdet var Klingenberg medstifter af flere handelskompagnier. I det ene af dem, saltkompagniet, blev Burmeister mod kaution bogholder i 1668 med pålæg om at indrette bøgerne pa den italienske købmandsmåde og siden holde dem forsvarligt tillige med korrespondancen.[41] Saltkompagniets direktører var Henrik Bjelke, Cort Adeler og Poul Klingenberg. Kompagniets levetid blev kun kort, i 1671 blev salthandelen igen frigivet. Da havde Burmeister allerede overtaget en anden stilling. Han blev fra starten det nye ostindiske kompagnis bogholder, en betroet post som han bevarede lige til

---

[39] Gunnar Olsen 1967, s. 174, Ole Feldbæk (udg.): *Danske Handelskompagnier 1616-1843. Oktrojer og interne ledelsesregler*, 1986, s. 41, 46.
[40] Rigsarkivet, C. Biermann Ehrenschildts privatarkiv, brev fra Poul Klingenberg 22./12. aug. 1667.
[41] Johan Jørgensen: *Rentemester Henrik Müller. En studie over enevældens etablering i Danmark*, 1966, s. 85.

sin død, og som fortsat bragte ham i taet kontakt med både sin patron Poul Klingenberg og kompagnonen Heins.[42]

Uvist hvornår giftede Ditmer Burmeister sig med Johanne von Gendern, hvis forældre ikke kan have siddet i ringe kår, da de ejede en stor gård på hjørnet af Admiralgade og Boldhusgade. Ved dette ægteskab fik han bl. a. Holger Paulli som svoger. Paulli var bogholder i Det vestindiske Kompagni. Efter Heins' død fortsatte Burmeister handelen i fællesskab med enken Magdalene, bl. a. krudtleverancerne til staten. Denne og anden virksomhed gjorde ham til en holden mand, så velhavende at Johanne Burmeister efter hans død i 1683 både kunne låne penge ud til folk som Frantz Müller, rentemester Henrik Müllers søn, og sammen med Heins' enke kunne inddrive pæne summer hos andre.[43] Af samme grund var Johanne et antageligt parti for købmanden Joachim Würger, da han omkring 1692 giftede sig med hende. Som Burmeister var Würger en tysk indvandrer, for hvem det var gået godt i København, uden at han var kommet frem i borgerskabets allerforreste række.[44]

Efter at Poul Klingenberg i 1669 havde taget fast bopæl i Iserbergs tidligere ejendom i Østergade, begyndte han der at føre stort hus. Således var han installeret der, da meddelelsen om udstedelsen af hans adelspatent nåede ham. Mange standspersoner boede i de grundmurede huse i Østergade omkring ham, mægtige mænd var hans gæster, bl. a. den unge Christian 5. i 1670. Da blev der drukket og sviret til den lyse morgen, og den nykronede konge fandt behag i at smadre alle husets ruder.[45] For Klingenberg tjente alt dette til konsolidering af hans sociale position. Nok havde han i en årrække været knyttet nært til rigshofmester Christoffer Gabel, men han havde også i tide nået at knytte venskabelige forbindelser til den nye komet på magtens himmel, Peder Schumacher. Klingenberg var derfor slet ikke i fare ved Gabels fald i 1670. Tværtimod har vi lov til at tage det for givet, at brødrene Schumacher er kommet hos Klingenberg i Østergade. Her blev de selvfølgelig

---

[42] O. Nielsen: *Kjøbenhavns Historie og Beskrivelse*, 5, 1889, s. 127, Feldbæk 1986, s. 46, O. Nielsen (udg.): *Kjøbenhavns Diplomatarium*, 7, 1886, s. 40, Ramsing 1, 1943, s. 111.
[43] Ramsing 1, 1943, s. 111, O. Nielsen (udg.): *Kjøbenhavns Diplomatarium*, 3, 1877, s. 670, Jørgensen 1966, s. 201, 210, 263.
[44] Jfr. Johan Jørgensen: Familien Würger i Lübeck og København, *Historiske Meddelelser om København* 1969, s. 22.
[45] Lauridsen 1987, s. 159.

præsenteret både for Klingenbergs eneste søn Poul Klingenberg den yngre og Iserbergs børn. På den måde får Albert Schumacher øje for Klingenbergs plejebarn Anna Margrethe Iserberg. De blev gift i 1671. Et nyt og særdeles nyttigt familiebånd havde Klingenberg dermed skaffet sig til kongens allernærmeste rådgiver. Familiebåndet alene gjorde det dog ikke. Klingenberg var gennem Ost-indisk kompagni med til at bestikke Peder Schumacher og betalte ham også et anseligt beløb i 1671 i forbindelse med sin udnævnelse til assessor i Statskollegiet. Schumacher på sin side kvitterede for familieskabet ved bl. a. at benytte omgivelserne ved Ørholm krudtmølle til sine stævnemøder med adelige damer.[46]

Da Anna Margrethe Iserberg forlod Klingenberg, lod han hendes søster Gertrud kalde til sig, så hun kunne føre huset i Østergade og - kan vi antage - måske tjene som endnu et bånd til magtens centrum ved et passende ægteskab. Sa let gik det dog ikke, først i 1682 blev hun gift og da med en mindre indflydelsesrig person, major Johan Arnoldt. Det opvejedes imidlertid rigeligt af, at Klingenbergs egen søn året efter blev gift med admiral Henrik Bielkes datter Edel Elisabeth.[47]

Da Klingenbergs muligheder for at forbinde ægteskaber og forretninger i 1670'erne ebbede ud, forsøgte han for sidste gang at skaffe statsleverancer til en handelstjener, denne gang Stephan Linnemann. I 1680'erne blev den fremgangsmåde ikke længere forsøgt, men det er værd at bemærke, at både Poul Heins den yngre og Hermann Iserberg den yngre da begyndte en diplomatisk karriere.[48] Diplomat og tilknyttet udenrigstjenesten havde Klingenberg selv været i næsten en snes år. Han kan derfor sidste gang have benyttet sine forbindelser til at skaffe stillinger til familiemedlemmer.

Kildematerialet til denne undersøgelse er spredt og spinkelt og undersøgelsen selv præget af en hel række antagelser og formodninger. Trods det aftegner der sig et tydeligt mønster ved oprulningen af ægteskabsindgåelserne og forretningsforbindelserne inden for denne gruppe af tyske indvandrere. For det

---

[46] Jørgensen, 2, 1894, s. 198f., 395f.
[47] G. L. Wad i *Historisk Tidsskrift* 6. 2, 1889-90, s. 127, *Danmarks Adels Aarbog* 1930, II, s. 4 og sst. 1923, s. 487.
[48] Lauridsen 1987, s. 188, jfr. Jørgensen 1966, s. 201, Marquard 1920, s. 248, 258, 288f., 317, 333.

første at de er blevet etableret i København som agenter for interesser i Hamborg og i en vis udstrækning også for Amsterdam og i kraft heraf til dels har handlet for deres penge. Det gælder både Iserberg, Klingenberg, Heins og Burmeister. For det andet kan vi iagttage, at disse indvandrere har konsolideret deres stilling i København ved at gifte sig med repræsentanter for de udenlandske interesser, de varetog i København og *ikke* ved ægteskaber med døtre af byens egne borgere. Det gælder Iserberg, Heins og Klingenberg. For det tredie at Poul Klingenberg i kraft af den særlig fremtrædende position, han hurtigt opnåede i København som admiralitetsråd, generalpostmester og storkreditor, dermed placerer sig i rollen som den, der hjælper og fremmer de øvrige nærttilknyttede indvandreres interesser og forretninger. At deres assimilering og vej op i det københavnske borgerskab dermed lettedes betydeligt, er hævet over enhver tvivl.

Med den målbevidsthed, hvormed Poul Klingenberg arbejdede for at fremme kombinationen familie og forretninger, oftest med succes, melder det spørgsmål sig uvilkårligt, om han blot gjorde det i almindelighed for at sikre sin familie og nære venner, eller om han har kunnet profitere på en personlig afhængighed hos dem, han på den måde hjalp. Her er det nødvendigt at skelne med hensyn til social status inden for personkredsen. Søsterdatteren Anna Margrethes ægteskab med Albert Schumacher har været en forbindelse, der var nyttig for at befæste Poul Klingenbergs egen sociale position. Den knyttede forbindelse var mellem jævnbyrdige. Tilsvarende forholder det sig med sønnen Poul Klingenbergs ægteskab ind i familien Bjelke. Anderledes var forholdet derimod til Iserberg, Heins, Eggers og Burmeister. Det var en personkreds, der alle i et vist mål var afhængige af Klingenbergs velvilje og som alle skyldte ham tjenester. Deres interesser havde han fremmet på forskellig vis ved leverancer til staten, begunstigelse med betaling eller privilegier og stillinger, hvis han da ikke direkte havde ydet dem lån eller kaution. Hvad fik Klingenberg da igen for at optræde i rollen som patron? Fik han overhovedet noget? Ja, det gjorde han. Det var ikke en tilfældighed, at Albrecht Heins døbte sin sidste søn Poul eller at Henrik Eggers gjorde det samme.[49] Sønnerne har fået navn efter fædrenes patron, ganske som Hermann Iserbergs søn i sin tid. Det var en måde at kvittere for modtagne tjenester på, og kendte vi fadderne ved

---

[49] *Danmarks Adels Aarbog* 1930, II, s. 4. Ovenfor note 28.

sønnernes og døtrenes dåb i denne personkreds, vil vi også kunne regne med at finde patronen i første række. Klingenberg havde selv sørget for at have mægtigere forbindelser i Marselis-konsortiet og i statsadministrationen som faddere, da han lod sine børn døbe.[50] Videre end dette tillader materialet os slet ikke at komme. Vi kan ikke afgøre, om en person som Klingenberg også har krævet økonomisk andel i de forretninger med staten, som han skaffede sine protegéer. Eller om han krævede følgagtighed med hensyn til synspunkter af f. eks. Albrecht Heins, når de sad som direktører i samme kompagni. Det må stå som åbne spørgsmål.

Personkredsen omkring Poul Klingenberg var kun en blandt mange i København, der var med til at konkurrere om forretningerne med staten, handels- og manufakturprivilegier og embeder i administrationen. Afdøde arkivar Johan Jørgensen har fremlagt eksempler på andre.[51] Tilsammen gør disse personkredses indbyrdes konkurrence det særdeles klart, at der ikke var tale om en konkurrence i nogen liberal økonomisk forstand. Der konkurreredes nemlig ikke i første række på prisen mellem disse grupper, ja, det var faktisk af underordnet betydning i de kredse i datidens samfund. I stedet konkurrerede man om de stillinger og forbindelser i administrationen, som bedst kunne fremme ens handel og forretninger. Med det som et grundvilkår følger det også, at der næsten med nødvendighed måtte etableres patron-protegérelationer i forretningsverdenen. De relationer kan måske have en ikke ringe lighed med dem, vi fra en senere tid finder hos f. eks. mafiaen og dens "familier". I et samfund, hvor forretningsverdenen endnu kun i meget ringe grad var organiseret, måtte familie og slægt blive det naturlige udgangspunkt for eksistenskampen. I den kamp havde Klingenberg-kredsen haft stor succes ved 1670.

---

[50] Det wedelske familiearkiv, Jarlsberg, Norge, Poul Klingenbergs selvbiografiske optegnelser.
[51] Patriciat og enevælde, *Historiske Meddelelser om København* 1963-64.

Klingenbergs "havedagbog"
- forsvundet og genkommet

Forhistorien

Siden 1667 har det været kendt for den læsende offentlighed, at generalpostmester, admiralitetsråd, købmand m.m. Poul Klingenberg nærede en levende interesse for havevæsen og botanik. Nævnte år skrev nemlig dansk botaniks førstemand Simon Paulli i *Quadripartitum botanicum de simplicium medicamentorum facultatibus*, at Klingenberg var så lærd på det område som en, der havde studeret det hele sit liv og roste hans have i Hamborg for dets sjældne planter. Paulli beretter videre, at der i Klingenbergs have i Hamborg var en slags små amerikanske ærter, kaldet "Pisum de gratia", som af en ært skulle have givet 324 stykker igen.[1] Det fik den norske præst Jacob Kirsebom ved Christiansands stift til kort efter at bestille nogle af samme slags, og han fandt derved ud af, at den hamborgske have kun var halvt så frugtbar som hans norske, da en ært der gav 610 andre ærter fra sig. Dette kunne Thomas Bartholin meddele i *Acta med. & Philos. Hafn*, 1, 1671-72. Da Petrus Kylling i 1688 udsendte sin *Viridarium Danicum* fandt han anledning til at omtale, at Klingenbergs havde en have i København.[2]

Herefter blev det ved gentagelsen af de samme oplysninger i knapt 100 år. Således hos Erik Pontoppidan i bind 1 af *Det første Forsøg på Norges naturlige Historie*, 1752, der naturligvis medtog præsten Kirsebøms for Norge glorværdige oplysning om ærternes formering i Christiansand.[3] Lægen og botanikeren Christen Friis Rottbøll holdt en del år senere en forelæsning i Videnskabernes Selskab i København, der blev trykt i selskabets skriftserie 1770 under titlen: "Afhandling om en Deel enten gandske nye eller vel forhen bekiendte, men dog for os rare Planter, som i Island og Grønland ere fundne tilligemed en kort Indledning om Urtelærens

---

[1] Paulli 1667, s. 434.
[2] Kylling 1688, s. 84.
[3] Pontoppidan 1752, 1, s. 171.

Tilstand i Danmark". I den korte indledning fandt Klingenbergs
haver en omtale byggende dels på Paulli 1667 og Pontoppidan
1752, dels på mundtlige oplysninger fra baron Wedel Jarlsberg
modtaget gennem konferentsråd Hielmstierne.

Det oplyses af Rottbøll med sidstnævnte som kilde, at
Klingenberg først havde anlagt en have i Hamborg, "men siden
forflyttede til sin Gaard Høyeriis i Tye udi i Jylland, hvor han ved
sin Fliid og anvendte Omkostninger bragte den saa vidt, at han
ikke allene dyrkede mangfoldige rare uden- og indenlandske
Væxter; men og desuden frembragte mange Slags Frugter hos sig,
som fordi de vare ubekiendte, bleve som rare Foræringer fra Jylland sendte til Frankerige og andre fraliggende Steder. Den Dagbog, som han ved denne sin sidste Have holdt over dens Tilvæxt
og Afgrøde, og som indeholdte disse artige Efterretninger, har
Hans Exellence Hr. Geheime-Raad og Baron af Wedel Jarlsberg
eyet, men samme er siden ved Laan bortkommet".[4]

Senere forfattere og historikere nåede ikke videre end dette,
heller ikke M. Birkeland og Fr. Olsen, da de i 1880'erne begyndte
udnyttelsen af Klingenbergs arkiv på Jarlsberg, nær Tønsberg i
Norge. Blandt dokumenterne var havebogen ikke.[5] Selv foretog
jeg 100 år senere en tur til arkivet på Jarlsberg, men for så vidt
angik havebogen, var det forgæves. Da jeg senere skrev om Poul
Klingenbergs og hele Marselis-konsortiets haveinteresse, kunne
jeg derfor kun omtale, men ikke gøre brug af havebogen. Det blev
til gengæld påvist, at hvor end konsortiets repræsentanter slog
sig ned, anlagde de haveanlæg og indkøbte eksotiske vækster.
Det være sig nær Amsterdam, i Oslo, Wandsbeck, Ottosen, Moskva, Højris og København.[6]

Dagbogen genfundet og udgivet

Næppe var imidlertid min afhandling udkommet, før jeg erfarede,
at havedagbogen var genfundet og befandt sig på Rigsarkivet.
Den havde været skjult i familien Reventlows familiearkiv (bestå-

---

[4] *Skrifter som udi det Kiøbenhavnske Selskab af Lærdoms og Videnskabs Elskere ere fremlagte og oplæste*, 10, 1770, s. 413.

[5] M. Birkeland: Det norske Postvæsen i dets Oprindelse og første Begyndelse, *Smaaskrifter tilegnede A. F. Krieger*, 1887, Fr. Olsen: *Det danske Postvæsen, dets Historie og Personer indtil dets Overtagelse af Staten 1711*, 1889.

[6] John T. Lauridsen: *Marselis-konsortiet. En studie over forholdet mellem handelskapital og kongemagt i 1600-tallets Danmark*, Århus 1987, s. 208-210.

ende af 106 pk. + 6 m).[7] Hvordan den er havnet der, er ikke udredet. Finderen var Ole Willumsen Krogh, der lod sin viden gå videre til hortonom, Ph.d Annie Christensen, som besluttede sig for at foranstalte en udgivelse. Den forelå i 1997: *The Klingenberg Garden Day-Book 1659-1722*, 291 s., ill. Den originale havedagsbogs 100 sider og mere ydmyge format 15x18 cm er her omsat til en statelig foliant gennem støtte fra Carlsbergfondet.

Udgiveren har - naturligvis - forsynet havedagbogen med en introduktion med oplysninger om Klingenberg, nogle af Klingenbergs haver og kommentarer til selve dagbogsteksten, og sidstnævnte er bragt på både engelsk og tysk. Dagbogen er ført på tysk, men dette sprog har ikke været internationalt nok for udgiveren, så originalteksten betegnes kun som "The Transcript" og anbringes sidst i bogen (s. 233-281), mens oversættelsen "The Day-Book" følger efter introduktionen (s. 49-117). Kommentarerne er knyttet til oversættelsen, og vil man arbejde med den tyske tekst, må man slå tilbage og læse kommentarerne til den engelske oversættelse. Denne disposition må siges at være en tvivlsom udgivelsesmæssig fornyelse, hvis ikke også en unødvendig meromkostning ved publiceringen. Det kan ikke forholde sig således, at fagfolk på dette specielle område skal have tysksprogede originaltekster serveret på engelsk for at beskæftige sig med dem.

Dagbogen består af indførsler for årene 1659-63 og 1687-1722. For årene 1687-89 fremgår det af dagbogen selv, at den er ført på godset Hanerau i Holsten, og fra oktober 1689 til 1722 på godset Højris på Mors. Endvidere står det klart, at dagbogen til 1690 er ført af den ovennævnte Poul Klingenberg og fra nævnte år af hans søn af samme navn. Poul Klingenberg den ældre døde 1690 og sønnen 1723. De har begge beskæftiget sig med haven til det sidste.

Tilbage står at placere dagbogsindførslerne for tiden 1659 til 1663. Hvor blev de foretaget? Det står ikke direkte i dagbogen. Her kunne de ovenfor omtalte samtidige botanikere måske have ledt udgiveren på sporet, men hun har i stedet valgt at gå sine egne veje. Hun når til den konklusion, at dagbogen for de første år også er ført på Hanerau. Her er der imidlertid det problem, at Poul Klingenberg først købte godset i juli 1664. Godset tilhørte i den periode, hvor Klingenberg skulle have foretaget de første indførsler i dagbogen, den danske krone. Denne forhindring

---

[7] Rigsarkivet, privatarkiv 6198, nr. 77 Diverse Sager 1660-.

overvinder udgiveren ved at konstruere en af kronen foretaget pantsættelse til Klingenberg. Fremstillingen er følgende:

"The castle stood empty after the flight of the chief administrative officer and the country clerk in 1657. It was extremely sensible of Paul Klingenberg the elder to take posession of the property. By his personal presence he was able to protect the security for the money owed to him. The Brandenburgers had a rather special reason for leaving Paul Klingenberg the elder's residence in peace. It was Paul Klingenberg the elder who looked after the supplies for the auxiliary troops. Hanerau's location had been useful in connection with his work with the distribution of supplies to the troops" (s. 31).

Denne fremstilling har den historiske kerne, at Klingenberg gennem sin medvirken i Berns & Marselis' handelshus var med til at finansiere tropperne i Holsten. Det var det øvrige Marseliskonsortium og Henrik Müller også. Der er imidlertid ingen dokumenterede efterretninger om, at Klingenberg som "extremely sensible" tog den danske krones ejendom i besiddelse og administrerede penge derfra. Mere herom nedenfor.

Udgiverens andet argument for Hanarau som hjemsted for optegnelserne er hentet fra "a much later statement" fra en præst, der bekræfter, at Klingenberg allerede levede på Hanerau i 1658. Kilden er LAS, Abt. 129, 1, no 551, hvilket ikke giver mulighed for på det foreliggende grundlag at vurdere dens værdi. Måske er det heller ikke nødvendigt at ulejlige sig med en henvendelse til arkivet på Gottorp for at undersøge, om præstens beretning er 20 eller 40 år senere. Udgiveren mener, at præstens udsagn "shows", at Klingenberg var på Hanerau, da svenskerne brød freden i august 1658. "The entries in the day-book show that he had begun work at Hanerau in 1658 or in the spring of 1659 at the latest"(s. 33, gentaget s. 205). Her er en simpel ringslutning. Det, der skal påvises, inddrages som argument.

Efter disse argumenter og formodninger følger konklusionen, at "Everything suggests ..." og "There is every possible reason to suppose that Paul Klingenberg the elder was living at Hanerau when he began his day book on 29 July 1659" (s. 33).

Yderligere et argument kunne være taget i anvendelse for at undersøtte udgiverens påstand om, at Hanerau er udgangspunktet for havebogen 1659-63, nemlig at sønnen Poul Klingenberg skulle være født der i 1659. Den oplysning står på hans sarkofag i Ljørslev Kirke 1723. Det har imidlertid ikke kunnet bekræftes af tidligere kilder, heller ikke Poul Klingenberg d.æ.s selvbiografiske optegnelser, som blot anfører sønnen som født i 1659 og døbt i Hamborg.[8] Her kan være tale om en fejlhuskning to generationer senere, og i hvert fald var det i tiden finere at være født på Hanerau end i Hamborg for en standsperson. Det kan have spillet ind. Imidlertid vil Klingenberg d.y.s fødsel på Hanerau i sig selv ikke være nok til at bevise, at det var der, Poul Klingenberg førte havedagbog.

Godset Haneraus historie er ikke ubeskrevet. Senest har Hans Wilhelm Schwarz med dissertationen *Amt und Gut Hanerau von den Anfängen bis 1664*, Neumünster 1977 leveret en gennemdokumenteret videnskabelig fremstilling.[9] Værket er udgiveren bekendt, men Schwarz har ikke nogen som helst omtale af Klingenberg i forbindelse med Hanerau *før* købet i 1664.[10] At Schwarz' kildestudier i bl.a. godsarkivet ikke har ført til afdækningen af Haneraus pantsættelse til Klingenberg, har ikke bragt udgiveren i tvivl. Den tvivl havde været på sin plads i betragning af de spinkle indicier, udgiveren selv kommer med. Derimod har hun konstrueret en forklaring på, at pantsættelsen ikke kan dokumenteres. Hun skriver, at Poul Klingenberg "was not to receive income from Hanerau, because the interest was continually added to the debt" (s. 31). Skulle det være tilfældet, så er det i forhold til de af mig foretagne undersøgelser undtagelsen, der bekræfter reglen gældende for de andre pantsatte godser, f. eks. for Hannibal Sehesteds afståede norske godser. Går vi imidlertid et øjeblik som eksperiment ind på udgiverens hypotese, så skulle det til gengæld være muligt at finde frem til de regnskaber, hvor disse renter løber på.

Mine egne undersøgelser af Marselis-konsortiets og Poul Klingenbergs forretningsvirksomhed har ikke ført til påvisningen af en pantsættelse af Hanerau til Berns & Marselis eller Klingenberg alene.[11] Der foreligger intet i det bevarede omfattende afreg-

---

[8] John T. Lauridsen: Poul Klingenbergs selvbiografiske optegnelser, *Personalhistorisk Tidsskrift* 1992, s. 226 [Her s. 202].
[9] Quellen und Forschungen zur Geschichte Schleswig-Holsteins 70, 1977.
[10] Schwarz 1977, s. 188ff.
[11] Poul Klingenberg var siden 1654 partner i Berns & Marselis' handelshus. En del af hans medgift ved ægteskab med en datter af huset indgik som part i forretningerne. Dette bliver nærmere dokumenteret nedenfor, s. 262-292. Alle regnskaber for konsortiets og Henrik Müllers engagement i Holsten under krigen foreligger.

ningsmateriale om, at en sådan pantsættelse har fundet sted. Marselis-konsortiet fik adskillige godser i pant under svenskekrigene, og der blev gjort behørigt regnskab for indtægter og udgifter for disse efter 1660. Praksis ved gældsafviklingen var den, at panthaverne i de fleste tilfælde fik det modtagne pant til ejendom, i nogle tilfælde med en klausul om kongelig tilbagekøbsret. Hvis Klingenberg havde haft Hanerau i pant før 1664, ville der som for de øvrige godsudlæg foreligge et regnskab for panteperioden. Det gør der imidlertid ikke. Dette kunne så formodes bortkommet. Herimod taler den kendsgerning, at vi er velunderrettet om omstændighederne ved Poul Klingenbergs overtagelse af Hanerau, herunder hvordan overtagelsen blev finansieret. Det sidste er det vigtigste. Ikke mindst i forhold til den af udgiveren ovenfor citerede hypotese.

Igennem de bevarede afregninger kan vi følge *alle* de poster, der indgik i slutafregningen for bl.a. Hanerau, og som blev opstillet i Kongens Skatkammer med følgende debet og kredit 1. august 1664:[12]

Debet	
Hanerau	100.000 rdl.
Dueholm Kloster	48.770 -
Mariager Kloster	131.741 -
Spredt gods ved Hald	10.375 -
Resterer til betaling	11.519 -
Sum	302.406 -

Kredit	
Efter revideret beregning	249.182 -
1000 centner krudt	20.000 -
Til Hannibal Sehested	29.224 -
Til Simon Paulli	2.000 -
Andet	2.000 -
Sum	302.406 -

---

[12] Rigsarkivet, Rtk. 216.258, Afregninger IX.8.XLVI; S. Nygård: Fortegnelse over kgl. resolutioner gennem Rentekammeret 1660-1719, no. 625, 1.8. 1664.

Den reviderede beregning på kreditsiden på 249.182 rdl. går tilbage til 28. juli 1664 og bestod bl.a. af et tidligere tilgodehavende på 137.313 rdl., som kan føres tilbage til ældre afregninger.[13] Dertil talrige rentetilskrivninger og kontante udbetalinger til forskellige personer. Det var det typiske ved kronens godsafståelser, at kreditorernes ophobede tilgodehavende for år, hvis ikke tiår, tilbage blev samlet. En hale af ældre afregninger var bilag til den endelige afregning. Således også for Hanerau og det øvrige ovenfor omtalte gods.

Pointen er, at der ikke i hverken den endelige eller de ældre afregninger indgår noget regnskab for Hanerau i den postulerede panteperiode, som ved de andre godsudlæggelser, hvor pantsat krongods blev overladt kreditorerne til ejendom. Heller ikke knyttes rentetilskrivninger til godset, der overhovedet ikke bliver nævnt før juli 1664. Klingenberg havde nemlig ikke haft Hanerau i pant.

Hvis Klingenberg havde investeret i haveanlæg, orangerie og alskens planter, buske og træer ved Hanerau fra 1658, og selv havde slået sig ned der med familien, må han også have været stærkt interesseret i at overtage godset til ejendom. Det er klart. Det kunne han imidlertid langtfra være sikker på på det tidspunkt - 1659 -, da han angiveligt skulle have begyndt investeringerne og arbejdet med haven. Det var ingen gratis interessse. Ville han udfolde den på lånt tid på kronens ejendom i krigstid, hvor han ikke vidste, hvad fremtiden ville bringe? Næppe. I øvrigt er det bemærkelsesværdigt, at der ikke skulle foreligge en kongelig bemyndigelse i fald Klingenberg havde haft ret til at bebo godset og udnytte det som brugeligt pant. Der var tale om en meget betydelig ejendom, som alene købesummen fortæller. Kgl. pantebreve i den størrelsesorden havde det ikke med at forsvinde.

Desværre er Poul Klingenbergs breve så ufuldstændigt og tilfældigt bevaret, at det ikke på grundlag dem alene lader sig gøre at afvise udgiverens pantsættelsesteori fuldstændigt, men i hvert fald er der ikke i de eksisterende breve og afregninger fundet et eneste eksempel på en datering fra Hanerau før juli 1664. Hvad afregningerne angår, kan man mene, at der var tale om forretningspapirer. Dermed var det forklarligt, at de alle blev dateret i handelshusets hovedsæde i Hamborg. Det gælder imidlertid også Poul Klingenbergs øvrige kendte korrespondance, når han da ikke

---

[13] For disse, se Rigsarkivet, Rtk. 216.257, Afregninger IX, 8, XLIV.

var på rejse. Når udgiveren vil have Klingenberg til at slå sig ned på Hanerau i 1658 eller "i det mindste i foråret 1659", så kan det f.eks. dårligt hænge sammen med, at hele hans korrespondance med Ditlev Ahlefeldt fra februar til juli 1659 er dateret i Hamborg.[14] Engang imellem må han da have sat pennen til brevpapiret på Hanerau, hvis han ikke pendlede mellem Hanerau og Hamborg hele tiden (!).

I 1664 blev Hanerau udlagt til brødrene de Lima som betaling for deres tilgodehavende hos den danske krone. De vægrede sig ved at overtage godset, og fik Poul Klingenberg *overtalt* til at modtage det i stedet for, mens de fik godset Hald ved Viborg til gengæld. Denne oplysning står at læse allerede hos Jeppe Aakjær i biografien af St. St. Blicher og er siden gentaget af mig selv.[15] Denne manglende forudgående interesse for Hanerau fra Klingenbergs side støtter ikke udgiverens påstand. I stedet er den et af mange vidnesbyrd om, at udgiveren er gået uden om direkte at anvende den relevante videnskabelige litteratur.

Som om dette ikke er nok, så giver havedagbogen for årene 1659-63 også indirekte - hvis ikke direkte - vidnesbyrd om, hvor den er blevet til. Som indledning til året 1660 er der følgende indførsel: "der frost hatt continuirt bis zu Ende des Monats January in welcher Zeit die alster Immerhin geschlossen gewesen. Die kelte ist jedoch mittelmessig und ertreglich gewesen. Im pomeratzen hause ist nur mit einen ofen eingehitzet wordn, und zwar teglich nur zwey mahl nemblich des Morgns und abends hatt sich sonstn woll gehaltn das es nicht drin gefrosen" (s. 238).

"die alster" er søen Alster i Hamborg (jfr. udgaven s. 124 n. 1). I januar-februar 1662 beretter dagbogen igen om isforholdene på søen, og desuden om et brud på Billwärder-diget [bilwerder deich] (s. 248). Det var et Hamborg-dige.[16] Hvis dagbogopteg-

---

[14] Schleswig-Holsteinische Landesarchiv, Gottorp: Abt 127.7 Haseldorf Gutsarchiv. Det drejer sig om 12 breve skrevet med jævne mellemrum mellem 19. feb. og 8. juli 1659.

[15] Jeppe Aakjær: *St. St. Blichers Livs-Tragedie*, 2, 1903-04, s. 82, Lauridsen 1987, s. 252 n. 11. Rigsarkivet, Rtk. 216.262, Afregninger IX, 26 Duarte de Limas arvinger.

[16] Udgiveren gør sig i denne forbindelse anstrengelser for at finde en utrykt henvisning om digebruddene i 1662, hvor hun kunne have konsulteret f. eks. Jens Bircherods dagbøger for 20. februar (Chr. Molbech (udg.): *Uddrag af Biskob Jens Bircherods historisk-biografiske Dagbøger for Aarene 1658-1708,*

nelsen skulle være foretaget på Hanerau, hvorfor skulle Klingenberg så henvise til en frossen sø i Hamborg for at fortælle om klimaet på godset? Der var voldgrave og vandhuller nok i nabolaget. Eller beskæftige sig med digebrud i Hamborg? Som det også fremgår af det kort, udgiveren publicerer side 14, var der langt fra Hanerau til Hamborg, så langt at det er meningsløst at jævnføre klimaet de to steder. Det har Klingenberg heller ikke gjort. Han var i Hamborg, da han skrev de pågældende optegnelser. Der havde de pågældende forhold interesse for ham. Der havde han nemlig sin første have.

Hermed er jeg tilbage ved udgangspunktet, Simon Paullis berømmelse af Klingenbergs have i Hamborg i 1667. På det tidspunkt var det den have, Klingenberg var kendt for. Her foretog han sine første havedagbogsoptegnelser 1659-63. Efter købet af Hanerau anlagde han også et større haveanlæg her, men det er de første års optegnelser uvedkommende. Haven ved Hanerau var ikke berømmet, da Paulli skrev. Hvor nært Klingenbergs bekendtskab med Paulli var, fremgår bl.a. af, som det fremgår ovenfor, at der var udvekslet den betydelige sum af 2.000 rdl. mellem dem. Der var også i øvrigt forbindelse mellem familierne Paulli og Klingenberg,[17] hvorfor der ingen grund er til at antage, at Paullis oplysninger blev meddelt på anden hånd.

De sene oplysninger bragt i trykken af Rottbøll godt et århundrede efter, står heller ikke i et dårligt forhold til den virkelighed, optegnelserne afspejler. Klingenberg havde begyndt sine optegnelser i Hamborg, og de var videreført på Højris, selv om de ganske enkelte år der imellem var ført på Hanerau. At dette blev oversprunget i den mundtlige overlevering så længe efter, turde være forståeligt og forklarligt. Det havde kun drejet sig om så få år, og det var efterhånden blevet sværere at skelne mellem,

---

1846, s. 75) eller F. V. Mansa: *Bidrag til Folkesygdommenes og Sundhedspleiens Historie i Danmark*, 1873, s. 427. Sidstnævnte har tillige den interessante oplysning, at der den 12. aug. 1664 blev udstedt forbud mod adskillige havefrugters indførelse fra fremmede steder, da de var årsag til smitsomme sygdomme (s. 429), hvilket er et vidnesbyrd om, at der heri også kunne være en grund til at indføre planterne selv.

[17] P. M. Stolpe: *Dagspressen i Danmark*, 2, 1879, s. 210; Camillus Nyrop: *Bidrag til Den danske Boghandels Historie*, 1, 1870, s. 259, John T. Lauridsen: En "Godfather" i København - indvandreres etablering i København omkring 1660, *Historiske meddelelser om København* 1988, s. 21 [Her s. 219].

endsige huske, at der var tale om to og ikke en Klingenberg. Konklusion: Heller ikke overleveringen støtter udgiverens påstand.

Man kan blandt meget andet stille det spørgsmål, hvorfor udgiveren ikke har søgt nærmere oplysninger om Klingenbergs have i Hamborg. Der bruges i introduktionen mange sider på Hanerau og ganske få på Højris (s. 34-37; heraf er de to sider endda illustrationer). Sidstnævnte sted er dog udgangspunkt for de allerfleste af optegnelserne. Først i de senere haveafsnit s. 205-222 rådes der til en vis grad bod på dette, men stadig dominerer Hanerau (s. 205-214)[18]. Kunne der ikke være søgt til Højris' godsarkiv?[19] Hvorfor denne disponering? Det hænger måske bl.a. sammen med, at udgiveren ikke har foretaget mere systematiske kildestudier. Dele af den trykte litteratur har været styrende, og der er skrevet meget mere om Hanerau end om Højris. Hamborg er ladt helt ude af betragtning, da udgiveren ikke har gjort noget for at efterprøve eller falsificere sin pantsættelsesteori, men har været så forelsket i den, at alternativer ikke er blevet søgt. I det mindste for den samlede forståelse af Klingenbergs haveinteresse burde der være gjort mere ud af haverne i både Hamborg og København. Petrus Kyllings ovennævnte værk er ikke inddraget i introduktionen.

Det har været svært at finde et mønster i kildebenyttelsen. Hvilke spørgsmål har styret dem? Pantsættelsesteorien er ikke søgt efterprøvet i regnskabsmaterialet, men samtidig får vi overflødige henvisninger til originalt kildemateriale, dansk som tysk, i forbindelse med forhold, som forlængst er afdækket i den eksisterende forskning. Blot krediteres de pågældende værker kun undtagelsesvis for det, og hvor det sker, er der tale om kildehenvisninger af en karakter, som man ikke ville forvente at finde i en videnskabelig kildeudgivelse. De er yderst summariske. Der kan f. eks. stå "Harris" (s. 118f.), "Gloy" (s. 33), Schwarz (s. 25), "Christian IV's letters" (s. 31), "Olearius" (s. 41), "RA 216.153, p. 131" (s. 30). I litteraturlisten kan man så få opklaret, hvad "Harris" m. fl. står for med titel og et trykår, men sidetal hører alligevel til blandt minimumskravene ved videnskabelig udgivervirksomhed. Christian IV's breve er i otte store bind og på adskillige tusinde

---

[18] Haven ved Hanerau 1659-63 beskrevet s. 205-211 er i forlængelse af ovenstående i stedet en beskrivelse af Klingenbergs have i Hamborg.

[19] Dele af arkivet går tilbage til 1576 (adkomstbreve, retssager), og dets oplysninger kan suppleres på anden vis gennem tingbøger, markbøger m.v. (Godsarkiv 112 i Landsarkivet for Nørrejylland).

sider. Her overlades det læseren selv at finde ud af i hvilket bind og på hvilken side oplysningen om A. B. Berns' overtagelse af Wandsbeck står. Udgiverens tekst er ingen hjælp dertil. De utilstrækkelige henvisninger til arkivfonds, som i det nævnte eksempel, hvor man selv skal regne ud, at det drejer sig om Rentekammerarkivet, er symptomatisk. Brugen af det videnskabelige apparat er ganske enkelt dilettantisk.

Der er ingen samlet oversigt over de arkivfonds, der er benyttet. Den er tilføjet her som bilag. Det drejer sig om nogle kopibøger og så har bestallingerne haft udgiverens særlige interesse, mens afregningerne kun lige er strejfet.

I enkelte tilfælde stiller udgiveren spørgsmål til stoffet, hvor hun nævner, at hun ikke har været i stand til at finde et svar. Det gælder således spørgsmålet, om Klingenberg d.æ. læste engelsk og fransk. Da hun angiveligt selv har betjent sig af Klingenbergs arkiv på Jarlsberg (i form af kopien på Rigsarkivet), så ville hun deri have kunnet konstatere, at en del af brevvekslingen om tontinen (en plan for et livsforsikringsselskab) førtes på fransk. På sine diplomatiske missioner betjente Klingenberg sig også af fransk. Til gengæld giver udgiveren den fuldstændige meningsløse oplysning, at Klingenberg "certainly read Dutch and German" (s. 20).[20]

Udgiveren har haft det problem, at Klingenberg d.æ. betjente sig af forkortelser, når han opgav priser på indkøbte ting til haven. "In order to get some clarification I had to look througt contemporary accounts to see how the names of monetary units were usually abbreviated in manuscripts. No other accounts in the hand of Paul Klingenberg the elder have been preserved. Therefore it is not possible to make a comparison" (s. 18).

Der findes talrige regnskaber bevaret blandt Rentekammerets afregninger med Klingenbergs d.æ.s hånd. Blot vil en sammenligning med dem være uden relevans. Der blev alt overvejende regnet i rigsdaler, hvorfor problemet med forkortelser af fremmede møntsorter må søges ved hjælp af speciallitteraturen derom.[21]

Hvad der er skrevet om Poul Klingenberg i den eksisterende

---

[20] Det er allerede s. 17 oplyst, at både Klingenberg og søn skrev på tysk.
[21] Her bliver ikke taget stilling til hverken transskriptionens kvalitet eller oversættelsen.

forskning, henvises der praktisk talt ikke til.²² Det kunne begrundes med, at der ikke er skrevet ret meget om Klingenbergs haveinteresse. Da udgiveren imidlertid selv kommer ind på en del andre forhold vedrørende familien Klingenberg, forekommer denne tilbageholdenhed iøjnefaldende. Især da en del oplysninger kun kan være hentet herfra, selv om kildehenvisninger ikke gives. Det er ikke at hjælpe den læser, der vil beskæftige sig med udgaven af havedagbogen, og det er egentligt en udgivers opgave at gøre det. Der burde have været en faglig konsulent på denne udgivelse, der kunne have vejledt om basale udgivelsesprincipper.

For at illustrere udgiverens fremgangsmåde skal gives et par karakteristiske eksempler. Poul Klingenberg d.æ. blev 16. juli 1653 udnævnt til generalpostmester. Det er en banal oplysning, som kan slås efter i ethvert biografisk opslagsværk. Bestallingen er trykt flere gange, og den bliver naturligvis udførligt behandlet i Otto Madsens bog om det danske postvæsen fra 1991.²³ Der ville altså være mange relevante henvisningsmuligheder i det trykte litteratur, hvis en henvisning overhovedet var nødvendig. Udgiveren vælger imidlertid den fremgangsmåde at henvise til Rigsarkivets pergamentsamling (s. 38), mens Madsens bog ikke anvendes noget sted. Den 24. juli 1703 omtaler Poul Klingenberg d.y. en Nikolai Helt, som har sendt melonfrø (s. 269). I noten hertil henvises til en person af det navn i rentemesterregnskabet 1655, som i 1662 er blevet viceadmiral med henvisning til RA 212.83. Det skrives derpå: "Wether or not it was he who supplied these melon seeds cannot be established" (s. 139 n. 17). I stedet for at bruge den lettilgængelige håndbogslitteratur begiver udgiveren sig ud i henvisninger til utrykt kildestof uden at bidrage med noget nyt, og hvad værre er, i dette tilfælde heller ikke relevant. Et opslag i *Dansk biografisk Lexikon*s 1. udgave under Helt, ville have fortalt hende, at admiral Helt døde i 1667. Skulle han have leveret frøene,

---

[22] Derfor skal der heller ikke gåes i rette med alle misforståelser og fejltolkninger, men blot fremhæves disse: S. 20 gøres Poul Klingenberg d.æ. til førstegenerations forretningsmand. Det var han ikke. S. 37 gøres Poul Klingenbergs ægteskab med en datter af hans principal Albert Baltser Berns til den eneste mulighed ("only possibility") for at sikre handelshuset. Den påstand står for udgiverens egen regning og har ikke hold i det tilgængelige materiale.

[23] *Et nyttigt og gavnligt Postværk. P&Ts historie til 1711*, 1991.

skulle det have været mere end 35 år tidligere![24] Udgiverens "detailed examination of the archives of Christian IV and Frederik III" (s. 25) giver nedslående få resultater, når det gælder realkommentarer til hovedkilden, dagbogsoptegnelserne.[25]

Selv har jeg udgivet Klingenbergs personalhistoriske optegnelser, en udgivelse som er forfatteren bekendt, og dog vælger hun kun at henvise til Jarlsberg-arkivet, hvor hun bruger dem. I andre tilfælde udelades henvisninger helt, hvis ikke udgiveren har kunnet finde en utrykt kilde til formålet. Således hvor det fortælles, at Poul Klingenberg i 1668 fik bopæl på Østergade i København, og at "This was an extremely long and narrow plot of ground" (s. 39. Gentaget s. 132 n. 8!)[26]. Denne oplysning med en gengivelse af grundstykket med havens placering blev publiceret i 1988, hvilket udgiveren ikke mener brugere af dagbogsudgaven har nødig at vide.[27]

Det er et usympatisk træk, når en forsker ikke vil vedkende sig de skuldre, hun står på. Her er det konsekvent.

Dagbogen som indgangsnøgle til den civiliserede borger

Den botaniske og havefaglige side af udgivelsen får kyndige på disse områder udtale sig om. Det er at håbe, at tyngden i disse

---

[24] Registret rummer hverken Helt eller en lang række andre af de i noterne omtalte personer: f. eks. Hermann Iserberg (ikke Isenberg), Albrecht Heins (ikke Albert), Louis van der Wiele (ikke Weile) (s. 132), botanikeren Hendrich B. Oldenland (s. 147), mens andre er med. Optageleskriterier efterlyses. - Udgiveren kan heller ikke bestemmme sig til, om den ene af udgivelsens hovedpersoner, Poul Klingenberg d.y., døde i 1722 eller 1723 (s. 17, 42). Det var i 1723. Leonhard Marselis levede 1611-67, hvor udgiveren ikke kender dødsåret (s. 118 n. 3). Samme sted fortæller udgiveren, at det ikke vides, hvor Selio Marselis boede i København, når han var i byen fra 1657. Det vides i hvert fald, at han bl.a. boede hos Henrik Müller! Hvis det altså har nogen som helst relevans.

[25] Det er interessant, at udgiveren har fundet ud af, at Klingenberg i 1663 organiserede anlægget af en labyrint i kongens have ved Rosenborg, men hvorfor skal vi have det at vide to gange, den ene med henvisning til utrykt kildemateriale, den anden med henvisning til et manuskript af udgiveren? (s. 39 og s. 126 note 12).

[26] Dette er et blot et blandt flere eks. på, at oplysninger fra introduktionen påny bringes i noterne.

[27] Lauridsen 1988.

modsvarer den historiske dels svagheder.

Afslutningsvis vil jeg i stedet komme ind på, hvad nyt dagbogen fortæller os om Poul Klingenberg d.æ. Sønnen er af mindre interesse, da det kun var faderens interesse og initiativ, der fik ham selv til at gå videre med optegnelserne.

Poul Klingenberg d.æ. begyndte dagbogen på et tidspunkt, hvor han var mere involveret i store forretninger end nogensinde. Tilmed kunne de føre til handelshusets ruin, hvis Danmark blev opslugt af Sverige. Handelshuset Berns & Marselis havde knyttet sin skæbne til Frederik 3.s. I den situation gav Klingenberg sig tid til at tænke på haveanlæg, indkøb af planter og de rette vækstbetingelser. Dagbogen blev dog ikke ført med større flid 1659-63 og den lange pause til 1687, begrunder han selv ved genoptagelsen med travlhed i den danske konges tjeneste. Imidlertid er det ikke kun omfanget af optegnelserne, der er af interesse, men også de bestræbelser, dagbogsoptegnelserne er udtryk for. Manden har brugt tid på at skrive rundt i Europa for at få sine vækster, og han har sat sig ind i tidens havelitteratur, som han givetvis tilmed har ejet nogle titler af selv. Fra anden side ved vi, at han var bogelsker.[28] Fra de andre medlemmer af Marselis-konsortiet modtog han talrige planter til sine haver. Der blev ikke kun udvekslet forretningsbreve og penge, men planter har hørt til forsendelserne lige så vel som bøger og andre luksusgoder. Planterne blev også opgjort i penge. Priser blev indført i optegnelserne. Det var ikke, fordi der var tale om forretning med henblik på en fremtidig profit, men det lå så dybt i den kalkulende mands adfærd, at disse oplysninger måtte med.

Der havde været haveinteresse i Marselis-konsortiet længe før Klingenberg kunne drømme om at få sine egne haver. Haver på det plan, hvor de med deres udførelse og valget af planter skilte sig ud fra den jævne borgers livsnødvendige nyttehaver. Det var haven til pryd, adspredelse og forsødelse for øjne og gane. Det er givetvis den form for haveinteresse, Klingenberg direkte overtager fra sin principal Berns og viderefører, da han gennem det gunstige ægteskab med Berns' yngste datter fik mulighed derfor.[29]

Vi må ikke forestille os Klingenberg beskæftiget i haven selv.

---

[28] A. D. Jørgensen: *Peter Schumacher Griffenfeld*, 2, 1894, s. 217.
[29] Det kan tilføjes, at ikke så få danske borgerlige i Klingenbergs omgangskreds delte haveinteressen, f. eks. Griffenfeld (Jørgensen, 2, 1894, s. 144).

Det grove har han haft folk til. Haven er i stedet blevet overvåget lige så nøje som de øvrige forretninger, det var en investering, ikke så meget i penge, som i tid, og tid var også blevet en slags penge for den kalkulerende købmand. Derfor ville han også se til, at væksterne trivedes, der skulle føres bog over dem. Ikke så omhyggeligt som over obligationer og varer, men der skulle være et skriftligt udtryk for denne side af hans stræben. Han sørgede f. eks. for, at orangeriet blev brugt. Det blev sat op om efteråret, derind blev sat sarte planter, og han førte nøje kontrol med, hvor meget varme der skulle til, for at de kunne klare sig igennem vinteren. Om foråret blev orangeriet så taget ned igen.

Da han efter de mange års pause tog optegnelserne op igen, var det ikke kun den erfarne verdensmand, der vendte tilbage til en tidligere kær syssel, men også den erfarne havemand, der nu ikke alene havde ladet anlægge adskillige haver, men også havde set dem gro gennem en lang årrække. Som da han startede optegnelserne i 1659, var der i 1687 et stort pres på ham. Et for et var hans godser gledet ham af hænde, desuden postadministrationen, og kun skiftet med sønnen i 1685 havde reddet store værdier for familien, mens han selv var truet af personlig ruin. Den sikkerhed han engang havde kunnet stille, var der ikke mere og kreditorerne lod sig ikke længere besnakke. Hans breve indeholdt ikke længere store planer og projekter, og om han virkelig havde regnet med "in meinen hohen alter zu etwas Ruehe kommen" i 1687 (hans egne ord s. 255f.), kan man have sin tvivl om. I hvert fald må han på det tidspunkt forlængst have kunnet se, hvor det bar hen for hans personlige økonomis vedkommende. Den ville ikke give ham ro.

Optegnelserne på Hanerau blev kun ført i to sæsoner. I den tredie, 1689, måtte han opgive Hanerau på grund af sin gæld. Han indskibede sig i oktober på et fartøj, der førte ham til Højris. Forud havde han ladet tage små træer og buske op og gjort dem klar til forsendelse til Højris. Hos sønnen skulle haveintersssen videreføres, uagtet at meldingerne om hans økonomiske ruin fulgte med. Han var konkurs, da han stævnede ind i Limfjorden den oktober 1689. Nu skulle han til at spise nådens brød hos sønnen. Han tog fat på havearbejdet på Højris i februar 1690 og førte de knappe optegnelser frem til den 28. juli. Han fik et sidste forår og en sommer i sønnens have. Så tavshed. Den 11. oktober blev han begravet på Ljørslev kirkegård. Sønnen greb efter et par år pennen og førte faderens optegnelserne videre i 30 år.

Bilag: Benyttede utrykte kilder

Udgiveren meddeler hverken en fortegnelse over de benyttede utrykte kilder eller giver i tekst og noter så fyldige oplysninger om kilderne, at man kan se, hvilke det drejer sig om. For Rigsarkivets materiales vedkommende, er der her tilføjet de nødvendige oplysninger på grundlag af de trykte registraturer. For Schleswig-Holsteinische Landesarchiv på Gottorp må interesserede gå til arkivets registraturer.

Rigsarkivet
Danske Kancelli
B 166 [1572-1660] Diverse originale kgl. bestallinger, bevillinger, og benådninger samt pas
B 183 1618-60 Bestallingsbøger 1-3

Rentekammeret
211.32 1660-67 Kopibog over kgl. missiver til rigsskatmesteren og Kammerkollegiet
211.33-36 1660-66 Bilag til kopibog over kgl. missiver til rigsskatmesteren og Kammerkollegiet [heraf 33 og 36]
212.36 1651-70 Ekstraktprotokol over udlagt jordegods i Danmark og Norge
212.83 1660-62 Tysk ekspeditionsprotokol
212.84 1661-62 Kgl. reskripter vedr. hertugdømmerne
215.2 1660-79 Originale kgl. åbne breve
215.5 1660-79 Kgl. missiver til embedsmænd i hertugdømmerne
216.115 1665-69 Memorialer
216.153 [ca. 1652-ca. 1670] Skatkammerets besoldingsbøger
216.199 Afregninger III Borgerlige civile [en afregning]
216.231 Afregninger VIII Indenlandske private [en afregning]

Tyske Kancellie Indenrigske Afdeling (TKIA)
A 44 1536-1670 Uregistrerede koncepter til bestallinger
A 47 1524-1668 Originale kgl. bestallinger

Hans Schacks personarkiv (nr. 6262)
Rentemesterregnskab 1652/53, 1655
Pergamentsamlingen
Partikulærkammeret

Jarlsberg arkiv (kopi af Poul Klingenbergs papirer)
PK, drSA,25, LtrA [Benyttet s. 124 note 4. Forkortelsen er ikke søgt opløst].

Schleswig-Holsteinische Landesarchiv, Gottorp (LAS)
Abt 7/187, bilag 24-26
Abt. 127, 21, FA, C, 52
Abt. 129, 1, no. 113, 114, 201, 239, 551 (Gutsarchiv Hanerau)
Liber daticus 1675-85

Adelsreaktion og politisk satire under den tidlige enevælde

Frataget sin enerådende privilegerede magtstilling med statskuppet i 1660, havde adelen i tiårene derefter kun få muligheder for under et enevældigt diktatur med våbenmonopol og altomfattende censur at manifestere nogen utilfredshed eller modstand mod den ændrede tingenes tilstand. Enhver opposition måtte udfolde sig inden for meget snævre rammer, hvis ikke statsmagtens knusende hånd skulle ramme den, der ytrede kritik eller fornærmede den af guds nåde udvalgte kongelige familie. Det kom en række selvbevidste såvel borgerlige[1] som adelige undersåtter hurtigt til at føle. For adelens vedkommende statueredes der helt i tidens retspraksis' ånd skræmmende eksempler på, hvordan det kunne gå dem, der var letsindige i omtalen af enevælden og den kongelige familie, ved domfældelserne af Kaj Lykke og Oluf Rosenkrantz.

Kaj Lykke havde 1656 været så letsindig i et brev til en elskerinde at skrive, at dronningen lå i med sine lakajer, hvilket senere kom den enevældige konge for øre med det resultat, at Lykke dømtes fra både liv og gods. Da den dømte havde absenteret sig, opførtes i stedet i september 1661 et rent skuespil på Københavns slotsplads, hvor en legemsstor dukke i Lykkes fravær "henrettedes". Sært er det ikke, at Lykkes skæbne vakte "stor forfærdelse i gemytterne" hos adelen. Lykkes henrettelse in absentia var den første af sin slags under enevælden, og skuespillet skulle klart over for adelen og andre demonstrere, at der var meget snævre grænser for, hvad selv de rigeste adelsmænd - til hvilken gruppe Lykke havde hørt - kunne tillade sig.[2]

Oluf Rosenkrantzs forseelse mod enevælden var af en mere

---

[1] E. Holm: *Danmark-Norges indre Historie fra 1660 til 1720*, 1, 1885, s. 25; Johan Jørgensen: Patriciat og enevælde, *Historiske meddelelser om København* 1963-64, passim.

[2] N. Rasmussen Søkilde: *Kaj Lykkes Fald*, 1876, Chr. Bruun: *Kay Lykke*, 1886, Svend Ellehøj i Poul Bagge m. fl. (red.): *Højesteret 1661-1961*, 1, 1961, s. 239-246.

politisk karakter. Han vovede i skrift efter skrift at tage adelen i forsvar over for de angreb og insinuationer, den blev udsat for fra det nye regimes side. Første gang var det i et anonymt skrift i 1663, hvis indhold af kredse ved hoffet takseredes til at være af en sådan karakter, at skriftet burde brændes af bøddelen. Dertil kom det ikke, men muligvis har man på rette sted kunnet gætte, hvem den anonyme forfatter var, for Rosenkrantz fik ikke noget embede. Han havde ellers kvalifikationerne dertil. Et muligt eksempel på et enevældigt berufsverbot, som selvfølgelig blev praktiseret for at dæmpe oppositionslysten.

Da Rosenkrantz i en længere årrække ikke offentligt havde givet udtryk for den adelige reaktions synspunkter, fik han omsider under den nye konge, Christian 5., både embede og titel. Fremkomsten af to bøger med nye angreb på adelen blev ham alligevel for meget. 1681 udsendte han i Lübeck et modskrift *Apologia nobilitatis Daniæ* med et forsvar for adelen, og det skete i hans eget navn. Tilskyndet til det sidste var han blevet ved, at der var bibragt ham det indtryk, at han kunne gøre det uden at frygte kongens unåde. Her forregnede han sig. Det var for hård kost for magthaverne at skulle sluge angrebene på det udanske hofslæng og dets rænker og på de indvandrede tyskeres utaknemmelighed, valgriget som den oprindelige tilstand m.m. Det hjalp ikke, at modskriftet havde karakter af et lærd værk. Forseelsen takseredes til tab af alle titler, embeder og hele formuen.[3]

Dette var ydertilfælde, adelsreaktionen manifesterede sig i reglen langt mere indirekte, men alligevel på en sådan måde, at kongemagten ikke kunne være i tvivl om meningen. Da dokumentet om arvehyldingen af Frederik 3. blev rundsendt i riget i 1661, var det således et påfaldende stort antal adelige underskrifter, der under det ene og det andet påskud manglede.[4] At den egentlige årsag var politisk, kunne der ikke for selv den sløveste hofjunker

---

[3] C. P. Rothe: *Brave danske Mænds og Kvinders berømmelige Eftermæle*, 2, 1754, s. 557-701, C. H. Brasch: *Om Robert Molesworth's Skrift "An Account of Denmark as it was in the year 1692"*, 1879, s. 36-41, J. A. Fridericia: En litterær Protest mod Enevælden under Christian V, *Tilskueren*, 9, 1892, s. 441-59, Svend Ellehøj i Poul Bagge m. fl. (red.): *Højesteret 1661-1961*, 1, 1961, s. 289f., 291f., Jesper Düring Jørgensen: Forbudte og undertrykte bøger i 1600-tallets Danmark, *Nordisk Tidskrift för Bok- och Biblioteksväsen* 79, 1992, s. 123-127.

[4] A. Fabritius: Adelen og Arvehyldingen 1661, *Festskrift til Erik Arup*, 1946, s. 187-93.

være tvivl om. Til udenlandske diplomater gav danske adelige deres utilfredshed med enevælden mere frit løb, nogle enkelte var som Corfitz Ulfeldt villige til at gå i forbund med udenlandske magter for at få enevælden omstyrtet, men flertallet af de oppositionelle adelige lod det blive ved en kritik i sluttede kredse. Som den franske diplomat Terlon sagde om adelen, den talte mere, end den var at frygte. Økonomisk var adelen i tilbagegang og som officerer til hær og flåde blev den i realiteten så godt som ikke længere antaget.[5] Statens magtmidler hvilede sikkert i den enevældige konges hånd. Når der derfor blev fortalt om forræderiske planer og konspirationer mod kongen, som f.eks. i 1668,[6] tjente det mere som en retfærdiggørelse af regimets stramme greb om magten, end det rummede en reel trussel.

Tværtimod var det kongemagten, der havde alle kortene på hånden og kunne spille offensivt ud over for adelen, ikke kun når det gjaldt antagelsen af de pålidelige og loyale ved embedsbesættelser, men også ved at angribe adelens standsbevidsthed og hidtidige sociale status. Bortset fra statskuppet i 1660 var der næppe noget, der kunne vække den slagne adels vrede og modvilje mere end oprettelsen af de nye rangklasser af grever og friherrer med særlige privilegier i 1671.[7] Med Griffenfelds ord var det med de nye rangklasser hensigten "at dele adelen",[8] nemlig mellem dem, der antog de nye titler, indgik i kredsen af den nye loyale hofadel, og de andre. Splittelsen lykkedes i første omgang for så vidt kun delvist, som et mindretal af de gamle adelige familier, der havde midler dertil, lod sig optage i den nye herrestand; heller ikke alle i øvrigt kongen loyale adelige embedsmænd antog en af de nye titler, nogle afslog åbent.[9] Her trådtes adelsstanden for nær selv for nogle af dem, der aktivt havde deltaget i det nye styre. Paradoksalt nok var den ovennævnte Oluf Rosenkrantz en af de få og tilmed oppositionelle adelige blandt de gamle familier, der antog den nye rang. Hans politiske indstilling havde ikke kunnet

---

[5] K. Fabricius: *Kongeloven*, 1920, s. 193f.; Holm 1885, s. 34f.
[6] O. Nielsen (udg.): *Kjøbenhavns Diplomatarium*, 5, 1885, s. 766.
[7] Herom bl.a. A. D. Jørgensen: *Peder Schumacher Griffenfeld*, 1, 1893, s. 388ff.; Birgit Bjerre Jensen: Christian V's greve- og friherreprivilegier, *Arkiv* 2, 1968, s. 89-130; N. G. Bartholdy: Adelsbegrebet under den ældre enevælde, *Historisk Tidsskrift* 12. 5, 1971, s. 577-650.
[8] Holm 1885, s. 37.
[9] Jørgensen, 1, 1893, s. 391f.

modstå presset fra hustruen Birgitte Krabbes stærkt udviklede honette ambition.

På bare lidt længere sigt opnåede kongemagten det med det nye rangsystem tilsigtede, at splitte adelen, at lægge en daglig gift ud for forholdet mellem den gamle adel og den nye adel af adelig eller borgerlig herkomst, der antog de nye titler. Hvor giftigt, ja hadsk dette forhold i nogle hoveder kunne udvikle sig, har vi et enestående eksempel på i den såkaldte "Grevens og Friherrens Komedie",[10] der er skrevet mindre end ti år efter de nye privilegiers udstedelse engang i 1670'ernes slutning, nærmere bestemt 1679-80.[11] Komedien blev ikke trykt i samtiden og kan heller aldrig have været beregnet for hverken opførelse eller trykning. Det var et håndskrevet læsestykke, der var beregnet på i afskrift at gå fra hånd til hånd og øve sin indflydelse i de oppositionelle og andre kredse, der ikke på anden måde kunne udtrykke eller få afløb for deres meninger. Den dramatiske form blev antaget for, at stykkets hovedpersoner kunne udlevere *sig selv* til satiren, latteren og hånen, men stykkets karakter var i bund og grund politisk. Det skal der ikke tages fejl af, og det gjorde stykkets forfatter eller forfattere heller ikke selv, for han/de foretrak at forblive anonyme. I kraft af den kritik komedien rettede mod privilegiesystemet af 1671, ville det aldrig kunne gå gennem censuren, ja de udtrykte holdninger var direkte farlige for forfatteren, om han havde givet sig til kende.

Den mest udbredte antagelse er, at komediens anonyme forfatter er adelsmanden Mogens Skeel (1650-94), der også på anden måde har vist skønlitterære tilbøjeligheder; men afgjort er det ikke, og senest er det i 1978 - efter min mening lidet overbevisende - blevet anfægtet af Erik Sønderholm.[12] Uden i øvrigt at ville gå nærmere ind i diskussionen af, hvem der er stykkets ophavsmand, denne artikels sigte er et andet, vil jeg påpege et forhold, der kan tale for Mogens Skeel som forfatter til stykket, og som pudsigt nok fandtes betænkeligt af en af stykkets udgivere,

---

[10] Om komediens overlevering se nedenfor.
[11] Om dateringen se foruden de forskellige udgaver af komedien J. A. Fridericias og C. O. Bøggild-Andersens biografier af Mogens Skeel i de 3 udgaver af *Dansk biografisk leksikon*, Jørgensen 1, 1893, s. 496 og her nedenfor.
[12] Erik Sønderholm: Die Standesumwälzung 1660 im Spiegel von "Grevens og Friherrens Komedie", i Dieter Lohmeier (Hg.): *Arte et Marte*, Neumünster 1978, s. 210-14.

Sophus Birket Smith, og talende imod Skeel som pennefører.[13] Det er det forhold, at Skeel i 1679 giftede sig med en af baronesserne efter det nye rangsystem, Helle Helene Rosenkrantz. Hvordan kunne Skeel på *en* gang være en ædende ond kritiker af grevernes og friherrernes titler og rang og selv gifte sig med en datter af en af dem, oven i købet med en af dem fra den gamle adel, som var faldet for fristelsen til den nye rang? Spørgsmålet besvarer Birket Smith ikke, men det er måske ikke så betænkelig en sag endda. Baronessens far var nemlig den allerede to gange nævnte Oluf Rosenkrantz, der nok havde ladet sig baronisere, men ikke desto mindre fortsat var en levende forsvarer af og fortaler for den gamle adel over for både de nye adelige og enevælden. Hvad er mere oplagt, end at Skeel har ladet sig inspirere af på en gang svigerfaderens oppositionelle holdninger og hans ægteskab med Birgitte Krabbe, hvis ambitioner om titel og rang pressede ham til at lade sig baronisere? Skeel har haft rig lejlighed til at lære disse forhold at kende ved omgang med familien Rosenkrantz, da han blev forlovet med Helle Helene i 1675,[14] før komedien er blevet forfattet. Tilmed har svigerfaderen måske bidraget med noget af det stof til komedien, som Skeel nødvendigvis måtte have på anden hånd, da han selv var for ung til at have samtidigt kendskab til det.[15]

Stykkets forfatters identitet er for så vidt her underordnet, som "Grevens og Friherrens Komedie" under alle omstændigheder er et åbenbart udslag af strømninger i den reaktionære adel. Den mulighed, at stykkets ophavsmand skulle være borgerlig, anser jeg for ganske minimal. Dertil er den nedladende og foragtende holdning over for personer af borgerlig herkomst, der gennemsyrer stykket, alt for kraftig.[16] Det er nogle af de reaktionære adelige strømninger, der optræder i komedien, der her skal ses nærmere på.

De hidtidige undersøgelser og udpræget den seneste af Erik Sønderholm har næsten alle samlet opmærksomheden omkring

---

[13] S. Birket Smith: *Studier paa det gamle danske Skuespils Omraade*, 1, 1883, s. 283.
[14] Sønderholm 1978, s. 211.
[15] Hos Erik Sønderholm anses det bl.a. p.g.a. hele Mogens Skeels livshistorie for "wenig wahrscheinlich", at Skeel er forfatteren (Sønderholm 1978, s. 212).
[16] Erik Sønderholm mere end antyder, at den borgerlige satiriker Jacob Worm kan være forfatteren (Sønderholm 1978, s. 213f). Om Worm se Erik Sønderholm: *Jacob Worm. En politisk satiriker i det syttende århundrede*, 1971.

245

komediens kritik af det nye rangsystem og baggrunden herfor, foruden diskussionen af forfatterens identitet. Jeg har valgt at forskyde focus til et hidtil knapt berørt eller i værste fald noget misforstået element i komedien: Fremstillingen af komediens hovedoffer eller hovedskurk, baron Klingenbeutel med familie, og ikke mindst den anonyme forfatters baggrund for og hensigt med denne karakteristik.

Indledningsvis skal jeg med Birket Smith henlede opmærksomheden på "Grevens og Friherrens Komedie"s nære slægtskab med den samtidige nyere franske komedie, som stykkets forfatter må have været bekendt med. Et karakteristikon ved tidens nyere franske komedie var, at indholdet, det anvendte stof, var hentet umiddelbart ud af det omgivende samfund. Sådan mener Birket Smith også, at det forholder sig med "Grevens og Friherrens Komedie",[17] hvilket jeg kun kan tilslutte mig. Oprettelsen af de nye rangklasser 1671 er så klart et af de omgivende samfundsforhold, der har sat forfatteren igang, og flere vil blive fremdraget i det følgende, specielt hvad angår figuren baron Klingenbeutel.

Denne figur Klingenbeutel, der optræder som stykkets kæltring, er han blot "die Halluzination eines von Hass verzehrten Menschen", som Erik Sønderholm mener,[18] eller var han at finde lyslevende i 1670'ernes København? Til støtte for sin meget klare afvisning af, at en virkelig person har tjent som forbillede for baron Klingenbeutel gennemgår Sønderholm en række af de personer, der havde de nødvendige karakteristika: Adlede borgerlige, der var kommet frem ved bedragerier over for staten. To kommer i betragtning: Henrik Müller og Poul Klingenberg og begges kandidatur afvises: "Diese bürgerlichen Kaufleute waren, soweit wir das heute erkennen konnen, tüchtig, energisch, effektiv und vermutlich auch hart, vielleicht sogar brutal, aber Betrüger waren sie nicht; im Gegenteil. Die Mustergültigkeit seiner Rechenschaftslegung rettete z. B. Henrich Müller immer wieder im politischen Machtkampf, während die beiden Spitzenfiguren des Adels, Ulfeld und Sehested, wegen ihrer Unordnung und vermutlichen Betrügs bei Lieferungen an den Staat zu Fall kamen". Dette opsigtsvækkende synspunkt fører ham til følgende slutning: "Die Darstellung im Stück scheint demnach so gut wie keinen realen

---

[17] Birket Smith, 1, 1883, s. 271.
[18] Sønderholm 1978, s. 208.

Hintergrund zu haben, sie ist dem monomanen Hass des Autors entsprungen, der wiederum dadurch bedingt ist, dass dergleichen hätte vorkommen können".[19] Grundlaget for denne slutning er mere end tyndt, og i bedste fald er der tale om en meget overfladisk læsning af den litteratur, der henvises til i fodnoterne - Johan Jørgensens arbejder og Dansk biografisk leksikons anden udgave. Ikke mindst i Johan Jørgensens arbejder ville Sønderholm have kunnet overbevise sig om, at det var så som så med det "mønstergyldige" i Müllers og Klingenbergs regnskabsaflæggelse, hvis man da ikke tager det i den helt tekniske forstand, at regnskaberne for det meste formelt var i orden og dog heller ikke altid: Væsentlige bilag kunne mangle, så det ikke var til at afgøre om en påstået statsleverance faktisk var foretaget. Heller ikke holder det, at Müller (og Klingenberg som repræsentant for Marselis-konsortiet) overlevede den politiske magtkamp gang på gang på grund af den rene uskyld, mens alene Ulfeldt og Sehested var bedragerne og de skyldige. Müller var rent faktisk i fængsel i en periode omkring Ulfeldts fald for sin andel i svindelen med statsleverancer, der var nemlig to parter - nogle af statsadministrationens topfolk og storleverandørerne - om bedragerierne, og det kan dokumenteres, at de begunstigede storleverandører fik i det mindste flere hundrede tusinde rdl. i ekstraprofit.[20] Det var af en helt anden grund, at magthaverne kom på bedre tanker med hensyn til de bedrageriske leverandører og slap Henrik Müller ud af fængslet så hurtigt igen: Der var fortsat og mere end nogen sinde brug for deres kredit og administrative indsigt. Derfor overlevede de gentagne politiske magtkampe.

Helt så hallucineret og forblindet af had, som Sønderholm har villet gøre den anonyme forfatter, har han ikke været. Tværtimod var der i høj grad en reel historisk baggrund for de beskyldninger, som i stykket rettes mod den nobiliterede borgerlige opkomling, der bl.a. havde betjent sig af bedragerier. Når Sønderholm yderligere udtaler en vis forsigtighed med hensyn til, om de borgerlige købmænd var hårde i deres fremfærd, ja måske

---

[19] Sst. s. 207f.
[20] H. D. Lind: Underslæb på Bremerholm under Korfitz Ulfeldts Finansstyrelse, *Historisk Tidsskrift* 6. V, 1894-95, s. 367-410; Johan Jørgensen: *Det københavnske patriciat og staten ved det 17. århundredes midte*, 1957, s. 40-45, 51-55; Johan Jørgensen: *Rentemester Henrik Müller. En studie over enevældens etablering i Danmark*, 1966, s. 34-38; John T. Lauridsen: *Marselis-konsortiet*, Århus 1987, kap. IV.2.

endda brutale, kan den forsigtighed fejes til side allerede på grundlag af den foreliggende forskning: De var hårde, de var brutale og i en vis periode bedragere tilmed.

Når dette er fastslået, vil det nok være et nyt forsøg værd nærmere at kaste lys over Klingenbeutel-figurens mulige forbillede i den tidlige enevældes København. Hvad er mere nærliggende end først at forsøge ud fra den oplagte navnelighed mellem Klingenbeutel og Klingenberg? I komedien er baron Klingenbeutel en giftefærdig ung mand. Var der i slutningen af 1670'erne en giftefærdig ung baron Klingenberg i København? Ja, det var der faktisk: Poul Klingenberg den yngre, født 1659, var endnu ugift i den periode, men havde den alder, hvor man begyndte at se sig om efter en passende brud. Hans far var købmand og statsleverandør, generalpostmester, fhv. admiralitetsråd, accessor m.m. Poul Klingenberg (1615-90), hvis karriere nærmere skal sammenlignes med den levnedstegning, som den unge baron Klingenbeutel så relativt udførligt giver af sin far i komediens 4. akt, scene 2. Forud skal det understreges, at sammenligningen vil rumme et element af tolkning fra min side, men at tolkningen mest vil være i detaljerne, hovedlinjen er klart dokumenterbar.[21]

---

[21] Om familien Klingenberg se Fr. Olsen: *Det danske Postvæsen, dets Historie og Personer indtil dets Overtagelse af Staten 1711*, 1889, kap. III, *Danmarks Adels Aarbog* 1923, s. 486f., John T. Lauridsen: Poul Klingenbergs selvbiografiske optegnelser, *Personalhistorisk tidsskrift* 1992, s. 213-228 [Her s. 133-144] samt Lauridsen 1987, der bringer udførlig dokumentation og hvortil der generelt henvises for det følgende.

Forholdet mellem fiktion og virkelighed i "Grevens og Friherrens komedie"

Fiktion	Virkelighed
brudgommen baron Klingenbeutel	baron Poul Klingenberg d.y. (1659-1723)
hans far	Poul Klingenberg d.æ. (1615-90)
tatere	handelskonsortiet Marselis og Berns
springe gennem tøndeband, lyde som fugle (gøgleri)	handel, købmandsskab
foged	rigshofmester Corfitz Ulfeldt
husbond	Christian 4. - Frederik 3.
stor herregård	Danmark
krigen ankom	1657
salg af fordærvet proviant til hær og flåde	proviantering af hæren
godsudlæg efter krigen	1661-64
baronens far nobiliteret	1669
baronen begiver sig til hove	Klingenberg d.y. begav sig til hoffet
sidste krig	1675-79
krigskommissarie	?
amt	?

Listen over de mulige forbilleder for de fiktive forhold og personer i komedien kunne let forøges, f.eks. med spekulationer over, hvem bruden, hendes forældre og hendes kæreste er, men det vil jeg afstå fra her. I stedet har jeg markeret en række i komedien nævnte forhold med ?, da det ikke har været muligt at eftervise deres virkelige pendant.

Baron Klingenbeutel fortæller, at hans far blev opdraget blandt tatere. Denne i stykket ondsindede påstand skal understrege, at Klingenbeutel havde den dårligst tænkelige og uærlige baggrund. Taterne var bortset fra natmænd, rakkere o.lign. den tids mest ildesete samfundsgruppe. Poul Klingenberg d.æ. var af borgerlig herkomst, født og opvokset i Hamborg. De "kunster", som Poul Klingenberg lærte, var heller ikke at springe igennem

249

en tøndegjord og at efterligne alle slags dyr med munden som den unge baron Klingenbeutels far; nej, han oplærtes i handelens og beregningens kunst hos købmændene Gabriel Marselis og Albert Baltser Berns i Hamborg. Hermed være det klart, hvordan stykkets forfatter ser på en borgerlig håndtering som handel og købmandsskab: Det er at sammenligne med gøgl og tøjeri. Og det var netop disse kunster, der i komedien fik en foged til at kaste sine øjne på Klingenbeutel d.æ. og tage ham til sig på en stor herregård. Denne "foged" har rimeligvis været Corfitz Ulfeldt, som Poul Klingenberg d.æ. stod i nær forbindelse med gennem Marselis-konsortiet. Dermed passer også hele den følgende fremstilling af forløbet i stykket: Fogeden udlærer Klingenbeutel i småtyverier og han bliver så god dertil, at hvad fogeden stjal fra husbonden (= Christian 4.), stjal Klingenbeutel fra fogeden. Stykkets indirekte fremstilling af forholdet mellem statsleverandørerne og Ulfeldt er for så vidt korrekt, som det var Ulfeldt, der som den første praktiserede systemet med "begunstigede" leverandører, men om det direkte var ham, der oplærte dem til tyveri er mere tvivlsomt og her underordnet.

Hvordan kunne nu alt dette gå for sig? Komedien har en forklaring parat: fogedens husbond (= Christian 4.) gav ikke meget agt på fogedens dont, så han havde ret så frit spillerum, hvilket passer fint med Ulfeldts selvstændige stilling og dispositioner over for Christian 4. i 1640'erne, hvor besvigelserne med statsleverancerne fandt sted.

Da fogeden opdager, at han bliver bestjålet, vil han straks af med Klingenbeutel, men så let går det ikke, for Klingenbeutel fortæller herremanden alt om fogedens "stykker" (i.e. tyverier, numre), hvorved Klingenbeutel opnår at blive sat i fogedens sted. Dette kommenteres snertende i stykket, at hvor herremanden kom af med fanden, fik han hans oldemor i stedet!

Dette er på flere måder en præcis beskrivelse af, hvad der blev resultatet af Ulfeldts fald omkring 1650; blot var der ikke tale om, at de af ham begunstigede leverandører talte ud til kongen om bedragerierne eller Ulfeldts aktivitet. Havde det været tilfældet, kunne det have været brugt i anklagerne mod Ulfeldt, og det skete ikke. Hvad der er hovedpointen i stykket, at herremanden fik fandens oldemor i stedet for fanden selv, stemmer derimod på det smukkeste: Mens Ulfeldt mistede al magt og indflydelse, mistede de bedrageriske leverandører, der havde samarbejdet med ham, intet. Der blev heller ikke tale om tilbagebetaling af den modtagne "overprofit", tværtimod øgedes deres indflydelse, og skal der køres hårdt på parallellen kan det tilføjes, at nok blev Poul Klingenberg ikke formelt indsat som f.eks. rigshofmester efter Ulfeldt, men efterhånden opnåede han alligevel nogle af administrationens allerhøjeste poster, bl.a. blev han 1654 admiralitetsråd med indflydelse på indkøbene til flåden. Det var noget, Ulfeldt tidligere havde taget sig af.

At herremanden på den måde tog en tyv af ringe herkomst i sin tjeneste, kunne kun føre til en ting: Ruin, og det på kort tid. Det klarede herremanden sig kun ud af ved at låne penge af Klingenbeutel, de penge, som Klingenbeutel havde stjålet fra ham selv, idet Klingenbeutel sørgede for ikke at lide tab. Det gik til på den måde, at Klingenbeutel vidste, at husbond måtte gøre opbud, d.v.s. overlade jordegods som betaling til kreditorerne. Da havde Klingenbeutel orienteret sine "interesserede", der gjorde krav på husbond, som måtte stille dem tilfreds for at klare sig.

Frederik 3.'s finansielle situation var meget dårlig lige fra tronbestigelsen og forværredes i 1650'erne, store summer blev lånt af statsleverandørerne i rede penge eller i form af varer. 1650-51 var det nødvendigt at udlægge en del af krongodset som betaling til kreditorerne, bl.a. Marselis-konsortiet, hvorigennem Klingenberg 1654 kom i besiddelse af det tidligere krongods Bustrup og Lund på Mors. Marselis-konsortiet har helt oplagt været Klingenbergs "interesserede", som pressede på over for kronen med deres krav.

Herefter lader komediens forfatter Klingenbeutel d.æ. begynde at optræde som købmand, der undertiden vandt noget ved forskellige småaf greb, men ikke så meget. Først svenskekrigene gav den store profit ved salg af proviant til flåden og soldaterne. Det lykkedes ham at sælge fordærvet proviant dyrt og at få givet andre skylden derfor p.g.a. dårligt opsyn. Efter krigen måtte han som betaling have det bedste gods i riget med rente og rentes rente. Dermed var han en holden mand, og noget derefter blev han adlet ved en "skjænkads".

Også for denne fase er parallellen mellem Klingenbeutels og Klingenbergs løbebane slående: Poul Klingenbergs forretninger med kronen i 1650'erne havde som for de øvrige storleverandørers vedkommende været stagnerende indtil starten af krigen mod Sverige i 1657. Da vendte billedet, og Klingenberg var som repræsentant for Marselis-konsortiet specielt med til at sørge for provianteringen af den danske hær og flåde. En enkelt kontrakt, hvor Henrik Müller også medvirkede, drejede sig om forsyningen af hele den danske hær for et halvt år. Om priserne i denne kontrakt bemærkede de adelige, der forhandlede på statens vegne, at priserne rigtignok var højt opskrevne.[22] Krigssituationen gav storkøbmændene muligheder for at gøre ekstra gode forretninger. Som de øvrige storleverandører modtog Klingenberg i årene 1661-64 et omfattende krongodskompleks som betaling for sine tilgodehavender og adledes "noget derefter" i 1669.

Dette er ligetil. Mere interessant er det, at da komediens forfatter omsider åbent omtaler Klingenbeutels forbindelse til kronen og staten i kraft af hans stilling som leverandør, sker det uden, at kongens person på nogen måde direkte eller indirekte omtales. Kun Klingenbeutels svindel og opskruede priser trækkes frem, derimod ikke, at der kunne være dadelværdige forhold hos kongemagten, når noget sådant kunne forekomme. Det overlades helt til læseren at slutte det. Stykkets forfatter søger hermed at undgå, at han lastes for nogen form for majestætsfornærmelse. Af samme grund foretrækker han at tale om foged og herremand i afsnittet, hvor det drejer sig om forholdene under Ulfeldts og Christian 4.s magtperiode. Her er der tale om så graverende og kritisable ting, at forfatteren foretrækker at tilsløre de reelle forhold, der hentydes til endnu mere, men dog ikke mere end at den vidende læser kan erkende, hvad det drejer sig om. Når forfatteren udviser denne forsigtighed for at undgå majestætsfornærmelse, behøver det ikke nødvendigvis at betyde, at han har frygtet konsekvenserne i det tilfælde, at hans anonymitet skulle blive afsløret. Da var det i sig selv alvorligt nok, at han havde vovet at lave en grov og kritisk satire over en af den enevældige konges foranstaltninger, rangordningen af 1671. Snarere ser jeg denne tilbageholdenhed som udtryk for en respekt for kongemagten, der trods alt var til stede hos forfatteren, og at netop dette forhold har øget stykkets udbredelsesmuligheder, er der næppe tvivl om. Det var nu engang ikke så slemt at drive satire på en kongelig foranstaltning, hvor offeret var en borgerlig opkomling, som på kongemagten selv. I sidstnævnte tilfælde havde komedien trods alt nok fundet vej til færre slotte og herregårde. Og endnu en ting om forfatteren viser denne tilbageholdenhed med at hænge kongemagten ud: Han har ikke været helt så forblindet af had og hallucinationer under udarbejdelsen af stykket, som Sønderholm gerne vil gøre ham til. Om så havde været, kunne

---

[22] Jørgensen 1966, s. 64-66.

kongemagten være hængt meget mere ud. Det er slet ikke komediens ærinde, men heller ikke, hvor det gælder stykkets centrale tema - kritikken af rangordningen og af de borgerlige opkomlinge, som udnytter den - er der tale om en af had forblindet forfatter. Foranstående gennemgang, der ganske vist bygger på et element af tolkning, viser med al tydelighed, at forfatteren har haft et nøje kendskab til forholdet mellem statsmagten og storkøbmændene fra 1640-erne og fremefter. Han laver en satire derover, pakker lidt ind, men mange steder bliver det til en ren gengivelse af reelle forhold, der i sig selv var groteske og kritisable nok til, at et ekstra satirisk element for forfatteren bliver unødvendigt.

Hadet og raseriet kommer først op i forfatteren, når han må konstatere, at personer som Klingenbeutel med hans borgerlige baggrund og svindleriske løbebane kan nå rang og sæde før gode adelsmænd. Det udløser al hans harme, det er skændigt, hvorimod den adelsmand, i stykket grev Skovsgaard, der har antaget den nye titel, kun er til grin og i komediens slutning bliver klogere. Det er standsrelationerne før 1660, den anonyme forfatter med al sin kraft slås for.

Nu kunne man måske tro, at den anonyme forfatter kunne nøjes med at lade sin bidende satire gå ud over de borgerlige opkomlinge af første generation. Den unge baron Klingenbeutel havde ikke andel i faderens bedragerier og havde ikke fået en borgerlig opdragelse. Det er imidlertid ikke formildende omstændigheder, for allerede i den unge Klingenbeutels fremstilling af sin fars livsforløb, lader forfatteren ham udlevere sig selv: Dels tager Klingenbeutel ikke afstand fra sin fars gerninger, tværtimod omtaler sønnen med stolthed faderens snuhed og kunster, dels vil han i sin fremstilling af sig selv ikke stå tilbage for faderen, men beretter om, hvordan han sleskede sig ind ved hoffet og opførte sig som en vejrhane, indtil han under sidste krig (d.v.s fra 1675) blev krigskommissær og så sin chance for at lave bedrageri.[23]

---

[23] Om den unge Klingenbergs liv vides kun lidt: En kort tid var han 1677 med i diplomaten Just Høegs stab i Nijmegen, hvorfra han tog videre på den for unge adelige obligatoriske udlandsrejse (Gyldenløves lakaj. Optegnelser fra Christian V.s tid af Matthias Skaanlund (*Memoirer og Breve* XVIII), 1912, s. 33). Han skulle dog have været student i Oxford 1676 (Vello Helk: *Dansk-norske studierejser 1661-1813*, 2, 1991, s. 11). 1685 var han i København. Om han som "Klingenbeutel" var krigskommissær m.m. er derfor uvist.

Selv anser han det kun for klogskab. Forfatterens budskab er med andre ord klart, at sønnen er som faderen. De deler værdier og er fortsat nogle beregnende kæltringe. Derfor er det også en skændsel, at sønnen er baron og kan få sæde endda foran ansete gamle adelige familier. Den sociale orden er helt af lave.

Det vil være rimeligt at stille spørgsmålet, hvorfor komediens forfatter vælger at sætte et så ædende ondt og ærerørende satirisk angreb ind lige på familien Klingenberg. Hertil kan være flere grunde: For det første den meget ligefremme og oplagte mulighed, som navnet Klingenberg gav. Ved at kalde stykkets borgerlige opkomling for Klingenbeutel opnåedes på en gang det, at ingen kunne være i tvivl om, hvem der hentydedes til allerede på grund af navnet; og der fremkom som et ekstra raffinement et ordspil (Beutel = pung, pose) ledende tanken hen på *klingende* mønt, der mere end antydede, hvad det hele drejede sig om for den familie: De penge, hvormed de mente at kunne købe sig alt, også rang og stand. Af de øvrige endnu levende af statens borgerlige storkreditorer, der var blevet godsejere og adlede, var i 1670'ernes anden halvdel kun Henrik Müller tilbage. Kun han havde som Klingenberg været med helt fra tiden under Ulfeldts finansstyrelse i 1640'erne, men hans navn rummede ikke de samme muligheder for et ordspil som Klingenbergs. Det kan have været en medvirkende grund til, at Klingenberg blev valgt som hovedskurk i komedien, men hovedårsagen ligger nok andetsteds.

Stykkets forfatter har ikke valgt sin skurkefigur i flæng. Bevidst har han valgt en person ud med en løbebane som statsleverandør helt tilbage til Ulfeldts dage for at kunne få bedragerierne fra dengang med, en person der senere var blevet adlet og nok så væsentligt: Som stadig i 1670'erne var særdeles magtfuld, ja vel blandt den snes af enevældens administratorer, der havde mest indflydelse og kongens fortrolighed.

Poul Klingenberg havde med Marselis-konsortiet overlevet Ulfeldts fald. Senere knyttede han nær forbindelse til den under Frederik 3. magtfulde Christoffer Gabel, nævnes som en af Gabels yndlinge,[24] men undgik at blive fældet med Gabel ved Christian 5.s tronbestigelse. I tide havde han satset på den nye opkommende stjerne, Peder Schumacher, senere Griffenfeld, men var nær røget ud i kulden med ham i 1676. Rygterne svirrede da om også Klin-

---

[24] P. W. Becker (udg.): *Samlinger til Danmarks Historie under Frederik III.s Regering*, 2, 1857, s. 411.

genbergs forestående fængsling, men det blev ved rygterne.[25] Endnu engang svømmede Klingenberg ovenpå, og han blev fortsat benyttet som embedsmand og diplomat.

Komediens forfatter kan derfor tillægges et klart politisk motiv til at sværte den Klingenberg af borgerlig herkomst, der atter og atter formåede at undgå at blive fældet sammen med sine protegéer, ved at minde om hans lange bedrageriske karriere, hvordan han er kommet til velstand og adelsskab og hans kæltringekarakter, egenskaber der genfindes hos sønnen. Hvor optaget forfatteren er af at få Klingenberg sværtet til fremgår også af selve stykkets komposition: Første halvdel er letløbende med hurtige og korte dialoger og monologer, mens sidste del er langt tungere, og der indsættes en lang og særdeles detaljeret monolog - komediens længste - hvor den unge baron Klingenbeutel fortæller om faderens og sit eget liv. Hvorfor dette brud på kompositionen og den undtagelsesvis store mængde detaljer, hvis ikke netop for at ramme Klingenberg-familien og det, den står for?

Nok hånes de adelige i komedien, der lod sig ophøje som grever og baroner, men hovedadressaten for hån, latter og spot afslører selve kompositionen og stofvægtningen som den borgerlige opkomling repræsenteret ved Klingenbeutel/Klingenberg.

Den anonyme forfatter til "Grevens og Friherrens Komedie" har næppe forestillet sig, at han med sit stykke skulle kunne fravriste familien Klingenberg dens samfundsmæssige position. Derimod har komedien kunnet udsætte familien Klingenberg for spot, latter og hviskerier i de kredse, hvor den selv færdedes - det kunne gøre ondt - og så kunne det være, at en og anden familie i den gamle adel tog hånligt afstand fra familien Klingenberg. Dermed kan forfatteren have søgt at opnå et andet mål med sin komedie: at sætte en stopper for familien Klingenbergs indgiften i den gamle adel. I komedien er det den unge baron Klingenbeutels agt at blive gift ind i en gammel adelsfamilie, nu grevelig, hvilket mislykkes, da han må ile til sine godser for at hindre, at fiskalen konfiskerer dem. Den udkårne jomfru får herved tid og lejlighed til at gifte sig med sin elskede, selvfølgelig en junker af den gamle adel. Da baron Klingenbeutel viser sig igen efter at have opdaget, at han er blevet narret bort, er jomfruens far, den ældre adelsmand, blevet klogere og byder kun nogle bemærkninger og et farvel, der fortæller, at dette var den rette og lykkelige løsning: Godt at

---

[25] A. D. Jørgensen: *Peder Schumacher Griffenfeld*, 2, 1894, s. 369f., 382.

de elskende fik hinanden og at det hindredes, at det kom til ægteskab mellem opkomlingen og en repræsentant for den gamle adel.

I slutningen af 1670'erne omkring komediens affattelsestidspunkt var det ved at være tiden for den unge Poul Klingenberg at overveje et passende ægteskab - måske har den anonyme forfatter haft kendskab til "følere" herom. Det har været en aktuel anledning til at sætte hele komedien sammen: Forfatteren har ikke været spor ubekendt med familie- og slægtsforbindelsernes store betydning, når det drejede sig om etableringen eller konsolideringen af den sociale position på den tid; ej heller Poul Klingenberg d.æ.s målbevidste udnyttelse heraf for at udbygge sin sociale position. Tre af sine søsterbørn havde han på standsmæssig vis fået gift ind i den københavnske overklasse, den ene med Griffenfelds bror, adlet Gyldensparre.[26] Spredt i de rette kredse kunne komedien være med til at lægge gift for Klingenbergs fortsatte bestræbelser i den retning. Med komediens satire, udleveren og hån, har forfatteren gerne villet gøre familien Klingenberg og med den de øvrige borgerlige opkomlinge uantagelige som familieforbindelse i den gamle adel.

Om det lykkedes? I tilfældet Klingenberg er svaret nej. I 1683 giftede Poul Klingenberg d.y. sig med Edel Elisabeth, datter af rigsadmiral Henrik Bielke, en af Poul Klingenberg d.æ.s mangeårige bekendte fra bl.a. arbejdet i Admiralitetskollegiet, hvor de begge havde siddet.[27] Bielke var en af de gamle adelsfamilier, hvem den anonyme komedieforfatter havde villet advare, men forgæves. Når det drejede sig om rigdom, magt og position betød en noget betænkelig fortid mindre, og den borgerlige herkomst blev snart af mindre og mindre betydning.

Såvel i tilfældet Klingenberg som i mange andre, opgav den gamle adel sin reservation og indgifte blev mere og mere almindeligt.

Endnu en omstændighed skal med når det overvejes, hvorfor Poul Klingenberg d.æ. og hans familie blev komediens udvalgte syndebukke. Misundelsen over Klingenbergs magt og rigdom var en ting, noget andet om Klingenberg i sin personlige

---

[26] Lauridsen 1987, bilag 3. Det skal bemærkes, at både Henrik Müllers og Gabriel Marselis' sønner i København i 1670'ernes slutning var blevet gift.

[27] *Danmark Adels Aarbog* 1923, s. 487; J. H. Barfod: *Niels Juel. Liv og gerning i den danske søetat*, Århus 1977, s. 108.

gøren og laden gjorde en sådan stads af sin nyvundne stand, at det selv i hans samtid kunne fremkalde andet end misundelsen, at han kunne fremkalde smilet, var ufrivilligt komisk i en overdreven fremstilling af f.eks. synlige beviser for sin høje rang? Led han kort sagt af et særligt ondartet tilfælde af den ikke ukendte rangsyge? Noget sådant er i dag svært påviseligt og meget vil kunne henføres til den løsagtige sladders overdrev. I sit store hus i Østergade i København, et af byens fornemste strøg, havde Klingenberg ansat tjenestefolk i et antal, der oversteg de fleste omkringboende standspersoners. Tjenestefolkenes antal var en af måderne at demonstrere rigdom og rang på. Tillige havde han en af byens fineste og mest præsentable karosser, der blev benyttet ved modtagelsen af fremmede diplomater. I St. Petri kirke havde han meget omhyggeligt sørget for at købe sig en lukket plads lige under kongens.[28] Jo nærmere kongen i forhold til menigheden jo bedre og et synligt tegn på fremtrædende rang og en rig pung. Da Klingenberg i 1660'erne lod sin hustru og sig selv male, benyttedes selvsagt landets bedste maler, Karel van Mander, der ellers mest tog sig af kongelige og adelige personer.[29] Disse spredte træk er ikke nok til at fastslå, at Klingenberg har været særlig rangsyg, men vi ser, at han på den anden side heller ikke har været tilbageholdende med at omgive sig med tegnene på den sociale status og indflydelse, han havde opnået. Det har givetvis været mere end tilstrækkeligt for en repræsentant for den reaktionære adel, der ønskede adelsvældet tilbage og de borgerlige holdt ved deres egen stand.

Til belysning af den adelige reaktions karakter, som den udfolder sig i "Grevens og Friherrens Komedie", er det værd at medtage nogle centrale forhold i tiden, som den anonyme skribent helt udelader. Når det kunne lade sig gøre for en person med den sletteste herkomst at erhverve sig rigdom og komme frem i samfundet, fremgår det af komedien, at det skyldes bedrageri, tyveri, andre personers medvirken eller slendrian. Dette er for stykkets forfatter den vej, som opkomlingen følger for at nå rigdom og indflydelse. Den borgerlige købmands virksomhed ringeagtes

---

[28] O. Nielsen: *Kjøbenhavns Historie og Beskrivelse*, 5, 1889, s. 209; Sv. Cedergreen Bech: *Københavns historie gennem 800 år*, 1967, s. 222f.; *Danmarks kirker*, 1, 1945-58. Udg. af Nationalmuseet ved Victor Hermansen m.fl., s. 266.

[29] Povl Eller: *Kongelige portrætmalere i Danmark 1630-82*, 1971, s. 326f., 481.

stærkt. Denne kraftige ensidighed i fremstillingen er nødvendig for, at forfatteren med størst mulig effekt kan underbygge det helt urimelige i det nye rangsystem. Hvad der helt udelades er, at de borgerlige opkomlinge som Poul Klingenberg d.æ. nok havde kunnet betjene sig af hårde forretningsmetoder og i enkelte tilfælde være med til bedrageri, men at de først og fremmest kom frem takket være fremragende administrative og organisatoriske evner. Med disse havde de først etableret sig som storkøbmænd, før kongemagten fandt anvendelse for de samme evner inden for den statsadministration, der - hidtil domineret af adelige - ikke længere på tidssvarende måde løste sine opgaver. Med de borgerlige købmænds og embedsmænds inddragelse i administrationen på ledende poster, kom en del af den effektivisering og fornyelse, som havde været så bydende nødvendig, hvis landet fortsat skulle leve op til indre og ydre udfordringer.[30] Denne side af sagen er af letforståelige grunde ikke at finde hos den anonyme forfatter, for da havde han ikke haft så meget at have sin satire i. De interesser, han i komediens form varetog, fandtes netop i den samfundsgruppe, der havde spillet fallit i spørgsmålet om løsningen af væsentlige samfundsproblemer, og som derfor var blevet udsat for et kup. Satiren ville da alt for let kunne få en anden retning end tilsigtet.

"Grevens og Friherrens Komedie" har i visse især reaktionære adelige kredse kunnet fremkalde latter over den naragtige Klingenbeutel og harme over det rangsystem, der gav sådanne personer titel og stand; men rangsystemet bestod. Figurer som Klingenbeutel blev ved med at have rigdom og indflydelse, og ægteskaber mellem den gamle adel og rige, og i nogle tilfælde adlede borgere, tog til. På den måde skrev den anonyme forfatter forgæves. Adelsvældets dage kom ikke igen, men på et bestemt område må forfatteren have set med stor tilfredshed på udviklingen under Christian 5. Det var i spørgsmålet om de bedragerier, som ifølge komedien blev begået af de borgerlige opkomlinge personificeret i baron Klingenbeutel. Dem blev der - for den anonyme forfatter omsider - gjort noget ved. Flere tilløb blev taget til at få en gennemgribende revision i gang af de tidligere statsleverandørers regnskaber, men først 1676-77 kom den i gang for så at

---

[30] Jfr. John T. Lauridsen: Krig, købmænd og kongemagt omkring enevældens indførelse i Danmark, Den jyske historiker 31-32, 1985, s. 43-57 [Her s. 168-184].

gå i stå på grund af den skånske krig. Først 1680 blev den sat i gang på ny. Forinden var den anonyme komedie blevet affattet, men jeg skal ikke gå så vidt som til at antyde, at der kom gang i revisionsarbejdet igen af den grund. Højst kan den have været en påmindelse om, at der var et arbejde, der burde gennemføres til tops.

Og det blev det. Den adelige reaktion kunne glæde sig over, at en række af de tidligere borgerlige storkreditorer (og nogle adelige) blev dømt til at tilbagebetale staten store beløb, som man ikke mente tilkom dem. Her var spørgsmålet om for højt opskruede priser et af de forhold, der vurderedes.[31] På den måde indhentede fortidens synder flere rige og mægtige mænd. Henrik Müller var en af dem. Den i "Grevens og Friherrens Komedie" udhængte Poul Klingenberg d.æ. en anden. Kravet om tilbagebetaling af en kæmpesum og andre transaktioner bragte ham brat til total fallit. Sit sidste leveår spiste han nådens brød hos sin søn på godset Højris. Sønnen selv klarede sig videre som en rig mand, da han i tide havde tvunget faderen til at skifte med sig, så han ikke blev revet med i faldet.[32] Den snuhed og klogskab, som den unge baron Klingenbeutel med stolthed roste sig selv af, viste den yngre Poul Klingenberg sig ganske at være i besiddelse af.

---

[31] C. S. Christiansen: Den store Revisionskomission og dens Forløbere, *Historisk Tidsskrift* 7. IV, 1902-04, s. 1-120.
[32] Olsen 1889, s. 114-23, John T. Lauridsen: Fra "spekulation" til konkurs. En studie i Poul Klingenbergs økonomiske kollaps [Her s. 260ff.].

Tillæg: Tekstoverleveringen

Håndskrifter

De befinder sig på nær B 16 alle på Det Kongelige Bibliotek. Fortegnelsen bygger på bibliotekets samlinger, Birket Smith 1883, s. 275f. og Sønderholm 1978, s. 209. Sønderholms opstilling og nummerering er fulgt. Med * er angivet de nøje sammenlignelige håndskrifter. Håndskrifterne i gruppe A er de ældste, fra tiden ca. 1680-1710, mens de øvrige er yngre, hovedsageligt fra 1720 eller yngre. Håndskriftet i Rostg. 274-4° er af særlig værdi, da det lader sig datere med stor sikkerhed til tiden kort før 1680, da de omgivende tekster er indført 1679-80. Til gengæld er afskriften behæftet med betydelige forvanskninger, hvilket fik Birket Smith til at justere den ved brug af de yngre håndskrifter, da han udgav komedien.

Gruppe A (kronologisk)[33]
- 1*. Rostg. 274, 4°,
- 2*. Thott 742, 2°, (samlet af justitsråd Christian Herman Helverskou til Urup, adlet 1688)
- 3*. NkS 819c, 4°

Gruppe B (alf. efter samling)
- 1. Add. 293g, 4°
- 2. Add. 366, 4°
- 3*. GkS 796, 2°
- 4*. GkS 796, 2° (Jacob Langebeks eks.)
- 5. GkS 2393, 4°
- 6. GkS 2406, 4°
- 7. Kall 398, 4°
- 8. NkS 833, 4° (J. H. Schlegels samling)
- 9*. Rostg. 243, 4°
- 10*. Rostg. 243, 4°
- 11*. Rostg. 243, 4°
- 12*. Rostg. 243, 4°
- 13. Thott 1518, 4°
- 14. Thott 1519, 4°
- 15*. Thott 1520, 4°
- 16*. UB, Oslo 27, 8°

---

[33] Anvendte forkortelser: Add.=Additamenta, GkS=Gammel kongelige Samling, Kall=Abraham Kalls Håndskriftsamling, NkS=Ny kongelige Samling, Rostg.=Frederik Rostgaards Håndskriftsamling, Thott=Otto Thotts Håndskriftsamling, UB=Universitetsbiblioteket

Trykudgaver

Grevens og Friherrens Komedie, i P. F. Suhm: *Nye Samlinger til den danske Historie*, 2, 1893, s. 49-87 [håndskrift B 8].

Grevens og Friherrens Komedie. En dramatisk Satire fra Christian V.s Tid. Udg. af Soph. Birket Smith, 1871 [håndskrift A1].

Grevens og Friherrens Komedie. En dramatisk Satire fra Christian V.s Tid. Udg. af Soph. Birket Smith, 1874 [let revideret i forhold til 1871-udg. Stadig med brug af håndskrift A 1].

Grevens og Friherrens Komedie. En anonym dramatisk Satire fra Christian V.s Tid tillagt Mogens Skeel. Udg. med noter og efterskrift af Jørn Vosmer, Herning 1969 [på grundlag af Soph. Birket Smiths udg. 1874].

Fra "spekulation" til konkurs.
En studie i Poul Klingenbergs
økonomiske kollaps

Spekulanter, misligheder og konkurs

En sen eftertid har haft det med at sætte betegnelsen "spekulation" i forbindelse med forlængst historiske foretagender, forretninger og personer, der er gået fallit. Der er ingen risiko eller omkostning forbundet dermed. De udhængte anlægger ikke injuriesag.

Det ligger i luften eller skrives mellem linierne, at spekulation kan være, hvis ikke er, årsag til fallit. Imidlertid er al forretningsvirksomhed i princippet en form for spekulation, så i sig selv kan der ikke være noget odiøst i det. Det er købmænds opgave at spekulere i køb og salg, udbud og efterspørgsel. Her gør det ingen forskel om køberen er en konge eller staten. Spekulation kan dermed i sig selv ikke være nogen forklaring på økonomisk kollaps, heller ikke i 1600-tallets danske samfund med dets mere begrænset udviklede kapitalmarked, som det her drejer sig om. "Spekulation" var nødvendig for at gøre forretning, og det vil være svært, hvis ikke umuligt med de forudsætninger vi i dag har for at trænge ned i kildematerialet og bagom aktørerne at skelne mellem den "gode forretning" og "spekulation". Der blev spekuleret, men vi må lade være med at give det en ren negativ værdiladning. Med de vilkår og usikkerhedsfaktorer, der var forbundet med at drive handelsvirksomhed i perioden, er ordet spekulation i en nutidig forstand meningsløs. Bruges det, er der mest tale om en modernistisk præget værdidom af mindre interesse overfor de samtidige forhold.[1] Det var forhold, hvor der ikke var den lovgivning og praksis og de institutioner, der kunne spekuleres i forhold til og i omgåelse af, som senere tider har givet mulighed for. Der var ikke gevinster ved selskabstømning, højst en begrænset profit ved assurancesvig og lignende, og det var i

---

[1] Hermed håber jeg at forebygge den kritik, at min bedømmelse "præges af lidt gammeldags forargelse". Erling Ladewig Petersen i sin opposition til John T. Lauridsen: *Marselis-konsortiet*, 1987, i *Historisk tidsskrift*, 1989, s. 395.

sig selv ikke noget, der kunne holde en stor forretning kørende. For storkøbmændene var søassurancen ligesom partnerskab med andre købmænd en måde at holde de uforudsigelige tab nede på. De største profitter blev skabt gennem en stabil velorganiseret handel og i bedste fald lejlighedsvise konjunkturgevinster, pludselige prisstigninger forårsaget af misvækst, krig m.m. Konjunkturerne kunne imidlertid også have den modsatte effekt. Storkøbmændene betjente sig af begge indtjeningsmuligheder, men det var den organiserede handel, der gav dem forudsætningerne for også at udnytte pludseligt opståede konjunkturer. De købmænd, der i 1600-tallet svang sig op til storkøbmænd gennem en pludselig konjunkturgevinst, kan i en dansk sammenhæng end ikke tælles på en hånd. I det mindste har vi ikke kendskab til nogen af dem. I stedet ved vi, at kredsen af landets allerstørste købmænd, d.v.s. dem, der også var de største statsleverandører, så godt som alle havde en omfattende og længerevarende organiseret handel bag sig. Steffen Rode således en meget betydelig øksnehandel, der med et udviklet agentnet, opstaldningsaftaler m.m. på ingen måde kan kaldes en spekulationsforretning efter datidens målestok.[2]

Det kan handel med staten heller ikke. Det var forretning som alt andet. Staten var ikke nødvendigvis en mere stabil betaler. Det opdagede ikke mindst de købmænd, der fortsatte leverancerne efter 1640 mod løfte om snarlig betaling. Staten kunne tiltage sig en endog meget lang kredit, det være sig 10 eller 20 år. Det kan næppe kaldes spekulation i moderne forstand, hvis købmændene begyndte at tage højde for den situation. Heller ikke at de udnyttede statens generelle kapitalbehov under hele Frederik 3.s regeringsperiode, og skruede priserne op, da de skulle både finansiere og forsyne hele hærenheder under svenskekrigene. Alt kunne gå tabt, hvis krigen tabtes.[3] Der er ingen dansk tradition for at holde økonomiske overvejelser og krav tilbage, hvor landets

---

[2] Se Albert Olsen: Steffen Rodes Regnskabsbog over Studehandel 1637-1650, *Historisk Tidsskrift* 9. I, 1918-20.

[3] Det var før 1660 ikke kun en god forretning at være statens kreditor, som det påstås hos bl.a. Gunnar Olsen: Den unge enevælde 1660-1721, 1970, s. 14 (Politikens *Danmarks Historie* 8). Der var mange mindre kreditorer, der ikke kunne klare at vente på deres penge. Enten gik de ned, blev stækket eller solgte deres tilgodehavende langt under det beløb, tilgodehavende lød på.

eksistens står på spil. Tilmed var en del af kreditgiverne før og efter stormen på København udlændinge! Hvis det ellers havde betydet noget for risikovilligheden. Det gjorde det ikke.

Stort set hele den kreds af storkøbmænd, der var fødselshjælpere for enevælden, er siden blevet påhæftet betegnelsen spekulanter eller det, der er værre, og deres klager over dårlige konjunkturer og vilkår under den tidlige enevælde er af samme grund ofte blevet overhørt. Når man først har været "spekulant" med næse for gunstige konjunkturer, må man også bare regne med at det kan blive hårde tider senere hen, hvis man da overhovedet vil tro på det. Som "spekulant" mister man samtidig troværdighed. Det ligger i at have overskredet grænsen til den "gode forretning".

Den gamle adels nyadelsfjendtlige grupper ville have glædet sig over, at de nyadlede, parvenuerne, har fået et eftermæle som spekulanter, hvis ikke forbrydere. Det er som talt ud af deres hjerte. Det er lige som det kommer til udtryk i stykket "Grevens og Friherrens Komedie" fra 1670'erne. For dem var al købmandsskab noget tøjeri, så allerede af den grund kan en bedømmelse af de samtidige forhold ingen støtte finde heri.[4] Alligevel er det et af historiens spændende paradokser at se en lige linie fra "Grevens og Friherrens Komedie"s anonyme adelige forfatter til socialdemokraten Gustav Bang knapt 250 år senere. Ud fra vidt forskellige værdisæt har de være enige om at fordømme den samme virksomhed og den samme persongruppe. "Det er den kapitalistiske Udbytning i dens primitiveste, brutaleste, mest snyltende Skikkelse, man her har et Eksempel på", formulerede Bang det i 1906.[5] Selv om ordvalget er blevet mere afdæmpet i dette århundredes samlede Danmarkshistoriske fremstillinger, er den underliggende mening oftest den samme. Når nogle af disse storkøbmænd senere under den tidlige enevælde mistede alt, var det kun retfærdigheden, som skete fyldest.[6]

Undtagelser er der naturligvis. Erik Arup så i de fragmentarisk færdiggjorte dele af 3. bind af sin Danmarkshistorie mere nøgternt på de dele. Handel var og er nu engang en forretning

---

[4] John T. Lauridsen: Adelsreaktion og politisk satire under den tidlige enevælde, *Danske Studier* 1987, s. 9-25 [her s. 239-259].
[5] Gustav Bang: *Danske Len og Stamhuse*, 1906, s. 50.
[6] Benito Scocozza: Ved afgrundens rand 1600-1700, 1989, s. 278-282 (*Gyldendals og Politikens Danmarkshistorie* 8).

under givne konjunkturer og ikke filantropisk virksomhed styret af fædrelandskærlighed eller andre uprofitable ideer. I stedet var det "den nye kapitalistiske tid, der bemægtigede sig krigen i Danmark".[7]

Her skal forsøget gøres med at trænge nogle skridt videre ind i problematikken med storkøbmanden Poul Klingenberg som case study. Det er et led i en række studier af den tidlige enevældes administration og samspillet mellem forretning og politik med Klingenberg som forgrundsfigur.[8] Karakteren af *studie* skal understreges, da der bliver fremlagt en detaljeret og talmættet udredning af de mange transaktioner for at søge at afdække sammenhængen mellem private forretninger og den enevældige administrations politik. Kun det giver det nødvendige grundlag for at diskutere spekulanter, misligheder og årsager til konkurs.

Klingenberg er en udpræget repræsentant for den af eftertiden udpegede spekulantgruppe. G. L. Wad kalder ham i første udgave af *Dansk biografisk Lexikon* "en Lykkeridder, for saa vidt som hans fornemste Maal var at samle Rigdom og vinde Indflydelse uden at regne det saa nøje med Midlerne", selv om han også havde "utvivlsomme Evner som Organisator og Administrator".[9] Til denne opfattelse var Wad nået ved læsning af postkontrollør Fr. Olsens fortjenstfulde arbejde om dansk postvæsen før 1711, udkommet få år tidligere. Heri var indbefattet en del oplysninger om Klingenbergs øvrige forretninger tilsat Olsens egne vurderinger, der ikke tyder på kendskab til tidens forretningsvilkår.[10] Større forståelse fandt Klingenbergs (og Henrik

---

[7] Erik Arup: *Danmarks historie*, 3, 1955, ved Aksel E. Christensen, s. 164 f.
[8] Foregående studier omkring Klingenberg er: Adelsreaktion og politisk satire under den tidlige enevælde, *Danske studier* 1987, s. 9-25, En "Godfather" i København - indvandreres etablering omkring 1660, *Historiske Meddelelser om København* 1988, s. 7-28, Poul Klingenbergs selvbiografiske optegnelser, *Personalhistorisk Tidsskrift* 112, 1992, s. 213-228 og Klingenbergs "havedagbog" - forsvundet og genkommet, *Historie*, 1998:1, s. 147-157. Alle er optrykt her.
[9] Bd. 9, 1895, s. 231. Gentaget i 2. udgave. Denne karakteristik er opgivet i 3. udg., hvor Steffen Heiberg til gengæld omtaler "adskillige svigagtige leverancer", der intet belæg er for.
[10] Fr. Olsen: *Det danske Postvæsen, dets Historie og Personer indtil dets Overtagelse af Staten 1711*, 1889, spec. s. 67, 71, 121. Olsen har samlet de fleste af brikkerne til den historie, der her skrives, men de forblev mest løsrevne informationer. Det af ham benyttede materiale er gennemgået pånyt og suppleret med egne undersøgelser.

Müllers) aktiviteter ikke hos Marius Vibæk, der i 1930'rne i *Dansk Handels Historie*, beregnet for den vordende handelsstand, skriver, at de to "forstod at udnytte Forholdene, dog sikkert mere til Fremme af egne Interesser end af selve Forretningslivet".[11] Hvornår handelens mænd skulle være gået over til at fremme sidstnævnte mere end førstnævnte skal forblive ubesvaret. I hvert tilfælde er det et godt eksempel på det både tvivlsomme og skiftende moralgrundlag, tidens handel og købmænd bliver bedømt ud fra.

Hermann Kellenbenz kunne i 1952 se Klingenberg og den kreds, han indgik i som repræsentanter for en "skrupellosen Unternehmergeistes",[12] hvilket turde være bevis for, at også rene faghistorikere i specialundersøgelser er faldet i den lette moraliserens grøft. Man kan på baggrund af en sådan vurdering stille spørgsmålene: Hensynsløse i forhold til hvad og hvem? Fandtes der samtidig og ved siden af en hensynsfuld og traditionsbundet storkøbmandsgruppe med et andet værdisystem? Hidtidige undersøgelser har ikke bragt den frem i historiens lys. De samtidige klager over storkøbmændene fra deres mindre begunstigede kolleger går ikke i et eneste tilfælde på hensynsløshed eller forretningernes spekulationskarakter, kun på favoriseringen og de tildelte privilegier. Deri var der i sig selv ikke noget nyt. Det nye var selve forretningernes meget større omfang, der i en overgangsperiode gav det øverste patriciat særlige muligheder for indflydelse og social opstigen i et samfund domineret af godsejernes værdier.[13] Magthaverne havde brug for storkøbmændenes tjenester. Årtierne omkring enevælden gav enestående muligheder for den kalkulerende, erfarne og systematiske storborger, som

---

[11] 1932-38, s. 184. Johan Jørgensen er for Henrik Müllers vedkommende nået til den stik modsatte konklusion (*Rentemester Henrik Müller. En studie over enevældens etablering i Danmark*, 1966, s. 227).

[12] Anmeldelse af C. O. Bøggild-Andersen: Hannibal Sehested, 1, 1946 i *Zeitschrift der Gesellschaft für Schleswig-Holsteinische Geschichte* 76,1952, s. 274.

[13] Her ser jeg helt bort fra kongens og hans adelige embedsmænds klager over de angiveligt griske købmænd med deres opskruede priser. De var nu engang modparten i det spil, der fandt sted, og var ikke bærere af de normer, der var gældende for godt købmandsskab. Hannibal Sehested kunne godt beklage sig over Marselis' profitter og samtidig selv sikre sig store rigdomme bl.a. ved deres hjælp. Det var den borgerlige stands berigelse, han og standsfællerne så kritisk på, ikke berigelsen som sådan. Den var enhver adelsmands ret.

havde både det danske og internationale kontaktnet i orden. Her kom det adelige embedsapparat til kort, så kunne de unge adelsmænd have været nok så længe på dannelsesrejse i Europa. De kom ikke hjem med kvalifikationer, som kan sidestilles med dem, der blev udviklet i de internationale handelskonsortier. Det var to forskellige miljøer, og de kom i konkurrence. Adelen foragtede købmændenes metier, men kunne ikke undvære dem. Den standshovmodige Corfitz Ulfeldt kunne godt bruge storkøbmændene, når det drejede sig om statssager og hans personlig vinding, det måtte gerne gå op i en højere enhed. Omvendt stræbte storborgerne efter at få andel i adelens privilegier og samfundsposition. Retten til jordegods var et kardinalpunkt, dertil at nå samme sociale position og anseelse.

I det spil vil det være for let, hvis købmændenes eftermæle skabes og historiens dom træffes ud fra alene den ene parts synspunkt. Det burde i det mindste ikke være kutyme blandt historikere.

Her skal konkursen, dens baggrund og årsager bruges som indgangsvinkel til at vende det at være spekulant, begå misligheder eller direkte økonomiske forbrydelser. Historikerne har nemlig udtrykt sig så tilpas sort/hvidt omkring det, at en del af kongemagtens tidligere storleverandører og nyadlede godsejere gik konkurs i 1680'erne, at der er noget solidt at gribe fat i.

Med de foreliggende kildemuligheder er det svært at nå ind til kernen af årsager til nogle af de tidligere storleverandørers kollaps i 1680'erne. Trods sine indtrængende studier giver Johan Jørgensen intet entydigt svar på årsagen til Henrik Müllers fallit i 1685. Måske er der intet entydigt svar, men selv sammenhængen af omstændigheder står ikke ganske klar. Det svage led er de private forretningsdispositioner og vilkårene for disse, som vi kun undtagelsesvis får indblik i. Det gælder både bjergværks- og godsdrift og handel. Er der ikke processer eller anden form for offentlig registrering heraf, skal der heldige omstændigheder til for fuldt ud at få fat i den totale forretningssammenhæng.

Der foreligger heller ikke i Poul Klingenbergs tilfælde muligheder for at give et totaldækkende billede af kollapsen, men i det mindste er mulighederne så tilstrækkelige, at mange af hullerne kan fyldes ud uden at have karakter af fuldstændig spekulation! Ved at knytte an til en række faser i udviklingsforløbet træder nogle fastere holdepunkter tydeligt frem. De vil i det følgende bl.a. blive brugt til at punktere den påstand, der senest er fremsat af Erling Ladewig Petersen i *Dansk Socialhistorie*: "Poul Klingenbergs misligheder reducerede ham til fallit".[14]

Karrierebaggrunden

Klingenbergs karrierebaggrund skal kun oprulles for så vidt den har betydning for forståelsen af den senere forretningsmæssige kollaps. Der er nogle basale forudsætninger i hans karriereforløb, der gør det nødvendigt at tage afsæt i hans ægteskab. Han blev i 1654 gift med en datter af sin tidligere, da afdøde principal Albert Baltser Berns, i Hamborg. Det lagde hovedgrundlaget for hans selvstændige rigdom. Den var ikke til stede forud, selv om overtagelsen af det danske postvæsen året før blev ham en mangeårig og væsentlig indtægtskilde i rede penge. Ægteskabet gav ham en medgift på 40.000 rdl. og andel i købmandshuset Berns & Marselis' forretninger.[15] Han handlede ofte, i perioder oftest på Berns & Marselis' vegne i forbindelse med de besvogrede Gabriel Marselis i Amsterdam og Selio Marselis i Christiania. Efter statsomvæltningen 1660 fik han som disse store udlæg af krongods som betaling for sine fordringer. Forretningerne med kronen havde efter 1660 ikke længere samme omfang som tidligere. De svandt betydeligt ind for i slutningen af 1660'erne helt at dø ud, og den private handel blev koncentreret om forretninger med andre statsadministratorer. Handelshuset Berns & Marselis i Hamborg blev opløst i 1662 og værdier og forpligtelser fordelt på arvingerne.[16]

---

[14] Erling Ladewig Petersen: Fra standssamfund til rangssamfund, (*Dansk socialhistorie* 3), 1980, s. 389. Samme sted er stærke tillægsord om den øvrige kreditorgruppe og "ulovlighederne", hvis politiske baggrund i 1680-erne helt udelades. Henrik Müller led ikke kun alvorligt økonomisk mén, men gik fallit (!), mens den "usympatiske" Jens Lassen trods statens kæmpekrav bevarede sit gods lige til sin død.

[15] Rigsarkivet (herefter forkortet RA), Danske Kancelli (herefter forkortet Da Kanc), Sjællandske Register 20. feb. 1686.

[16] Klingenberg var rimeligvis parthaver i firmaet med 1/8. Det var i hvert fald den andel, han blev tildelt af en fordring på 50.000 rdl. i 1664 (RA, Privatarkiver, Poul Klingenberg, Ekstrakt over det for hvilket Poul Klingenberg fik udlagt Hanerau for 100.000 rdl. Det stemmer også med, at han i 1683 angav som arving efter Berns & Marselis at være parthaver i salthandelen (herom nedenfor) med 1/16. Andelene blev her halveret ved, at Gabriel Marselis havde en halvpart (RA, Da Kanc, Sjællandske Tegnelser, nr. 278, indlæg af Poul Klingenberg 14. juni 1683).

I 1670'erne synes Klingenbergs handelsvirksomhed i det hele taget at være taget betydeligt af. I stedet anvendte han energi på diplomatiske missioner og i diverse kommissioner og kollegier. Kreditgivningen til kronen var i løbet af 1660'erne kun blevet fortsat som modydelse for at få udlagt krongods som betaling eller for bevilling af lukrative embeder. Når der alligevel strømmede mange kontanter gennem hans hænder, skyldes det bl.a. hans medvirken i administrationen af mere end en million rigsdaler, som gennem Gabriel Marselis blev overført fra Holland som subsidiepenge til Danmark.[17]

Klingenberg var en meget betroet mand for både Frederik 3. og den unge Christian 5. Derom hersker ingen tvivl. Alligevel skal der ved bedømmelsen af hans økonomiske kollaps ikke lægges noget statisk i det forhold. Betroede mænd den ene dag, er mænd, der er ude i kulden den næste, hvis det tjener et formål. Det forhold rummede helt tydeligt en politisk dimension, der hang sammen med en generelt ændret holdning til de tidligere storkreditorer fra administrationens side. Deres egentlige storhedstid var kortvarig og i 1670'erne var den forlængst forbi. Ville den enevældige konge ved denne tid have noget, der var blevet deres, kunne han i et vist omfang anvende administrationen og retssystemet for at nå sine mål. Grænsen mellem statslig politik og privat forretning var ikke trukket. Med sin iøjnefaldende rigdom og det profitable postprivilegium var Poul Klingenberg en af dem, der havde noget, som kunne bringe ham i kongens søgelys på en anden måde end godt var. Der havde været en lejlighed til at fælde ham i forbindelse med Griffenfelds fald i 1676. Klingenberg havde været en af Griffenfelds fortrolige, og han havde også været blandt dem, der havde betalt ham for at sikre sin indflydelse. Der svirrede rygter om, at Klingenberg skulle fængsles, men han slap med skrækken.[18]

Måske var begæret efter nogle af hans værdier ikke formuleret som et ønske endnu, men det skulle det snart blive.

At give og tage

Det første vidnesbyrd herom er den revisionskommission, der blev nedsat og begyndte sit arbejde ikke længe efter Griffenfelds fald. Den skulle undersøge regnskaberne hos en udvalgt gruppe af

---

[17] Lauridsen 1987, s. 164f.
[18] Lauridsen 1987, s. 181.

personer, som havde fået deres betaling med krongods. Klingenberg og hele Marselis-konsortiet var blandt dem, der fik deres regnskaber set efter.

Det andet vidnesbyrd er fra juli 1678. Poul Klingenberg, der på det tidspunkt ikke i mange år havde lånt kronen nogen midler af betydning, optræder pludselig igen som både låneformidler og ny kreditor. Kronen var i akut pengenød på grund af den skånske krig, og Oluf Parsberg havde i en betænkning om de nødvendige midlers fremskaffelse nævnt Poul Klingenberg som en af de rigmænd, der havde nydt så meget af Danmark, at han skulle kunne skaffe en tønde guld (100.000 rdl.). Således udpeget, blev der indledt forhandlinger. Klingenberg skaffede hos Emanuel Teixeira i Hamborg et forskud på 40.000 rdl. af et beløb, som den spanske trone skulle betale til Danmark som skyldige subsidier. Klingenberg gik i kaution for pengene, hvilket i sig selv kunne være tvivlsomt nok som forretningsdisposition. I hvert fald er det bemærkelsesværdigt. Men endvidere forpligtede han sig ved aftalen af 13. juli til, når Teixeira havde fået sine penge i Spanien, at skaffe eller yderligere at låne kongen 40.000 rdl. Det er mere end bemærkelsesværdigt. Det er opsigtsvækkende. Renten blev sat til 6 % p.a., men det er ikke udsigten hertil, der har fået Klingenberg til at lade en så stor ny kapital binde hos kronen efter de erfaringer, han havde indhøstet allerede før 1660. Heller ikke landets betrængte finansielle situation. Han kendte så godt som nogen forretningsmand kronens evne og vilje til at betale sine kreditorer.

Nej, han har været under direkte pres og har derfor forsøgt at gardere sig.

Da han i 1653 fik privilegier for det danske postvæsen, fik de en løbetid på 30 år. Det bekræftede Christian 5. i 1670 med den tilføjelse, at de kunne forlænges for Klingenbergs arvinger. Det var et betryggende løfte, men afgivet af en nytiltrådt konge. I 1678 var der kun et overskueligt antal år tilbage før privilegiets mulige bortfald. Det har Klingenberg ønsket at sikre sig imod med det nævnte lån på 40.000 rdl., idet det som en bestemmelse blev fastsat, at han indtil 1683 skulle have 6 % i rente af kapitalen - der er intet punkt om den endelige afbetaling - og derpå efter 1683 fremdeles kunne beholde postvæsenet, så længe kapital og rente af dette lån ikke blev betalt *kontant*. Dette arrangement blev konfirmeret af kongen den 27. juli i form af en ny bestalling for Poul Klingenberg, hvori både hans tjenester for Frederik 3. og Christian 5.

blev nådigt omtalt og sønnens senere overtagelse af retten til postvæsenet påny nedfældet.[19]

Dermed havde Klingenberg gjort, hvad han kunne for at beholde postvæsenet. Han havde forsøgt at købe sig til at beholde postprivilegiet for sig selv og sin arving. Kom kronen ikke til mange likvide midler, kunne han være forholdsvis sikker på at beholde, hvad der helt sikkert var en særdeles god forretning. Havde det ikke været det, havde han ikke sat 40.000 rdl. på højkant for at beholde det. Hvem der har bragt postprivilegiet ind i forhandlingerne om lånet lader sig ikke afgøre. Det er dog nærliggende at tro, at initiativet er kommet fra administrationens side. Her har været det pressionsmiddel, der kunne få Klingenberg til at åbne pengekassen.

Hans godsimperium var stadig intakt ved denne tid. Med enkelte køb og salg havde han til 1670'ernes slutning formået at holde sammen på de godser, han havde fået udlagt eller havde erhvervet ved køb. Dertil kommer, at godset var blevet forøget ved betydelige arveparter på den afdøde hustrus vegne efter Elisabeth Marselis og familie. Det drejede sig om gods og kontanter til næsten 100.000 rdl. (nærmere herom nedenfor). Godsernes rentabilitet og mulige gældsbehæftelse ufortalt, derom ved vi kun lidt eller intet før 1680'erne, så tyder de 40.000 rdl., som han kunne mobilisere i 1678, på en rimelig økonomi eller i det mindste stor kreditværdighed.

Svogeren Gabriel Berns døde i 1678. Han var ejer af godserne Wandsbeck og Ørum og havde en andel i Mariager Kloster. Godserne var tyngede af en betydelig gæld, hvorfor enken Marie (født de la Fontaine) og hendes datters formynder besluttede at anmode Klingenberg om at overtaget boet og godserne. Begrundelsen var, at de frygtede, at en række gældsprocesser yderligere skulle forringe boet, så meget mere som nogle af kreditorerne truede med arrest og immission. Klingenberg gik ind herpå ved en kontrakt af 20. september 1679. Ifølge kontrakten overtog han godserne med alle herligheder og rettigheder mod at påtage sig alle Berns' forpligtelser og at svare for alle de krav, der blev gjort

---

[19] RA, Tyske Kancelli Indenrigske Afdeling (herefter forkortet TKIA), Patenten 1678-80, fol. 236, 240, Olsen 1889, s. 110f., Carl S. Christiansen: *Bidrag til dansk Statshusholdnings Historie under de to første Enevoldskonger*, 2, 1922, s. 404, Hermann Kellenbenz: *Sephardim an der unteren Elbe*, Wiesbaden 1958, s. 292f., Otto Madsen: *Et nyttigt og gavnligt Postværk. P&T's historie til 1711*, 1991, s. 284f.

eller i fremtiden ville blive gjort i boets ejendomme. Den 19-årige enke, fru Berns, skulle kun beholde, hvad hun havde bragt med sig af guld, sølv, linned osv., samt fire heste og den bedste karosse. Endvidere en kapital debiteret hende i Berns' hovedbøger på 4.528 rdl. Der fandtes også i boet en obligation på 48.000 mk. lybsk, hvoraf de 32.000 tilhørte Anna van de Wiele, mens de resterende 16.000 skulle tilfalde datteren som arv efter faderen. Endelig gik han i samme forbindelse ind på at svare for den part af arven, som tilfaldt Berns' tredie arving, den lige nævnte Anna van de Wiele. Dermed var han (og sønnen) enegarant for Berns' arvinger. Hele aftalen blev konfirmeret af kongen den 30. marts 1680.[20] Den unge enke slap således gældsfri ud af boet, tilmed med en kontant arv i behold til datteren.

Klingenbergs overtagelse af de bernske godser byggede næppe udelukkende på familiefølelse og ønsket om at hjælpe den unge enke. Han kan have set mulighederne for at realisere nogle af godserne for at kunne lægge andre til sit godsimperium. Wandsbeck blev således solgt allerede den 6. september 1679 for 84.000 rdl. til friherre von Fr. Chr. Kielsmannsegge til overtagelse det følgende år[21]. Det var *før* kontraktens afslutning med fru Berns. Han viste altså på forhånd ikke alene, at han kunne komme af med et af godserne øjeblikkeligt, men også til hvilken pris. Endvidere har han sikret sig, at der ikke var skjulte forpligtelser i boet. Det var der tilsyneladende ikke.

Alligevel anspændte den store transaktion tilsyneladende hans økonomi. Kun kort tid efter kontraktens indgåelse, skrev han fra Hanerau den 6. oktober 1679 til Christian von Lente, for at få denne til at nøjes med det halve af de 6000 rdl. med påløbne renter, han skulle have til det kommende Kieler omlag. Han beklagede ikke at have besvaret Lentes brev af 18. juli før, men begrundede det med, at det havde trukket ud med at få salig Gabriel Berns sager fra Hamborg, og at han derfor først nu så brevet. Når Lente skulle lade sig nøjes med den halve sum, var det angiveligt fordi Klingenberg ikke havde fået afregnet med Leonhard Marselis' enke. I slutningen af året fik Klingenberg det efter flere breve ordnet sådan, at han kun skulle betale renter til

---

[20] RA, TKIA, Patenten 1678-80, fol 78f., Olsen 1889, s. 113f.
[21] Kopi af salgsbrev for Wandsbeck 6. sept. 1679 i Klingenbergs arkiv på Jarlsberg, Norge. Lauridsen 1987, s. 205, 257 n. 26.

omslaget, mens kapitalen blev stående.²² Betrængt eller ej, Klingenberg opnåede i hvert fald, hvad han ville.

I 1680 overgik Klingenbergs andel i Mariager Kloster til svogeren Frans Louis van der Wiele.²³ Ikke desto mindre solgte han ikke yderligere ud af sit godskompleks, der i 1680 bestod af:

> Bustrup gods på Mors fra 1654. 565 td. htk. Afstået til Regitze Sophie Vind 1686.
>
> Godset Lund på Mors fra 1654. 672 td. htk. Afstået til sønnen 1683/85.²⁴
>
> Dueholm Kloster fra 1664. 1393 td. htk. Afstået til sønnen 1683/85.
>
> Ørum gods fra 1679. 3017 td. htk. Afstået til sønnen 1685.
>
> Mariager Klosters gods (2816 td. htk.) fra 1679 til 1680 bestyret af PK, overgik 1680 til François Louis van de Wiele.
>
> Tostrup (Kristianssæde) på Lolland fra 1669. Afstået til Regitze Sophie Vind 1686.
>
> Ålstrup på Lolland fra 1669. Afstået til Regitze Sophie Vind 1686.
>
> Højris fra 1670. 2117 td. htk.²⁵ Afstået til sønnen 1683/85.
>
> Strøgods i Dronningborg og Havreballe amter. Afstået til Regitze Sophie Vind 1686.
>
> Hanerau fra 1664. Overtaget af kronen 1689/90.

Hertil kan føjes, at Klingenberg i 1675 havde fået de små norske godser Skelbred, Fiskum og Ulveland til ejendom, som sin andel af det krongods, Marselis-konsortiet havde haft i pant i Norge. Ulveland havde han solgt 1679 og de to andre i 1680.²⁶ Det var stadig i 1680 et for tiden imponerende godskompleks, og bragte Klingenberg ind i gruppen af landets 16 højest betalende

---

[22] RA, Christian Lentes privatarkiv. Breve 6. okt. og 6. dec. 1679. Långiver var Christian Lentes bror Johan Hugo von Lente.

[23] H. Dahlerup: *Mariager Klosters og Bys Historie*, 1882, s. 56, Olsen 1889, s. 113, Trap: *Danmark*, 5. udg., 18, 1963, s. 663.

[24] Godset på Mors var forøget 1670 ved køb fra Emanuel Teixeira og Sten Bille.

[25] Købebrev 5. sept. 1669 og skøde 29. jan. 1670.

[26] Eric Amburger: *Die Familie Marselis. Studien zur russische Wirtschaftsgeschichte*, Giessen 1957, s. 64f., Lauridsen 1987, s. 206. Endvidere havde han 1661-70 haft Bardenfleth i Holsten.

skatteborgere. En position han holdt en årrække.²⁷ Som medlem af 1. skatteklasse blev han sat i skat af kongen selv. Det var en stor ære, men også meget synligt og i politisk foranderlige tider tillige en sårbar position.

Revisionen af storleverandørernes afregninger fra tiden omkring og før 1660 pågik stadig ind i 1680'erne. Det kan ikke have været skjult for Klingenberg, hvad der var under optræk. Det var kolleger i den administration, han færdedes så hjemmevant i, der stod for arbejdet. Han har ganske givet ikke i mindste måde frygtet resultatet af revisionen. Det var i fuld tillid til orden i regnskaberne, at han i september 1679 overtog alle forpligtelser efter Berns og hans arvinger. Havde han haft den mindste mistanke om, at der ventede ham en tikkende bombe, ville han have holdt sig derfra.

I begyndelsen af 1680'erne blev de tidligere storleverandører og deres arvinger præsenteret for resultatet af det omfattende revisionsarbejde. Der blev fremdraget både visse uregelmæssigheder og mangler i en del af regnskaberne. Gabriel Marselis' arvinger fik 22. april 1682 dom over deres mellemværende med kronen. Den lød på en erstatning af 7.808 rdl.²⁸ Berns & Marselis' regnskaber havde været under behandling ved samme tid. Arvingerne havde flere gange i løbet af 1681 måttet bede kommissionen om udsættelse med behandlingen for at kunne skaffe de nødvendige oplysninger om deres fordringer.²⁹ Nu var det en ulempe, at handelshuset i Hamborg var opløst, og arkivet spredt på arvingerne. På grund af det lykkedes det ikke helt at skaffe de nødvendige oplysninger.³⁰ Alligevel blev de samme dag, som afgørelsen faldt for Gabriel Marselis' arvinger, kun stillet overfor et krav på i alt 9.108 rdl. Det var overkommelige beløb, nærmest småtterier i forhold til de uhyre summer, der i sin tid var handlet for. Det viste sig endda, at 4.506 rdl. betalt for et parti krudt, som ikke var leveret efter kontrakten, angik Henrik Eggers og Ditmer

---

[27] N.D. Riegels: *Forsøg til Femte Christians Historie som Indledning til IV. Frederichs*, 1792, s. 295, Carl S. Christiansen: *Formuesforhold i Danmark 1660-1700*, 1941, s. 118, 151.

[28] Carl S. Christiansen: Den store Revisionskommission og dens Forløbere, *Historisk Tidsskrift* 7. IV, 1902-04, s. 72.

[29] RA, Da Kanc, Sjællandske tegnelser 1681, nr. 192, 197.

[30] Christiansen 1902-04, s. 72.

Burmeister og ikke arvingerne.[31] Udsættelserne på deres regnskaber var i øvrigt af "meget almindelig natur" og selv en fortsat behandling af det frem til august 1685 bragte ikke kronens tilgodehavende på Berns' arvinger op på mere end 6.496 rdl.
Klingenberg havde en betydelig interesse i forhandlingerne med revisionskommissionen på grund af de forpligtelser, han havde påtaget sig overfor Berns' arvinger. I april 1682 kunne han tilsyneladende drage et lettelsens suk, da dommen over og størrelsen af kronens tilgodehavende hos Berns' arvinger blev kendt. Den var ikke i sig selv af et omfang, der kunne svække hans økonomiske stilling og kreditværdighed.[32] I betragning af de omfattende forretninger, det i sin tid havde drejet sig, kunne den slags afvigelser heller ikke overraske ham, og da slet ikke, når der havde været problemer med at fremskaffe alle oplysninger. Der var imidlertid den hage ved det, at det ikke var den eneste sag, konsortiet havde løbende.

Det ringe resultat af anstrengelserne med revisionen af Berns' og Marselis' regnskaber overraskede kredse i administrationen. Hensigten med revisionsarbejdet havde været at finde uregelmæssigheder for at kunne inddrage en del af de værdier, der tidligere var givet storkreditorerne i hænde. Nu så det ud til at de allerstørste tidligere storkreditorer skulle slippe udenom ved at opvise orden i regnskaberne. Det satte revisorerne i gang med et større arkivarbejde. Der skulle findes noget på handelskonsortiet. Muligvis har Klingenberg vidst, hvad der var målet med revisionsarbejdet, men følt sig sikker i forvisning om, at det formelle regnskabsgrundlag var i orden. På den anden side har han ikke kunnet være i tvivl om, at der var alvor bag administrationens arbejde, når Henrik Müller blev præsenteret for et krav på 43.355 rdl., brødrene de Lima 45.273 rdl., Joachim Irgens 93.261 rdl. og Jens Lassen ikke mindre end 163.028 rdl.

Revisorerne var under gennemgangen af de gamle regnskaber med bilag senest i marts 1679 faldet over en kontrakt ind-

---

[31] Klingenberg optrådte 1684 på Ditmer Burmeisters arvingers vegne for at få det gamle regnskab med staten afsluttet. 16. juni 1686 fik Henrik Eggers' og Burmeisters arvinger kvittering mod hver at betale 2.000 rdl. (RA, Rentekammeret (herefter forkortet Rtk.), S. Nygård: Fortegnelse over kgl. resolutioner gennem Rentekammeret 1660-1719, nr. 4297, 5118). Christiansen 1902-04, s. 72f. nævner fejlagtigt, at de fik eftergivet alt.
[32] Christiansen 1902-04, s. 87, 113.

gået tilbage i 1642, som nu syntes brugbar. Det var om en meget stor handel om afhentning af 20.000 læster salt i Spanien. Hannibal Sehested havde indgået kontrakten med Berns & Marselis i Hamborg og Gabriel Marselis i Amsterdam på kronens vegne næsten 40 år tidligere.[33] Revisorerne nåede til den konklusion, at Marselis-konsortiet i 1640'erne ifølge den kontrakt havde modtaget salt for 63.455 rdl. uden at betale for det. Der forelå efter kommissionens opfattelse ingen kvittering for afslutningen af den handel hverken i Rentekammeret eller Kancelliet. Muligvis blev Klingenberg udspurgt om sagen på dette tidspunkt; det kan også allerede være sket i 1675 i forbindelse med overtagelsen af de pantsatte norske godser til ejendom. I hvert fald havde arvingerne en gang forklaret, at den sag var blevet afgjort i 1651.[34] Nu blev salthandelskontrakten trukket frem som en egentlig selvstændig revisionssag, og konsortiet stillet til regnskab igen.[35]

Stillet overfor salthandelssagen indvendte Klingenberg på Berns' og Marselis' arvingers vegne, at revisionskommissionen ikke havde ret til at behandle regnskaber, hvorpå der ikke var betalt med jordegods. Med andre ord har han og arvingerne haft kendskab til den instruks af 27. maj 1680, der gav befaling til kommissionen om at undersøge alle de personers regnskaber, som havde fået jordegods udlagt som betaling for deres fordringer i Frederik 3.s og Christian 5.s tid. I salthandelssagen var der imidlertid ikke udlagt jordegods. Stillet overfor den indvending henvendte revisionskommissionen sig 13. oktober 1681 til kongen med anmodning om at måtte få skriftlig bemyndigelse til at behandle regnskaber, hvorpå der ikke var givet jordegods i vederlag. Denne bemyndigelse fik kommissionen den 22. oktober uden dog selv at kunne træffe endelig afgørelse i sagen. Bemyndigelsen kom hurtigt, hvilket kun er en understregning af, at der lå politisk vilje bag fremfærden i denne sag.

Klingenberg var i en vanskelig position under forhandlingerne med revisionskommissionen i 1681-82. Han lagde ud med, at han havde været bortrejst i 1651, da den sag blev afsluttet,

---

[33] Lauridsen 1987, s. 44f.
[34] RA., Rtk. 215.17-25 Diverse dokumenter vedr. partikulære personer, 22. marts 1679 Erklæring fra Rentekammeret ang. Klingenberg og Berns' arvinger.
[35] Rtk. 216.254, Afregninger IX.8, V (heri akterne i saltsagen), Lauridsen 1987, s. 193.

og derfor intet kendte til den. Dermed lod kommissionen sig ikke nøje. Heller ikke kunne sagen betragtes som forældet, hvad Klingenberg plæderede for med henvisning til, at der var gået 30 år. Der måtte dokumentation til, kommissionen lod sig ikke spise af med udenomsforklaringer i en sag, hvor det drejede sig om så store beløb.

Poul Klingenberg mødte frem for kommissionen med en række akter fra 1640'erne og begyndelsen af 50'erne, sidstnævnte i form af en række modkrav på et meget anseeligt beløb. Fremlæggelsen af disse mange og omfattende og en gang afgivne modkrav er i sig selv et indicium for, at arvingerne har været klar over, at de ikke kunne fremlægge et entydigt dokument, hvormed de kunne vinde i saltsagen, og det har næppe kun været et spørgsmål om uorden i eller bortkomsten af et dokument i firmaarkiverne.[36]

Hvad de havde at lægge frem var først og fremmest en kopi af et brev af 16. december 1647 til Christian 4. om den skade, de havde lidt ved salthandelen. Derpå skulle de den 29. december ved kongelig resolution gennem Corfitz Ulfeldts påtegning være blevet fritaget for kontraktens forpligtelser. Dette ville Frederik 3. imidlertid ikke anerkende (Christian 4. var på dette tidspunkt dødssyg og Ulfeldt disponerede efter forgodtbefindende), og 29. okt. 1651 blev sagen taget op i en gruppe bestående af rentemestrene Jørgen Rosenkrantz og Peder Vibe, øverste sekretær Otte Krag og resident Henrik Willumsen Rosenvinge, som gennemgik den med Leonhard Marselis som repræsentant for konsortiet.[37] Det førte 31. okt. til opstilling af en liste i 13 punkter som i penge opgjorde den skade, som konsortiet mente at have lidt ved salthandelen. Blandt skaderne var ophold af fem skibe i Spanien i en lang periode, fordi der var mangel på salt, hvilket førte til både nyproviantering og ekstrabetaling af mandskabet til et beløb af i alt 20.773 rdl. (pkt 5). Ifølge kontrakten skulle kongen have leveret skibe til konvoj, men da disse udeblev, lod konsortiet selv seks af sine største skibe bevæbne, hvilket i sig selv var en ekstra udgift,

---

[36] Johan Jørgensen har draget den morale af Henrik Müllers historie, at man skal have orden i sit arkiv, og det havde Müller (Jørgensen 1966, s. 227). Ikke desto mindre tabte Müller opgøret med administrationen, og det var efter min vurdering politisk betinget, og ikke fordi Müller sad inde med de dårligste papirer.

[37] Jfr. RA, Da Kanc, Sjællandske Tegnelser 20. okt. 1651.

men hertil kom, at de derefter rummede en trediedel mindre last. På 15 rejser gav det en samlet ekstraudgift på 2.000 rdl. pr. rejse eller i alt 30.000 rdl. (pkt. 6). Talrige andre forsinkelser og mangel på salt til udskibning beløb sig ligeledes hver gang til 10.000-vis af rdl. Konsorterne beregnede sig at have investeret ca. 80.000 rdl., og at de ikke havde fået den forrentet i seks år. Med en rente på bare 6 % (7 og 8 % bliver nævnt) gav det i sig selv et tilgodehavende på 28.800 rdl. (pkt.12). Der blev ikke lavet en samlet opgørelse af disse krav (de var på 246.186 rdl. iflg. en tidligere indgivet beregning), idet de alle blev afvist med henvisning til den indgåede kontrakt, som udtrykkeligt pålagde konsortiet alle udgifter og al risiko, mens de til gengæld skulle betale for det modtagne salt. Parterne stod stejlt overfor hinanden og skiltes med uforrettet sag 15. nov. 1651.

Der skulle alligevel være kommet en afslutning på sagen, ifølge Berns' og Marselis' arvinger. Som bevis herfor fremlagde Klingenberg en kopi af en kongelig befaling af 20. dec. 1651, der beordrede kommandant i Glückstadt Johan Lübkes til at lade en underofficer og 20 mand konvojere 50.000 rdl. i rede penge, som konsortiet havde lovet at levere til Kieler omslag 1652. De skulle være en del af de i alt 65.000 rdl. til Kieler omslag 1652, hvormed Frederik 3. skulle have ladet alle videre krav i saltsagen falde. Hertil bemærkede revisionskommissionen, at kontrakten af 1642 slet ikke er nævnt i denne sammenhæng, og at der tilbage stod, at der *var* blevet leveret salt til konsortiet, som kongen ingen penge havde fået for. Klingenberg kunne ikke skriftligt bevise, at der var betalt 65.000 rdl. for det modtagne salt.

Fremlæggelsen af kopien af ordren til kommandanten i Glückstadt viser, hvor svagt et dokumentationsmateriale, han havde at procedere med. Den kunne aldrig erstatte en egentlig skriftlig kvittering. Den mundtlige forklaring kunne ikke alene gøre det. Af indtægtssiden i Kieler-omslagsregnskabet 1652 fremgår det, at A. B. Berns og Leonhard Marselis har leveret de knapt 65.000 rdl. fordelt på 50.000 rdl. og 14.730 rdl., ligesom udgiften til eskorten på 49 rdl. er bogført.[38] Lige netop udgiften til eskorten kan tale til fordel for Klingenbergs udlægning af sagen, idet det var en udgiftstype, der ellers ikke forekommer i kieleromslagsregnskabet. Dertil kommer, at de knapt 65.000 rdl., der blev leveret til

---

[38] RA, Reviderede civile regnskaber, Kieler omslagsregnskab 1652, udgift bilag 38.

omslaget 1652, ikke senere optræder som en kgl. gældspost ved omslaget. I 1653 og følgende år er kun opført de lån, som konsortiet i øvrigt havde ydet. Der er under alle omstændigheder noget specielt ved denne indbetaling til omslaget, der ikke siden blev betalt rente af. Det har ved en gennemgang af alle Berns' og Marselis' øvrige afregninger ikke været muligt at finde frem til dokumentation for, at de 65.000 rdl. kun var et lån, der skulle tilbagebetales. Heller ikke er fundet vidnesbyrd om, at de blev godtgjort konsortiet på anden måde. Det er måske ikke så mærkeligt. Revisionskommissionen har mindst haft det samme materiale til rådighed og har selv lagt det meste af det til rette, som forefindes i dag.

Parterne kunne ikke mødes, Klingenberg holdt ved sit på arvingernes og egne vegne, og de kunne heller ikke nå et forlig, selv om kommissionen lagde op til det. Sagen gik derfor til doms. I første omgang blev det 22. april 1682 til en revisionsdom, der gik arvingerne imod. De appellerede imidlertid, og sagen gik videre ved en højere instans, admiralitetsretten. Mens sagen blev forberedt der, skrev Klingenberg til Frederik Ahlefeldt og bønfaldt ham om at befordre en ændring i sagen. Han ville helst være fri for denne maner med at føre proces, men kunne det ikke være andet, måtte han gøre det for at undgå en stor uretfærdighed. Sønnen og han ville procedere videre og havde opstillet en supplikation med kopi sendt til rentemester Peter Brandt. Hvor nødigt han end selv ville procedere, blev han nødt til det, da han ikke havde kunnet få en prokurator.[39] Henvendelsen til Ahlefeldt var uden virkning.

Der faldt endelig dom i admiralitetet 5. februar 1683. Under sagen bad Klingenberg om fremlæggelse af et dokument fra 1651 med rentemester Vibes hånd, der kunne bevise arvingernes påstand. Det dokument fremkom ikke. Dommen kom til at lyde på et kgl. tilgodehavende på 210.393 rdl., nemlig foruden beløbet for det afhentede salt og de penge, der skulle være betalt til kgl. diplomater iflg. kontrakten, rente heraf til 1683. Herfra blev trukket et mindre beløb, som blev anerkendt var betalt til Henrik Willumsen Rosenvinge. Med rente til 1683 løb det op til 26.167 rdl. Restsummen på 184.224 rdl. skulle konsortiets arvinger udrede inden 8 uger.[40]

---

[39] RA, Privatarkiver, Klingenberg til Frederik Ahlefeldt 25. aug. 1682.
[40] Rtk. 2215.34 Kommissionsakter vedk. udlæg til kongen på Møn hos Gabriel Marselis og A. B. Berns' arvinger. Komm. af 27. nov. 1683; heri kopi af admiralitetsdommen.

Mens Klingenberg afventede eksekveringen af admiralitetsdommen, lå han ikke på den lade side. Han fandt det nu på sin plads at lade sønnen Poul Klingenberg udbetalt arven efter sin mor og hendes familie. De forskellige arveparter bragte sønnens tilgodehavende op på 134.024 rld. Herfor lod Klingenberg 7. april 1683 alle sine godser i Jylland overføre til sønnen som betaling. Det vil sige Højris, Ørum, Bustrup og Mariager for i alt 172.471 rdl. Differencen mellem de to beløb blev på det tidspunkt ikke forhandlet med sønnen. Det skulle gå hurtigt.

Tidspunktet for denne godsoverdragelse mellem far og søn var ikke tilfældig. Eksekveringen af admiralitetsdommen fra februar 1683 stod lige for, og den ældre Klingenberg har rimeligvis forsøgt at undgå, at der kunne gøres udlæg i ejendomme, som nu var sønnens og ikke hans egen.

Dette må ses på baggrund af, at det ikke lod sig gøre at betale det ifølge dommen skyldige i rede penge. Kongemagten var i lange tider selv ikke i stand til at udrede så stor en kontant sum, og kunne langt mindre vente det af undersåtterne, selv ikke de rigeste. Rigdommen var bundet i jord. Derfor var det også godserne, der blev gjort udlæg i i dette tilfælde. Da de 8 uger var forløbet uden betaling, fik generalfiskal Jens Clausen 26. maj ordre til at søge oplysning på Rentekammeret om, hvad Berns' og Marselis' arvinger havde fået af krongods, for at han deri kunne søge betaling for de afsagte domme. Rentekammeret gav anvisning på Klingenbergs gods Hanerau og det til Regitze Sofie Vind på Møn pantsatte gods som det, der skulle dække dommens krav. Begge godser var værdisat til omkring 100.000 rdl. Klingenberg havde i første omgang held med at holde sønnens arv ude af saltsagen.

Mindre belejligt for Klingenberg var det dog, at kronen udså sig Hanerau til betaling i stedet.

Geninddragelsen af det tidligere krongods blev fordelt ligeligt på Berns' og Marselis' arvinger. Det var i sig selv et hårdt slag for Klingenberg, da han havde påtaget sig en hovedforpligtelse på Berns' arvingers vegne i 1679. Dette må han have set i øjnene allerede, da han procederede sagen med kommissionen og med den manglende dokumentation for arvingernes synspunkter kunnet forudse, at saltsagen ville blive tabt. Havde han derfor håbet på at få sagen forhalet for at udsætte de uundgåelige konsekvenser, kan det kun siges til en vis grad og i begrænset omfang at være lykkedes ham. Kun knapt et år gik der fra den første dom

til den endelige afgørelse faldt. Nu stod vitale interesser på spil.
Den korte frist til at skaffe pengene kan være grunden til, at fiskalen fordelte beløbet ligeligt på Berns' og Marselis' arvinger. Det viser i hvert fald, at kongens repræsentanter havde den opfattelse, at det var på den måde, at dommen skulle og kunne fuldbyrdes *effektivt*. Klingenberg kan have vidst bedre uden at gøre noget, og på et punkt vidste han i hvert fald bedre (om Haneraus stilling, jfr. nedenfor). Atter kan grunden være den enkle at vinde tid og at holde på godset længst muligt. Det vil samtidigt sige at holde kreditorer hen og lade gældsforpligtelser vente, mens der blev søgt råd og udveje.

Klingenberg havde tilsyneladende ikke kendt omstændighederne omkring afslutningen af saltsagen i 1651, han var bortrejst på det tidspunkt, men han skulle straks efter opvise en endnu større uvidenhed, og det om nogle helt centrale forhold i det forlængst opløste konsortium mellem Berns & Marselis i Hamborg og Gabriel Marselis i Amsterdam. Uvidenheden kan have været reel, det lader sig ikke afgøre, Klingenberg var endnu kun en betroet bogholder, da pågældende disposition med hensyn til salthandelen blev foretaget. Var den reel, så har han fået sig en virkelig stor og ubehagelig overraskelse, da Marselis' arvinger fremlagde en særkontrakt mellem Albert Baltser Berns og Gabriel Marselis. Ifølge den var de interessenter i salthandelen med henholdsvis 5/6 og 1/6. Klingenberg måtte lade, som om han ikke kendte den aftale, for ellers skulle han have gjort opmærksom på det straks, da admiralitetsdommen var faldet. I stedet måtte Gabriel Marselis' arving, baron Güldencrones enke Regitze Sofie Vind, 2. juni 1683 gøre indsigelse overfor kronen over den måde, hvorpå admiralitetsdommens krav blev fordelt på.[41] Hun var ikke til sinds at lade den gren af familien betale det halve gilde.

Situationens alvor var nu gradvis ved at gå op for Klingenberg, men netop kun det, for endnu havde han ikke indset, at der ingen vej var tilbage. Påny skrev han til Frederik Ahlefeldt og denne gang var tonen noget mere desperat. Han bad 1. juni Ahlefeldt bede kongen om retfærdighed i saltsagen. "Gott weist wo von mein Hertz ich bekümmert bin". Hvis man mod al ret ville tage hans godser, så han ikke kunne betale sine kreditorer, så

---

[41] RA, Da Kanc, Sjællandske Tegnelser 1683, nr. 278, indlæg af fru Vind med ansøgning 2. juni 1683.

måtte man hellere tage hans liv.[42] Dagen efter indsendte baronesse Vind sin indsigelse over fordelingen af domsbyrden. Nu måtte der handles. Den 14. juni 1683 tilbød Klingenberg at købe kongens fordring straks i anledning af salthandelen for 60.000 rdl. Det ville ikke give dækning for de påløbne renter, men omtrent dække betalingen for det modtagne salt. Han stillede dog som betingelse, at de andre arvinger efterfølgende bidrog med deres andel i forhold til særaftalen, og betalte ham og sønnen. Tilbudet måtte ikke opfattes som en erkendelse af skyld. Klingenberg stod endvidere fast på, at Hanerau var hans personlige ejendom, som han ikke alene havde givet 100.000 rdl. for, men yderligere investeret 20.000 rdl. i. Det var ikke en arv efter Berns. Derfor kunne der ikke gøres udlæg i det gods. Salthandelen fastholdt han kun at have 1/16 andel i som parthaver og arving efter Berns & Marselis.[43]

Klingenbergs tilbud var kun på en trediedel af den erstatning, som admiralitetsdommen tilsagde kronen. Forslaget blev heller ikke modtaget. Kongen lod de processer og stridigheder, som Klingenberg omtalte i sit andragende, og som han p.g.a. kreditten så gerne ville være fri få, gå sin gang. Tilbudet er imidlertid interessant som udtryk for, at Klingenberg endnu havde troet, at der var noget at handle med i den sag, og at han kunne købe sig ud af dens fulde konsekvenser efter, at den var på vej til retten. For ham var sagen og processen stadig i sin substans politisk. Endvidere var hans påstand om, at Hanerau var hans gods og ikke Berns' arvingers rigtig nok i den forstand, at den ikke var tilgået ham direkte ved arv, men formelt var han en af arvingerne, der tilmed havde bundet sig specielt med en arveforpligtelse efter Berns, hvorfor denne forpligtelse måtte omfatte *alle* hans aktiver og besiddelser uanset, hvordan han var kommet til dem. Her er tale om et eksempel på, at han med tvivlsomme argumenter prøvede på at holde på aktiverne. Med Wandsbeck-aftalen fra 1679 in mente, udtalte han sig mod bedre vidende. Det var et led i det juridiske tovtrækkeri, ikke en forbrydelse i sig selv. På det punkt havde han tilmed et vist "held" med sig, idet kravet på Hanerau blev frafaldet på 40.000 rdl. nær, og udlæg for resten skulle i stedet gøres i det til sønnen overdragne gods. Med de 40.000 rdl.s krav på Hanerau var der andre planer.

---

[42] RA, Privatarkiver, Frederik Ahlefeldt, brev af 1. juni 1683.
[43] RA, Da Kanc, Sjællandske Tegnelser 1683, nr. 278, indlæg af Poul Klingenberg med tilbud 14. juni 1683.

Højesteret fik af baronesse Vind sagen om fordelingen af ansvaret for saltsagen indbragt. Påny var Klingenberg bragt i defensiven, men han lod retssagen køre, hvad enten han havde været i god tro eller ej. Der blev ikke noget af at ordne sagen som et internt anliggende mellem arvingerne af de tidligere interessenter i konsortiet. Nu drejede det sig om at udskyde en truende ruin længst muligt.

"Det ser slet ud for Klingenberg"

Sådan skrev Leonora Christina marts 1684 i et brev til den yngre Otto Sperling.[44] Deri havde hun ret, og mere end hun kunne ane. Nok førte Klingenberg flere processer, men den største trussel kom alligevel fra den gamle saltsag. Deri var den største sum på spil. Den sag gik imidlertid sin gang over længere tid.

Imens lod de andre interessenter i Klingenbergs aktiver ham naturligvis ikke i ro. Først og fremmest tog administrationen offensiven overfor den tidligere storkreditor. Træet var rystet, nu skulle frugten falde. Klingenberg var i besiddelse af et kgl. privilegium, som kronen tragtede efter at få tilbage. Postvæsenet var så herlig og indbringende en indretning, at den meget vel kunne fornøje kongens allernærmeste. Der blev som led i effektueringen af admiralitetsdommen fra februar 1683 stilet mod at presse Klingenberg ud af postforretningen. Han stod i udgangspositionen svagt, da han var ene om at bære Berns' arvingers forpligtelser. Peder Lerche og Erik Rodsteen fik i forlængelse af ovenstående ordre om at gøre udlæg hos ham for 100.000 rdl. i det udlagte jordegods i Mariager og Ørum Klosters amter på nær 40.000 rdl., som kronen på anden måde ville søge dækning for.[45] Når der blev stoppet ved de 40.000 rdl., var det fordi det netop var det beløb, som han i 1678 havde lånt til kronen kontant på særlige betingelser, der bl.a. skulle sikre ham at beholde postprivilegiet. Det var en udtrykkelig del af kontrakten, at lånet skulle betales tilbage kontant. Administrationens hensigt var nu at få ham til at opgive kontantkravet mod, at der ikke blev foretaget yderligere udlæg i hans godser. Det var Klingenberg i første omgang ikke indstillet på at lade sig presse til. Han vidste meget vel, at 40.000

---

[44] S. Birket Smith: Leonora Christine (Ulfeldt)s Selvbiografi, *Danske Samlinger* 2, I, 1871-72, s. 225.
[45] RA, Da Kanc, Jydske Tegnelser 1683, fol 188, Olsen 1889, s. 115.

rdl. i kontanter ville kronen kun nødigt og med stort besvær rejse. Derfor havde han netop anvendt den klausul i 1678.

Imidlertid valgte administrationen at sætte trumf på ved at gøre udlæg for de resterende 40.000 af kravet iflg. admiralitetsdommen i Hanerau gods.[46] Det ramte Klingenberg på et ømt punkt. Modsat de nævnte jyske godser, havde han investeret i Hanerau, og det var efter al sandsynlighed mere værdifuldt for ham. I hvert fald tvang dette træk ham til forhandlingsbordet. Der blev nedsat en kommission bestående af grev Conrad Reventlow, gehejmeråd Vibe og overrentemester Brandt, som forhandlede med Klingenberg og opstillede en beregning over parternes gensidige fordringer pr. 1. januar 1685. Herved blev krones krav opgjort til 57.473 rdl., bestående af andelen i Hanerau på 40.000 rdl., rente heraf i et år 1.600 rdl., rente af postvæsenet fra 16. juli 1683 på 9.000 rdl. og andre fordringer på i alt 6.873 rdl.[47] Af disse poster er kun de 9.000 rdl.s rente for postvæsenet i 1 1/2 år af interesse, idet de er et vidnesbyrd om, at der på et tidspunkt er blevet pålagt Klingenberg en ændring i privilegievilkårene, da han har måttet begynde at betale 6.000 rdl. om året for at nyde det. Hvornår denne ændring er indtrådt, er uopklaret, men det er sket engang efter 1678.[48]

Klingenbergs modkrav blev opgjort til i alt 55.600 rdl. Foruden de 40.000 rdl., rente heraf fra juli 1678 til 1. januar 1685 på 15.600 rdl. Der var altså en mindre difference i kronens favør. Imidlertid godkendte Klingenberg ikke opgørelsens rigtighed, idet han igen afviste en del fordringer som vedrørende Berns' & Marselis' arvinger og ikke ham personligt. Yderligere gjorde han opmærksom på, at der i hans bestalling som generalpostmester var indføjet en passus, som tilsagde, at en af hans arvinger, som måtte være i stand til det, ville være at foretrække frem for andre ved bortgivelsen af postvæsenet.

---

[46] RA, Da Kanc, Sjællandske Register 1685, fol. 312, Rtk., Rentekam. resol. protokol 8, fol. 68, Olsen 1889, s. 116.

[47] RA, Rtk. 216.199, Afregninger III. Borgerlige civile embedsmænd 62. Poul Klingenberg. Klingenberg korresponderede med en af forhandlerne, Conrad Reventlow, og fortalte ham i et brev, dat. Kbh. 15. maj 1684, at det han havde haft til hensigt at tage over Lolland til Holsten samme uge, men var blevet forhindret af "meines sehens Krankheit" (RA, Privatarkiver, Conrad Reventlow, anf. dato).

[48] Olsen 1889, s. 116 n. 2, Madsen 1991, s. 412 n. 82 har ikke kunnet nå videre i dette spørgsmål.

Klingenberg har allersenest under disse forhandlinger i begyndelsen af 1685 været klar over, at det handlede om, at han skulle afgive postvæsenet. Sandsynligvis har det stået ham klart allerede i efteråret 1683, da han erfarede, at der bliver trukket 40.000 rdl. ud af godsudlægget hos ham til særlig forhandling. Nu havde han haft tid til at affinde sig med det og muligvis sikret sig andre mundtlige løfter. Der er nemlig intet, der tyder på, at kronen var ude på at ødelægge ham. Han tilbød at afgøre det foreliggende mellemværende ved, at han indløste kronens anpart i Hanerau på de 40.000 rdl. ved at afstå postvæsenet. Endvidere at den, som overtog det, skulle være forpligtet til at betale ham renten af lånet fra juli 1678 til juli 1683 med 12.000 rdl. kontant på en gang, eller i afdrag eller ved at lade ham beholde postvæsenet endnu nogle år.[49]

Det forslag blev straks accepteret, og allerede 12. marts 1685 konfirmerede kongen en kontrakt med sønnen Christian Gyldenløve om overtagelse af postvæsenet tilbage fra 1. januar.[50] Dermed var det mål nået, som længe havde været sat. Klingenberg fik også sin betaling for postvæsenet, og han fik tilbuddet om at fortsætte som postbestyrer under den nye ejer mod at betale en årlig afgift på 9.500 rdl. Han sagde nej tak.[51]

Afviklingen af forpligtelserne med Klingenberg var imidlertid ikke overstået. Den 31. maj 1685 udgik et reskript til Kammerkollegiet, hvoraf det fremgår, at Klingenberg havde indleveret forskellige krav, bl.a. for udlagte penge til det bremiske gesandtskab for 24.308 rdl., udlæg for postvæsenets indrettelse og tilgodehavende admiralitetsgage gennem mange år. Da Klingenberg havde afstået postvæsenet og havde accepteret at få jordegods i Hanerau i stedet for rede penge ("da det dog ikke saa nøjagtig som rede Penge kunde anses"), bevilgede kongen, at Klingenberg fik det *gods tilbage* i Ørum og Mariager Kloster, som tidligere var blevet inddraget som følge af saltsagen. Endvidere fik han noget forpagtet gods i Vestervig til ejendom m.m. for et tilgodehavende ved Kieler omslag på ca. 10.000 rdl.[52]

Der var sandelig vist ham en sær kongelig nåde, og det var ikke gjort hermed. Kongen havde ganske vist ladet Klingenberg

---

[49] Olsen 1889, s. 116f.
[50] RA, Da Kanc, Sjællandske Register 1685, fol. 821, Olsen 1889, s. 118.
[51] Madsen 1991, s. 288.
[52] Olsen 1889, s. 118f.

fravriste postvæsenet, som ubetvivleligt har været en rigtig god forretning, der gav løbende kontante indtægter på over 10.000 rdl. årligt, men da det først var sket, var kongen villig til at lade godsejeren Klingenberg fortsætte som hidtil. Klingenberg blev således eftergivet 3.570 rdl., som han stadig var skyldig efter revisionsundersøgelserne. Den 22. august 1685 fik Klingenberg også udstedt generalkvittering for sig og sønnen.[53] For kongens part skulle saltsagen ikke i sig selv blive anledning til Klingenbergs konkurs. Det var markeret. Træet skulle rystes, men ikke fældes.

I saltsagen faldt der først dom ved Højesteret 18. november 1685, godt og vel to år efter, at admiralitetsdommen blev søgt effektueret. Herved blev Regitze Sofie Vind tilkendt et beløb på 62.825 rdl. med renter og sagsomkostninger i alt 75.933 rdl. hos Berns' arvinger[54] Dette beløb måtte Klingenberg udrede, og han måtte gøre det alene som garant for alle Berns' arvinger.

Direkte foranlediget af dommen fik Klingenberg og søn travlt med at få afgjort deres mellemværende. Det kan alene være sønnen, nu godt 25 år gammel, der har ønsket at få sikret sin mødrenearv, men lige så interesseret kan Klingenberg selv have været i at få kgl. konfirmation på en likvidation, der sikrede visse ejendomme for slægten. Hvordan forholdet i øvrigt har været mellem far og søn, får stå hen. I hvert fald kan sønnen næppe have jublet over, at Klingenberg havde påtaget sig forpligtelserne på *alle* Berns' arvingers vegne. Det kom til at koste dem begge dyrt. For Klingenberg kan skiftet dog også have været særdeles ubelejligt, da det ville skubbe til et i forvejen hældende læs. Det ville yderligere mindske hans kreditværdighed. Nu var der ingen vej tilbage.

Afståelsen af postvæsenet havde allerede givet vanskeligheder. Albert Gyldensparre havde ydet Klingenberg et lån på godt 8.000 rdl. med sikkerhed i postvæsenet. Nu var det pant blevet afstået uden Gyldensparres vidende, og han anmodede derfor i december 1685 kongen om, at Klingenberg måtte blive beordret at give ham et andet pant.[55] Henvendelsen er bemærkelsesværdig ved, at det pånyt var et familieanliggende, som skulle afgøres ved omverdenens hjælp. Gyldensparre var gift med en datter af Klingenbergs søster Elisabeth, og han og Klingenberg havde tidligere

---

[53] Christiansen 1902-04, s. 113.
[54] Edvard Holm: *Danmark-Norges indre Historie under Enevælden fra 1660 til 1720*, 2, 1886, rettelser og tilføjelser, s. 81, Olsen 1889, s. 120, Lauridsen 1987, s. 193f.
[55] Olsen 1889, s. 121.

lavet forretninger sammen. Det punkt var nået, hvor Klingenberg ikke ville eller kunne svare for sine forpligtelser hurtigt nok, og henholdende skrivelser heller ikke gjorde det. For Gyldensparre må nyheden om højesteretsdommen have været det, der for alvor fik alarmklokken til at lyde. Kongen reagerede på henvendelsen ved at indsætte Gyldensparre og admiral Chr. Bjelke som sine repræsentanter ved likvidationsforhandlingerne mellem Klingenberg og søn. Det ville både sikre Gyldensparre indsigt i Klingenbergs økonomiske forhold og give ham mulighed for at sikre de 8.000 rdl. Det var en almindelig administrativ praksis under den tidlige enevælde.

Til brug ved skifteforretningen udarbejdede Klingenberg et formynderregnskab, der sammen med de øvrige dokumenter i sagen giver en sjælden mulighed for at få en økonomisk status over hovedparten af hans forhold, især omkring godsbesiddelserne og de behæftelser, de var forbundet med.

Poul Klingenberg d.y. havde som omtalt efter sin mor og hendes familie meget betydelige beløb til arv. For det første den medgift på 40.000 rdl., hun bragte ind i ægteskabet i 1654. For det andet andel i arven efter bedstemoderen Elisabeth Berns. Hun døde i 1664, og havde testamentarisk bestemt, at den unge Klingenberg skulle arve en femtedel af formuen på 350.000 rdl, altså 70.000 rdl., men forskellig gæld bragte beløbet ned på 52.000 rdl., for dog i 1668 at øges med 2.050 rdl. Samme år arvede den unge Klingenberg efter mosteren Cornelia Berns gods for 21.158 rdl. i bl.a. Mariager. Det blev i 1672 forøget med 17.815 rdl. som arvelod efter morbroderen Albert Baltser Berns. Disse forskellige arveparter bragte sønnens tilgodehavende efter moderen op på 134.024 rdl. Herfor havde Klingenberg d.æ. 1683 som omtalt overført godserne i Jylland til sønnen som betaling for i alt 172.471 rdl. Derfra var gået 76.804 rdl. til betaling for salthandelsdommen. For at dække sønnens tilgodehavende havde Klingenberg igen indløst de jyske godser til ham for 39.139 rdl., så sønnen i sidste ende havde modtaget 1.216 rdl. mere end der tilkom ham.[56]

Det så umiddelbart meget smukt ud. De overdragne godser var alle uden gældsforpligtelser. Værd at bemærke er det, at Klingenberg i likvidationen med sønnen holdt ham skadesløs for admiralitetsdommen fra februar 1683. Sønnen var lige så vel som Klingenberg selv blandt de bernske arvinger, der skulle dække

---

[56] RA, Da Kanc, Sjællandske Register 20. feb. 1686.

omkostningerne ved dommen. Sønnens forpligtelser havde Klingenberg ikke overtaget i 1679 eller senere. Alligevel lod han ikke sønnen betale en del af dommens omkostninger. Det synes at have været en bevidst bestræbelse fra det øjeblik, dommen forelå. Den hastige overførsel af de jyske godser i sønnens navn i april 1683 peger i samme retning.

Imidlertid undgik sønnen i sidste ende ikke at bruge en del af sin mødrene arv til dækning af kravene i saltsagen. Det var netop det, som krævede de to kongelige repræsentanters medvirken. Højesteretsdommen til fordel for Regitze Sophie Vind indebar, at Klingenberg måtte afstå godserne Ålstrup og Tostrup på Lolland til hende. Dem havde han imidlertid haft pantsat til Albert Gyldensparre og hans myndling Poul Eggers for 30.000 rdl. Nu sad Gyldensparre med ved bordet og ville have dækning for både dette udestående og for de 8.000 rdl., som han tidligere havde haft pant i postvæsenet for. Det fik han på den måde, at Poul Klingenberg d.y. overførte 38.115 rdl. i Hanerau med al ret og prioritet til Gyldensparre og Eggers.[57] Til gengæld måtte Klingenberg afstå Ørum gods til sønnen.

Under forhandlingerne blev det bl.a. gjort gældende, at Poul Klingenberg ikke havde beregnet indkomst af godserne og rente af de rede penge, men i stedet gav sønnen den fulde medgift, som hans mor havde fået. Endvidere at Klingenberg ikke havde beregnet sig noget for sønnens opdragelse og udenlandsrejse. Sønnen erklærede sig indforstået hermed, men dog ville han af hensyn til sine efterkommere have indføjet i likvidationen, at madame von der Wiele blev frikendt for at betale en andel i salthandelssagen på grund af faderens forpligtelse.[58] Dermed blev sønnens utilfredshed på et vigtigt punkt markeret, og kommissionen kunne slutte sit arbejde. Likvidationen blev konfirmeret af kongen 20. februar 1686.

April 1686 blev udlæggene i Klingenbegs godser som følge af højesteretsdommen effektueret. Han afgav til Regitze Sophie Vind for de godt 75.000 rdl. godserne Ålstrup, Tostrup og Bustrup, dertil Mariager gods og tiende og strøgods i Dronningborg og

---

[57] Prioriteten på 38.115 rdl. havde fra 1664 været specificeret som Poul Klingenberg d.y.s andel i Hanerau.
[58] Poul Klingenberg d. æ. og d.y. skrev til kongen om hende 16. marts 1686, rentemestrene afgav deres indstilling 7. april og kongen konfirmerede 13. april, at man afventede den igangværende proces (Poul Klingenbergs privatarkiv, Jarlsberg).

Havreballe amter.[59] Derefter havde han kun Hanerau gods tilbage. Tilmed var heri en gældspost på omkring 40 % af godsets værdi. 1686 var Klingenberg færdig som storgodsejer. Med det fuldstændig amputerede og gældstyngede tilbageværende gods kan det ikke overraske, at Klingenberg øjeblikkelig kom ud i betydelige økonomiske vanskeligheder. Alle krav på ham kunne nu kun søges dækket gennem Hanerau. Et kongebrev af 27. august 1687 opfordrede Regeringskancelliet i Glückstadt til at formå hans kreditorer til at vise tålmodighed, da han ikke kunne få så meget for sit holstenske gods, at han kunne betale dem.[60] Havde Klingenberg siden 1683 som godsejer levet på lånt tid, var det fra 1686 på kredit. Tid havde han til gengæld fået mere af. Der var ikke længere en stor forretning at administrere. Han genoptog bl.a. den havedagbog på Hanerau, han havde opgivet at føre i Hamborg i 1663. I april 1688 søgte han om tilladelse til at sælge Hanerau, hvilket ikke førte til noget. I stedet så han sig nødsaget til at skrive kladden til en konkursbegæring 21. september 1689,[61] umiddelbart før han i de første dage af oktober i Kiel indskibede sig med gods og planter for at sejle til sønnen på Højris på Mors. Da han satte foden på sønnens jord var han reelt personligt konkurs. Officielt var det fra begyndelsen af 1690. Kronen overtog Hanerau.[62]

Konklusion: I en have på Mors

Poul Klingenberg var i 1690 kommet til vejs ende. Han tilbragte sine sidste måneder med at arbejde i haven på Højris. Den var anlagt af ham selv, og haver og planter havde en stor del af hans liv været ham en kær interesse. Her videreførte han den havedagbog, han var begyndt på igen på Hanerau i 1687. Desværre røber dagbogens optegnelser ikke noget om hans sindstilstand. Var det en skuffet mand, følte han sig selv mislykket, ramt af uretfærdighed? Hvordan var forholdet til sønnen, den søn som til det sidste mente, at han ikke havde fået hele sin mødrene arv.[63] Overvejede

---

[59] RA, Da Kanc, Sjællandske Register 1686, fol. 531-639, Olsen 1889, s. 120.
[60] RA, TKIA, Inländische Registratur 1687-88, fol. 202, Olsen 1889, s. 122.
[61] Annie Christensen: *The Klingenberg Garden Day-Book 1659-1722*, 1997, s. 40.
[62] RA, TKIA, Inländische Registratur 1689-90, fol. 86, 98, 234, 338, 364, sst. Patenten 1689-90, fol. 208, Olsen 1889, s. 122.
[63] RA, DA Kanc, Sjællandske Tegnelser 1690, fol. 319, Olsen 1889, s. 122.

han den skæbne, der til sidst gjorde hans rigdom og samfundsposition helt afhængig af et eneste stykke papir, som skulle være affærdiget i slutningen af 1651, men ikke var til at finde? Eller vidste han bedre?

I efteråret 1690 døde Klingenberg. Han blev begravet 11. oktober på Ljørslev kirkegård. Sønnen gjorde ikke nogen stads af ham, og vedgik ikke arv og gæld, men lod de kgl. skiftekommissærer medtage Klingenbergs papirer. Disse har ikke ladet sig genfinde, så facit i hans konkurs forbliver os ubekendt.[64] Trods det lader den relativt minutiøse gennemgang af hans større økonomiske transaktioner det billede tilbage, at det ikke var spekulation, misligheder eller uærlige transaktioner, der bragte ham til fald. Heller ikke dårlige landbrugskonjunkturer, som resulterede i for ringe forrentning af godserne. Klingenberg havde med de mangeårige store kontante indtægter af postvæsenet bevaret en økonomisk bevægelighed, som adskillige af de øvrige fordums storkreditorer havde mistet. Hele hans rigdom var ikke bundet til jord frem til 1685. Dertil kom de meget betydelige arveparter efter hustruen, der gav mere gods at kapitalisere og disponere over i 1660'erne og 70'erne. Konkursen var i stedet en kombination af politiske konjunkturer og forretningsdispositioner, som han ingen indflydelse havde på og muligvis heller ikke på forhånd haft det fulde kendskab til.

Det lader sig fastslå, at hovedparten af hans godser endnu i 1683 var gældfri. Kun gældfriheden tillod ham at overføre store værdier til sønnen 1683-85 foruden naturligvis kongelig gunst. Havde godserne være behæftet med gældsforpligtelser, ville hans konkurs været fulgt umiddelbart, da han skulle sikre sønnen hans arv. Da først lavinen begyndte at rulle med den første admiralitets-

---

[64] Hans sager med fjernere slægtninge og andre er ikke forfulgt her. Gælden til Gyldensparre og Poul Eggers er vist identisk med det krav fra familien Paulli, der skal have været på 35.000 rdl. og omtales i et brev fra Leonora Christina til Otto Sperling d.y. 1684 (Birket Smith 1871-72, s. 225). Med Christoffer Gabels enke havde han 1682 en sag, hvor han blev dømt til at betale 1.000 rdl. med rente (Akter i Poul Klingenbergs arkiv, Jarlsberg). Regeringsråd Marquard Gude førte 1684 en proces mod ham ved Regeringskancelliet i Glückstadt for 7.000 rdl. Klingenberg nægtede andel i gælden, men henviste til A. B. Berns' arvinger og fru van de Wiele, der ville betale, men bad om at udsættelse til hendes hus og have i Hamborg kunne gøres i penge (Klingenberg til Frederik Ahlefeldt 28. jan. 1684, RA, Privatarkiver, Frederik Ahlefeldt).

dom, søgte han ikke først og fremmest at redde sin personlige
økonomi, men overførte resolut store værdier til sønnen og søgte
iøvrigt at friholde sønnen for at betale en andel i dommene. Han
ville så vidt muligt selv bære hele byrden af saltsagen, når det
ikke kunne lade sig gøre at få den fjernere del af familien til at
gøre det. Hans dispositioner omkring godsernes afvikling synes
ikke præget af spekulation. Det kan f. eks. ikke lægges ham til
last som et udslag af uhæderlighed, som Fr. Olsen har gjort det,[65]
at Gyldensparre mistede sit pant i postvæsenet. Klingenberg blev
tvunget til at afstå det. Ligeså var det med pantet i Ålestrup og
Tostrup godser. Klingenberg blev tvunget til at afgive dem og
havde ikke spekuleret i at snyde panthaverne.

Hvis ikke saltsagen var kommet frem, og her tages der ikke
endelig stilling til om den var konstrueret af administrationen eller
reel nok, det tillader materialet ikke,[66] var Poul Klingenberg ikke
gået konkurs. Selv admiralitetsdommen fra februar 1683 kunne
han være kommet økonomisk over. Det var udsigten til højesterets-
dommen i sagen med Marselis' arvinger oven i, der beseglede
hans økonomiske fremtidsmuligheder. Da det stod ham klart, blev
flest mulige værdier overført på sønnen. Kun Hanerau søgte han
at holde på til det sidste. Det var meget betydelige værdier, Poul
Klingenberg d.y. kom i besiddelse af, et godskompleks på langt
over 7.000 td. htk.[67] Det kunne måske have været nær det dobbelte,

---

[65] Olsen 1889, s. 121.
[66] Johan Jørgensen har konkluderet, at administrationens opgør med Henrik
Müller viser, at det var regeringens vilje, at Danmark på det privat-
økonomiske område skulle være en retsstat (Jørgensen 1966, s. 233f.). En
erklæret hensigt er ikke det samme, som at det også er realiteten, og op-
gøret med Klingenberg peger ikke i samme retning. Administration og
retsvæsen tjente et højere formål end rettens.
[67] Det gælder også flere af de andre tidligere mellemstore og storleverandø-
rer, som blev ruinerede, at de forinden havde sikret slægten betydelige
værdier i jordegods. Det holder næppe for en nærmere prøvelse, når
Jørgensen 1966, s. 234 konkluderer, at statskreditorerne kun undtagelses-
vis sikrede deres efterkommere en position i samfundets top og Ladewig
Petersen 1980, s. 389 skriver, at købmandsaristokratiet ikke fandt fodfæste
som godsejere i "venteligt omfang". Det indebærer for det første, at der
ses bort fra den største statskreditor, Marselis-konsortiet, for det andet
den store gruppe af mellemstore borgerlige kreditorer, der kombinerede
en position som godsejere med høje statsembeder. Skal der blandt histo-
rikere arbejdes med "ventelige omfang", må det vel forudsætte en norm,
der ikke er opstillet i dette tilfælde.

hvis ikke et vist stykke papir med rentemester Vibes hånd var forsvundet.

Kan hænde Poul Klingenberg i sine yngre dage har været en "lykkeridder". Det krævede noget ekstra for en borgerlig at komme frem i et adelsdomineret standssamfund. I hvert fald var han en både dygtig og ambitiøs bogholder og siden forretningsmand, og de dispositioner, den ældre Klingenberg foretog i sine sidste 10 leveår tyder ikke på hverken uhæderlighed, misligheder eller skrupelløs spekulation. I hvert fald ikke ud fra den måde, som tidens magthavere fortolkede det tilladelige på. Klingenberg kæmpede for sine godser med de midler, enhver anden godsejer for tiden ville have gjort. Der var på det punkt heller ingen forskel på gammel og ny adel i 1680'erne. Modparten var den enevældige administration overfor hvem selv den mægtigste godsejer kunne komme til kort. Klingenberg kom, da han havde bøjet sig, ud af den proces i kongelig nåde. Selv om det tilsyneladende drejede sig om en gammel sag om misligholdelse af en kontrakt, var det kun på overfladen. Det drejede sig reelt om tilbagetagelsen af et kongeligt regale. Da det var sket, blev Klingenberg ikke længere behandlet som en kontraktbryder.

Man kan derfor sluttelig spørge, om Poul Klingenbergs og i det hele taget 1600-tallets købmænds eftermæle skal skrives efter andre kriterier i dag, og da efter hvilke?

Hold på forbillederne

Når man beskæftiger sig med nyere tids danske historie, er der en ældre historiker, som indtager en særstatus. Det er J.A. Fridericia (1849-1912), der i en årrække var assistent og underbibliotekar ved Universitetsbiblioteket i Fiolstræde, før han omsider i 1899 fik en velfortjent stilling som professor i historie. Han har altid stået i skyggen af sin samtidige kollega og ven, professor og senere rigsarkivar Kr. Erslev, der bedre forstod at profilere sig selv som den skoledannende, metodisk stringente middelalderhistoriker, men hvis arbejder i øvrigt næppe vil bevare deres værdi så længe som Fridericias.[1] Fridericias periode var 1600-tallet, der ikke er nær så kildefattig som middelalderen, og den historiske kildekritik ikke nødvendigvis så enstrenget, som Erslev suverænt udøvede den for middelalderens vedkommende. Eller sagt på en anden måde, for 1600-tallets vedkommende var der ikke så meget brug for kildekritisk rydningsarbejde, som konstruktivt opbygningsarbejde.

Fridericia påtog sig i al beskedenhed at grundlægge det videnskabelige studium af 1600-tallets danske historie. Han var den første, der systematisk gennemgik store mængder af utrykt kildemateriel til århundredets historie. Han begyndte med udenrigspolitikken efter 1629, som der kom en disputats ud af i 1876, suppleret med et bind to i 1881, der førte fremstillingen frem til 1645.[2] Hertil foretog han omfattende arkivstudier i udlandet, men i 1880'erne udvidede han perspektivet til hele det danske samfunds historie. Han kastede sig over alle kildetyper, lavede landbo-

---

[1] Om forholdet mellem de to se Leo Tandrup: *Ravn. En beretning om Kristian Erslevs udvikling som menneske, historieforsker og historieskriver og om hans syn på historien og dens værdi indtil 1912*, 1-2, 1979 og sammes artikler om Erslev og Fridericia i *Dansk biografisk leksikon* 3. udg.

[2] J. A. Fridericia: *Danmarks ydre politiske Historie fra Freden i Lübeck til Freden i Prag (1629-1635)*, 1876 og *Danmarks ydre politiske Historie i Tiden fra Freden i Prag til Freden i Brömsebro (1635-1645)*, 1881. Begge optrykt 1972.

statistik, befolkningsstatistik, udgav et par af de ældste bevarede selvbiografiske skildringer og en mængde andre aktstykker, der belyser sider af århundredets historie.[3] Sammen med C.F. Bricka stod han også for den monumentale udgave af *Kong Christian den Fjerdes egenhændige Breve* i 7 bind, der udkom i årene 1878-91 med omfattende kommentarer. Men han druknede ikke i detailstudier og kildeudgaver. Hans hovedværk *Adelsvældens sidste Dage. Danmarks Historie fra Christian IVs Død til Enevældens Indførelse 1648-1660*, 1894, er en omfattende og dybtgående samfundsbeskrivelse af Danmark ved midten af det 17. århundrede med udblik til perioden både før og efter. Det er stadig et af hovedværkerne i dansk historisk litteratur, på en gang en samlet fremstilling og en videnskabelig undersøgelse med dokumentationen i det vældige noteapparat, heri ikke mindst henvisninger til hans egne forundersøgelser. Han leverede også den første moderne videnskabeligt funderede fremstilling af hele århundredets historie, omfattende tiden fra 1588 til 1699. Den er på 673 + IX sider og fremkom 1896-1902 som bind 4 af *Danmarks Riges Historie*.[4] Sin alder til trods og præget, som den er af en anden tids historiesyn, hævder indholdet og fremstillingen sig stadig. Den er grundmuren under alle de senere Danmarkshistoriske fremstillinger af perioden.

Få vil betvivle Fridericias lærdom, grundighed og omfanget af hans research, men alligevel kan hans efterladte historiske optegnelser på Det Kongelige Bibliotek vække forbavselse.[5] Heraf fremgår det, hvor mange og lange kildeserier, han var igennem. Alene til fremstillingen i *Danmarks Riges Historie* gjorde han omfattende primære kildestudier, som han ikke på anden måde fik udnyttet i specialafhandlinger. Det er vist få af hans efterfølgere, der har skrevet en samlet Danmarkshistorisk fremstilling på

---

[3] Se tekstsamlingen J. A. Fridericia: *Studier over adelsvældens historie. Udvalgte afhandlinger og anmeldelser*, 1979. Der foreligger ingen samlet bibliografi, heller ikke over den omfattende anmeldelsesvirksomhed i dagspressen.

[4] Om bogværket Henrik Detlefsen: Omkring "Danmarks Riges Historie", *Historisk tidsskrift* 86, 1986, s. 238-264.

[5] Håndskriftafdelingen, Additamenta 836-45, 4°. J. A. Fridericia: Samlinger til det 17. århundredes historie. En oversigt over indholdet i Alfred Krarup: *Katalog over Universitetsbibliotekets Haandskrifter*, 2, 1935, s. 219-221. Optrykt her som tillæg. Adskillige historikere har gennem tiden høstet nytte af Fridericias samlinger. Det gælder f. eks. Knud Fabricius, C.O. Bøggild-Andersen, Steffen Heiberg og jeg selv.

grundlag af primære kildestudier, i hovedsagen utrykt materiale, og der er ingen, der har gjort det i samme omfang. Her vil nogen måske indvende, at professor Edvard Holm kan gøre ham rangen stridig for 1700-tallets vedkommende både med den kæmpemæssige Danmarkshistorie omfattende tiden fra 1720 (med en tobinds forløber tilbage til 1660) til næsten 1800 (ikke fuldendt til 1814) i 7 store bind og med sit bind 5 af *Danmarks Riges Historie*, men der er den forskel, at Fridericia leverede en for sin tid moderne fremstilling, bl.a. med sine statistiske undersøgelser, hvor Holm mere skrev gammeldags statshistorie med udblik oppefra ned på tilstande i samfundet. De tilstande fik han kun undtagelsesvis givet en behandling af blivende værdi.[6]

Selv om mange og til sidst næsten alle Fridericias resultater, vurderinger og domme vil blive omstødt, får det ikke hans grundlæggende indsats til at blegne. Det er et forbilledligt arbejde af blivende værdi, men resultaterne kom ikke let. De krævede stædighed, udholdenhed og tid. Der var ikke tale om de hurtige opsigtsvækkende resultater og slet ikke nogen med gennemslagskraft i aviserne. De gjorde ham ikke hurtigt til en mediefigur, der afsagde historiske domme om dette og hint eller reklamerede for snustobaksdåser. Han kunne ellers godt have brugt nogle flere kroner, for lønnen ved universitetsbiblioteket var beskeden. Som manden selv.

Fridericia nåede naturligt nok ikke at gennemforske alt i 1600-tallet, selv om han nåede utroligt meget - der må have været bedre tid på universitetsbiblioteket dengang? - og hans efterfølgere har været få. Det skal slet ikke forstås sådan, at der ikke er andre, der har specialiseret sig i 1600-tallets historie. Det er der mange, der har gjort. Århundredet er et yndet forskningsfelt. Der foreligger alene mellem 30 og 40 disputatser med hovedvægten i det århundrede. Kun ganske enkelte er fra før Fridericias tid. Kendere af århundredet i både bredden og dybden har der imidlertid været færre af. De kan vist tælles på en hånd.

En af dem var arkivar ved Rigsarkivet, Johan Jørgensen, der døde i 1969 i en alder af kun 44 år.[7] Han nåede så meget in-

---

[6] Om Edvard Holm som historiker henvises til Hans Kargaard Thomsens artikel i *Festskrift til Povl Bagge*, 1972, s. 331-348.
[7] Om ham se først og fremmest nekrologen af vennen og studiekammeraten Troels Dahlerup i *Historisk Tidsskrift* 12. Rk. IV, 1970, s. 505-508 og den følgende artikel her.

den da, at det er klart, at han besad en viden om århundredet som få siden Fridericia. Det var ikke en viden opsnappet ved spredt og tilfældig læsning, men ved indgående studier i Rigsarkivets samlinger og noget nær hele den trykte litteratur om perioden. Igen og igen kan man ved læsningen af hans arbejder forbløffes over, hvorfra han henter sine oplysninger frem. Ofte fra en lokalhistorisk litteratur, det ikke er selvindlysende at gå til. Skønt "rigshistoriker" viste han i sine studier, hvor meget "lokalhistorien" er historien. At lokalhistorien bedre kan klare sig uden rigshistorien end omvendt. Jørgensen var "lærd" i gammeldags forstand og forstod at opstille spændende nye problemstillinger. Det gjaldt næsten hele vejen rundt: kulturhistorien, socialhistorien, administrationshistorien (som han havde planlagt at gøre meget mere ved, da døden bortrev ham), den politiske historie og handelshistorien. Tvivlere kan blot henvises til den lille perle af en indføring *Skifter og testamenter*, 1968. Det er ikke sådan, at han skrev tykke bøger på alle felter, tidsskriftsartiklen var egentlig hans foretrukne form, men til gengæld var der sammenhæng i hans produktion. I sine artikler kunne han slå ned på helt centrale problemer og aflive sejlivede forestillinger.

Et fint lille eksempel er hans artikel i det første hæfte af det da nystartede tidsskrift *Arkiv* i 1966. Johan Jørgensen skrev her om øverste sekretær Erik Krags virksomhed i Danske Kancelli indtil 1657. Under den knastørre titel gemmer sig den helt centrale problemstilling, hvorvidt den danske centralforvaltning var helt i opløsning i adelsvældens sidste dage. Det var blevet fremført som påstand i flere århundreder, og bl.a. med styrke af professor Knud Fabricius. Fabricius fremhævede, hvordan førelsen af protokollerne i Danske Kancelli kom længere og længere bagud og tog det som vidnesbyrd om, hvordan adelsmagten smuldrede.[8] Ved at gå til kildematerialet kan Jørgensen vise, at det skyldes pesten 1654, der tvang administrationen væk fra København for en tid, som gav efterslæb med førelsen af protokollerne og samtidig, at det forsømte blev indhentet. Tilmed indførte øverste sekretær Erik Krag et nyt system, der gav bedre overblik over ekspeditionerne gennem Danske Kancelli.

En væsentlig del af Jørgensens produktion handler om det københavnske borgerskabs forhold til staten før og efter enevæl-

---

[8] Knud Fabricius: Kollegiestyrets Gennembrud og Sejr, *Den danske Centraladministration*, Red. Aage Sachs, 1921.

dens indførelse. Han søgte her blandt andet efter de økonomiske kræfter og faktorer, der lå bag statsomvæltningen i 1660 og enevældens indførelse.[9] Den side havde ikke interesseret tidligere historikere nævneværdigt. For dem havde det i stedet været et mere isoleret politisk spil, hvor det drejede sig om en analyse af selve forhandlingsforløbet på stændermødet i 1660. Professor C. O. Bøggild-Andersen stod som den mest udtalte eksponent for denne tilgangsvinkel. Det spil gjorde Johan Jørgensen til gengæld ikke noget videre ud af. Han søgte mere materielle forklaringer. Derfor kunne han heller ikke bruge f. eks. Bøggild-Andersens arbejder til så meget. De glimrer ofte ved deres fravær, hvor de ville have været ventelige.

En spændende ny synsvinkel syntes jeg, at det var som grøn historikerstuderende i begyndelsen af 1970'erne, der prøvede at finde fodfæste i faget i en tid, hvor marxismen havde greb i de fleste studerende og en del af lærerne, og klassekamp og økonomiske interesser determinerede historien. Det var en bølge, der kulminerede i kapitallogikken i midten af årtiet; i sin mest ekstreme form "udledte" kapitallogikken "historien" af kapitalens bevægelser. Ingen af disse logikere nævnt, ingen glemt, men det var et problem at holde fast i nogle forestillinger om, hvad historiefaget er, og marxismen og kapitallogikken kunne gøre det endnu sværere at finde forbilledlige danske historikere. Enkelte prøvede at grave en marxistisk dansk historikertradition frem, men med lidet held, hvis ikke det "marxistiske" skulle fortyndes til det meningsløse (Albert Olsen) eller personer af rent perifer betydning for dansk historieforskning blev holdt frem (Gustav Bang).[10]

Mine forbilleder var af en helt anden støbning og kunne noget helt andet end det, der var i vælten i 1970'erne. Dem kunne der hurtigt sættes prædikater på som borgerlige teoriløse empirikere. Det kunne der være noget om i én selvforståelse. J. A. Fridericia og Johan Jørgensen havde ikke med deres historiske arbejde drømt om at levere et bidrag til klassekampen. De havde heller ikke medbragt en bevidst overordnet teori om tingenes rette sammenhæng og forklaring, men fået deres teorier og forklarings-

---

[9] Håkon Hovstadt: Det københavnske patriciat, *Historisk tidsskrift* 52, Oslo 1973, s. 158-167.
[10] Uffe Østergård (red.): *Den materialistiske historieopfattelse i Danmark*, 1, Århus 1973.

modeller ved konfrontation med det foreliggende materiale, foruden nogle ubevidst anvendte modeller som de - som alle - gik rundt med. De havde heller ikke i første række opfattet andres bøger og artikler som kildemateriale. Det var der en udpræget tendens til i 1970'erne studentergeneration; en meget benyttet "kilde" var en vis Svend Aage Hansen.[11]

Når jeg alligevel anså det for forbilledligt og en tilfredsstillelse selv at grave ny viden frem i det utrykte kildemateriale, retfærdiggjorde jeg mig med, at jeg var ude efter at afdække nogle økonomiske magtgrupper i 1600-tallet og deres indflydelse. Det lagde en vis dæmper på en ellers udtalt skepsis overfor mit arbejde med 1600-tallet blandt medstuderende. Jeg fik da også at vide - venligt ment selvfølgeligt - at den slags var ikke noget, man kunne få stipendium på. 1600-tallet var i nogle år for støvet for historiestuderende, ja det meste af historien før 1945 med for den sags skyld, men så kom årene, hvor hele humaniora studerede "overgangsproblematikken" fra feudalisme til kapitalisme, og historien kom igen. Overgangsproblematikken viste sig at dække en umådelig lang tidsperiode. Den lod sig strække og flytte efter det emne, den enkelte nu havde gravet sig ned i. Snart sagt hvilken som helst ændring i hvad som helst kunne forklares som led i eller udslag af overgangen fra feudalisme til kapitalisme. Det blev til en besværgelse i stedet for videnskab. Den gjorde sig gældende endnu godt op i 1980'erne.

I mellemtiden var jeg begyndt at studere fascismen, et vigtigt internationalt emne dengang. Se, se, det var helt OK, og gav tilmed på et tidspunkt assistentjob og derpå kandidatstipendium. Men hov. Jeg havde ikke rystet forbillederne af mig. Fascismestudiet blev lagt an på samme måde som 1600-tals studierne; det vil sige, jeg ville i overkommeligt omfang til kilderne og kun bruge den alenlange teoretiske diskussion som inspirationskilde. Så langt så godt. Idealerne stod først for fald, da jeg så prøvede at få publiceret nogle af fascismestudierne, der havde Østrig i mellemkrigstiden som case study. Da de var baseret på primært materiale, var de "specielle", de var om noget udenlandsk, det lille Østrig. Det var der ikke mange læsere til. Tidsskrifterne ville hellere have en oversigtsartikel, noget ikke for specielt. Oversigtsartikler er uhyre nyttige, men kræver slet ikke nødvendigvis grundstudier. Hvordan så holde fast i forbillederne,

---

[11] *Økonomisk vækst i Danmark* 1-2, 1972-74.

når man som jeg gerne ville blive i erhvervet? Jo, ved at vende tilbage til 1600-tallets danske historie. Bare det er dansk, må det godt være "specielt" her til lands, hvor specialtidsskrifterne florerer som aldrig før, og jeg kunne få lov til at holde fast ved forbillederne og kaste mig over en gammel kærlighed, der blev til udgivelsen af *Marselis-konsortiet. En studie over forholdet mellem handelskapital og kongemagt i 1600-tallets Danmark* (1987). Hellere i al beskedenhed stå på skuldrene af J.A. Fridericia og Johan Jørgensen end sidde mellem to stole. Verden udenfor kan have trange kår i det danske historikermiljø. Beklageligvis, men det er forbilledligt, når nogen kaster sig over den alligevel.

Jeg kunne først vende tilbage til de internationale studier, da den fastere ansættelse med forskningstid var i hus. En erfaring rigere, men ikke blot en speciel og personlig erfaring. I de mange år, der har været lukket af for nyrekrutteringen på universiteternes historiske institutter og ansættelsesmulighederne i stedet var på museer og (lokal)arkiver, var der ikke brug for den store internationale historie. Arkivet eller museet i xkøbing kunne klare sig med mindre, gerne en relevant lokal erfaring.

Tillæg: J. A. Fridericia: Samlinger til det 17. århundredes historie.
Alle henvisninger er til Additamenta 836-45. 4°.

836 a.	Afskrifter fra svenske Arkiver og Biblioteker (1648-50)
836 b.	Stockholm (1636-45)
836 c.	Skokloster (efter 1660)
836 d.	Det norske Rigsarkiv (1644-46)
837 a.	Uddrag af Tegnelser og Registre (1588-1660)
837 b.	Indlæg til Tegnelser og Registre (1629-60)
837 c.	Indkomne Breve til Kancelliet (1596-1660)
838 a.	Uddrag af Diplomatariet (1588-1600, 1629-45)
838 b.	Fortegnelse over Breve i den Bøllingske Brevsamling (1588-1699)
838 c.	Danske Selskabs Papirer (1639-56)
838 d.	Mallingiana
838 e.	Optegnelser til Rigsraadsbreve 1630-41 (efter Kr. Erslev) samt til 1648
838 f.	Breve til Joachim Gersdorff (1643-60)

838 g.	Reg, 90: Chr. Pentz's Relationer (1632, 45, 48)
838 h.	Adelsbreve (Oluf Daa, 1657, Mandrup Due, 1653)
838 i.	Registrant over Topografisk Samling (1616-1660)
838 k.	Lovudkast
839 a.	Rentekammersager (1624-25)
839 b.	Afregninger o. l. (til 1660)
839 c.	Kieler Omslags Regnskaber (1630-57)
839 d.	Knud Ulfeldts Krigsregnskaber
839 e.	Kongens eget Kammer (1635-39)
839 f.	Gabels Kammerregnskaber (1652-56)
839 g.	Det udlagte Krongods 1650
839 h.	Revisionskommissionen 1651
839 i.	Krigskommissarie Regnskaber (fra 1630erne og 40erne)
839 j.	Rentemester-Regnskaber (1629-1660)
839 k.	Hofmønsterskriverens Regnskaber (1629-1660)
839 l.	Hovedskat 1645
840 a-h.	Optegnelser fra Rigsarkivet til Tiden 1648-60
a.	Ausländ. Registratur
b.	Latina
c.	Overrets-Arkivet
d.	Holstenske Raaders Breve
e.	Inländ. Registratur og Concepter
f.	Lentes Breve
g.	Hertugdømmerne (mest efter Gott. Archiv)
h.	Norge
841	Optegnelser fra Rigsarkivet vedr. Udlandet (England, Frankrig, Holland, Polen, Rusland, Spanien, Sverige, Tyske Stater, Allens Optegnelser fra fremmede Arkiver)
842 a.	Kabinetsarkivet (1661-96)
842 b.	Statskollegiets Arkiv (1660-76)
842 c.	Geheimekonseillets Protokol (1676-99)
842 d.	Kancelliprotokol (1670-76)
842 e.	Sjællandske og andre Registraturer (1660-99)
842 f.	Indlæg til Expeditioner af Kancellisager udfærdigede af Kongens eget Kammer (1678-90)
842 g.	Indkomne breve til Kanslerne og Oversekretærerne samt Suppliker (1661-70)
842 h.	Bestallingsprotokoller (1660-75)
842 i.	Rentekammerets Protokol (1661-70)
842 j.	Kammerkollegiets Deliberationsprotokol (1670-99)
842 k.	Rentekammerets Expeditionsprotokoller (1660-99) og tyske

	Rentekammersager (1661)
842 l.	Originale Reskripter til Skatkammerkollegiet (1660-99)
842 m.	Åbne Breve til Skatkammerkollegiet (1660-70)
842 n.	Indkomne Breve til Skatkammerkollegiet (1660-70)
842 o.	Kgl. Missiver og Reskripter til Rentekammeret (1660-70)
842 p.	Breve gennem Kancelliet til Rentekammeret (1680-99)
842 q.	Finansvæsen (1660-96)
842 r.	Krigsarkivet (1660-70)
842 s.	Hæren (1660-76)
842 t.	Holstenske Råder (1660-70)
842 u.	Gottorper Arkivet (1670-76)
842 v.	Kielmannske sager
842 x.	Inländische Reg. und Patenten (1684-85)
842 y.	Lentes og Biermanns Breve (1670-89)
842 z.	Udlandet (1660-99)
843	Blandede Optegnelser til Tiden 1588-1699 (særlig om Ulfeld og Griffenfeld)
844 a.	Afskrifter fra Arkivet i London (1603-29)
844 b.	Afskrifter af Kommissionsforhandlinger om nye Skatter 1690
845	Optegnelser fra tyske og andre udenlandske Arkiver og Biblioteker (Berlin 1648-99, Dresden 1629-99, Hannover 1648-60, 1660-76, Marburg 1660-99, Oldenburg 1670-76, Wien 1635-45, 1660-76, nogle få fra Kiel, Hamburg, Schwerin og Wolfenbüttel, Haag og Amsterdam 1648-60, London før 1645 og efter 1663, Oxford (danske Studerende), Paris 1637-48, 1648-67.

Patriciatets historiker: Johan Jørgensen 1924-69

"Grænserne mellen den politiske historie og administrative historie må nødvendigvis være flydende".

Johan Jørgensen[1]

Arkivar, dr. phil. Johan Jørgensen ville i 1999 være blevet 75 år. Hans aktive studie- og forskningsliv udfoldede sig i 1950'erne og 60'erne. Som vist den første betydelige historiker af sin generation døde han for snart 30 år siden. De fleste af de øvrige er endnu fagligt aktive, hvad enten de er pensionister eller ved slutningen af et embedsforløb. Johan Jørgensens indsats for dansk historie er derfor et afsluttet kapitel og manden selv på en sådan afstand, at der er en særlig mulighed for nu at begynde at se en repræsentant for den historikergeneration i forhold til tiden.

Administrationshistorie som omdrejningspunkt

I det førte hefte af tidsskriftet *Arkiv* i 1966 leverede Johan Jørgensen en lille indgående afsluttet studie, som kaster nyt lys over forvaltningspraksis og administrationens effektivitet i årene op til enevældens indførelse (nr. 22. Alle nummerhenvisninger i det følgende er til den afsluttende bibliografi). Denne studie er karakteristisk for ham som historiker. Den er grundig, båret af primære arkivalske studier, og så formår han at give den et perspektiv, som er mere end omvendt proportional med det sidetal, han udfoldede sig på. Johan Jørgensen havde nemlig blandt sine mange kvalifikationer den, at han var strengt forskningsøkonomisk. Han ville ikke gentage sig selv. Hvad han en gang havde skrevet, hvor det så end var publiceret, betragtede han derefter som bekendt stof i den lærde historiske offentlighed. Eksempelvis havde han skrevet et afsnit om købmand og rentemester Henrik Müller i sin konferensafhandling om det københavnske patriciat og staten (nr. 7) med centrale oplysninger om det kvantitative omfang af Müllers erhvervsaktivitet. Disse vigtige oplysninger tog han ikke påny med, da han udvidede afsnittet om Henrik

---

[1] Notat til foredrag i Johan Jørgensens arkiv. Udat. (priv. ark.).

Müller til en disputats (nr. 23). De lærde fagfæller måtte jo vide, at det havde han allerede skrevet.

Med samme indstilling gik han ud fra, at den foreliggende historiske forskning på de områder, der optog ham, var fagfæller og læsere både bekendt og present. Han var ikke den, der gav sig til at præsentere et stof, et emne eller en problemstilling påny. I hvert fald ikke ud over det allermest nødtørftige. I stedet gik han indforstået ud fra, at den foreliggende forskning var paratviden for læserne og kunne polemisere mod både døde og levende på det grundlag.[2] Derfor kunne han gå lige til den detaljerede kildefremlæggelse, som dokumenterer hans pointer, og opfølgende konklusioner og perspektiveringer anså han ofte for overflødige. Det omhyggeligt udvalgte og fremlagte rummer det nye i sig selv. På bl.a. den konto faldt en del mindre kyndige fagfæller og historisk interesserede fra i svinget. De kunne ikke alle selv drage de nødvendige konklusioner på baggrund af, hvad de havde læst. Han var den solide specialist med en meget bred faglig baggrund, som skrev for andre specialister. Dertil kommer, at han i den grad levede sig ind i 1600-tallets skriftsprog, at det smittede af på hans stil, hvilket heller ikke letter tilegnelsen. Derfor er han næppe kendt af mange i dag uden for historikernes snævre kreds, og selv i kredsen vil han nu være ukendt for mange.

Skønt hans forskningsinteresser var vidtspændende - fra forretningshistorie, lærdomshistorie, økonomisk og socialhistorie, personalhistorie, byhistorie til kulturhistorie - var og forblev Rigsarkivets samlinger udgangspunktet for den altovervejende del af hans forskning. Det var nemlig også hans arbejdsplads. Her havde han sin daglige gang og kunne få det arkivtjenstlige og forskningsinteressen til at gå op i en højere enhed. Med Rigsarkivets samlingers udspring i den statslige administration gennem tiden, kan det ikke overraske, at et tilbagevendende tema i Johan Jørgensens forskning var de administrationshistoriske aspekter, som det direkte kommer til udtryk i den lige omtalte artikel i *Arkiv*. De var imidlertid også indbygget i afhandlingerne om forholdet mellem staten og de københavnske købmænd og i disputatsen om Henrik Müller. De er overvejende bygget på administrationens arkiver, uden hvilke disse arbejder slet ikke havde ladet sig gennemføre. Det er i det hele taget et hovedvilkår for studiet af store dele af ældre dansk historie.

---

[2] Se John T. Lauridsen: Borgerkultur i 1500- og 1600-tallet, Vagn Wåhlin (red.): *Historien i kulturhistorien*, 1988, s. 151f. [her s. 57].

Generationsrepræsentanten

Johan Jørgensen døde blot 44 år gammel i 1969 af en alvorlig astma, som plagede ham stærkt hele livet og tvang ham til en streng selvdisciplin. Den besad han i den grad, at han trods et kort forskningsliv fik publiceret meget af en sådan kvalitet og værdi, at adskillige i hans egen generation har måttet bruge et helt liv på at nå det samme. Ved hans død skrev vennen og kollegaen, professor Troels Dahlerup en nekrolog i *Historisk Tidsskrift*, som bliver et varigt minde over ham. Troels Dahlerup har leveret en biografisk skitse, som kun den kan gøre, som har haft både personligt kendskab til mennesket og et nært forhold til det historiske stof, Johan Jørgensen arbejdede med. Det spor vil jeg ikke forfølge videre her.[3]

I stedet vil jeg tage udgangspunkt i Johan Jørgensen som repræsentant for historikergenerationen fra 1950'erne. Den historikergeneration er som omtalt ved sin livsaften, pensionister eller nær pensionsalderen, repræsentanter for den har nået de højeste faglige og administrative poster i det historiske og videnskabelige samfund. Adskillige af dem var tillige Johan Jørgensens venner og bekendte. Det er på tide at se på nogle af de vilkår, den historikergeneration blev til under og måske formet af. De vilkår er nemlig på nogle måder radikalt anderledes end for historikergenerationen bare 20 år senere. Udgangshypotesen er følgende: Der er større forskel mellem 1950'ernes og 1970'ernes historikergeneration end mellem 1950'ernes og de foregående historikergenerationer, når vi ser på de samfundsmæssige vilkår for at blive historiker, den historiske socialisation gennem studiet og mulighederne for at få jobs med eksamensbeviset i hånden.

Den indgangsvinkel finder jeg også behov for at få taget op i lyset af, at Gyldendals eller "Heerups" *Danmarkshistorie*, redigeret af Søren Mørch, i sit bind 10 om dansk historiografi helt svigter for perioden efter 1945.[4] *Københavns Universitets Historie* måtte for historiefagets vedkommende nødvendigvis have et snævere sigte og bedre bliver det ikke af, at også forfatteren til det relevante afsnit (Kai Hørby) havde en tendens til at lade meget være under- eller indforstået.[5] Det i en sådan grad, at man skal være en samtidig

---

[3] Troels Dahlerup i *Historisk Tidsskrift* 12. Rk. IV, 1970, s. 505-508.
[4] Jfr. Troels Dahlerup: Tabernes historie, *Historie*, Ny Rk 19:4, 1993, s. 728-733.
[5] Svend Ellehøj (red.): *Københavns Universitets historie 1479-1979*, 10, 1980, s. 483-526.

fra miljøet og kende instituthistorierne for at være helt med.[6] Endnu mere beskedent er de unge universiteters historiske instiutters historie analyseret.[7] Nye og kommende generationer kan næppe begynde der. De må begynde forfra, hvis de vil nå tættere på dansk historiografi efter 1945 selv i den snævre og traditionelle opfattelse af disciplinen. For en anden hypotese, der ikke skal søges efterprøvet i denne sammenhæng, er, at de historiske institutters betydning for dansk historiografi har været vigende efter 1945, specielt fra 1970'erne. Andre miljøer og institutioner har trængt sig frem.

Dette er en af de ganske beskedne - skitserende - begyndelser til et projekt, der giver historiografien en social- såvel som en faglig dimension. Forskersamfundet hviler ikke i sig selv, og studenter og forskere lever stadig ikke af åndsliv alene, hvor lærerstudent-forholdet er det mest eller eneste prægende, noget som megen af den ældre historiografi og historikererindringerne prøver at give indtryk af.[8] Tillige har de seneste 30 års udvikling sat mere fokus på generationsproblemet end nogensinde tidligere.

Johan Jørgensen blev født i 1924, men begyndte først med forsinkelse at studere historie, senere end almindeligt blandt 50'ernes historiestuderende. Han blev i den forstand tidligt en "gammel" studerende i forhold til studiefællerne. Til gengæld modnedes han hurtigere som forsker, mens han støt og metodisk tilegnede sig et bredt fagligt grundlag. Han var så heldig i studietiden både at blive faglig medarbejder ved værket *Danmarks Kirker* og ved Trap: *Danmark*. 5. udg. (nr. 1, 6, 21, 35). Det var ikke kun held, heller ikke på baggrund af exceptionel kunnen. Det var lettere at få et fagligt relevant studenterjob i 1950'erne end det var 20 år senere. Der var langt færre om budet. Vi er før masseuniversitetets tid, hvor de fagligt relevante studenterjobs er blevet

---

[6] Jfr. Troels Dahlerups nekrolog over Kai Hørby i *Det Kongelige Videnskabernes Selskab. Oversigt over Selskabets Virksomhed 1993-94*, 1994, s. 214.
[7] I Gustav Albeck (red.): *Aarhus Universitet 1928-1978*, 1978, bruges der knapt en side på Historisk Institut. De øvrige universiteter er for unge til at være af interesse i denne sammenhæng.
[8] Foruden de historiografiske arbejder af Johs. Steenstrup og Ellen Jørgensen eksempelvis erindringerne af Louis Bobé: *Livsdagen Lang*, 1947, s. 46-52, P. Munch: *Erindringer 1870-1909*, 1959, s. 28-31, Harald Jørgensen: *Set og oplevet. Nogle erindringsblade*, 1983, s. 34-65, Jørgen Hæstrup: *Ad omveje. Studieår i København 1927-34*, 1981.

den ekstreme undtagelse både i København og provinsen. Men også den gang var de personlige forbindelser naturligvis af stor betydning. Under specialearbejdet traf Johan Jørgensen den lidt ældre Olaf Olsen, der allerede havde sin gang på Nationalmuseet. Han skaffede Johan Jørgensen indenfor.

Studenterarbejdet var af afgørende betydning for 50'ernes studerende. Selv om de fleste af dem boede hjemme, kunne forældre med middelklassebaggrund ikke forventes at forsørge den studerende, og vi er før uddannelsstøttens tid. Legater og ophold på kollegium var kun en elite beskåret. Som Troels Dahlerup har konstateret: "Vi var alle lud fattige". Han ser der en baggrund for, at flere af 50'er-generationen engagerede sig i aktivt fagforeningsarbejde. Det gælder bl.a. Ole Karup Pedersen, Olaf Olsen og Dahlerup selv. Flere af dem havde også et ikke ringe politisk engagement, men tiden var ikke for at lade faghistorisk arbejde forene med politiske tilkendegivelser.

Johan Jørgensen fik, foruden sin gang på Nationalmuseet, hvor redaktionen af *Danmarks Kirker* har til huse, også en plads på Rigsarkivets læsesal. I 1950'erne kunne man stadig ikke blive historiker, i hvert fald ikke rigtig historiker, hvis man ikke havde sin gang på Rigsarkivet, som studerende i København eller på Erhvervsarkivet og Landsarkivet i Viborg, hvis man læste historie i Århus. Det var naturlige steder at søge til. Der lå kilderne jo. Det var selvindlysende. Dengang.

Johan Jørgensen og hans studiekammerater kendte alle professorerne. Det kunne de ikke undgå. Der var stort set ikke andre lærere, når vi ser bort fra et par (ganske vist fremragende) gymnasielærere som eksterne lektorer (= Erik Bach og Kjeld Winding) i København. I den forstand var det et professorvælde. Professorerne tegnede alene faget i faglig henseende. Naturligvis. Man var nødt til at gå til alle professorernes undervisning, selv om nogle studenter knyttede sig mere til en professor end andre og siden har fået elevstatus i forhold til pågældende.[9] Få af 1970'ergenerationen vil vist vedkende sig et egentligt "elevforhold" til professorer og lektorer fra studietiden, og slet ikke i den forstand man endnu i 50'er-generationen forstår det. Imidlertid var studentertallet i 1950'erne også særdeles overskueligt. Studenterne

---

[9] Dette kan bl. a. aflæses i en række nekrologer i *Historisk tidskrift* over 1950'ernes professorer: Aksel E. Christensen, Astrid Friis og Povl Bagge.

kendte ikke alene deres egen årgangs studenter, men også både yngre og ældre årgange. Flere var man ikke.[10]

I studietiden havde Johan Jørgensen mulighed for at dyrke fagligheden gennem Studenterforeningen og Historisk Samfund ud over studenterjobbene og studiet selv. Det politiske spillede en ringe rolle for socialiseringen, og i hvert fald førte det slet ikke til en politisering af selve historiestudiet. Hertil kom sammenkomster med ligesindede historiestuderende og nybagte kandidater, som udviklede sig til en gruppe, der mødtes jævnligt og efterhånden formaliseredes så meget, at der blev tale om en fastere historikerkreds inden for hvilken der blev udvekslet faglige og personlige påvirkninger og inspirationer. Den strakte sig for alle ud over studietiden. Personkredsen var ikke fast, men i kortere eller længere perioder var følgende deltagere i kredsen (opført efter kandidatår):

Troels Dahlerup, f. 1925, årg. 1944, udd. 1952
Ole Karup Pedersen, f. 1929, årg. 1947, udd. 1953
Olaf Olsen, f. 1928, årg. 1946, udd. 1953
Niels Petersen, f. 1922, årg. 1940, udd. 1953
Niels Amstrup, f. 1928, årg. 1946, udd. 1953
Frank Jørgensen, f. 1928, årg. 1947, udd. 1954
Johan Jørgensen, f. 1924, årg. 1947, udd. 1955
Bjarne Stoklund, f. 1928, årg. 1946, udd. 1955

I kredsens periferi:
Martin Løffler, f. 1919, årg. 1947, udd. 1954
Erik Skov, f. 1926, årg. 1946, udd. 1957

Niels Petersen var meget aktiv i starten, men senere var det Olaf Olsen, Troels Dahlerup og Ole Karup Pedersen, der udviste det største engagement. Kredsen var fælles om ikke at ville være en gensidig roseklub, men ud fra en fælles faglig interesse at diskutere de emner, kredsens medlemmer aktuelt arbejdede med. De kom vidt omkring. Kredsen mødtes jævnligt en gang om må-

---

[10] Hertil for København Aksel E. Christensen: Uddannelse til historiker ved Københavns Universitet gennem 50 år, i sammes *Ret og magt i dansk middelalder*, 1978, s. 98-94, samme: Historien på Bispetorvet, 1066. *Tidsskrift for Historisk Forskning* 9:4, 1979, s. 3-12 og for Århus Knud Prange: De flittige, de fattige og de fredelige, Gustav Albeck (red.): *Student i Århus. Femten erindringsbilleder*, 1979, s. 128-139. Om studentertallet i 1950'erne og 70'erne, se universitetshistorierne.

neden over en lang årrække fra 1950'erne til hen i 60'erne, hvor deltagerne på skift forelagde emner, de arbejdede med. Mødestedet var privat hos en af deltagerne. Der blev ikke ført nogen protokol. Det hele var ret uformelt, men givende for alle parter. De udviklede sig undervejs fagligt i vidt forskellige retninger. Olaf Olsen vendte sig fra 1600-tallet til vikingetid og tidlige middelalder med en ikke ringe vægt på den arkæologisk-historiske side, mens Niels Amstrup og Ole Karup Pedersen gled over mod samfundsvidenskaberne, og de fandt begge ansættelse ved Statskundskab.

Kredsens møder ophørte, da alle medlemmer havde fået så meget andet at se til med familie og arbejde, at det blev for meget oveni. Dertil kom, at de blev spredt mellem København og Århus. Amstrup, Olsen og Dahlerup fandt embede i provinsen. De indgik alle i andre faglige sammenhænge, der fuldt ud kunne dække deres behov. Det være sig i Historisk Samfund eller historikerkongresser. Dertil de lærde selskaber. Generationen skabte ikke "ensomme ulve" i et omfang, der tåler sammenligning med situationen 20 år senere.[11] Det var konjunkturerne ikke til.

Faglig meritiering

Johan Jørgensen tog magisterkonferens i 1955, mens han var et aktivt medlem i kredsen.[12] Han gik kun arbejdsløs en kort tid. 1. juni 1957 blev han fastansat på Rigsarkivet. Det var en rutineret arkivforsker, man tog imod. Der var næppe større konkurrence om jobbet. Jørgensen havde kvalificeret sig til det med sine medarbejderskaber og det samme år publicerede konferensspeciale (nr. 7), som i forvejen var blevet drøftet i kredsen. Specialets trykning som 1. bind i Historisk Instituts skriftserie er et udtryk for dets kvalitet.

Andre af historiekredsens medlemmer var også i kortere eller længere tid ansat på Rigsarkivet. Det gælder bl.a. Ole Karup Pedersen, Troels Dahlerup, Frank Jørgensen og Niels Petersen. Kombinationen af fag- og arbejdspladsfællesskab gav kredsens møder yderligere en dimension. Der kunne udveksles nyt og

---

[11] Jfr. Ole Lange: De ensomme ulve og centralisterne. Om anarkistisk og industrielt organiseret historieproduktion i Danmark 1968-89, *Studier i historisk metode*, 21, 1991, s. 29-40.

[12] Under magisterkonferensen skrev han foruden nr. 7 "Drøftelserne i kommissionerne på rådstuen af Danmarks kornhandelspolitik - især med hensyn til Norges forsyning" og "Rasmus Sørensens virksomhed som agitator".

erfaringer mellem de forskellige kulturinstitutioner.

Johan Jørgensen fandt ind i en stram arbejdsrutine, der tillod ham en målrettet publicering af afhandlinger inden for det emne, han allerede havde afstukket med magisterkonferensen, nemlig forholdet mellem statsmagt og det øverste borgerskab omkring og efter enevældens indførelse (bl. a. nr. 11, 15, 17). Han samlede efterhånden interessen om købmanden, rentemester, m.m. Henrik Müller, som eksponent for de interesser, der stod bag statsomvæltningen 1660. I første omgang sigtede han mod udarbejdelsen af en monografi om Müller, men det endte med at blive til en disputats, indirekte tilskyndet af kollegerne i historiekredsen. Endnu i konferensafhandlingen mente Johan Jørgensen ikke at have stof nok til en større afhandling om Müller og hans vidtspændende aktiviteter. De følgende års intense studier i Rigsarkivets samlinger bibragte ham imidlertid en anden mening. Med kun et halvt års forskningsorlov kunne han i 1966 fremlægge disputatsen (nr. 23). Der havde været fart på, ikke mindst da andre tilgrænsede emner var blevet taget op undervejs og sygdomsperioder flere gange satte ham i stå.[13] Af historiekredsens øvrige medlemmer holdt Olaf Olsen trit med ham. Olsen disputerede samme år med *Hørg, hov og kirke*, mens Troels Dahlerup og Ole Karup Pedersen disputerede få år efter (henholdsvis 1968 og 70). Undervejs var kapitel efter kapitel af flere af disputatserne blev fremlagt og diskuteret i historikergruppen, hvilket ikke fremgår af forfatternes forord til deres udgivelser. Her nævnes kun enkelte med tak. Det var en kreds med ikke kun engagement, evner og ambitioner, men i 1960'erne også vilkårene for at realisere dem.

Trods svigtende helbred fejlede Johan Jørgensens ambitioner ikke noget. Han trådte således op og holdt efter invitation foredrag et par gange i Hansische Geschichtsverein. Det er ikke et udtryk for, at han var international i stofvalg eller litteraturanvendelse, men artiklen fra 1963 om Danmarks forbindelser med Lübeck og Hamborg i 1600-tallet (nr. 16), hovedsagligt byggende på dansk skiftemateriale, gjorde tyskerne opmærksomme på ham.[14] Her

---

[13] Sygdom med den første blodprop havde således i sommeren 1962 forsinket publiceringen af nr. 16 (brev af 3. sept. 1962 til Kristof Glamann (priv. ark.)).

[14] Jfr. brev fra dr. Klaus Friedland, Hansischer Geschichtsverein, 18. okt. 1965 og igen 23. sept. 1967 efter fremkomsten af disp. om Henrik Müller (priv. ark.)

belyste han hansestædernes ofte underbetonede betydning for de danske provinsbyers udenrigshandel. Emnet blev fulgt op flere gange (nr. 27, 29 (oversat i 32), 34). De store faglige kongresser og omfattende foredragsvirksomhed var ellers ikke hans stil. Han var mere den trænede arkivmand, der gav sin lærdom fra sig i afhandlinger og ved passiar i lænestolen. De nære sammenhænge, snarere end de store fora var hans foretrukne virkefelter.

Derfor kan det måske undre, at han søgte professoratet i Nyere Tids historie ved Århus Universitet efter C. O. Bøggild-Andersen, da det blev ledigt ved dennes død i 1967. Omgang med studenter og undervisning var ikke blevet Johan Jørgensens erfaringsfelt i de sene 1960'ere. Imidlertid anså han sine avancementsmuligheder på Rigsarkivet for tilsyneladende fuldstændig at mangle, hvilket han overfor rigsarkivaren angav som en af bevæggrundene til at søge professoratet.[15] Tillige havde han flere gange privat beklaget sig over forholdene på Rigsarkivet, hvorom han selv i 1964 spåede, at flere end arkivarerne Kristian Hvidt og Troels Dahlerup ville forlade institutionen. "Arkivgerningen har ikke mange tillokkelser mere".[16] Han havde derfor lysten til at prøve det nye. Blandt de øvrige ansøgere var andre fra historikerkredsen, Olaf Olsen[17] og Troels Dahlerup, og det blev sidstnævnte, der fik professoratet. Dahlerup havde kvalificeret sig flerstrenget til professoratet gennem forskning, undervisning og organisationsarbejde. Han var kort sagt betydeligt mere udadvendt end Jørgensen og med forskningstyngden og -bredden lagt oven i, kunne der ikke være tvivl om, hvem af dem der ville være mest egnet til denne type stilling. Sammen med Stein Tveite blev Johan Jørgensen dog også erklæret fuldt ud professorkvalificeret.[18]

Fra forskellig side var der bud efter Johan Jørgensens arbejdskraft. "Selskabet for Københavns Historie" søgte 1962-63 at få ham til at videreføre H. U. Ramsing værk om Københavns

---

[15] 1. juli 1967 til Johan Hvidtfeldt (priv. ark.).
[16] Brevveksling mellem Jens Holmgaard og Johan Jørgensen april 1964 (priv. ark.).
[17] Olaf Olsen havde efter aftale med professor Knud Hannestad kun søgt professoratet for at signalere overfor Århus Universitet, at han var villig til at søge til provinsen. Hans væsentligste faglige kompetence var uden for opslagets periode.
[18] Professorbedømmelserne er trykt i *Århus Universitets Årsberetning 1968-69*, 1969, s. 68-77.

ejendomme 1377-1728, men han sagde efter grundige studier og overvejelser i 1964 nej tak til opgaven efter at have kvitteret med en bedømmelse af det allerede publicerede og kritik af de grundlæggende principper (nr. 13).[19] Byhistorien lå ellers i hans interessesfære. Han havde tidligere bl.a. udgivet Næstveds grundtakst 1682 (nr. 5) og besørget oversættelsen af udvalget fra Georg Braun og Frans Hogenbergs berømte værk med europæiske byprospekter (nr. 4). Arbejdet med det københavnske patriciat gav ham også et indgående kendskab til byhistorien. Alligevel var han skeptisk, da Poul Strømstad i 1962 ville engagere ham i et nyt selskab for dansk byhistorie. Han var enig i, at der var behov for et alvorligt arbejde med byhistorie, "det store flertal af byhistorier er enten forældede eller ganske dilettantiske, adskillige begge dele", men det var efter hans mening folk, der ville arbejde med emnet, der var mangel på, og ikke flere selskaber. Han fandt også, at det var ønskeligt med udgivelse af kilder, men det væsentligste var dog, at der blev studeret. "Det må først og fremmest blive enkeltmands sag". Derfor ville han med glæde slutte sig til en studiekreds, hvor interesserede kunne mødes og fremlægge deres arbejder og få dem diskuteret, mens han ville se med skepsis på dannelsen af et nyt selskab (13. jan. 1962).

Selv publicerede han 1967 artiklen "Køge i det 18. århundrede" (nr. 26), der trods sit begrænsede omfang er af betydelig metodisk interesse ved at anvende brandtaksationerne fra 1736, 1791 og 1801, suppleret med andet materiale, som grundlag for en analyse af et sjællandsk købstadssamfund i krise- og opgangstider. Der blev her fremlagt en af de grundundersøgelser, som alt for ofte mangler, før større byhistorier sendes ud til offentligheden. Endnu videre gik han i den bredere anlagte, men i omfang knappere præsenterede "The Economic Condition of Zealand Provincial Towns in the Eighteenth Century", der fremkom posthumt i 1971 (nr. 33). Her var materialet ikke mindre end 1.463 skifter, hvis bearbejdning førte ham til den hovedkonklusion, "at

---

[19] Johan Jørgensen i brev til Selskabet for staden Københavns Historie 19. aug. 1964: "Da Ramsings værk ikke er en kildeudgave men en redegørelse for hans personlige opfattelse af ejendommenes historie, finder jeg det uheldigt at prøve at levere en fremstilling på det foreliggende grundlag - og det så meget mere som jeg ikke overalt kan billige den af Ramsing anvendte metode" (priv. ark.). Albert Fabritius havde tidligere på væsentlige punkter givet Johan Jørgensen ret (brev til Johan Jørgensen 16. aug. 1962 (priv. ark.)).

skifternes vidnesbyrd kan tages som en bekræftelse af det indtryk af stagnation og tilbagegang, som man ad anden vej kan danne sig", hvilket måske ikke er nær så interessant som en del af afhandlingens andre socialhistoriske iagttagelser og konklusioner.[20]

Denne afhandling var kulminationen på et årelangt arbejde med skiftematerialet, som kan spores tilbage fra hans tidligste afhandlinger om bypatriciatet. Hvor skifter kunne opspores og finde anvendelse, blev de trukket ind. Dansk historisk Fællesforening blev bekendt med den store skifteundersøgelse med udgangspunkt i de sjællandske købstæder, og opfordrede ham endnu inden publiceringen heraf til at skrive et bind om skifter og testamenter i foreningens håndbogsserie. Den fremkom i 1968 (nr. 28), og er ganske original i sit indhold og præget af Johan Jørgensens særlige ekspertise og forskningsfelter, men samtidig et vidnesbyrd om hans omfattende lærdom. Den er original ved *ikke* at være lagt an som et hjælpemiddel til opsøgning og anvendelse af skifter og testamenter. I stedet er det en meget stor oversigt over, "hvor mange sider af forskningen, der har kunnet nyde godt af de mange protokollers og aktpakkers utallige oplysninger" (s. 7). Hovedvægten ligger på bypatriciatets forhold i 1600- og 1700-tallet, mens adelens og bondebefolkningens forhold indtager en mere beskeden plads uden at være forsømt. Som håndbog er *Skifter og testamenter* ikke et indlysende eksempel, og den henvender sig snarere til fagfæller end amatørhistorikerne.

Byhistorien var emnet for Johan Jørgensens første anmeldelse. Det var af Aage Fasmer Blombergs *Faaborg Bys Historie* 1-2 (nr. 37), hvori Jørgensen får præsenteret nogle af sine krav til en tidssvarende byhistorie. Den skal bl.a. bygge på grundstudier, hvor forstudier mangler. Det krav opfylder Blomberg til fulde. Mere kniber det med at få sammenlignet forholdene i Fåborg med andre danske byer. Kultur- og socialhistorien skal med i sit fulde omfang, og det lykkes også Blomberg langt hen, selv om Johan Jørgensen anker over, at byggeskik og boligkultur glimrer ved sit fravær i bind 2. Han benytter også anmeldelsen til at gøre opmærksom på, hvor ringe interesse der hidtil er blevet bypatriciatet til del. Det fremgår bl. a. af, at lederne af de store handelshuse Ploug og Voigt ikke er kommet med i *Dansk biografisk Leksikon*.

---

[20] Se Johan Jørgensens egen præsentation af afhandlingen og dens konklusioner i nr. 28, s. 78f.

Det turde næsten være overflødigt at tilføje, at der i *Dansk Biografisk leksikon*s seneste udgave ikke er rådet bod på dette. Anmeldelsesfeltet blev hurtigt udvidet, også fordi han i perioden 1962-65 virkede ved dagbladet *Information*, hvor ikke mindst en række indgående behandlinger af *Politikens Danmarkshistorie* bind 7-10 (nr. 51-54) danner baggrunden for den store værdifulde anmeldelse af samme i *Historisk Tidsskrift* (nr. 61). Anmeldelserne af dette værks bind 1-6 og 11-14 blev skrevet af to andre fra historikerkredsen, henholdsvis Troels Dahlerup og Ole Karup Pedersen. De var også begge i en lang årrække anmeldere ved *Information*. En sammenligning af ikke mindst Dahlerups og Johan Jørgensens anmeldelsesform er her sigende om forskelle og ligheder i deres forskerfysiognomier. De anmeldte begge et bind skrevet af Svend Cedergreen Bech (bind 6 og 9). Hvor Dahlerup nok havde meget skarpt blik for unøjagtighederne og den manglende præcision, så hævede han sig alligevel op til en generel vurdering: det var en forældet, men let læst fremstilling. Sidstnævnte var ikke kun positivt ment. Johan Jørgensen hæftede sig også ved den veloplagte fortællers anskuelige fremstilling, men var tillige forud spændt på, hvordan forfatteren ville slippe fra at skrive om et emne, han ikke tidligere havde fordybet sig i. Jørgensen fortæller ikke direkte læseren, hvordan spændingen blev udløst for ham. I stedet ophober han en mængde af detailindvendinger og anderledes vurderinger. På den måde udtrykker han det samme som Dahlerup.

Sjældnere anmeldte han udenlandske bøger og da gerne sådanne, som han havde en klar forskningsmæssig baggrund for at vurdere. Han optræder som den sobre og afbalancerede anmelder, der tager hensyn til forfatter, emne og stofmulighederne. Det er ikke det samme, som at han ikke kan være skarp. Anmeldelsen af J. Boisen Schmidts disputats *Studier over statshusholdningen i kong Frederik IV's regeringstid 1699-1730*, 1968 (nr. 65) er i den henseende enestående. Her fældes med velvalgte ord en hård dom over et arbejde, der er givet den højeste videnskabelige grad, men hvor man efter Johan Jørgensens opfattelse skulle tro, at trykkeåret var 1868 og ikke 1968! Tilfældet ville, at J. Boisen Schmidt ved den tid var ansøger til det samme professorat i Århus som Johan Jørgensen. Det har imidlertid næppe haft nogen indflydelse på Johan Jørgensens vurdering. Bedømmelsesudvalget i Århus gav med andre formuleringer Jørgensen ret i kritikken af Boisen Schmidts disputats, et kompilatorisk værk, hvor den store arbejdsindsats ikke stod mål med resultaterne.[21] Mere urban i tonen var den anmeldelse af Svend Aage Hansens disputats *Adelsvældens grundlag*, som han skrev sammen med Troels Dahlerup (nr. 57), men den saglige kritik var ikke mindre sønderlemmende. I et brev formulerer han det frit: "Faktisk tror jeg ikke, at et eneste af dr. Hansens resultater er holdbart. Hans manglende begreb om kritik og overfladiske litteraturbenyttelse er een eneste udfordring til historikerne. Men han er overordentlig vanskelig at kritisere til gavns, fordi han kan henvise til, at historikerne selv har en bred rem af hans statistiske hud. Selv Fridericia (som jeg sætter meget højt) viger ikke tilbage for at tælle "jordbrug" og udregne procenter på grundlag deraf - hvad skal man da sige når dr. Hansen går videre og tæller hovedgårde."[22]

Udgiverarbejde havde tidligt tiltrukket Johan Jørgensen. Næstved Købstads grundtakst 1682 (nr. 5) er nævnt. Det lå i naturlig forlængelse af hans arbejde med det utrykte arkivmateriale, og i forbindelse med publiceringen af de fleste af sine afhandlinger benyttede han lejligheden til at aftrykke hele aktstykker i teksten eller som bilag. Det udtrykker en glæde ved at fremlægge det originale hidtil ukendte materiale. Derfor var det også oplagt at overdrage ham at videreføre Rigsarkivets udgave af *Kancelliets Brevbøger*, hvor han nåede at udsende et bind omfattende vendepunktsårene 1644-45 (nr. 31). Selv havde han også ideer til kildeudgivelser. I 1965 foreslog han således, at der blev foranstaltet en ny udgave af Oluf Rosenkrantz: *Apologia Nobilitatis*, 1681 ledsaget af en af de samtidige oversættelser, der findes i Det Kongelige Bibliotek (Thott 1864, 1865, 1866, alle 4°), samt de tidligere fremkomne stridsskrifter. Desværre blev forslaget, der - som påpeget af Johan Jørgensen selv - vil kræve samvirken af en historiker og en klassisk filolog, ikke realiseret.[23] Den opgave ligger

---

[21] *Århus Universitets Årsberetning 1968-69*, 1969, s. 74-75. Boisen Schmidts disputats var blevet antaget af et bedømmelsesudvalg ledet af C.O. Bøggild-Andersen. Da denne døde, var der ikke andre, der ønskede at optræde som officielle opponenter, hvorfor forsvaret bortfaldt. Dette har naturligvis ikke været Johan Jørgensen ubekendt, og han var i forvejen ikke nogen beundrer af Bøggild-Andersen (jfr. Lauridsen 1988 ovf. cit. [Her s. 62]). Også på den baggrund og med Johan Jørgensens administrationshistoriske indsigt i øvrigt, ville det have været værdifuldt, om han havde nået at få skrevet den lovede anmeldelse af bind 2 af Bøggild-Andersens Hannibal Sehested-biografi.

[22] Udkast til brev til Knud Prange 25. feb. 1965 (priv. ark.).

[23] Brev til Sigurd Jensen 9. sept. 1965 (priv. ark.).

der stadig, at få dette af den tidlige enevælde forbudte skrift gjort tilgængeligt og sat ind i den samtidige politisk sammenhæng.

Johan Jørgensen påtog sig kun i begrænset omfang tillidshverv, og han var ikke organisationsmenneske. De fleste af de øvrige i historikerkredsen var som nævnt aktive i Dansk Magisterforening og deltog bl.a. i bestyrelsesarbejde. Løn- og ansættelsesvilkår for akademikere blev diskuteret på møderne i historiegruppen. Da der i 1960 kom en betydelig lønforbedring gennem muligheden for overenskomstansættelse, følte han sig fristet til at opgive tjenestemandsstillingen. På grund af det dårlige helbred, advarede de øvrige ham imod at tage dette skridt. Johan Jørgensen tøvede da, han tænkte på ansvaret for kone og barn, og så hvordan det gik, før han selv søgte om den nye ansættelsesform på Rigsarkivet og fik den i 1966.[24] Til gengæld tøvede han ikke, da han blev indvalgt i "Det kongelige danske selskab for Fædrelandets Historie" i 1968. Samme år var han også blevet medlem af "Selskabet til udgivelse af kilder til Danmarks Historie". Det var de rette kredse for den trænede historiske specialist.

Det sidste projekt

Efter at have trukket på administrationsarkiver i det meste af sin forskerkarriere og flere gange at have givet direkte bidrag til administrationshistorien, således i "Til Danske Kancellis historie i Christian IV's første år" (nr. 19), "Hvorfor ligger centraladministrationen i København" (nr. 20), "Øverstesekretær Erik Krags virksomhed i Danske Kancelli indtil 1657" (nr. 22), samt "Aktstykker vedr. overtoldinspektør Albert Schumacher 1671-73" (nr. 24) tog han i 1966 springet til at forberede et egentligt projekt om dansk administrationshistorie. Det spring var ikke langt og kunne i og for sig lige så godt være taget tidligere, konsistensen i produktionen og det anvendte materiale taget i betragtning. Når det først kom til udfoldelse fra dette tidspunkt, var det efter realiseringen af en række projekter, som havde givet Johan Jørgensen de forudsætninger for at stille relevante spørgsmål og det indgående kendskab til administrationsarkiver, som var nødvendige.

Noget udarbejdet projektforslag er ikke fundet blandt hans papirer, men i årsberetningen til Rigsarkivaren 1966 skrev han bl.a. , at han havde "foretaget en række undersøgelser af såvel

---

[24] Johan Hvidtfeldt til Johan Jørgensen 26. juli 1966 (priv. ark.).

administrationshistorisk som politisk- og socialhistorisk karakter; jeg har især lagt vægt på udforskningen af Danske Kancellis forhold". I et brev til Kristof Glamann oktober 1968 fortalte han, at han havde søgt orlov fra Rigsarkivet for at kunne gå videre med sine administrationshistoriske studier, "men det bliver sikkert først i 1970 eller 1971." Ansøgningen til Kulturministeriet om at få et halvt års studieorlov med fri vikar har følgende motivering: "Under mine studier i det 17. og 18. århundredes historie er det blevet mig mere og mere klart, at der tiltrænges en udredning af forholdet mellem de politiske faktorer og administrationshistorien, specielt centraladministrationen, under enevælden. Da det efter mit skøn er af interesse ikke blot for Rigsarkivet men også for den historiske forskning i almindelighed at få en sådan behandling tilvejebragt, er det min agt at gøre et forsøg herpå."

Yderligere oplysninger giver nogle noter og brudstykker til et foredrag om "Administrationshistorie som led i den almindelige historie", hvor Johan Jørgensen gør opmærksom på, at de foreliggende ældre administrationshistoriske fremstillinger er præget af en vis afhængighed af instrukserne og af Niels Slanges kancellihistorie,[25] og at de nyere arbejder for det meste er lejlighedsarbejder, som V. A. Sechers[26] og Knud Fabricius'.[27] Først for det 17. århundrede foreligger et fyldigt og derfor ikke særlig godt udnyttet materiale. Det har for Johan Jørgensen selv givet mulighed for at give en mere nuanceret skildring af den administrative praksis gennem studiet af øverste kancellisekretærs virksomhed [nr. 22]. "Planen er derfor dels at fortsætte ad denne vej, dels at prøve at få klarlagt relationerne til de nu efter 1660 flere expeditionskontorer". Projektet har for Johan Jørgensen tilsyneladende tidsmæssigt alene skullet omfatte 1600-tallet, og påny var det de administrative forandringer fra adelsvælde til enevælde, der har stået i centrum. Imidlertid foreligger der også et par siders manuskript, hvor Johan Jørgensen udvikler behovet for at få udarbejdet "en fyldig fremstilling af dansk central- og lokaladmini-

---

[25] Niels Slange: Cancelliets Tilstand og Forandringer fra Kong Frederik I's Tid til Kong Frederik IV's Regerings Begyndelse, P. F. Suhm (udg.): *Nye Samlinger til den dansk Historie*, I, 1792, s. 1-28.

[26] V. A. Secher: Vejledende Arkivregistraturer. I. Danske Kancelli og de dermed beslægtede Institutioner 1513-1848, *Meddelelser fra det kgl. Geheimearkiv. 1883-85*, 1886, s. 63-303.

[27] Knud Fabricius: Kollegiestyrets Gennembrud og Sejr 1660-1680, Aage Sachs (red.): *Den danske Centralaministration*, 1921, s. 115-251.

strations historie, forsynet med udførlig kritisk bibliografi, udtømmende registre og visse andre hjælpemidler". Det er klart, at han ikke forestillede sig at skrive den alene, men i tvivl om, hvem der skal gøre det, er han dog ikke: "Det skal - i det mindste i hovedsagen - arkivarer ved vore offentlige arkiver".

Der skulle gå godt en snes år, før projekt "Stat, Forvaltning og samfund" fra 1991 tog over, hvor Johan Jørgensen arbejdede med de første skitser. Det blev ikke i hovedsagen arkivarer, som kom til at stå for den opgave. Vi venter nu på det bind om 1600-tallets administrationshistorie, der skal vise, om ploven er blevet sat dybere i jorden, end Johan Jørgensen nåede.

Johan Jørgensen levede kun lige længe nok til at opleve vennen Troels Dahlerup installeret i Århus i august 1968. Hans helbred kunne ikke mere. Ved årsskiftet blev han indlagt på hospitalet. En kort og intens forskerkarriere sluttede brat i marts 1969 efter studenteroprørets start og som masseuniversitetet slog igennem. For en tid kom hans kvalifikationer og forskningsresultater til at samle støv. Sådan går det, når man kommer før en generation, der ikke vil have traditionen med.

Bilag: Johan Jørgensen: Bibliografi

Jeg vil gerne her benytte lejligheden til at takke Johan Jørgensens enke, Marie Louise Jørgensen, for at have stillet sin mands arkiv til min rådighed og for at have gennemlæst manuskriptet. Ligeledes en stor tak til professor Troels Dahlerup og fhv. rigsantikvar Olaf Olsen for værdifulde oplysninger og kommentarer. Meddelelser er også givet af lektor Niels Amstrup, fhv. overarkivar Vello Helk og afdøde professor Ole Karup Pedersen, hvorfor der her skal bringes tak.

Bibliografien er så vidt muligt fuldstændig med hensyn til Johan Jørgensens egne afhandlinger og anmeldelser, mens de bibliografiske oplysninger om anmeldelser af hans arbejder ikke gør krav på fuldstændighed.

Afhandlinger:

1. J. P. Trap: *Danmark*, 5. udg. III, 1, 1953, s. 42-43 (Karmeliterhuset, Helsingør), III,2, 1954, s. 331-332 (Skt. Lucius, Holbæk), 334 (Ligkapellet, Skt. Nikolaj, Holbæk), 399 (Tølløse Kirke), III,3 1954, s. 665-666 (Ringsted kloster og kirke), 669-672 (Inventar, Skt. Bendts Kirke, Ringsted), 680-682 (Slagelse Hospital og Kloster), 750-751 (Klosterbygningerne, Ringsted Kloster). IV,1, 1955, s. 71-74 (Gamle huse, Helligåndshuset, Næstved), IV,3, 1955, s. 689-690 (Nykøbing Kloster). V,1, 1956, s. 68-70 (Gråbrødre Hospital, Odense).
2. To breve fra Laurids Gram. *Kirkehistoriske Samlinger* 7. Rk. II. 1955, s. 488-91.
3. Falsterlisten. *Danmarks Kirker. Maribo Amt*, 1956, s. 1484-1488.
4. Forord til og oversættelse af: *Gamle europæiske bybilleder*. 24 farvelagte prospekter efter Georg Braun og Franz Hogenberg. 1956. 120 s.
5. Næstved købstad 1682. *Historisk Samfund for Præstø Amt. Årbog* 1956, 1957, s. 329-414.
6. S. Nicolai kirkes gravminder. *Danmarks Kirker. København*, 1, 1957, s. 552-613.
7. Det københavnske patriciat og staten ved det 17. århundredes midte. 1957. 89 s. (*Skrifter udg. af det historiske institut ved Københavns Universitet* I).
   Anm.: Poul Enemark i *Jyske Samlinger*. Ny rk. 4, 1958-59, s. 221-223.
8. Hører ved Holbæk latinskole Jens Jørgensens bøger 1650. *Kirkehistoriske Samlinger* 7. Rk. III, 1958, s. 370-373.

9. Fra Åker sogn. *Kirkehistoriske Samlinger* 7. Rk. IV. 1960-62, s. 138-144.
10. Bogsamlinger i Kalundborg i slutningen af det 17. århundrede. *Kirkehistoriske Samlinger* 7. Rk. IV. 1960-62, s. 359-371.
11. Ditmer og Johan Bøfke. *Historiske Meddelelser om København* 1961, s. 48-77.
12. Sjællandske købstadspræsters formuesforhold 1671-1800. *Kirkehistoriske Samlinger* 7. Rk. IV. 1960-62, s. 474-482.
13. H. U. Ramsings Københavns ejendomme 1377-1728. *Histo-riske Meddelelser om København* 1962, s. 167-176.
14. Til Fredericias skoles historie. *Kirkehistoriske Samlinger* 7. Rk.V. 1963, s. 159-169.
15. Bilantz 1660. Adelsvældens bo. *Festskrift til Astrid Friis*, 1963, s. 153-171.
16. Denmark's Relations with Lübeck and Hamburg in the Seventeenth Century. *Scandinavian Economic History Review* 11, 1963, s. 73-116.
    Anmeldt i *Zeitschrift des Vereins für Lübeckische Geschichte und Altertumskunde* 44, 1964, s. 131-132.
17. Patriciat og enevælde. *Historiske Meddelelser om København* 1963, s. 11-62 og 1964, s. 7-89.
18. Et brev fra Henrik Thomsen Gerner. *Kirkehistoriske Samlinger* 7. Rk. V. 1963-65, s. 398-400.
19. Til Danske Kancellis historie i Christian IV's første år. *Afhandlinger om arkiver. Ved Rigsarkivets 75 års jubilæum 1964*, 1964, s. 31-38, 299-300.
20. Hvorfor ligger centraladministrationen i København. Udflytningsudvalget. 1. betænkning. Afgivet af det af Statsministeriet den 21. dec. 1961 nedsatte udvalg vedrørende udflytning af statsadministrationen. *Betænkning nr. 350*, 1964, s. 8-12.
21. Historiske indledninger i *Danmarks Kirker. Frederiksborg Amt*, 1, 1964-67.
22. Øverstesekretær Erik Krags virksomhed i Danske Kancelli indtil 1657. *Arkiv* 1:1, 1966, s. 45-64.
23. *Rentemester Henrik Müller. En studie over enevældens etablering i Danmark*. 1966. 280 s. Disputats.
    Oppositionsindlæg af Svend Ellehøj i *Historisk Tidsskrift* 12. Rk. IV. 1970, s. 570-583. Anm: Ole Degn i *Historie*. Ny Rk. VII:3, 1967, s. 467-71; Albert Fabritius i *Historiske Meddelelser om København* 1967, s. 174-177, Niels Steensgaard i *Fortid og Nutid* 23, 1968, s. 445-446, Jens Holmgaard i *Personalhistorisk Tidsskrift* 15. I, 1968, s. 23-26, Ahasver v. Brandt i *Hansische Geschichtsblätter* 1968, s. 178-179.

24. Aktstykker vedr. overtoldinspektør Albert Schumacher 1671-73. *Danske Magazin* 8. Rk. III, 1967, s. 1-43.
25. Bidrag til ærkebiskop Hans Svanes historie. *Kirkehistoriske Samlinger* 7. Rk.VI. 1966-68, s. 85-136, 575-591.
26. Køge i det 18. århundrede. *Arkiv* 1:4, 1967, s. 253-274.
27. Hamburg, Lübeck, Kopenhagen und der dänische Provinzstadthandel um 1730. *Hansische Geschichtsblätter* 85, 1967, s. 85-110.
28. *Skifter og testamenter.* 1968. 95 s.
    Anm.: Viggo Petersen i *Sønderjyske Årbøger* 1969, s. 251, Hans H. Worsøe i *Personalhistorisk Tidsskrift* 15. III, 1969, s. 69, Vagn Dybdahl i *Historie.* Ny rk. 8, 1968-70, s. 520, Helle Linde i *Fortid og Nutid* 24, 1970, s. 294-295, Åke Werdenfels i *Nord nytt* 1970:2, s. 66-68, B. N. i *Fuldmægtigen* 44, 1972, s. 89-90, Erling Ladewig Petersen i *Historisk Tidsskrift* 75, 1975, s. 197.
29. Die Familie Würger und Dänemark im 17. Jahrhundert. *Zeitschrift des Vereins für Lübeckische Geschichte und Altertumskunde* 48, 1968, s. 39-51.
30. Extrakt af Sokkelund herreds gejstlige skifteprotokol 1670-1700. *Danske Magazin* 8. Rk. III, 1968, s. 167-172.
31. *Kancelliets Brevbøger vedr. Danmarks indre forhold. I uddrag. 1644-1645.* Udg. v. Johan Jørgensen. Udg. af Rigsarkivet. 1968. 638 s.
    Anm.: Ole Degn i *Historie,* Ny rk. 8, 1968-70, s. 378-379.
32. Familien Würger i Lübeck og København. *Historiske Meddelelser om København* 1969, s. 10-28. (dansk oversættelse af nr. 27)
33. The Economic Condition of Zealand Provincial Towns in the Eighteenth Century. *Scandinavian Economic History Review* 19, 1971, s. 1-11.
34. Die Dänisch-Deutschen Beziehungen im 16. und 17. Jahrhundert. Einige dänische Geschichtspunkte und Studien. *Nerthus. Nordisch-deutsche Beiträge* III, Köln 1972, s. 243-261.
    Anm.: Reimer Hansen i *Zeitschrift der Gesellschaft für Schleswig-Holsteinische Geschichte* 98, 1973, s. 251.
35. Udkast til historiske indledninger om landsbykirkerne i *Danmarks Kirker. Holbæk Amt*, 1979-83.
36. Odense borgerskabs indlæg til borgmester og råd 28. november 1650. *Historisk Tidsskrift* 80, 1980, s. 337-339.

Anmeldelser:
37. Aa. Fasmer Blomberg: Faaborg bys historie, 1-2. *Fortid og Nutid* 19, 1956, s. 499-501 og 20, s. 27-28.
38. Knud Banning: Degnekristne. *Fortid og Nutid* 20, 1959, s. 321-324.
39. C.-F. Corin: Självstyre och kunglig maktpolitik inom Stockholm stads förvaltning 1668-97. *Fortid og Nutid* 21, 1960, s. 74-75.
40. Mogens Lebech: Gamle skibe, gamle huse. *Fortid og Nutid* 21, 1960, s. 77-78.
41. Helge Nielsen: Folkebibliotekernes forgængere. *Fortid og Nutid* 21, 1960, s. 145-149.
42. Ernst Höjer: Sveriges befolkningsutveckling. *Fortid og Nutid* 21, 1960, s. 149.
43. Carl E. Jørgensen: Viborg Katedralsskoles historie. *Fortid og Nutid* 21, 1960, s. 152.
44. Mogens Lebech: Christianshavn på halvvejen. *Historiske Meddelelser om København* 1961, s. 182-183.
45. E. Kofoed: Christiansøs historie. *Information* 5. okt. 1962.
46. Nationalmuseets Arbejdsmark 1962. *Information* 5. dec. 1962.
47. H. V. Gregersen: Den Lüneborgske Saltoktroi. 1962, i *Sønderjydske Årbøger* 1963, s. 245-247.
48. O. Norn, Jørgen Paulsen og Jørgen Slettebo: Sønderborg Slot. *Information* 25. marts 1963.
49. Kulturhistorisk Leksikon for Nordisk Middelalder 8. *Information* 22. juni 1963.
50. Harald Ilsøe: Udlændinges rejser i Danmark indtil år 1700, 1963. *Historisk Tidsskrift* 12. I, 1964, s. 243-244.
51. Politikens Danmarkshistorie 7. *Information* 13. marts 1964.
52. Politikens Danmarkshistorie 8. *Information* 14. maj 1964.
53. Politikens Danmarkshistorie 10. *Information* 14. sept. 1964.
54. Politikens Danmarkshistorie 9. *Information* 7. sept. 1965.
55. Borgerligt aristokrati. Svend Larsen: Studier over det fynske rådsaristokrati i det 17. århundrede. *Fortid og Nutid* 22:7, 1965, s. 533-540.
56. Kristof Glamann: Otto Thotts uforgribelige tanker om commerciens tilstand. *Information* 15. april 1966.
57. Sammen med Troels Dahlerup: Svend Aage Hansen: Adelsvældens grundlag. *Scandinavian Economic History Review* 13, 1966, s. 190-193.
58. Geschichte des Niedersächsische Staatsarchivs in Stade. *Historisk Tidsskrift* 12. Rk. II, 1967, s. 528.
59. K.-F. Oleschnowitz: Handel und Seeschiffahrt der späten Hanse. *Historisk Tidsskrift* 12. Rk. II, 1967, s. 564-565.

60. Boupptekninger i Uleåborgs stad. *Historisk Tidsskrift* 12. Rk. II, 1967, s. 569.
61. Politikens Danmarkshistorie bd. 7-10. *Historisk Tidsskrift* 12. III, 1968, s. 204-212.
62. Festgabe für Karl Raumer. *Historisk Tidsskrift* 12. Rk. III, 1968, s. 275-276.
63. H. Kellenbenz: Der Merkantilismus in Europa. *Historisk Tidsskrift* 12. Rk. III, 1968, s. 314-315.
64. K. Moen: Kongsberg Sølvværk. *Historisk Tidsskrift* 12. Rk. III, 1968, s. 317-318.
65. J. Boisen Schmidt: Studier over statshusholdningen i kong Frederik IV's regeringstid 1699-1730. *Fortid og Nutid* 23, 1968, s. 447-450.
66. H. Wiese und J. Bölts: Rinderhandel und Rinderhaltung im Nordwesteuropäischen Küstengebiet vom 15. bis 19. Jahrhundert. *Fortid og Nutid* 23, 1968, s. 455-456.

Nekrologer:
Sigurd Jensen i *Historiske Meddelelser om København* 1969, s. 7-9.
Sune Dalgård i *Nordisk arkivnyt* 1969, s. 31-32.
Troels Dahlerup i *Historisk Tidsskrift* 12. Rk. IV, 1970, s. 505-508.

Biografiske oplysninger:
Selvbiografi i *Festskrift udg. af Københavns Universitet* 1967, s. 220-221.
Den Suhrske Stiftelse 1859-1959, Udg. af Den Suhrske Stiftelse, 1959, tavle F2 og s. 110.
Magister-staten 1962. Red. af Tage Kaarsted og Alfred Larsen, 1963, s. 288.
Johan Hvidtfeldt m. fl. (red.): *Danske Historikere* 1965, s. 79.
Rigsarkivets personale, 1965, s. 13-14.
Magister-staten 1967. Red. af H. H. Jensen og Tage Kaarsted, 1968, s. 307.
Steffen Heiberg i *Dansk Biografisk Leksikon* 3. udg., bd. 7, 1981, s. 540-541.

Om Johan Jørgensens videnskabelige produktion tillige:
Århus Universitets Årsberetning 1968-69, 1969, s. 71-72.
Håkon Hovstadt: Det københavnske patriciat. *Historisk Tidsskrift* 53, Oslo 1973, s. 158-167.

Om de enkelte tekster

Hvor intet andet anføres, er trykkestedet København. Adskillige af teksterne er første gang publiceret med illustrationer, som i alle tilfælde er udeladt her. Der er i flere tekster foretaget enkelte korrektioner og ajourføringer. Kun hvor disse er flere og mere betydelige har det ført til, at det er oplyst i det følgende. I skarp parentes [] er anført sidetalshenvisninger mellem de enkelte her trykte tekster.

I

Dansk socialhistorie. Tiden 1500-1700.
Trykt i *Den jyske Historiker* 23-24, 1982, s. 55-75, som en del af et temadobbeltnummer om Dansk socialhistorie, 1-7, skrevet af lærere ved Historisk Institut, Århus Universitet. Nummeret gav dialog med de københavnske kolleger, bl.a. i form af et fælles panelmøde i København. Forfatterne oplevede i en avisanmeldelse at blive døbt "de marxistiske khomeniere på Historisk Institut ved Århus Universitet", der hermed "kaster sig over" " et storværk" med "Marx-brillerne for øjnene"! (af Hans Rishøj i *Aarhuus Stiftstidende* 27.3.1983 med svar fra Jens Christensen sst. 14.4.1983).

Retstilstande i Danmark i 1500- og 1600-tallet.
Trykt i *Fortid og Nutid* 29, 1981-82, s. 626-38 sammen med et efterfølgende bidrag af Thomas Munck.
I *Gyldendals og Politikens Danmarkshistorie* bd. 7, 1989 (s. 223-242) og 8, 1989 (s. 72-81, 260-275) har henholdsvis Alex Wittendorff og Benito Scocozza taget problematikken op, førstnævnte mest direkte og omfattende med genbrug af begrebet "Retssamfundet" i en overskrift. Det synes som om Fussings problemstilling og tese har bidt sig fast som led i en fremstilling af Danmarkshistorien i disse århundreder. Dog gør de to ikke igen som Svend Ellehøj i *Politikens Danmarkshistorie* Fussings "stolte ord" om Danmark som et retssamfund til deres. "Retssamfundet" er et modernistisk begreb af tvivlsom værdi til forklaring af forholdene i et privilegiereguleret standssamfund, hvis man ikke udvander det til, at det kun indebærer, at lovgiverne overholder de love, de selv giver. Lighed for loven må være et af de fundamentale krav for at tale om et retssamfund.
Seneste bidrag omkring problematikken er Jens Chr. V. Johansen:

Retssikkerheden før Retsstaten, *Retfærd. Nordisk juridisk tidsskrift* 66/ 67, 1994, s. 111-123, samme: Det nære ting. Om kriminalitet og bøndernes retsbevidsthed på Sjælland i det 17. århundredes første halvdel, *Bol og By* 1995:1, s. 36-51 og samme: Retssamfundet, retsstaten og retssikkerheden i 16.-18. århundrede, *Fortid og Nutid* 1996, s. 111- 127 og Knud E. Korff: *Ret og pligt i det 17. århundrede*, 1997.

Borgerkultur i 1500- og 1600-tallet.
Trykt i Vagn Wåhlin (red.): *Historien i kulturhistorien*, Århus 1988, s. 146-162. Her med tilføjelse af senere tilkommet litteratur.

Jens Bertelsen - storkøbmand i Vejle på Christian 4.s tid.
Trykt i *Vejle Amts Årbog* 1993, s. 110-133.

"Sammenrotning". Kollektive aktioner og folkemassens tilsynekomst i dansk 1600-tals historie.
Trykt i *Magasin fra Det Kongelige Bibliotek* 11. årg. nr. 2, 1996, s. 3-14. En første version fremkom i *Skalk* 1987, nr. 6, s. 16-17. Problematikken er siden delvis taget op ud fra andre forudsætninger af Sebastian Olden-Jørgensen: Statsceremoniel, hofkultur og politisk magt i overgangen fra adelsvælde til enevælde - 1536 til 1746, *Fortid og Nutid* 1996, s. 3-20 og samme: "At vi maa frycte dig af idel kjærlighed" - magtudøvelse og magtiscenesættelse under den ældre danske enevælde, *Fortid og Nutid* 1997, s. 239-353.

"Den borgerlige Stands onde Vilkaar". Et indlæg i magt-kampen mellem købmændene i København i 1650'erne.
Ikke tidligere trykt.

II

Løse blade til en slægtshistorie.
Trykt i *Fortid og Nutid* 29:2, 1981, s. 328-330. Titlen tilføjet her. Hans H. Worsøe anmeldte bogen i *Personalhistorisk tidsskrift* 100, 1980,

liggende værk". Poul Harris vurderede selv bogen flere gange i den lokale presse på den måde, at han lagde ordene i munden på unavngivne fagfolk, kulminerende i anledning af 80-årsdagen i en artikel med overskriften "Doktor - nej tak!" (*Aarhuus Stiftstidende* 23.3.1987). En af Harris bebudet bog om slægten Gyldenkrone fremkom aldrig.

Familien Berns' slægtsforhold omkring 1600.
Trykt i *Personalhistorisk Tidsskrift* 108, 1988, s. 19-28.

Albert Baltser Berns.
Ikke tidligere trykt. Skrevet 1975. Kun litteraturhenvisningerne er ajourført.

Blæs i bøssen! Fundraising på Christian 4.s tid.
Trykt i *Magasin fra Det kongelige Bibliotek* 9. årg. nr. 2, 1994, s. 66-70.

Skibsbyggeri for den danske krone i Neustadt i 1640'rne.
Trykt i *Handels- og Søfartsmuseet på Kronborg. Årbog* 1982, s. 70-82. Her revideret i tilknytning til dels undersøgelsen i *Marselis-konsortiet* 1987, s. 45-51, 127-130, dels i forhold til senere fremkommet litteratur. Niels M. Probst: *Christian 4.s flåde. Den danske flådes historie 1588-1660*, 1997, rummer ikke nyt på dette område.

Jyske snaphaner.
Trykt i *Skalk* 1986, nr. 6, s. 32. Her forsynet med kildehenvisninger.

Krig, købmænd og kongemagt omkring enevældens indførelse i Danmark.
Trykt i *Den jyske Historiker* 31-32, 1985, s. 43-57. Her er kun foretaget mindre revisioner, men til gengæld er teksten forsynet med et udvalg af noter og henvisninger, som dog på ingen måde er udtømmende.

III

Poul Klingenbergs selvbiografiske optegnelser.
Trykt i *Personalhistorisk Tidsskrift* 112, 1992, s. 213-228. Her er tilføjet bilag 3, som ikke tidligere har været trykt.

En "Godfather" i København - om indvandreres etablering omkring 1660.
Trykt i *Historiske Meddelelser om København* 1988, s. 7-28.

Klingenbergs "havedagbog"- forsvundet og genkommet.
Trykt i *Historie* 1998:1, s. 147-157.

Adelsreaktion og politisk satire under den tidlige enevælde.
Trykt i *Danske Studier* 1987, s. 9-25. Her med enkelte tilføjelser, mest af teknisk art, samt tillægget om tekstoverleveringen.

Fra "spekulation" til konkurs. En studie i Poul Klingenbergs økonomiske kollaps.
Trykt i *Historie* 1999:1.

IV

Hold på forbillederne.
Trykt i *Den jyske Historiker, Ekstranummer,* december 1989, s. 13-17. Her lettere revideret og udvidet med bl.a. tillægget om J. A. Fridericias samlinger.

Patriciatets historiker: Johan Jørgensen 1924-69.
Trykt i *Historisk tidsskrift 98,* 1998, s. 276-295.

Personregister

Aakjær, Jeppe 232
Abensur, Josua 219
Adeler, Cort 216, 220
Ahlefeldt, Ditlev 189, 195, 232
Ahlefeldt, Frederik von 200, 279, 281f., 290
Allen, C. F. 300
Amburger, Erik 129f., 133, 142f.
Amnitzbøl, Iver Nielsen 93f., 97
Amnitzbøl, Jacob Nielsen 97
Amstrup, Niels 305f., 318
Andersen, Eskild 216
Anne, Niels Lauritzen Nimbs 90
Arenfeldt, Niels 79
Arnoldt, Johan 222
Arup, Erik 264f.

Bach, Erik 306
Bagge, Povl 35, 306
Bang, Gustav 264, 297
Bartholin, Thomas 223
Berns & Marselis 113, 151, 153, 155-164, 190, 193, 210, 217, 229, 268, 271f., 274-276, 278f., 280-284
Berns, Albert 137f., 144, 202
Berns, Albert Baltser 128-130, 133, 137f., 141, 143-147, 151f., 158-160, 164f., 169f., 192, 198f., 209f., 235f., 238, 250, 268, 271f., 274-276, 278f., 280-282, 286f., 290
Berns, Albert Baltser d. y. 144
Berns, Anna (g. van de Wiele) 144, 192, 199f.
Berns, Anna Margaretha (f. Marselis) 144
Berns, Balthasar 144

Berns, Baltser 134-145
Berns, Bernt 137f., 144
Berns, Cornelia 144, 202, 287
Berns, Dorothea 144
Berns, Elisabeth (f. Marselis) 129, 138, 143-145, 192, 199, 201, 287
Berns, familien 131, 133-146, 280
Berns, Gabriel 144, 271f.
Berns, Henrik 138, 144
Berns, Johan 138, 144
Berns, Marie (f. de la Fontaine) 144, 271f.
Berns, Marie Elisabeth 144
Berns, Nille (f. Johansdatter) 137f., 139-145, 147
Bertelsen, Jens 71-73, 75-95, 97
Bertelsen, Søren 75
Bielke, Henrik 222, 256
Biermann (von Ehrenschild), Conrad 301
Bille, familien 78
Bille, Henrik 78
Bille, Sten 273
Bircherod, Jens 232
Birkeland, M. 187f., 226
Birket Smith, Sophus 245f., 260
Bjelke, adelslægt 223
Bjelke, Chr. 287
Bjelke, Henrik 220
Bjelke, Jørgen 189
Bjørn, Claus 36
Blanckfort, Boldevin 137, 144f.
Bobé, Louis 126, 142f.
Boisen Schmidt, J. 313f.
Bowhers, Margereta 202
Braem, familien 133
Braem, Johan 195

Brahe, Otte 83
Brandenburger, familien 228
Brandt, Peter 279, 284
Braun, Georg 311, 318
Brenner, Robert 34
Bricka, C. F. 294
Brochmand Rasmussen, Enevold 66
Brockdorff, Joachim von 144
Brockenhus, Johan 83
Bryske, Truds 79
Bundsen, Anders 86
Burmeister, Ditmer 214, 216-218, 219-221, 223, 274f.
Burmeister, Johanne (f. von Gendern) 221
Bøfke, Ditmer 319
Bøfke, Johan 319
Bøggild-Andersen, C. O. 35, 57-63, 69, 109, 126, 244, 294, 297, 310
Bøgvad, Niels 77
Bølling, J. A. 299

Cedergreen Bech, Svend 313
Christensen, Aksel E. 306
Christensen, Annie 227
Christensen, Jens 323
Christian 4. 16, 68, 71, 74f., 87, 98f., 101, 104f., 116, 128, 133, 145-157, 159f., 164f., 167-175, 237, 249f., 252, 277, 315, 319
Christian 5. 104, 183, 221, 242, 254, 258, 269f. 276
Christian, udvalgt prins 105
Clausen, Jens 280
Clementsdatter, Mette 92, 96, 97
Condevin, Baltser 144, 147-150, 209
Condevin, Claus 140f., 144f., 147

Daa, Oluf 298
Dahlerup, Troels 38, 295, 304-310, 313f., 317f.
Dalgård, Sune 133
Degn, Ole 109
Diderichsen, Mathias 88

Due, Frants 77
Due, Mandrup 300
Durell, Magnus 162
Dybvad, Christoffer 81f., 90f.
Dybvad, Jørgen 82

Eggers, Henrik 214-216, 223, 274f.
Eggers, Poul 215f., 288, 290
Elias, Norbert 65
Ellehøj, Svend 36, 43, 321
Eller, Poul 66
Erslev, Kr. 293
Etlar, Carit 166

Fabricius, Knud 35, 61-63, 69, 109, 294, 296, 316
Fabritius, Albert 311
Fasmer Blomberg, Aage 312
Findsen, Laurits 81
Fontain, prædikant 202
Fontaine, Marie de la (g. Berns) 144, 271f.
Fr. Chr. Kielsmannsegge, friherre von 272
Frandsen, Peder 142
Frantsen, Niels 86
Frederik 3. 98-100, 104, 107, 120, 123, 153, 161-163, 167, 174f., 177f., 180f., 187, 189, 198, 237f., 242, 249, 251, 254, 263, 269f., 276f.
Frederik, hertug af Gottorp 152, 158
Frich, Johan 144
Fridericia, J. A. 40, 107, 108, 109, 110, 111, 124, 126, 244, 293-297, 299, 314
Friedland, Klaus 309
Friis, Astrid 15, 306
Friis, Hans 78, 185
Fussing, Hans H. 35-56, 61, 323

Gabel, Christoffer 194, 214, 221, 254, 290, 300
Garben, Lisbeth 143
Garben, Zacharias 143
Gauquier, Christian de 144

Gedde, Brostrup 200
Geer, Louis de 165, 171
Geldern, Johan van 140-142
Gersdorff, Joachim 161, 194, 200f., 212, 299
Gissel, Svend 39
Glamann, Kristof 12, 309, 316
Gram, Laurids 318
Griffenfeld, Peder Schumacher 221f., 238, 243, 254, 269, 301
Grisbeck, Niels 185
Gross, Christoffer 104
Grots, Henrik 92
Gude, Marquard 290
Güldencrone, baron von 281
Gustav Adolf 165, 171, 180
Gyldenløve, Christian 285
Gyldensparre, Albert (f. Schumacher) 221-223, 256, 286-288, 290, 315, 320
Gyldensparre, Elisabeth 286
Gøje, Christoffer 157

Hannestad, Knud 310
Hans, kong 28
Hansen, Jørgen 92
Hansen, Lauritz 90, 92
Hansen, Niels 85f.
Hansen, Svend Aage 12, 21, 298, 314
Harris, Poul 126-142, 325
Hase, Mathias 219
Havemann, Ane 144
Havemann, Barbara 134, 136-139
Havemann, Hans 134, 136-139, 143f., 209f.
Havemann, Hans d. y. 144
Havemann, Katrine 144
Havemann, Margrethe 134, 136-139, 144, 209
Havens, Michael van 106
Heckscher, Eli F. 15
Heiberg, Steffen 265, 294
Heimbach, Wolfgang 106
Heins, Albrecht 214, 216-221, 223f., 237
Heins, Magdalene 221

Heins, Poul d. y. 222
Helk, Vello 318
Hellekande, Rasmus Jensen 157
Hellum, Asbjørn 71
Helt, Nikolai 236f.
Helverskou, Christian Herman 260
Hielmstierne, Henrik 226
Hogenberg, Frans 311, 318
Holck, Henrik 80
Holm, Edvard 295
Holmgaard, Jens 310
Holst, Hans 142
Hornbeck, Knud 55
Huitfeldt, Arild 54, 67
Hvidt, Kristian 310, 314
Hvidtfeldt, Johan 72, 94, 315
Høeg, Just 253
Hørby, Kai 20, 304f.

Ingeborg, Condevins 149
Irgens, Joachim 175f., 275
Iserberg, Albert Balthasar 210, 213
Iserberg, Anna Margrethe 213, 222
Iserberg, Elisabeth (f. Klingenberg) 201, 210f., 213-216
Iserberg, Gertrud 213, 222
Iserberg, Hermann 113, 123, 201, 209-213, 216f., 219, 223, 237
Iserberg, Hermann d. y. 213f., 222
Itzen, Albrecht 212

Jansen van der Arck, Jan 144
Jensen, Anders 96
Jensen, Augustinus, (søn af Jens Bertelsen) 95
Jensen, Bertel 95
Jensen, Jesper 86
Jensen, Jørgen 77
Jensen, Mads 77
Jensen, Sigurd 313
Jespersen, Knud J. V. 39, 51
Johanne, Jørgens 97
Johansdatter, Nille (g. Baltser) 137f., 139-145, 147
Johansen, Jochum 81
Juel, Erik 77

Jørgensen, Ellen 305
Jørgensen, Frank 307f.
Jørgensen, Jens 318
Jørgensen, Johan 62f., 68, 109, 126, 136, 224, 247, 266f., 277, 291, 295-297, 299, 302-322
Jørgensen, Marie Louise 318

Kaas, Chresten 79
Kaas, Erik 49
Kaas, Mogens 79
Karen, Søren Hegelunds 80
Karen, Søren Knudsens 85
Kargaard Thomsen, Hans 295
Karl Gustav 178
Karup Pedersen, Ole 306-309, 313, 318
Kellenbenz, Hermann 165, 266
Kielman von Kielmannsegg, Johan Adolph 301
Kirsebom, Jacob 225
Kirsten, Hans Møllers 97
Klingenberg, Albert Baltser 193
Klingenberg, Albrecht Baltasar 201
Klingenberg, Anna 202
Klingenberg, Bertram 197
Klingenberg, Edel Elisabeth (f. Bielke) 222, 256
Klingenberg, Elisabeth (datter af Poul Klingenberg) 201
Klingenberg, Elisabeth (f. Berns) 144, 200
Klingenberg, familien 197, 236, 248, 254f.
Klingenberg, Frederikke Juliane Louise 185
Klingenberg, Gertrud 197
Klingenberg, Gosswin 197
Klingenberg, Joachim 197
Klingenberg, Johan (d. 1358) 197
Klingenberg, Johan (d. 1371) 197
Klingenberg, Johan (d. 1493) 197
Klingenberg, Johan (søn af Gosswin) 197
Klingenberg, Magdalene 213, 217
Klingenberg, Peter 197
Klingenberg, Poul (d. 1614) 197

Klingenberg, Poul d. y. 191, 202, 222f., 227-229, 235-238, 248f., 253, 256, 259, 273, 280, 282, 285-291
Klingenberg, Poul d. æ. 69, 123, 125, 144, 146, 176, 185-198, 201, 203-205, 210-213, 215, 216-238, 240, 246-252, 254-259, 262, 265-292
Klingenberg, Sophia Elisabeth 202
Klingenberg, Vincent 197
Klingenberg, Wedekind 197
Knudsen, Niels 76, 85f.
Koch, J. H. 155f.
Kock, Reimar 196
Krabbe, Birgitte 242f.
Krabbe, Edle 95
Krabbe, Jacob 95
Krabbe, Mette Sophia 192
Krag, Erik 101, 296, 315, 318
Krag, Otte 277
Kylling, Petrus 225, 234
Kølholtt, Peder 86

L'Hermite, Anna 145
Ladewig Petersen, Erling 7-34, 36-39, 41, 43, 54-57, 262, 268, 291
Langebæk, Jacob 107
Langeman, Laurentius 201
Lassen, Jens 268, 275
Lauridsen, Lambert 84
Lauring, Palle 132
Lauritsen, Laurits 83, 97
Lauritzen, Hans 77
Lente, Christian von 272, 300f.
Lente, Johan Hugo von 272
Leonora Christina (Ulfeldt) 283, 290
Lerche, Cornelius 217
Lerche, Peder 283
Liliencron, Andreas Pauli Reichfrhr. von 144
Lima, brødrene de 232, 275
Lima, Duarte de 125, 232
Lind, H. D. 151
Lindenov, Christoffer 161
Linnemann, Stephan 222

Lübkes, Johan 278
Luderman, Henrik 219
Lunov, Erik 95
Lykke, Kaj 241
Løffler, Martin 307

Madsdatter, Maren 75f.
Madsdatter, Mette 76, 80
Madsen, Jens 96
Madsen, Otto 236
Magdalena Sibylla af Sachsen 105
Malling, Ove 299
Mander, Karel van 105, 194, 257
Margrete (datter af Zacharias Garben) 143
Marselis, Aletta 202
Marselis, Elisabeth 271
Marselis, familien 101, 126-134, 164-170, 174-176, 181, 183, 192, 195
Marselis, Gabriel (d. y.) 1, 3, 128, 130, 145, 152, 156, 160, 164f., 202, 212, 218f., 250, 256, 268f., 274, 276, 280-282
Marselis, Gabriel d. æ. 128, 145f., 151, 160
Marselis, Leonhard 128, 235, 146, 268, 2702 274f., 276f., 278f., 280-282
Marselis, Selio 128, 166, 179f., 195, 201, 202, 211, 213, 214, 237, 268
Martenss, Jan 166, 167
Mette, Knud Madsens 85
Mette, Oluf Sørensens 85
Mikkelsen, Niels 77
Mikkelsen, Peter 153, 157
Monrad, Johan 189f., 192
Mortensdatter, Mette 96
Mousnier, Roland 10
Müller, Frantz 219
Müller, Henrik 68, 101, 114, 123, 175f., 179-183, 194, 202, 212, 221, 228f., 237, 246f., 251, 254, 256, 259, 265-68, 275, 277, 291, 302f., 309
Müller, Sophia 202

Munch, P. 123
Munk, Anders 85
Munk, Anders Pedersen 97
Munk, Simon 86, 97
Møller, Bartholdus 201
Møller, Blasius 82
Mørch, Søren 304

Nansen, Hans 59, 69, 214
Nielsen, Oluf 129f., 139f.
Nimb, Niels Lauritzen 90, 94, 96f.

Olavius, Johannes 189, 203
Oldenland, Hendrich B. 237
Olrik, Jørgen 63, 66
Olsen, Albert 35, 109, 297
Olsen, Fr. 187f., 226, 265, 291
Olsen, Gunnar 54, 263
Olsen, Olaf 306-310, 318
Osten, von der, geheimeråd 107
Oxenstierna, Axel 165

Paludan, Helge 20
Parsberg, Frederik 49
Parsberg, Oluf 270
Paulli, familien 290
Paulli, Holger 221
Paulli, Simon 225f., 230, 233
Paulsen, Clauss 152
Pedersen, Frederik 76
Pedersen, Hans 77, 92
Pedersen, Jens 96
Pedersen, Peder 212, 219
Pentz, Christian von 105, 146, 149, 160, 300
Pentz, grevinde von 160
Petersen, C. V. 72f.
Petersen, Niels 307f.
Pfeiff, Daniel 201
Ploug, handelshus 313
Pontoppidan, Erik 225f.
Pontoppidan, Henrik Eriksen 91, 93, 97
Poulsen, Knud 77
Poulsen, Svend 166
Prange, Knud 61, 314
Pranger, Magnus 144

Ramsing, H. U. 130, 134-136, 139-141, 310f., 319
Rantzau, Christian 194, 200f.
Rebolledo, Bernardino de 163
Regmann, Hans 196
Reimers, Claus 164, 219
Reuter, Jan de 202
Reventlow, Conrad 284
Reventlow, familien 226
Riber, Christen Hansen 80
Rise Hansen, C. 36, 40, 187f.
Rishøj, Hans 323
Rist, Johan 143
Risum, Janne 65, 70
Rittmeister, Johann Sigismund von Hall 144
Rode, Steffen 185, 263
Rodsteen, Erik 283
Roen, Francois de 146
Rosenkrantz, familien 245
Rosenkrantz, Helle Helene 245
Rosenkrantz, Holger 60
Rosenkrantz, Jørgen 277
Rosenkrantz, Oluf 241-243, 245, 314
Rottbøll, Christen Friis 225f., 233
Rubbens, James 163

Sautijn, Samuel 219
Saxine, dr. 202
Scavenius, Laurids Mortensen 148f.
Schack, Hans 240
Schmettau, Samuel Frhr. von 144
Schumacher, Albert (adlet Gyldensparre) 221-223, 256, 286-288, 290, 315, 320
Schumacher, Anna Margrethe 223
Schumpeter, Joseph 11f., 29
Schwarz, Hans Wilhelm 229
Schwendi, Margrethe 190
Schyren, Bernt Thor 136
Schyrmand, Bernt 134, 136f., 140f.
Schyrmand, familien 143
Schyrmand, Johan 134, 139, 141-143
Schyrmand, Peter 134

Scocozza, Benito 323
Secher, V. A. 316
Sehested, Hannibal 59, 161, 163, 166, 170, 173, 175, 177, 179, 182, 194, 208, 229f., 246f., 266, 276
Skeel, Mogens 244, 245
Skov, Erik 305
Skrubbeltrang, Fridlev 36, 40, 52
Slange, Niels 316
Slicher van Bath, B. H. 8
Sofie Elisabeth, princesse 105
Sole, Anders Jensen 96
Sperling, Otto 190, 210
Sperling, Otto d. y. 283
Staalsen, Jørgen 94
Steensberg, Axel 26, 65
Steenstrup, Johannes 40, 305
Steinkul, Johan 212, 219
Stoklund, Bjarne 307
Strangenette, Karen 93
Strømstad, Poul 311
Svane, Hans 214, 320
Svane, Jørgen Sørensen 97
Sønderholm, Erik 244-247, 252, 260
Søren, søn af Clement Sørensen 93
Sørensen, Bertel 75
Sørensen, Clement 71-77, 85f., 92f., 96f.
Sørensen, Jens 80
Sørensen, Peder 86
Sørensen, Rasmus 308

Teixeira, Emanuel 270, 273
Terlon, Hugues 243
Therkildsen, Jacob 86
Thermandsen, Michael 86
Thestrup, Rasmus Jensen 66, 91
Thomsen Gerner, Henrik 319
Thomsen, Jacob 203
Thomsen, Mads 76, 79, 85f.
Thott, Birgitte 60
Tomlo, Andreas 202
Tonti, Lorenzo 187
Tordsen, Mads Jensen 75f., 80
Tornsdatter, Anne 95

Trip, familien 165
Troels Lund, Troels 26
Troelsen, Knud 161
Trolle, Niels 160
Tveite, Stein 310

Ulfeldt, Corfitz 90, 99-101, 114, 146, 151f., 159-162, 169f., 173, 175, 177, 179, 190, 243, 246f., 249-252, 254, 267, 277, 301
Ulfeldt, Ebbe 210
Ulfeldt, Knud 300
Ulfeldt, Leonora Christina 283, 290

Vibe, Mikkel 143
Vibe, Peder 101, 162, 277, 284, 291
Vibæk, Marius 266
Vind, Regitze Sophie 273, 280-283, 286, 288
Voigt, handelshus 313
Væver, Morten 83

Wad, G. L. 265
Wagenvoort, Herman 187, 188
Wedel Jarlsberg, baron 226
Wedell, familien 185
Wedell, Ludvig Frederik 185
Wiele, Anna van de (f. Berns) 144, 202, 272, 290
Wiele, Antoinette van de 144
Wiele, Elisabeth van de 144
Wiele, Francois Louis van de 144, 192, 202, 237, 273
Wiele, Franz Albert van de 144
Willumsen Krogh, Ole 227
Willumsen Rosenvinge, Henrik 277, 279
Winding, Kjeld 306
Wittendorff, Alex 323
Wolf, E. R. 19
Wolters, J. 92
Worm, Jacob 245
Worsaae, J. J. A. 71, 72
Worsøe, Hans H. 324
Wouwerman, Jan 130
Würger, familien 320
Würger, Heinrich 164
Würger, Joachim 219, 221

DANISH HUMANIST TEXTS AND STUDIES

Udgivet af Det Kongelige Bibliotek ved
Erland Kolding Nielsen

Bind 1   *Peter Allan Hansen:*
A Bibliography of Danish Contributions to Classical Scholarship from the Sixteenth Century to 1970.
1977. 335 sider. Helbind.

Bind 2   *Stephanus Johannis Stephanius:*
Notæ Uberiores in Historiam Danicam Saxonis Grammatici. Sorø 1645. Facsimile edition with an introduction by H. D. Schepelern.
1978. 362 sider. Helbind.

Bind 3   *Hanne Trautner-Kromann:*
Skjold og sværd. Jødisk polemik mod kristendommen og de kristne i Frankrig og Spanien fra 1100-1500. Disputats.
1990. 236 sider. *Udsolgt.*

Bind 4   *Birgit Bjørnum & Klaus Møllerhøj:*
Carl Nielsens Samling. Katalog over komponistens musikhåndskrifter i Det kongelige Bibliotek. /
The Carl Nielsen Collection. A Catalogue of the Composer's Musical Manuscripts in the Royal Library.
1992. 275 sider. Illustreret. Dansk-engelsk. Helbind.

Bind 5   *Harald Ilsøe:*
Bogtrykkerne i København og deres virksomhed ca. 1600-1810. En biobibliografisk håndbog med bidrag til bogproduktionens historie. Mit deutscher Zusammenfassung.
1992. 307 sider. Illustreret. Med tysk resumé. Helbind.

Bind 6   *Kirsten Dreyer (udg.):*
Kamma Rahbeks brevveksling med Chr. Molbech.
302 breve med indledning og noter ved Kirsten Dreyer.
1993-94. Bind I-III. 940 sider. Helbind.

Bind 7   *Ruth Bentzen (udg.):*
Ung sprogforsker på rejse. Breve fra og til Holger Pedersen 1892-1896. Med indledning og noter ved Ruth Bentzen.
1994. 285 sider. Helbind.

Bind 8 *Flemming Gorm Andersen:*
Danmark og Antikken 1980-1991. En bibliografi over 12 års dansksproget litteratur om den klassiske oldtid.
1994. 308 sider. Helbind.

Bind 9 *Bjarne Schartau:*
Codices Graeci Haunienses. Ein deskriptiver Katalog des griechischen Handschriftenbestandes der königlichen Bibliothek Kopenhagen.
1994. 615 sider + 40 plancher. Illustreret. Helbind.

Bind 10 *Dan Fog:*
Lumbye-Katalog.
Fortegnelse over H. C. Lumbyes trykte kompositioner. / Verzeichnis der gedruckten Kompositionen von H.C. Lumbye (1810-1874).
1995. 176 sider. Helbind.

Bind 11 *Grethe Jacobsen:*
Kvinder, køn og købstadslovgivning 1400-1600. Lovfaste mænd og ærlige kvinder. Mit deutscher Zusammenfassung. Disputats.
1995. 387 sider. Helbind.

Bind 12 *Det Kongelige Biblioteks Håndskriftafdeling:*
Erhvervelser 1924-1987. Vejledning i benyttelse. Bd. 1-2./
The Royal Library, The Manuscript Department:
Acquisitions 1924-1987. Guide for Users.
1995. 675 sider i to bind.

Bind 13 *Carol Gold:*
Educating Middle Class Daughters.
Private Girls Schools in Copenhagen 1790-1820.
1996. 244 sider, illustreret. Helbind.

Bind 14 *Paul Flandrup & Kristine Heltberg (red):*
C.W. Smith i jego polscy korespondenci /
C.W. Smith og hans polske korrespondenter 1861-1879.
1997. 371 sider. Helbind.

Bind 15 *Michael Bregnsbo:*
Samfundsorden og statsmagt set fra prædikestolen.
Danske præsters deltagelse i den offentlige opinionsdannelse vedrørende samfundsordenen og statsmagten 1750-1848 belyst ved trykte prædikener. English Summary.
1997. 464 sider, illustreret. Helbind.

Bind 16   *Henrik Horstbøll & John T. Lauridsen (red.):*
          Den trykte kulturarv. Pligtaflevering gennem 300 år.
          With an English Summary.
          1998. 631 sider. Helbind.

Bind 17   *Inger Sørensen (udg.):*
          J.P.E. Hartmann og hans kreds.
          En musikerfamilies breve 1780-1900.
          1768 breve udgivet med indledning og noter ved Inger Sørensen.
          1999. 1845 sider i 3 bind, illustreret. Helbind.

Bind 18   *Erik Petersen:*
          Intellectum liberare.
          Johann Albert Fabricius – en humanist i Europa.
          Mit deutscher Zusammenfassung. Disputats.
          1998. 1090 sider, illustreret. Helbind.

Bind 19   *Henrik Horstbøll:*
          Menigmands medie. Det folkelige bogtryk i Danmark 1500-1840.
          En kulturhistorisk undersøgelse. With and English Summary.
          Disputats.
          1999. Ca. 860 sider, illustreret. Helbind.

Bind 20   *John T. Lauridsen:*
          Krig, købmænd og kongemagt – og andre 1600-tals studier.
          1999. 333 sider.

Bind 21   *Harald Ilsøe:*
          Det Kongelige Bibliotek i støbeskeen.
          1999. Ca. 750 sider i 2 bind, illustreret. Helbind.

Alle bøger kan anskaffes gennem boghandelen, fra forlaget eller via internet

MUSEUM TUSCULANUMS FORLAG · MUSEUM TUSCULANUM PRESS
Njalsgade 92 · DK-2300 København S · Internet: www.mtp.dk